游艇管理丛书

世界游艇发展

张 阳 周海炜 史 虹 编著

科学出版社
北 京

内 容 简 介

本书首先从游艇设计与制造方法的演变和游艇用途的扩展两个方面介绍游艇发展不同时期的主要特点，以及游艇产业的未来发展趋势。其次，对西方主要游艇制造国及中国游艇制造业进行全面梳理，介绍世界各大洲颇具影响力的二十多个游艇品牌，以及世界游艇各大消费区域市场的发展状况。再次，列举介绍世界游艇俱乐部的发展历程和经验，并以游艇大国为代表，对游艇安全管理，游艇码头规划原则、设计规定与建设管理，游艇经营管理和出入境管理，以及促进游艇产业发展等游艇管理政策法规做简要介绍。最后，针对游艇的技术发展，介绍游艇推进技术、游艇材料技术、游艇码头平面布置，以及以环境保护技术、现代信息技术、游艇制造新工艺为代表的现代游艇新技术发展、游艇标准与专利等内容。

本书可作为高等院校相关专业学生的教材或参考用书，也可作为游艇相关行业从业人员的培训教材，还可作为世界游艇产业研究人员的参考书。

图书在版编目（CIP）数据

世界游艇发展/张阳，周海炜，史虹编著. —北京：科学出版社，2021.6

（游艇管理丛书）

ISBN 978-7-03-068915-3

Ⅰ. ①世… Ⅱ. ①张… ②周… ③史… Ⅲ. ①游艇–产业发展–研究–世界 Ⅳ. ①F416.474

中国版本图书馆 CIP 数据核字（2021）第 105162 号

责任编辑：陶 璇／责任校对：贾娜娜
责任印制：张 伟／封面设计：有道设计

科学出版社出版
北京东黄城根北街 16 号
邮政编码：100717
http://www.sciencep.com

北京盛通商印快线网络科技有限公司印刷
科学出版社发行 各地新华书店经销

*

2021 年 6 月第 一 版　开本：720×1000　B5
2021 年 6 月第一次印刷　印张：18
字数：350 000

定价：162.00 元
（如有印装质量问题，我社负责调换）

丛书编委会

主　任　张　阳
副主任　周海炜　唐　震　钱旭潮
委　员　（按姓氏拼音排序）
　　　　丰景春　何力劲　何友山　黄德春
　　　　厉　伟　刘德辉　吕　珍　钱旭潮
　　　　史　虹　唐　震　汪　群　文　焕
　　　　奚红华　徐　敏　叶嘉麟　游赞培
　　　　余菲菲　臧德霞　张　阳　郑炜航
　　　　周国然　周海炜

总　　序

随着我国社会经济的迅猛发展，人民生活水平的提高，游艇生活正在向我们走来。

和住房、轿车不同，游艇生活本身没有多少功能性。游艇既不是交通运输工具，也不提供其他诸如省时、省力等功能性便利。游艇带给人们的只是精神上的愉悦，而且这种精神愉悦还很纯粹，并不必然以某种功能性为基础。正所谓，湖光潋滟，阳光沙滩，黛瓦白墙，小桥流水，或轻风拂面，或疾风迅驰，我心荡漾，仅此而已。

可见，游艇生活需求不能产生于自然驱动，也不能产生于日常工作生活的经验驱动，而只能产生于交往驱动或营销驱动，消费者教育成为游艇生活普及的必修课。对于游艇生活服务从业者来说，如何使游艇生活充满乐趣，提供什么样的服务，如何提供服务都是新的课题。

一种新的生活方式必然造就一系列的新需求。各种不同类型的游艇可以以新的方式满足或激发人们对运动、休闲、社交和探险等欲望。可见，游艇生活是一种积极、健康的生活方式，它必定能够极大地丰富人们的精神生活，提高人们的生活质量，增强人们的幸福感。

一种新的需求必定会促进一系列新产业的成长和相关产业的结构调整和升级。游艇生活不仅带来游艇制造业、维修业和游艇生活服务业等新产业，还将带动机械制造业、电器制造业、电子产业、信息产业、化工产业的结构调整和升级，推动国家自然保护区、水域环境、码头等基础设施和公共设施的建设和改善，为酒店、交通运输业、娱乐业提供新的发展机会。即为我国社会经济的进一步发展提供新的增长极，为产业结构调整提供新的方式和途径。

游艇生活不是一种以大量物质消耗和能源消耗为基础的生活方式，也不像轿车普及那样需要建设大量的道路、停车场等占用土地资源、影响环境和生态的基础设施。相反，游艇生活以自然水域为基础，要求良好的水域环境，还一个青山绿水的生态系统。所以，游艇生活是一种低碳的、可持续的生活方式。

由此，河海大学游艇管理研究中心组织力量设计编撰了这套丛书，以期达到以下目标：一是使我国消费者对游艇生活有一个直观的认识，揭开游艇生活昂贵、奢侈的面纱，还游艇生活运动、健康、放松的本来面目；二是帮助投资者了解围绕游艇生活发展所带来的各种市场机遇，避免盲目投资；三是为游艇生活服务业从业者提供俱乐部管理借鉴和进行游艇主题活动策划的方法，以使游艇生活更加丰富多彩，符合消费者需求；四是根据产业经济学原理，提出游艇产业发展理论，为政府宏观经济管理部门规划游艇产业发展提供理论指导。

河海大学是一所以水利为特色的研究型大学，河海大学商学院以"求天下学问，做工商精英"为办学宗旨，以"河海特色、世界知名"为战略定位，以"国际化、高层次、入主流、有特色"为发展路径，以"教育、科研、咨询、培训"四轮驱动为发展模式。师生携手、励精图治、开拓创新，现已成为一所拥有管理学、经济学两大学科门类，融工商管理、管理科学与工程、应用经济学3个主干一级学科为一体，设有博士后流动站，拥有博士、硕士（含MBA、工程硕士）、学士等多层次、多类型人才培养能力和科学研究、社会服务、文化传承创新能力的高水平商学院。

学院拥有较为完整的学科专业体系和层次，设有工商管理、管理科学与工程2个博士后流动站；拥有管理科学与工程、工商管理2个一级学科博士学位授予点；设有管理科学与工程、工商管理、应用经济学、理论经济学4个一级学科硕士点，情报学1个二级学科硕士点，以及工商管理硕士（MBA）、项目管理、物流工程、工业工程、MPAcc、资产评估、工程管理、国际商务、金融学9个专业学位硕士点；设有工商管理、管理科学与工程、应用经济学3个大类本科专业共16个专业方向。其中，工商管理所属的技术经济及管理是国家重点（培育）学科、水利部重点学科及江苏省重点学科，工商管理是江苏省重点一级学科，工程管理与项目管理是江苏省重点学科。学院还拥有省部级研究平台8个。

河海大学游艇管理研究中心是一个面向全球的开放性研究平台，主要从事游艇产业规划、游艇产业投资、游艇俱乐部管理和游艇主题活动策划等方面的研究和咨询。拥有一个活动仿真和观察实验室、行为实验室，与世界和国内一些知名游艇俱乐部建立了良好的合作关系，取得了一批研究成果。我们热忱希望和同业者精诚合作，共同推动我国游艇生活的普及和相关产业的蓬勃发展。

丛书编委会
2014年1月5日

目　　录

第1章　游艇发展历程 ·· 1
　1.1　游艇发展的萌芽期（14世纪至18世纪）··· 1
　1.2　游艇发展的成长期（18世纪初至20世纪初）···································· 8
　1.3　游艇高速发展期（20世纪40年代至20世纪90年代）······················ 13
　1.4　游艇发展的稳定成熟期（20世纪90年代至今）······························· 17
　1.5　游艇的未来 ·· 24

第2章　游艇制造业 ·· 30
　2.1　游艇制造业概况 ··· 30
　2.2　西方发达国家游艇制造业发展概况及厂家介绍 ································ 36
　2.3　中国游艇制造业发展状况及趋势 ·· 51

第3章　世界游艇品牌 ··· 61
　3.1　欧洲的游艇品牌 ··· 61
　3.2　北美洲的游艇品牌 ·· 81
　3.3　澳大利亚的游艇品牌 ··· 89
　3.4　亚洲的游艇品牌 ··· 97

第4章　游艇消费市场 ··· 106
　4.1　游艇消费区域市场 ·· 106
　4.2　游艇消费市场与世界经济发展水平 ··· 115
　4.3　游艇消费与地理环境 ··· 119
　4.4　游艇消费与海洋文化 ··· 121
　4.5　游艇消费与生活方式 ··· 125
　4.6　游艇会展经济 ··· 139

第5章　游艇俱乐部发展 ·· 147
　5.1　游艇俱乐部概述 ·· 147
　5.2　游艇俱乐部竞争力 ·· 163
　5.3　中国游艇俱乐部的发展 ·· 167

第 6 章　游艇管理政策与法规 ·············· 173
6.1　游艇安全管理 ·············· 174
6.2　游艇码头规划原则、设计规定与建设管理 ·············· 189
6.3　游艇经营管理 ·············· 203
6.4　游艇出入境管理 ·············· 211

第 7 章　游艇产业促进政策 ·············· 216
7.1　游艇产业政策内容 ·············· 216
7.2　美国游艇产业促进政策 ·············· 219
7.3　欧洲游艇产业促进政策 ·············· 221
7.4　日本游艇产业促进政策 ·············· 223
7.5　中国游艇产业促进政策 ·············· 225
7.6　国外游艇产业政策对中国游艇产业发展的借鉴意义 ·············· 235

第 8 章　游艇技术发展 ·············· 238
8.1　游艇推进技术 ·············· 239
8.2　游艇材料技术 ·············· 251
8.3　现代游艇新技术发展 ·············· 265
8.4　游艇码头平面布置 ·············· 272
8.5　游艇标准与专利 ·············· 276

后记 ·············· 280

第 1 章　游艇发展历程

游艇，一种现代常见的水上娱乐高级耐用消费品。根据中国[①]《游艇安全管理规定》的定义[②]，游艇是"仅限于游艇所有人自身用于游览观光、休闲娱乐等活动的具备机械推进动力装置的船舶"。它集航海、运动、娱乐、休闲等功能于一体，在现代生活中逐渐被越来越多的人所接受，成为个人、家庭及团队组织享受生活的一种方式。

游艇的本质是一种船舶。与其他类型船舶相比，游艇是主要用于游乐或者运动的船只，游艇设计制造的主要目的是用于休闲娱乐。因此，与其他客用、货用轮船相比体积更为小巧和精致[③]。

轮船的发明与使用可以追溯至南北朝时期，当时的中国人发明了靠人力踩动的木制桨轮，古代称为"车船""车轮舸"。相比之下，游艇的出现晚了很多年。根据经济的发展程度、普及率，以及游艇的动力装置、使用目的等不同，可以将游艇的发展分为以下几个阶段：游艇发展的萌芽期（14 世纪至 18 世纪）、游艇发展的成长期（18 世纪初至 20 世纪初）、游艇高速发展期（20 世纪 40 年代至 20 世纪 90 年代）和游艇发展的稳定成熟期（20 世纪 90 年代至今）。

1.1　游艇发展的萌芽期（14 世纪至 18 世纪）

14 世纪至 18 世纪是游艇发展的萌芽时期，这一时期游艇被认定是一种小型帆船。但是，此时游艇的设计制造工业尚处于起步阶段，因此游艇帆具的设计大多参照同时期帆船的设计样式。下面主要介绍 14 世纪至 18 世纪帆船的外观设计

[①] 本书未含港澳台数据、资料。
[②] 中华人民共和国交通运输部. 游艇安全管理规定（中华人民共和国交通运输部令 2008 年第 7 号）[EB/OL]. http://www.gov.cn/f/fg/2008-08/13/content-1070955.htm[2018-06-04].
[③] 朱珉虎. 游艇发展简史（一）[J]. 中外船舶科技，2010，（1）：33-35.

和制造技术，从而展示这一时期游艇外观设计的演变。

1.1.1 萌芽期小型帆船外观设计与制造

第一艘游艇出现于 14 世纪，由荷兰人率先发明。由于游艇与商船相比更为轻便、速度较快且转向灵敏，荷兰人用这种小型游艇来驱逐走私者、海盗和罪犯。同时，当时富有的船东和商人为了庆祝自己的商船平安凯旋，也会使用小型游艇去海上进行庆祝活动。这种小型游艇就是现代游艇发展的雏形。

游艇的设计可以分为外观设计与动力设计。外观设计主要指游艇外形结构的组成部分，如帆具、桅杆、船壳等；动力设计主要指游艇的驱动方式，如风力驱动（帆船）、人力驱动（皮划艇）、机械驱动（摩托艇）等。

萌芽期小型游艇的动力设计受到当时技术水平的限制，因此该时期游艇的动力设计与大型商船无异，主要依靠风力驱动帆具，从而使游艇前行。萌芽期游艇的外观设计发生了许多变化，通过研究分析 14 世纪至 18 世纪大型帆船设计制造的变化可以看出小型帆船即游艇的设计变化规律。在此阶段，小型游艇的外观，尤其是帆具与桅杆的设计经历了几次大的变革。

1. 帆具及桅杆的演变

1）从三角帆到垂直悬挂的方帆

帆具在船只顺风行驶时能提供很大的推进力，对于航行速度的快慢具有重要作用。帆具的第一次变革发生于 14 世纪初期的地中海地区。在此之前的几个世纪里，帆船的主要设计方式为"拉丁式纵大三角帆"。但是拉丁式纵大三角帆推动力不足，因此出现了垂直悬挂的方帆。后来，垂直悬挂的方帆在北欧船只（如柯格船）上表现良好，在日常航行中方帆所带来的动力与其他帆具所带来的动力相比更为出色，便日渐推广开来。

2）单桅单帆与船楼的出现

单桅单帆帆船是指拥有一根桅杆和一面帆具的帆船，这种设计是大多数地中海帆船的标配。与之前船只不同，自 14 世纪中期开始，单桅单帆的帆船开始建有船楼。船楼是耸立于船首或船尾的上层建筑，功能与陆地上的城楼一样，船楼在海战中可以作为制高点，同时给船只提供更多的空间和更好的视野。船楼的增建实现了单桅单帆帆船外观设计上的一次变革。

3）双桅单帆设计的出现

一根桅杆和一面帆的帆具设计虽然延续了很长时间，但是这种帆具设计在船只的航行过程中具有很多弊端。因此 14 世纪晚期就曾经有人尝试对桅杆的数量做出改变，即在艉楼上额外安装一根桅杆。

这种尝试是在拉丁式纵大三角帆的基础上进行的，从而形成了双桅单帆帆船。

双桅单帆可以使船只的操控更加方便，使逆风航行较之前更为容易。双桅单帆的设计方式于14世纪晚期出现，直至15世纪初期该建造方式才逐渐普及。

4）从双桅双帆至多桅多帆的变化

随着小型帆船的普遍使用，人们对船只速度的要求逐渐提高。15世纪初期，两根桅杆两面帆的设计逐渐普及。可是当时的人们并不满足于此，开始尝试在船只上安装第三根桅杆和第三面帆，即前桅和前桅帆。

15世纪后期第四根桅杆诞生，它被安装在一些大型的船只上面，位于后桅之后，上面装有一面三角帆，被称为波拿文都拿后桅帆。接着人们在后桅上又加装了顶桅帆。但它们的实用性遭到了很多人的质疑，所以在日常航行中并不经常使用。

15世纪后期人们逐渐意识到，增加桅杆及帆具数量不仅可以增加推力，还可以帮助船夫更好地操控船只。但后来前桅及前桅帆的大小都逐渐增加，变得和主桅一样拥有全套帆具。在这个过程中，斜桅杆也出现了。斜桅杆是系在船艏斜桅上的帆桁上。斜桅杆和其他桅杆虽然增加了帆船的推动力，但是也在一定程度上妨碍了船只的前方视线。

2. 船壳的改进

船壳即船的外壳。船壳在船体上多以光顺曲面呈现，尾部和首部的形状有很多种。北欧船只与地中海船只主要的不同之处在于船壳的制造方式。

北欧船只的船壳是重叠搭接的，重叠搭接就是一个木板的一部分压在另一块板之上；而地中海船只的建造方式是平铺式的，即一块木板与另一块木板紧密相连。在15世纪，当船只的尺寸逐渐加大时，人们开始发现重叠搭接的船壳的弊端，它在行驶过程中容易进水，这对于船只来说是致命的危害。

3. 艉柱舵的出现

地中海船只外观设计的一个重大改变便是艉柱舵。艉柱舵是指船尾端，从船底到艉肋板，连接两侧外板和龙骨的构件。在这之前，用来操控船只的是船尾两侧悬挂的舵橹，它决定着船只的行进方向，这个方法是13世纪以来北欧船只一直使用的。

当船只较小时舵橹的缺点并不明显，可是随着船身尺寸的逐渐增大，其缺点也暴露出来了。巨大的船身尺寸需要多个舵橹，这就意味着舵手要在甲板下面，依靠船上的口令声来确定是否工作。这需要舵手们密切的配合，难度较高。但是艉柱舵的出现解决了这一难题，只需要在船尾后面加装一块竖直木板，转动方向时只要调整艉柱舵的角度，便可以轻易地调整船只的行进方向。

在萌芽期帆船的外观设计经历了几次大的变革，如帆具和桅杆的出现，船壳的改进及艉柱舵的出现，这些变革使得帆船的制造技术更加精湛。下面将简要介绍该时期所建造的著名的帆船，以便更加详细地描绘萌芽期帆船设计的变化。

1.1.2 萌芽期著名的帆船

经过了大约三个世纪的漫长发展，帆船不论是外观设计技术还是生产制造技术都有了很大的进步，因此也建造了一些著名的帆船，如克拉克船、拉丁卡拉弗船及盖伦船。这三种帆船各具特色，集中展现了萌芽期帆船的制造技术。

1. 克拉克船

克拉克船（carrak，葡萄牙人称之为 nao，即"船"之意）是地中海地区一种常见的船只类型。在地理大发现时代，它毫无疑问是大容积"巨兽"。1519 年麦哲伦的环球航行众人皆知，麦哲伦的船队所使用的船只均为克拉克船。选取这种船作为环球航行有其充分的理由：克拉克船船身较大，提供了大量的空间，能够装载足够多的船员和补给，当然还包括麦哲伦要带回去的货物。

克拉克船的特点不仅在于庞大的船身，还在于其先进的制造技术。其拥有圆弧形的船艉，由船板从船侧向舵柱弯成弧形而成。不仅如此，克拉克船可谓是考察过去帆船演变的真正起点，它首次将船楼的建筑融入船壳的构造之中。在接下来几个世纪船只的建造中，船只正是基于克拉克船的设计进行调整和完善的。

在越来越多的桅杆和帆具出现的同时，克拉克船的吨位也随之增加。许多大型的战舰开始在 16 世纪涌现出来，如葡萄牙的西奈山的圣卡塔琳娜号，以及 1514 年建造的以亨利八世命名的主赐福亨利号，它经常被戏称为大哈里号。它们的设计目标就是尽可能大，为了达到这个目标几乎用上了当时最先进的技术。后来发展起来的盖伦船（galleon）就是在这种大型船只上建造的，只不过盖伦船在甲板上安装了铜炮。

16 世纪中期，铸铁取代了拼接的锻铁成为制造重炮的材料；安放在四轮炮车上的前装炮取代了装在固定炮架上的后装炮，这些改进使更多的人开始看好舰载火炮的应用前景。16 世纪初可开闭式炮门的出现使火炮得以装在离水线很接近的下层甲板上，增加了船上搭载火炮的数量。这些革新都使得重炮战舰的概念成为事实。

重炮战舰的兴起暴露了克拉克船的缺点：其庞大的船体建筑影响帆具的应用与航海时的性能。不仅钢炮无法大量安装，同时过高的船楼使得船只头重脚轻，在强风的吹袭下容易倾覆。

2. 拉丁卡拉弗船

远洋探险中，除了地中海船较为受欢迎之外，另一种被广泛使用的船只是装有拉丁式纵大三角帆的卡拉弗快帆船，又称为拉丁卡拉弗船（caravela latina）。后人又在此基础上进行了改进，将船只改为横帆船，以更好地利用顺风。

例如，1492年克里斯托弗·哥伦布的航行中，他的两艘拉丁卡拉弗船最后就全部改装为横帆船。拉丁卡拉弗船相较于其他船只，其优点在于吃水较浅，船体更加流线，阻力较小，适合远程航行。这些设计比克拉克船这种庞然大物更加优秀，但同时也意味着它的载重能力相比之下小了很多。

3. 盖伦船

克拉克船虽然有着诸多的优点，但是在使用过程中其缺点也在逐渐暴露，效率欠佳的船形就是一个很大的缺点。在克拉克船之后发展起来的盖伦船通过改变船体比例，克服了这一缺点。在接下来的几个世纪中，横帆船的形式与外观多多少少直接源自盖伦船，在一般配置、结构与帆具上都有所改进。

盖伦船船形的船长、龙骨长和船宽的比例很大，达到了4∶3∶1，相较之下克拉克船只有3∶2∶1。船长、龙骨长和船宽的比例大的最大的好处是可以改善船壳周围的水流状况，降低船只行驶的阻力，使船只拥有更好的机动性能以适应航行。

盖伦船较克拉克船来说另一个重要的改进是船头。盖伦船的船头位于艏柱上方，艏楼之前，延伸到船艏斜桅下，向前逐渐变细，尖端有个装饰的船首像。这个地方可充当船员的厕所，因为排泄物可以直接掉入下方的海里。有趣的是，即使今天，水手的俚语里"头"一词仍然指的是厕所。

不仅如此，盖伦船还将克拉克船的圆形船尾变成了较狭窄平坦的形状。这一形状的改变可以更好地分担艉楼的重量，从而保证航行安全。

盖伦船的一个标志性船只为1575年由英国建造的复仇号帆具战舰。该船只尺寸较小，拥有较长、较纤细的船体和改进过的帆具索具，攻击方式为远距离炮击战术。

在同一时期，西班牙人使用的是接舷战术，这种战术自罗马时代便开始出现，需要搭载很多船员。接舷战术迫使西班牙人必须使用庞大的克拉克船，从船楼上向敌舰甲板投射火力。针对这个痛点，英国人在海战时选择盖伦船，配备新式的帆具和火炮压制使用笨拙克拉克船的西班牙人，使他们没办法登舰肉搏，并利用这些优势于1588年击退了西班牙的无敌舰队。

这个时期船只的建造要求是使船只能加装更多、更重的火炮，这意味着船只的运载能力要更加强大。所以船只形状的建造逐渐趋向于越向上越内缩的船形。这样做的好处是使装在两舷的火炮能尽量靠近船体中心线,增加了船只的稳定性。另一个好处是向上逐渐收窄的船体使得敌人登舰肉搏更为困难。将这一理念发挥到极致的是荷兰人，他们所建造的船底部平坦，可以在浅水中自如航行。

到17世纪初,船只的设计又出现了变化,曾经远在艏楼前方的前桅向后移动,竖立在艏楼上的甲板上。

1.1.3　萌芽期游艇的主要用途

萌芽期的游艇处于初步发展阶段，用途主要集中在三个方面：驱逐走私者、庆祝重要的活动节日及满足皇室贵族的一些娱乐休闲需求等。

1. 驱逐走私者

第一艘游艇出现于14世纪的荷兰，其设计初衷主要用来驱逐走私者、海盗和罪犯。荷兰地处西欧，其西、北两面濒临北海，与德国和比利时为邻。当时，荷兰国土南北长约300千米，东西宽约200千米，陆地总面积为4.15万平方千米，海岸线长1075千米。荷兰自古以来就是一个多洪涝灾害的国家，为了防止洪涝灾害，荷兰人修建了大量的运河来疏导水路，构成了发达的水上交通网。荷兰特殊的地理环境使其贸易迅速发展，而且在当时迎来了海上商业贸易时代的春天，因此荷兰顺利发展成为整个欧洲的"海上马车夫"。

14世纪的荷兰人口大约为100万，但却有超过20万人从事海上运输及捕鱼的工作。荷兰人拥有中间人、代理人、推销商等多种角色，将西班牙、葡萄牙等地的香料、丝绸等运往欧洲大陆，同时将欧洲大陆的物品和本国的产品运往其他国家和地区。

繁荣的贸易成了荷兰大型航运业发展的基石，同时也为游艇的发明提供了催化剂。频繁的贸易往来促进了荷兰经济的发展，但同时也会滋生各种各样的问题：海上走私猖獗，海盗屡见不鲜，更有甚者，罪犯为了躲避荷兰军队的追捕，选择驾船逃离。

所以，当时的荷兰军队为了解决这些棘手又复杂的问题，决定建造小型快速船只来追捕这些罪犯，这些小型快速船只机动性能更好，同时行驶速度更快，为追捕罪犯提供了极大的帮助，这就是14世纪游艇萌芽期发明游艇的初衷。

2. 庆祝重要的活动节日

萌芽期游艇的另一个重要的用途是庆祝一些活动与节日。这一时期，海上贸易往来频繁，大大小小的商船络绎不绝，但是海上灾害也十分频繁，因此沿海居民会格外关注海上安全。每次商船顺利返回时，富有的船东和商人便会使用这些小型的游艇出海来庆祝他们返回的商船。他们会带着自己的亲人或者朋友及一些食物到海上进行庆祝，感谢大海让自己的商船平安归来。因此在海上来来往往的不仅有进行商业贸易的船只，还有举办庆祝活动的小游艇的身影。

3. 娱乐休闲需求

随着时间的推移，14世纪至17世纪游艇的设计逐渐完善，游艇的主要用途也在不断增加。最初游艇仅仅是一种交通运输工具，用来驱逐走私者和罪犯，经过三个世纪的不断发展，游艇的用途范围不断扩大。至17世纪，游艇已经演变成为一种休闲方式来供大家娱乐。

英格兰的查理二世在 1660 年重返英国王位之前，在荷兰流亡了 10 年。为了庆祝他重返王位，阿姆斯特丹市为他举行了大型的庆祝活动，同时向他展示了一艘豪华的 60 英尺[①]游艇，其中包括 20 名船员。查理二世给这艘游艇取名为玛丽号，他非常高兴地在泰晤士河上下航行。查理二世喜欢研究航海乃至海军建筑，他一生中建造了约 20 艘游艇，同时，他对游艇的热情是富有感染力的，在他的带动下，他的弟弟约克公爵詹姆斯也加入了他的行列，并且成了一名狂热的帆船运动员。

在查理二世重返王位后不久，第一场有组织的赛事便在泰晤士河上举行，这是一场长达 40 英里[②]的比赛，它发生在 1661 年，在查理二世新建的游艇凯瑟琳号和约克公爵的安妮号的比赛中。查理二世的凯瑟琳号率先冲过终点。这不仅是一场比赛的结束，同时也是一个新兴运动的开始[③]。

由此可见，17 世纪的游艇已经摆脱了 14 世纪单一的用途，除了对军队提供极大的帮助外，更加精致的游艇逐渐成为欧洲皇室的娱乐休闲工具。到了 17 世纪中叶，英国出现了第一艘皇家狩猎钓鱼艇，游艇的娱乐性大大增加，譬如钓鱼、比赛、休息等。但在当时，这也只是皇室能够享有的生活方式，底层人民尚未普及。18 世纪的游艇发展水平与 17 世纪的游艇发展水平相当，并没有发生太大变化，是 17 世纪游艇发展水平的继承。

纵观 14 世纪至 18 世纪游艇的发展历程，不难看出，这一阶段游艇设计与制造方面的改变主要集中于外观设计和用途的变化，动力装置并没有突出的改变。萌芽期的游艇在外形及用途上发生了翻天覆地的变化，已经在一定程度上接近现代游艇的设计与用途。但在材料的使用、内部的装修及动力装置等方面仍然与现代游艇有较大的差距。随着第一次工业革命的到来，这些都发生了改变，进而迎来了游艇发展的成长期。

以上详细介绍了 14 世纪至 18 世纪中大型帆船船只的设计与制造的变化，船体的各个部件也发生了改变，船壳由重叠搭接式变为平铺式，使得船壳结构刚性大大加强，船只行驶更加安全。而且，帆具由一根桅杆和一面帆变成了多根桅杆和多面帆的设计，同时还增加了船舵，船只的行驶速度得到了大幅度提升，转向更加灵敏与准确。船身尺寸、船头、船尾及船舱的设计也发生了较大的变化，这些变化都是为了满足 14 世纪至 18 世纪中战争及载货的需要。

对比来看，14 世纪至 18 世纪大型帆船船只的变化出现了如下的趋势：船身更加安全且符合工程学设计，在水中行驶阻力更小。船身的设计更加符合现实的

---

① 1 英尺=3.048×10^{-1}米。

② 1 英里=1.609 344 千米。

③ 占仁包. 游艇的演变现状与未来[J]. 科技展望，2014，（17）：224.

需要，逐渐成为运输与战争的主要装备。

这个时期的游艇就是小型帆船船只，随着大型船只的设计日趋完善，游艇的设计水平也得到了提高。这个时期游艇的设计虽然有了长足的进步，但动力仍旧是以风力驱动为主，其优点较之前的桨船，在行驶过程中大大地减少了人力，通过对自然风向的把握，可以几乎不使用人力驱动。同时，后来出现的多根桅杆多帆具的设计也使得游艇行驶速度更快，转向更加灵敏精确。但风力的大量应用也造成了当时游艇无法克服的一些缺陷，航线的选择成为难题，若选择一条顺风的航线，既可以节省人力的使用，同时还可以快速地到达目的地，倘若选择了一条逆风的航线，则会更加费力费时。

1.2 游艇发展的成长期（18世纪初至20世纪初）

游艇的发展依附于当地经济与生产技术的发展，之所以把18世纪初至20世纪初这一时间段称为游艇发展的成长期，是因为18世纪和19世纪世界发生了两次巨大的工业革命，而这两次工业革命的成果被利用到游艇的开发设计上面，促进了游艇产业的快速成长。

18世纪60年代的英国首先发起了工业革命。1764年，纺织工哈格里夫斯开创性地发明了"珍妮纺织机"，揭开了工业革命的序幕。从此，在棉纺织业中出现了螺机、水力织布机等先进机器。1785年，瓦特制成了改良型蒸汽机，这是一个划时代的产物，它使人力得到了解放，提供了更加便利的动力，并得到迅速推广，大大推动了机器的普及和发展，人类社会由此进入了"蒸汽时代"[①]。第二次工业革命的成就以电器的广泛应用最为显著，人类进入了"电气时代"[②]。两次工业革命所带来的科技变革使游艇的动力系统升级成为可能。

1.2.1 成长期的游艇动力系统设计与制造

得益于两次工业革命的研究成果，在游艇动力系统设计与制造技术的改进过程中，最大的改进莫过于将蒸汽机动力系统运用于游艇的生产制造之中。除此之外，内燃机的使用也使游艇的制造技术有了突飞猛进的进步，接下来本节将重点介绍这两种系统的应用。

---

① 杜洁. 第一次工业革命的历史真相[J]. 黑龙江史志, 2011, (13): 46, 48.
② 龚淑林. 美国第二次工业革命及其影响[J]. 南昌大学学报（人文社会科学版）, 1988, (1): 67-74, 101.

1. 蒸汽机动力系统的运用

第一次工业革命最重要的发明莫过于蒸汽机的使用，在采煤、冶金等许多工业部门，也都陆续有了机器生产。随着机器生产越来越普及，原有的动力如畜力、水力和风力等已经无法满足需要。随着工厂中越来越多的工作被这种机器所代替，人们便开始挖掘蒸汽机在其他方面的用处。于是1807年，美国人富尔顿制成第一艘蒸汽机船，并且试航成功；1814年，英国人史蒂芬孙研究制造了第一辆蒸汽汽车；到了1825年，史蒂芬孙亲自驾驶着一辆34节车厢的火车试开成功，人类从此进入了以蒸汽机为主要动力的时代[①]。

使用蒸汽机作为轮船的动力可以追溯至18世纪。如何把人力从轮船的行驶中解放出来，同时还能使轮船行驶不受限于天气的变化，这个问题一直制约着游艇的发展。蒸汽机的出现为上述问题的解决提供了答案。

虽然在富尔顿发明蒸汽机船之前就有人进行过类似的尝试，但均以失败告终。富尔顿意识到，能让船自己航行的动力装置就是蒸汽机。在他看到了希望之后，便开始学习起来。他不仅学习了蒸汽机的相关知识理论，而且把其他制造蒸汽机船失败者的设计图纸收集起来，分析他们失败的原因，从而让自己在设计的过程中避免类似的错误发生。

在经过长时间的准备之后，富尔顿于1794年开始建造他人生中的第一艘蒸汽机船。第一艘蒸汽机船耗费了他九年的时间。他反复地设计图纸、制造模型，以一个工匠的精神制造出第一艘蒸汽机船。蒸汽机船最终在1803年建造完成，富尔顿怀着激动的心情将轮船放入塞纳河中，准备在那里开始他的第一次航行。但是结局却令富尔顿失望，蒸汽机船并没有启动。

1806年，富尔顿从法国回到了美国，在那里继续为他造船梦想的实现而努力着。终于在1807年，一艘崭新的蒸汽机船在纽约的哈德逊河下水了，富尔顿称这艘蒸汽机船为克莱蒙特号。

中国的第一艘蒸汽机船也在18世纪被制造出来，华蘅芳在1861年同徐寿在安庆军械所造出中国最早的轮船安庆号。试航轰动一时，但由于各种原因，最终并未正式投入使用。1864年清军攻占了太平天国的都城南京，曾国藩把安庆军械所从安庆迁到了南京，徐寿、华蘅芳等根据小火轮船的制造经验，采用明轮推进，将低压蒸汽改成高压蒸汽。于1865年研制出中国第三艘机动轮船，并成功在扬子江试航。曾国藩长子曾季泽去北方省父乘坐此船，对轮船性能十分满意，于是命名为黄鹄号，从此中国开始了近代船舶工业的发展。

---

① 朱珉虎. 游艇发展简史（二）[J]. 中外船舶科技，2010，（2）：28-32.

该时期轮船的动力以蒸汽动力为主。蒸汽机的原理较为简单，在蒸汽锅炉中，通过燃烧过程，水进一步沸腾为蒸汽，然后蒸汽通过管道被送到气缸。在这个过程中阀门控制蒸汽到达汽缸的时间，经主汽阀和节流阀进入滑阀室，受滑阀控制交替地进入汽缸的左侧或右侧，进而推动活塞运动。蒸汽在汽缸内推动活塞做功，冷却的蒸汽通过管道被引入冷凝器重新凝结为水。这个过程持续下去就可以使蒸汽机不停地运转下去。蒸汽机的使用虽然使船能够自己航行，摆脱了人力的束缚，但是其缺点也较为明显。蒸汽机船离不开锅炉，整个装置笨重且体积庞大，这是一个较为致命的缺点。同时它是一种往复的机器，惯性限制了转速的提高，所以这个时期的轮船速度并没有显著的提升。蒸汽机使用过程中热量的损耗也是一个重要的问题。正是这些问题，使得蒸汽机船的体积无法做得太小，但是相较于之前，蒸汽机船的出现可谓是一个划时代的产品。

2. 内燃机的使用

1866年，德国人西门子制成了发电机；到19世纪70年代，在日常生活中实际可用的发电机问世。19世纪七八十年代，以煤气和汽油为燃料的内燃机相继诞生，19世纪90年代柴油机创制成功。内燃机的发明解决了交通工具的发动机问题。19世纪80年代德国人卡尔·弗里特立奇·本茨等成功地制造出由内燃机驱动的汽车，内燃汽车、远洋轮船、飞机等也得到了迅速发展。内燃机的发明，推动了石油开采业的发展和石油化工工业的生产。电器开始用来代替机器，成为补充和取代以蒸汽机为动力的新能源。随后，电灯、电车、电影放映机相继问世，第二次工业革命使人类进入了"电气时代"。

科学技术应用于工业生产的另一项重大成就是内燃机的创新和使用。内燃机于1886年首次应用于轮船，德国工程师戴姆勒首次把汽油发动机放置于自制船之上，并且在德国纳卡河上航行成功。船舶汽油发动机由于速度很高，在第一次世界大战中先普遍用于鱼雷艇、汽艇及海岸巡逻艇上。1902年，第一台船用柴油机装于法国运河船小皮尔号。两年后，俄国油轮旺达尔号建成，在伏尔加河和里海上航行，是世界上第一艘柴油远洋轮船。从20世纪30年代起，新造的客轮及货轮大都采用柴油发动机。柴油发动机是游艇上最普遍装置的辅机，只有军舰和最大的邮船仍旧使用蒸汽发动机。

随着内燃机的普遍使用，机械动力艇迅速成为游艇主流。汽油及柴油发动机体积更为小巧，动力更为强劲，不仅为大型的轮船提供了动力，也使得游艇的外形设计更加小巧精致。

值得一提的是，这一阶段西方世界的快速发展不仅是因为工业革命带来的技术性创新，同时也得益于列强借助殖民扩张而进行的疯狂的经济掠夺。正因为如此，游艇这一西方世界的传统奢侈消费品，带着殖民色彩的面纱缓慢地走进了东方世界。不论是工业革命的推动，还是殖民扩张的刺激，这两者都促进了游艇产业的快速发展。与萌芽期的游艇相比，成长期的游艇在外观设计和动力装置等方面都具有很大的改进。

1.2.2 成长期游艇的主要用途

成长期游艇的主要用途大致体现在休闲娱乐方面，即游艇俱乐部和游艇赛事活动。但是早期的游艇俱乐部几乎都被皇室贵族所垄断，这些俱乐部是为皇室贵族中船舶爱好者提供船只停泊、修缮、补给的一个小船坞。该时期游艇俱乐部的享乐人群范围十分狭小，仅限于皇室贵族，普通人民无法触及。游艇这项活动从皇家贵族走向普通百姓也经历了一个漫长的过程。

1. 游艇俱乐部

成长期的游艇俱乐部仅限于皇室贵族所使用，主要包括皇家科克游艇俱乐部、皇家游艇舰队俱乐部及新加坡共和国游艇俱乐部，这三个俱乐部在当时具有举足轻重的地位。

1）皇家科克游艇俱乐部

在游艇发展的萌芽期，就已经出现了皇室贵族使用游艇比赛的活动。到了游艇发展的成长期，随着内燃机的普及，游艇的成本稍微有所降低，不再是皇室成员独有的娱乐方式，越来越多的富豪或者游艇爱好者开始拥有自己的私人游艇，游艇俱乐部应运而生。

世界上第一个游艇俱乐部于 1720 年成立，名为皇家科克游艇俱乐部，诞生于爱尔兰，由爱尔兰第九代英奇昆男爵威廉姆·奥布莱恩创立。在游艇发展的长河中，每个游艇俱乐部都经历过几番更名，皇家科克游艇俱乐部也不例外。在创立之初，其叫作科克水港俱乐部（The Water Club of the Harbour of Cork）；在 1831 年，英国国王威廉四世赐名"Royal"，由此俱乐部正式更名为皇家科克游艇俱乐部（Royal Cork Yacht Club）。1765 年的时候，皇家科克游艇俱乐部曾因为经济问题而被迫停业，直到 1802 年才再次开始运营。皇家科克游艇俱乐部也经历过一次迁址，从诞生之地爱尔兰科克港豪尔波兰岛迁到了位于科克市附近的克罗斯黑文。这家约 300 年历史的游艇俱乐部一直保持着很高的活跃度，日常大约有 1600 名会员，常年承办各类世界锦标赛、欧洲锦标赛和爱尔兰锦标赛。青少年帆船、激光级、帆板等小帆船是该俱乐部运营的常规项目。在大帆船领域，该俱乐部承办着爱尔兰最盛大和著名的帆船赛——科克帆船周（Cork Week）。

2）皇家游艇舰队俱乐部

皇家游艇舰队俱乐部于 1815 年成立，由 42 位热爱游艇航海的英国绅士创立，该俱乐部有着完善的运营方法，每年会在伦敦和考斯两地举行商务会议。倘若有人想要加入该俱乐部，必须满足已有一艘游艇这一前提条件。除此之外，俱乐部对会员的游艇也有着严格的要求，即所拥有的游艇必须不小于10吨。该俱乐部之所以命名为皇家游艇舰队，是因为时任摄政王的乔治四世在1817年成为该俱乐部会员，从它名字的变化及俱乐部成员来看，其与皇家海军舰队有着千丝万缕的联系，也足以见得皇室对于该俱乐部的重视。目前，英国女王伊丽莎白二世是这家俱乐部的赞助人。

3）新加坡共和国游艇俱乐部

亚洲第一个游艇俱乐部——新加坡共和国游艇俱乐部创办于1826年，是亚洲最早成立的俱乐部。但是较为讽刺的是，新加坡能如此早地创办游艇俱乐部，并不是新加坡土著居民的功劳，19世纪的新加坡正值英国殖民，因此新加坡共和国游艇俱乐部虽然在亚洲地区创办，但归根结底还是英国人的功劳。

2. 游艇赛事活动

19世纪初期，游艇俱乐部在皇室已经备受欢迎，但是游艇作为一种高档奢侈品，其他人民群众无法接触得到。那么游艇这项活动是什么时候开始走出皇室，能够让其他人接触到的呢？答案是19世纪中叶，在19世纪之前，民间多有游艇赛事，只是尚未记录在册。19世纪，得益于工业革命带来的技术成果，以及欧美对航海事业越发的重视，游艇这项活动迅速地发展起来。

19世纪中叶，游艇已经不再仅仅是皇室成员独享的娱乐活动，越来越多的私人俱乐部也如雨后春笋般出现，同时也出现了大大小小的游艇赛事。游艇比赛与中国的赛龙舟比赛相似，首先在内河发展，然后再发展到近海、远海。

第一次远离海岸的长距离远洋比赛是由美国游艇俱乐部在1866年举办的，当时有3艘帆船——亨利埃塔、福利特温、韦斯塔号参加这个远征比赛，争夺最后3万美元的奖金。1906年，美国游艇俱乐部开始举办两年一度的远洋赛艇比赛，该比赛从罗德岛至百慕大，赛程为660海里。1925年，英国首次举办了"法斯特耐特帆船赛"，该比赛是从考斯出发，绕着爱尔兰西南的城市进行，全程605海里，成为当时游艇运动中最有声望的比赛。

19世纪初，考克港水上俱乐部是当时规模较大的游艇运动中心，它与其他游艇俱乐部在泰晤士河上组织了一系列的游艇赛事。19世纪中叶，在英国的索伦特海峡与维特岛之间就曾多次举行游艇比赛。

游艇发展到20世纪初，无论是游艇自身的设计制造还是配套的游艇俱乐部等基础设施已经基本完善。依靠两次工业革命带来的技术创新，游艇各方面的设计都有了飞跃式的进步，内燃机在至今仍是一个很好的选择。同时，游艇这项娱乐活动也从皇室贵族中走了出来，越来越多的非皇室游艇俱乐部开始创办，更多的人可以接触到这项活动，在一定程度上加速了游艇行业的发展。

1.3 游艇高速发展期（20世纪40年代至20世纪90年代）

由于两次工业革命所带来的技术层面的进步，游艇行业发展迅速，大约20世纪40年代步入高速发展期，该时期出现了著名的飞桥和复式驾驶控制台技术。但是刚刚步入高速发展期，由于第二次世界大战（以下简称二战）的爆发，世界游艇行业进入了一段停滞期。随后世界各国致力于经济恢复，游艇行业基于经济的发展也步入了高速发展期。

1.3.1 高速发展前的停滞

20世纪初到20世纪50年代之前，二战爆发。在二战期间，大部分的财力、物力被用于战争，几乎各个国家的经济都受到了重创，游艇的发展进入停滞期，究其原因在于游艇只是一个消费品，并不能在战争期间带来价值。下面分别介绍二战对各国的影响，从而更好地理解战争与经济给游艇行业发展所带来的影响。

1. 二战对美国经济的影响

美国本土远离战场，经济没有遭受较大的战争破坏。相反，美国长期打着"中立国"幌子，先是通过《中立法案》，后又通过《租借法案》，其目的是充当交战国的兵工厂和武器供应地，向各国出售军火、设备、粮食、原材料和提供运输、劳务，从战争中赚取大量的钱财。从美国的国民生产总值（gross national product，GNP）可以看出，1939年美国的国民生产总值为2094亿美元（按1958年价格），而1944年却达到了惊人的3613亿美元。在这当中，工业生产增长最大，1943年的工业平均总产值较1937年增加了1.2倍以上，其中，重工业增加了2.3倍。

美国的工业在资本主义世界工业生产中所占的比重也显著提高，从1937年的41.4%，上升到二战后1948年的53.4%。战争时期，美国出口的实物量增加了2倍，在资本主义世界出口总额中所占的比重从1937年的14.2%猛增到1947年的32.5%。但二战时进口只增长了20%，美国的黄金储备量也大幅度增加，从1937年的127.6亿美元增加到1948年的244亿美元，增幅达到了惊人的91.2%，其在资本主义世界中黄金储备量的占比也从50.5%上升到74.5%。在这期间，美国的资本输出也大幅度提高，如私人投资从1939年的114亿美元增加到1946年的187亿美元，占资本主义世界资本输出国第一位。

总之，经过了二战，各个国家无论是政治还是经济都受到重创，可是美国却成为资本主义超级强国,巩固了它作为资本主义世界的国际贸易中心和国际金融中心的地位。

2. 二战对英国经济的影响

相比美国,同样是战胜国的英国却有着不同的境遇。长时间的战争使它的经济遭到重创。战前英国是德国法西斯势力及对外侵略的纵容者。但是自1939年9月之后,德国却把侵略的目光指向了英国。德国军队肆意的轰炸导致英国1/4的财产遭到破坏。

战争促使英国的工、农业生产有一定的提高,但是其设备没有得到更新,导致其在资本主义世界中的经济地位有所下降。1937年,英国工业生产占资本主义世界的12.5%,1948年下降为11.7%。因为战争消耗了国内工业和农业设备与产品,所以其出口能力大大下降,其战后相比于战前的出口贸易额减少了69%,在资本主义国家出口总额中所占的比重也由11.3%下降到9.8%。

在海上力量方面,战前英国的商船和军舰总吨位都占世界第一位。可是经过战争的洗礼,美国在各方面已经远远将它甩在身后。从一组数据便可以明显地看出,1947年英国商船总数为1785万艘,而美国达3242万艘。大不列颠统治海洋的时代一去不复返。

3. 二战对亚洲地区经济的影响

亚洲地区也爆发了战争,日本、德国两国在战争期间曾占领和蹂躏了包括中国在内的8个亚洲国家的大片国土,日本、德国两国经济在这一时期可以说是飞速增长。但自1941年以后,由于原材料和劳动力严重缺乏,生产每况愈下,特别是遭到美国的轰炸,日本全国119个城市被摧毁,国民财富的36%化为灰烬。到1945年战争结束时,日本的工业生产仅仅为战前的10%。日本在资本主义世界工业生产中所占的比重从1937年的4.8%下降到1948年的1.5%。可是对于中国来说,虽然是战争的胜利者,但是在战争中牺牲了太多的人力、物力,大部分的经济投入到军事上,国民经济一度接近崩溃[①]。

4. 二战对世界游艇业发展的影响

二战对于世界经济的打击是巨大的,当二战结束之后,世界表面平静下来,各国也开始思考和规划自身的发展。对于很多国家来说,战后是经济快速发展的一个黄金期。

这一期间游艇的销量也有了显著的增长,从二战结束到20世纪50年代初期这短短的几年时间里,世界上游艇的年销售量达到了3100艘,销售金额为5270万美元。20世纪50年代末期,世界游艇的销售总额就达到10多亿美元。其中,

---

① 徐蓝. 世界历史发展进程中的第二次世界大战[J]. 世界历史, 2010, (5): 4-12, 156.

71%为木质结构的小型机动艇和帆艇，少量为铝质结构的机动艇，这些机动艇大多数是舷外挂机动力艇，是现代游艇萌芽的开始。以美国为例，1965年，舷外挂机销售量就达到64.2万台，创美国当时历史上舷外挂机年销售量最高纪录，并且至今未被打破。

20世纪50年代末，世界造船业和航运业逐渐开始从二战带来的噩梦中苏醒过来。在战争期间，催生了很多建造战舰和鱼雷的工厂，战争结束之后，它们便将自己擅长的技术应用到建造商船和游艇上面来。

美国的亨特（Hunter）公司就是一个在战时建造高速军用艇的主要生产商，得益于此，战后的亨特公司借助其已有的技术和资本快速发展其他类型的游艇，所以其战后毋庸置疑地成为美国最大的游艇制造商。

英国的游艇行业也得到了快速的发展，英国的沃斯帕（Vosper）公司成功研制了燃气动力快艇，曾经风靡一时，但是这种高速艇主要用于赛事和公务，未能在后来的发展中走进平常百姓家。虽然未能普及，其建造小型游艇的技术却对以后游艇的建造产生了极大的影响，如铝合金艇的制造技术、铝构架木壳艇的制造技术及发动机的制造技术等。

与此同时，日本综合了二战时所使用过的高速艇艇型的优缺点，成功研制出耐波性优良的"波形艇体"。联邦德国雷申船厂对高速圆舭型艇体做了改进，将其设计成为意大利游艇接下来发展的主流形状。

到了20世纪60年代，世界经济已经走出二战的阴影，并且进入快速发展期，西方发达国家人民的生活水平逐渐提高，由此拉动了游艇经济的发展。同时军用技术的运用使得该时期游艇的设计与建造技术更加先进，因此游艇也进入了高速发展期。

1.3.2 高速发展期的游艇设计与制造

在高速发展期，现代游艇的发展以美国和意大利两国为代表。最为显著的技术创新是飞桥甲板（flying bridge）的发明，制造材料的改进及复式驾驶控制台的出现，使得游艇制造技术拥有了重大突破。

1. 飞桥甲板的发明

飞桥甲板源于美国人的发明，原本用于渔船，它的应用使得游艇的露天体积和面积都增加了大约30%。飞桥甲板也许对大多数人来说是一个陌生的名词，其实飞桥是位于游艇最上层的一个部分，这个部分通常是露天的，但是有的船只也有可能会配备折叠的软篷用来遮阳挡雨。

飞桥甲板的位置可以说是非常优越，它是飞桥型游艇最为开放的一层甲板，这个位置视野开阔，是人们休息和观赏美景的好地方。后来，人们发现飞桥甲板又具有了新的用途。一般游艇若只能在室内驾驶舱中驾驶，则视野容易受到阻挡。为了解决这一问题，美国和澳大利亚的设计师对飞桥甲板做出了技术方面的改进，他们将飞桥驾驶台设计为全艇唯一的驾驶台，在飞桥甲板最前端安装一个驾驶区域，从而使驾驶视野更加开阔。

事实证明，飞桥甲板设计好处很多，可以用在方方面面。如可以用来垂钓、休闲，现在飞桥甲板上面室外太阳垫、用餐区、户外吧台和烧烤台等设施一应俱全。对于欧美的游艇玩家，甲板是举行海上户外派对、餐会的最佳之选，在嘻哈与摇滚乐中享受海风拂面，自由放纵；偶尔也驾艇狂飙，在速度和激情中叱咤蓝海，畅快淋漓[1]。

2. 制造材料的改进

高速发展期游艇的制造材料也发生了较大的变化。20世纪60年代以前以胶合木结构为主，艇体外板都是采用航海用胶合板，发展后期，随着强化纤维塑料（fiber reinforced polymer/plastic，FRP）和工艺的逐步成熟，FRP材料逐渐用于游艇的制造，这对现代游艇业的发展产生了巨大影响。

20世纪60年代初期，艇体外板都是采用航海用胶合板，只有体积很小的游艇才会采用FRP材料。用胶合板制造的游艇虽然符合过去科技的发展水平，但是其缺点也很明显，用这种方法建造的游艇的外观线条很生硬，直到20世纪70年代中期，由于FRP材料的普及，这种外观生硬的线条才开始转向更为柔顺的曲线。采用FRP结构的游艇较以前具有非常多的优点，质量较轻且强度较高，对于减轻游艇的重量具有非常大的帮助，特别对有重量限制的高性能游艇更是必不可少的建造材料。而且，FRP结构游艇更耐腐蚀，有利于抵抗海洋里生物附着带来的危害，比起传统的游艇更适合在海洋环境中使用。

3. 复式驾驶控制台的出现

游艇高速发展期的另一创新是复式驾驶控制台的出现。第一批装有复式驾驶控制台的游艇诞生于1968年的意大利，它们分别是Baglietto 16.50、Italcraft X44和Tiger。复式驾驶控制台是指飞桥甲板上设置的与座舱中驾驶台联动的第二套驾驶台。

高速发展期游艇的制造技术的创新主要体现在如下三个方面，即飞桥甲板、制造材料和复式驾驶控制台。这些建造技术的创新使得游艇的生产制造提升了一个水平。直至1973年，能源危机在全世界爆发，这使得造船业和航运业也开始变得低迷，刚刚兴起的游艇热潮也随着这次危机而有所消退。许多游艇的建造被搁置，展览会被迫取消，如日本1974年准备举办的第13届游艇展会就因此而被迫取消。游艇业低迷的情况一直持续到1975年才开始有所改善。自1975年开始，

---

[1] 王晓，冯学钢. 美国游艇业的发展及其借鉴意义[J]. 上海造船，2005，（2）：71-74.

游艇业逐渐恢复并进入了高速发展的黄金期，并且长达15年之久，这15年间游艇设计的创新思想不断地由设计大师的作品演绎出来，逐步形成现代游艇的特征和格调。

1.3.3　高速发展期游艇的主要用途

高速发展期的游艇除了基本的交通用途之外，依旧是作为一种休闲娱乐的方式供消费者使用，与之前几个时期游艇用途的不同之处在于，在高速发展期，出现了游艇租赁业务，即游艇除了购买的方式之外，还出现了租赁的方式，游艇的用途进一步扩大。

1. 休闲场所

在高速发展时期，越来越多的俱乐部频繁举办大小比赛，奖金日益丰厚，不仅如此，人们对游艇的休闲特征认知加深。由于FRP结构及其他设计的引入，游艇的设计更加美观，内部设计也开始变得奢侈，人们开始把游艇作为一个休闲的场所。游艇内部配套的基础设备越发完善，游艇高速发展期的重要创新——飞桥甲板也发挥了巨大的作用。

2. 游艇租赁业务的出现

游艇经济的快速发展使越来越多的人想要体验游艇带来的乐趣，因此催生了一个新的业务——游艇租赁业务。游艇的造价一直非常昂贵，动辄几十万美金，甚至更贵，除了皇室贵族和富有的商人，不是每个人都可以承受得起高昂的购买费用。但是一些精明的商人洞悉了其中的商机，开始进行游艇租赁，即把游艇租赁给一些想要体验游艇生活的消费者并从中获得利润。

与此同时，租赁业务为那些仅仅想要体验一下游艇生活的消费者也提供了极大的便利：不用支付高昂的金钱去购买一艘游艇，同时也不用担心购买之后游艇维修保养的费用，只需要支付较少的金钱就可以体验丰富的游艇生活。因此，游艇租赁业务一经推出就受到了火热的追捧，并且迅速发展起来。

随着消费者生活休闲方式日趋多样，以游艇为主体所衍生出的相关服务行业种类日渐增多。不仅是游艇租赁业务，如游艇聚餐、游艇婚礼等高附加值的游艇服务业务也被越来越多的消费者所接受。

1.4　游艇发展的稳定成熟期（20世纪90年代至今）

随着第三次工业革命的深入发展，20世纪90年代的世界经济发展有两个主要趋势：经济全球化和区域经济集团化。与此同时，现代交通、通信技术也有了极大的进步，使得全球人员、资金、物资流动和信息可以在全世界范围内实时沟通，经济全球化和区域经济集团化的趋势更加明显。

之所以把20世纪90年代至今称为游艇发展的稳定成熟期，是因为在这个阶段，世界经济缓慢增长，不会再出现战后经济飞跃式发展的情况。同时，20世纪90年代至今，科学技术发生了跨越式的进步，科学技术是第一生产力，随着新型技术的出现，游艇的设计理念和制造技术也在不断改变，正在逐步完善对游艇的设计和制造工作。

1.4.1 稳定成熟期的游艇设计与制造

在游艇稳定成熟期，随着科技的进步及人们对游艇需求的提高，豪华游艇问世。与同时代的其他类型游艇相比，其建造的豪华程度是绝无仅有的。本节就豪华游艇的特点及分类展开详细的介绍，之后还以豪华游艇——日蚀号为例展示豪华游艇的魅力所在。

1. 豪华游艇的特点

豪华游艇由于奢华、个性化、多功能和体型较大等特点，在制造过程中有以下几个方面的特点[1]。

1）单件定制生产

豪华游艇相较于其他普通的船只，更像是一个贵族。它已经成为消费者身份和地位的一种象征，因此这就对游艇的设计提出了非常高的要求，工厂批量化的生产显然是不可行的。每一个客户都有自己与众不同的喜好，游艇设计师就是要做到尽可能地满足个体消费者的需求。

国际上有许多游艇厂家聘请世界著名的游艇设计师对其游艇进行设计，以此来提高品牌知名度和竞争力。豪华游艇的这种个性化消费理念直接决定了产品的单件定制化特色，生产基本上也会单件生产，很少形成批量，因此建造规模一般都比较小，无法实现大规模生产的高效率和低成本[2]。国际主要的豪华游艇制造企业，如荷兰的费德游艇厂、德国的乐顺游艇公司等企业都主要经营个性化定制生产服务。

2）船体建造工艺复杂

豪华游艇的建造工艺可以说是非常复杂的，无论是船身材料的选择、船内设备的安装，还是船身色彩的搭配都需要精心考究。为了体现豪华游艇的时尚和艺术气质，游艇的船身必须在保证航行基础之上拥有优美的造型和流畅的线条，这

---

[1] 姜艳燕，丛红. 走近游艇俱乐部[J]. 中国海事，2011，(5)：35-37.
[2] 汪逸丰. 豪华游艇发展史及其建造特点[EB/OL]. http://www.istis.sh.cn/list/list.aspx?id=9994[2018-06-15].

对于船体建造的精度要求非常高。比如，钢铝混合结构的超大型豪华游艇的主船体为钢质薄板结构，上层建筑为铝合金结构，需要控制建造精度，生产难度很大，对生产环境、设备和人员素质都有相当高的要求。

3）内装要求高

豪华游艇在常人眼中一直都是一个遥不可及的奢侈品，说它是奢侈品一点也不为过，不仅建造工艺复杂，而且对内部的装修有很高的要求，精致的装修可以体现出主人的尊贵和高雅。因此，船体的内装工作必须就艇上每个细节进行考究的设计和装潢。

豪华游艇内部装修需十分精细。游艇内饰的用材要极其考究。游艇在水面上航行，除了要求美观、舒适外，更重要的一点是安全性能好，因此，对游艇内饰的用材有特殊的要求。如果内饰材料没有足够的刚度和强度，在使用过程中，就很容易走形、损坏，所以，内饰材料要比一般船舶高级很多。游艇地板一般选用橡胶地板，它不仅环保、静音、防火、耐腐蚀，还是优良的耐磨材料，安全性能好。游艇天花板一般采用阻燃铝制复合岩棉板，其以玄武岩及其他天然矿石等为主要原料，岩棉板经高温熔融成纤，加入适量黏结剂，固化加工而制成，耐高温、隔热、防潮。另外，为把游艇布置得舒适、漂亮、有序合理，家具布局是关键。家具布局要考虑以下几方面因素：①线条要流畅。直线线条流动较慢，给人以庄严感。曲线线条流动较快，给人以活跃感。家具的线条还要与游艇的线条相适应，如果游艇较窄，可将家具由高到低排列，以造成视觉上的变化，从而房间会显得宽敞。②风格要统一。家具最好购买成套家具，以使家具的大小、颜色、风格和谐统一，线条优美，造型美观。家具与室内其他设备及装饰物也应风格统一，如窗帘、灯罩、床罩、台布等装饰物的用料、式样、图案、颜色也应与家具及设备相呼应。③色彩要调和。游艇室内家具与墙壁、屋顶及装饰物的色彩要调和，游艇内外的色彩也要调和。

4）劳务比重大

从上面的分析中可以看出，游艇的建造方式为单件定制生产，这也决定了它无法像汽车一样在流水线上生产。豪华游艇是劳动密集型和技术密集型的产品，除了在船体的建造和内部设备的安装上需要消耗更多的人力，游艇内部的装修更加是一个大工程。而且，这些大多数工作都是手工作业，效率较低。一般一艘豪华游艇的70%的工作量需要手工完成。

游艇的制造过程中，主要工作不是建造船体，而是内部的装潢。虽然有一定数量的预制家具和预制部件，但是更多的装修工作是在现场进行，而且是以手工装修为主，故周期很长，占用了生产周期的大部分时间。

建造游艇的过程中，另一个耗时耗力的工作是涂装。船体及上层建筑建造完工后，需要在外表面涂上数层填充涂料，每一层都要打磨一遍，以达到表面光顺。

这项工作十分关键，费工费时，而且必须依靠人工完成。例如，一条100英尺长的豪华游艇，仅完成外表涂装，就需要5~6名工人工作3~4个月的时间。

5）设计与生产并行

因为在豪华游艇的建造过程中，船主的要求随时可能发生变化，所以设计也需随时进行相应的调整。游艇建造过程复杂，预先的生产设计常常难以深化，很多施工技术和工艺问题无法事先设想和事前解决，因此需要在建造的过程中不断跟进研究和随机处理，使得生产和设计必须同时进行。有的时候在建造进程中如发现效果不理想，还需要重新设计和再施工，这种情况较多发生在内装和舾装作业方面。

豪华游艇有上述几个建造特点，因此对建造技术的要求非常高。目前，豪华游艇的建造一直为欧美企业所领先。

2. 豪华游艇的分类

豪华游艇可以按照其功能、用途、动力类型、材质及艇上结构、造型等要素进行分类。

1）按功能分类

游艇的购买者一般为个人、企业、政府或者社团。游艇的种类也是各种各样，按功能分类有休闲艇、商务交际艇、赛艇、钓鱼艇、缉私艇、公安巡逻艇、港监艇等。可是一些人认为后三种不应该归于游艇行列，但是因为其建造规模与技术和游艇相似，只是功能不同，所以本书将它们归于游艇行列。下面介绍两种生活中常见的游艇类型。

（1）休闲型游艇：这种游艇的销售对象大多是富有的家庭，他们买来作为家庭休闲度假使用。这种家庭使用的游艇一般不会设计得太大，长度一般在30~45英尺。区别于其他游艇，这种游艇设计时会考虑到家庭使用的方便性，装潢也会以烘托家庭氛围为卖点。现在市场上在售的很多都是这种类型的游艇。

（2）商务型游艇：相较于休闲型游艇，这种游艇的船身尺寸更大，同时内饰的装修更加豪华，可以称得上是豪华游艇。这种游艇的销售对象一般是大型企业集团法人或者企业老总，购买目的是举行商务会议、公司聚会或小型聚会。

2）按用途分类

游艇不仅可以作为休闲使用，其用途还可以延伸至很多方面。根据海上与内河，以及附近码头等重要地方的不同操作，一般有消防艇、打捞艇、捕鱼艇、钓鱼艇、作业艇、船员艇、探险艇、带缆艇、搜救艇等。严格地说，就是水上工作的职业或者政府职能人员所需要的游艇。这些游艇按照其用途的不同又可以分为以下三大类。

（1）工业应用艇：这种游艇一般用于海上物资的运送，当然运送的货物一般为少量贵重物品；同时能给一些码头提供各种应用补给，以及提供给大型远洋轮船特殊备用。

（2）水上安全管理艇：这种游艇主要是政府执法部门使用，目的是保护河流或者近海附近的安全；同时，还可以进行垃圾清理，让水上交通更加便利。还有一个重要的作用是对过往船艇进行安检和巡查，为人民财产得到更好的安全保证而服务。

（3）专门作业艇：这种游艇主要是供科学家研究科考使用，同时也能对生产或者一些特殊领域提供帮助。这种游艇的要求更高，结构更加复杂，一般需要加装专用的设备。功能全面、实用性强，速度在一定情况下要特定，大多数购买者都是政府、科研、航海、企业、考古等机构。

3）按动力类型分类

按动力类型可以将游艇分为无动力艇、帆艇、机动艇。其中，帆艇又可以分为无辅助动力帆艇和辅助动力帆艇。

4）按材质分类

游艇的消费者往往对游艇有着较高的要求，因此制造商对于材料的选取较为苛刻。选取的材料不仅要使游艇美观舒适，还要使游艇具有良好的机械性能与安全性能。

现代游艇建造的主要材料有木结构、FRP、凯夫拉纤维增强的复合材料、铝结构和钢结构。每种材料都有各自的特点和适用范围。由于 FRP 具有易成形、轻便便宜等特点，现在市场中的游艇多为 FRP 游艇。在一些赛艇、帆艇、豪华艇中，凯夫拉纤维增强的复合材料的游艇最为常见。铝质艇在舷外挂机艇和大型豪华游艇中占一定比例；钢质艇在 35 米以上远洋大型豪华游艇中占比较大，也有一些游艇使用混合材料，船身使用其他材料，艇体的夹层结构材料外层面板采用 FRP。

5）按艇上结构分类

按游艇上结构的不同进行分类，主要有小型敞开艇、小汽艇、滑水艇、半舱棚游艇、住舱游艇、帆艇和个人用小艇（又称水上摩托）。

（1）小型敞开艇的甲板狭窄，可乘坐 1~6 人，备有桨和桨叉或用舷外挂机推进，长度在 1.8~5 米。

（2）小汽艇也为敞开式的，有一个小的前甲板、挡风玻璃、操舵轮，可坐 4~6 人的座椅，以舷外挂机或喷水推进装置为动力，长度在 3.7~7.3 米。

（3）滑水艇与小汽艇相似，专为滑水运动设计和装备，外形光顺、首部尖瘦、艇身狭小，长度在 4.3~8.5 米。

（4）半舱棚游艇有一个后部敞开的固定小舱棚，可在船上住宿，以舷外挂机或船内机驱动，长度在 4.3~8.5 米。

（5）住舱游艇具有全封闭住舱，艇型较大，按艇主需要可配置各种档次的设备设施，如厨房、卧具、酒吧、盥洗室，采用船内机为动力，长度在 5.5 米以上。

（6）帆艇设计有足够面积的帆装备作为推进用，艇长 5.8~38 米。

（7）水上摩托这种个人用小艇又分为坐式和站式两种，购买者多为年轻人，产销量很高。

6）按造型分类

游艇的造型不是空想出来的，其功能不同造型也会有所差异。游艇作为一种消费品，首先仍是以实用性为前提，接下来考虑的才是以美学市场的导向来改变外观的设计，变化出流线型的造型。近几年来，游艇的造型如同其他工业产品一般，逐渐采用较具亲和力的圆弧线条来代替尖锐的折角或直线，当然这与生产技术的提升有相当大的关系。

游艇按照其造型的不同可以分为以下几类。

（1）巡航艇。这种游艇是大型豪华游艇的代表，内部装潢非常豪华，基础设施完善，能够适应长距离、长时间的航行。其外观造型选用极简风格，外形的色彩线条简单明了，没有冗余，给人营造出一种沉稳典雅的风格。

（2）无后舱式游艇。这种游艇的造型比较有特色，具备上、下行驶台，没有安装钓鱼设备。船艉无住舱，为开放空间，线条更圆弧化，这也是近年来工业造型的一致趋势。

（3）敞露甲板型游艇。这种游艇即无船楼的游艇，主甲板以上为露天的驾驶区及开放空间。

（4）海钓船。这种船最大的特点在于拥有完整的钓鱼设备。此船型的特征在于驾驶室位于上甲板，以及后甲板的高度非常接近水面，这样的造型主要是配合海钓者使用上的需要。

（5）双体游艇。此类游艇有较大的起居室和宽阔的上层甲板空间，适合于招待亲朋好友同游。它最大的缺点是由于双船体的先天限制，不大可能在下层船体部位配置较大空间的住舱，仅能布置数间狭窄舱房。

3. 豪华游艇——日蚀号

现在的游艇已经不仅是海上娱乐的基础设备，它更像是一种成功与财富的象征。目前已经建造完成的最昂贵的游艇是日蚀号，长度为 533 英尺，是世界上第二大私人游艇。

在 2009 年开始建造时，它只消耗了大约 5 亿美元就完成了游艇特殊的外观及内饰设计。但老板罗曼·阿布拉莫维奇却希望精益求精，他不仅是世界上数一数二的领导者，还是一个游艇的疯狂粉丝，他为日蚀号配备了一些复杂的安全系统，用防弹玻璃建造了主人套房，以及游艇的导弹防御系统和闯入者探测器。日蚀号无论是从材料、建造工艺、安保设备还是内部基础设备来看，都可以称为完美之作。经过几次转卖，这艘游艇估计价值约 15 亿美元。

1.4.2 稳定成熟期游艇的主要用途

发展至 20 世纪 90 年代，游艇用途被赋予了鲜明的时代特色。首先，经过长时间的发展，游艇逐步像汽车一样成为家庭的一种耐用消费品。其次，游艇也可以用于工作，如举办商务活动和召开重要会议等活动。

1. 成为耐用消费品

游艇区别于其他作为运输工具的高速船和旅游客船的一个重要特征是游艇是一种娱乐工具。进入 20 世纪 90 年代后，游艇逐渐走近普通消费者，成为像汽车一样的下一代家庭的耐用消费品。在发达国家，很多游艇都是个人或家庭的消费品。下面介绍一些个体消费者租赁游艇的类型及主要用途。

1）帆船游艇

帆船游艇通常很小，长度不足 6 米，它们通常有一个可伸缩的龙骨、中心板或匕首板。这种小帆船游艇的好处是可以租赁一天，艇上可能有一个可爱的小屋，提供一个存放短途旅行设备的地方，同时也可以遮阳挡雨，可以为家庭休闲娱乐提供较好的水上空间。

2）周末游艇

周末游艇比帆船游艇更大，但是长度仍然不足 9.5 米，这种游艇可以进行稍长的短途旅行，一般持续 2~3 天，甚至更长时间。周末游艇的设计考虑到了时间和人数的问题，一个简单的小屋里面有厨房、沙发等设备，水和食物的储备虽然有限，但是足够几天的生活需要。

3）近海帆船游艇

近海帆船游艇是一种较为精致的游艇，它们长 7~14 米。类似于水滴状的平底船体伴有足够多的横梁龙骨，使得游艇的行驶非常稳定。这种游艇通常是家庭聚会的首选，尤其是体型稍大，船体长度在 8~12 米的游艇更受欢迎。这种游艇之所以广受欢迎，是因为基础设施已经非常完备，在甲板下面有储藏东西的舱室，带有厨房和厕所，拥有导航设备。

2. 工作用途

在发展中国家，游艇的主要用途是作为公园和旅游景点的基础设备，还有一小部分游艇作为海监、公安及边防的工作工具。除此之外，游艇还可以用来举办商务活动和召开重要会议。随着游艇产业的发展，游艇在日常生活中越来越常见，更多地被用于满足工作的需要。

游艇从 14 世纪发展到现在，可以说是发生了翻天覆地的变化。从 17 世纪中期的第一艘皇家狩猎钓鱼艇开始，游艇就成为皇室、名流和顶级富豪最喜爱的奢侈品。豪华游艇的室内装饰富丽堂皇，拥有客厅、主人房、厨房、酒吧、舞池、卡拉 OK 等多种场所。各种高科技设备、通信和卫星导航系统也都是应有尽有。游艇高昂的采购成本、维护费、泊位费和其他费用也象征了财富和身份。

随着世界经济的发展，游艇也逐渐承担起了商业沟通的角色。消费者可以根据需要，在游艇上举办商务会谈，进行商业贸易的往来。商务游艇设施、设备齐全，甚至不亚于五星级酒店，邀请客户到自己的游艇上度假是一件很时髦、很体面的交际活动。

1.5 游艇的未来

1.5.1 游艇产业的发展

说到游艇，大家都很关注游艇产业的未来发展，本节将游艇产业的发展状况分为国外和中国两部分内容进行讲述，首先讲述国外游艇产业发展状况，然后分析中国游艇产业发展状况。

1. 国外游艇产业发展状况

在发达国家，游艇消费早就像汽车消费一样普通，已经逐渐平民化。而且调查显示，游艇的消费者大多数为白领阶层和中产阶层。例如，北美游艇的销量一直排在世界前列，这些游艇中大多数游艇的价格在 1.5 万~5 万美元，而豪华游艇的销量只占 2.5%。而且，国外游艇已经发展多年，市场已经开始饱和，相比之下处在发展快车道上的中国的游艇市场则具有很大的潜力。

按照国际惯例，在人均国内生产总值（gross domestic product，GDP）达到 3000 美元时，游艇经济开始萌芽；当人均 GDP 达到 5000~6000 美元时，游艇经济进入快速发展阶段。中国珠江三角洲、长江三角洲、环渤海等沿海发达地区的人均 GDP 已经达到或超过 8000 美元，随着消费结构不断升级，中国游艇经济快速发展的态势已经出现。

2. 中国游艇产业发展状况

提到游艇，国人普遍的印象就是高级奢侈品，认为游艇只是高端消费人群休闲娱乐的工具，实际上，这种观念存在偏差。

近几年中国游艇已经出现快速增长的态势，增长原因如下：一是富有人群的消费对象正处于升级阶段，游艇已经和豪车、名表等成为他们选择的对象。二是国际游艇大量涌入中国，国外的游艇市场已经趋于饱和，所以很多国外游艇品牌开始开发中国这片沃土。因此近年来中国游艇行业出现了快速发展的态势，发展特点有以下几个方面。

1）市场集中于高端，消费趋于多样性

与欧美游艇市场从初级到高级发展路线不同，中国游艇市场从发展之初就专注于高端市场，这样做的弊端就是缺少中、低端市场份额的积累。因此，中国最强大的游艇购买者是大富豪，而且富豪的目标游艇多为世界著名品牌，如公主、法拉帝、丽娃等，但是这些游艇的花费最少也要数百万元。随着中国游艇文化的进一步普及，中、低端市场也在加速成长。普通的游艇，如帆船、渔船和运动船将受到越来越多消费者的青睐。

目前，中国游艇市场主要有两种类型：一是作为公园、旅游景点或海滨游艇俱乐部的经营项目，私人购买家用游艇的极少；二是实力雄厚的大企业用于商务接待，这是游艇市场的主流。中国是世界上最大的发展中国家，虽然经济发展形势大好，但是人均 GDP 较低仍是中国的基本现状，所以游艇市场中比较符合中国基本国情的一项业务是游艇租赁。

尽管中国的游艇经济尚处于起步阶段，对于那些对大海抱有乘风破浪心境的城市白领来说，购买游艇虽不能负担，但是租赁却未尝不可，因此，游艇租赁的出现不仅能让更多的城市白领、普通百姓近距离接触游艇，了解游艇，享受海上生活的乐趣，还能推动游艇文化的普及，培养潜在的游艇消费者，为以后游艇消费形成规模效应打下基础。

2）游艇消费观尚不成熟

由于中国游艇产业起步较晚，消费者的游艇消费观尚不成熟。游艇本身的特性决定了它不会成为日常生活必需品，中国自古就有勤俭节约的美德，所以国人在消费时更加倾向于实际、可用、力所能及的生活必需品，游艇这种生活方式还没有得到国人的认可，加之游艇高昂的价格会让很多人望而却步。

与上述观念形成鲜明对比的是，游艇消费的高端人群消费理念又过于先进，他们过度追求奢华，使得游艇俱乐部逐渐变成富人的天下，各种休闲娱乐项目设施投资巨大，导致俱乐部的门槛很高，显然这与中国的国民收入和消费结构有很大的差距。

3）游艇法规不健全

相比于国外，游艇在中国还属于一个新兴产业，相关的法律法规完善需要一个过程，法律法规的健全程度直接影响中国游艇产业能否健康的发展。尽管我国颁布的《游艇安全管理规定》已经在 2009 年 1 月 1 日开始生效实施，但是该法规仍有很多需要完善之处。例如，在实际执行中每个地区颁发的游艇驾照并不能在各个地区通用，这就大大增加了游艇航行的局限性。此外，中国目前对于航道的管理较为严格，游艇航行不仅需要获得许可证在专用水域内航行，还要通报海事、航务或港监等部门，手续较为烦琐。

1.5.2 游艇设计的发展趋势

未来游艇的设计将会着力于在发达科技的支撑下,提高对工艺的追求和对细节的打磨上。本节从游艇的科技工艺、材料,甚至色彩等方面进行探究,发现未来游艇的发展趋势。下面将会从游艇设计技术和动力装置两个方面进行简单的介绍。

1. 游艇设计技术的发展

科学技术变革对时代的进步是有决定性意义的。举一个最简单的例子,科技使我们常见的座椅由木质发展到钢管,再到硬塑。从这个简单的例子不难看出,新技术对工业产品在形态上有巨大的影响力。近年,科技变革对游艇形态有较大影响的技术当属空气动力学和浮力技术。

1) 空气动力学

空气动力学是流体力学的一个重要分支,它主要研究物体在同气体做相对运动情况下的受力特性、气体流动规律和伴随发生的物理化学变化。空气动力学重点是研究飞行器的飞行原理,是航空航天技术最重要的理论基础之一。

空气动力学并不是一个新技术,它早已经在汽车的设计中应用了很久。其主要研究的是汽车在行驶过程中,汽车周围的空气流动情况和周围空气对汽车的作用及汽车的外部形态设计对空气流动的影响。这个理论对汽车外观的设计有非常大的帮助。

后来这个技术逐渐延伸到游艇设计中来,可以利用该理论来研究游艇在航行过程中周围水和空气对游艇的作用力,利用该理论设计游艇的外观,从而保证游艇受到的水和风的阻力尽可能小。所以游艇的设计并不是一味地追求美观时尚,更应该建立在科学技术之上进行设计。

2) 浮力技术

除了空气动力学理论之外,另一个对游艇形态产生较大影响的技术是浮力技术,即游艇的自身重量及所处的环境,这些在设计中都要考虑。游艇的科技与工艺是互相促进的关系,科技的进步必然会带动游艇加工工艺的革新,加工工艺的革新也会为科技发展指明方向。

2. 动力装置的变化

未来游艇除了在外观设计上可能有所改变之外,动力装置的装载与使用方式也会产生变化。太阳能是一种绿色无污染且可再生的天然能源,它可以免费使用,不用运输,只需要安装收集太阳能的装置即可,这是人类最有发展潜力的能源之一。

太阳能设备并不少见,但是太阳能设备具有制造使用成本偏高、转化效率较低等问题,因此太阳能一直未能普及。但是随着科技的进步,其广泛应用指日可待,未来太阳能有可能代替石油、电能成为游艇的主要动力来源。

1.5.3 游艇行业的发展趋势

1. 游艇消费人群的扩大

游艇是漂浮在水上的黄金。专业人士认为,中、低档游艇较豪华游艇来说更加普及,可作为日常人们海上娱乐、商业活动和社交的新型工具,也可以用作载客经营。现在国内的中、高层收入人群及大部分企业集团已经可以负担起这一费用,这种消费群体将长期作为游艇消费的主力。

有专家表示,未来有潜力购买游艇的消费群体有两个:一个是游艇俱乐部或房地产企业;另一个就是中产阶级。游艇商人相信,在人们慢慢富裕起来,同时游艇的相关配套政策完善之后,游艇会像汽车一样普及。

2. 游艇消费市场的多元化

从全球市场游艇的消费来看,游艇消费市场呈现多元化趋势,既有价值几亿元甚至十几亿元的豪华游艇,但更多的是价格在几十万到几百万元的平民游艇。北美的游艇市场份额一直排在首位,占世界的 55.9%,但是其游艇的价格大多在 1.5 万~5 万美元,豪华游艇的销量只占 2.5%。欧洲市场占世界游艇市场份额为 38.4%,售出的游艇多为大型或豪华游艇,但平均单价也只有 115 234 美元,约合人民币 80 万元。

2007 年初,中国交通运输协会邮轮游艇分会常务副会长兼秘书长郑炜航预测,中国下一轮的发展热点必然是游艇。中国有不下 10 座沿海城市每年举办各类游艇展,每届都有高成交率和天价订单的消息传出。2007 年 4 月,中国(上海)国际游艇展(The Shanghai International Boat Show,CIBS)四天销售额达 3 亿元,比上届展览会翻了一番。国外豪华游艇品牌宾士域售出 13 艘价格在两三百万元的游艇,国产一艘价值 1398 万元的豪华游艇展览首日即成交,浙江澳托美克船业有限公司售出了近 10 艘价格在 100 万元左右的游艇;江苏新晟游艇制造有限公司更是签订了逾 30 条游艇的订购协议。

《2010 胡润财富报告》[1]显示,中国有一半的富豪打算购买游艇,青岛和香港是富豪选择的主要游艇停泊地。2010 海口游艇经济主题论坛上发布的《2009—2010 中国游艇产业发展报告》称,辽宁、河北、山东、江苏、上海、浙江、福建、广东、海南等沿海和内陆水上旅游资源丰富且经济相对发达的省市游艇业已有所发展,其中以深圳、上海、青岛、日照等地最为突出。青岛、日照有 2008 年奥运

---

[1] 2010 胡润财富报告[EB/OL]. https://baike.so.com/doc/5451742-5690127.html[2018-06-30].

会帆船锦标赛和世界帆船锦标赛的因素,游艇业发展非常迅猛。

3. 相关产业协调发展

游艇产业涉及的方面众多,包括研发、设计、制造、销售、使用、保养、修理、旅游、赛事等一系列活动。从游艇制造到游艇俱乐部的服务,再到与游艇相关的度假、休闲、旅游及各种商务活动,并包括游艇驾照培训和考核、专用码头建设和管理、游艇维修、俱乐部建设和运营管理、零配件制造、内部环境装修、专业保险等。可以看出,游艇产业具有非常高的带动性,游艇快速发展也可以使其相关产业蓬勃起来。据测算,如果在游艇产业投入1美元,带来的投资收益可以达到6.5~10美元,回报非常丰厚。

游艇市场具有巨大的发展潜力,可以带动相关产业特别是制造业的发展。近年来,不少的国外企业,如日本和美国的企业开始在长江三角洲地区开设游艇建造厂和零部件及游艇配套设施的生产厂,比较有名的如上海的外资企业上海宝岛游艇有限公司、上海德菲尔游艇工业有限公司、上海旭卡机械电器有限公司、江苏昆山的合晟游艇(苏州工业园区)有限公司、合浩玻璃钢工业(苏州)有限公司、浙江舟山的托马斯科技有限公司等。

在中国仅浙江一个省,游艇设计制造企业就有14家之多。深圳也是一个将游艇业充分利用的地方,深圳海域总面积1145平方公里,海岸线长257.3公里。深圳充分利用其地理优势大力发展游艇产业,举办了很多相关的比赛和展览,如深圳游艇展、F1摩托艇赛、国际游艇展和中国杯帆船赛。游艇运动在深圳已经普及开来,并且逐渐向多元化方向发展,多元化必然是游艇发展的理念[1],所以游艇在未来的用途肯定也会被不断地拓展。

4. 发展前景

1)世界游艇发展前景

自20世纪80年代以来,欧美等西方先进工业化国家或地区海上休闲游艇活动盛行,已开始影响临近西太平洋一带的诸多岛屿国家和经济较发达的国家或地区,如日本、菲律宾、马来西亚、印度尼西亚、澳大利亚、新西兰等,使用游艇风气日渐兴盛。

未来相当长一段时间,世界造船工业将呈现稳定的发展态势。由于世界经济增长、供求格局的调整和大量旧船需要更新,总体上新船的需求将保持在较高的水平上。

游艇市场方兴未艾,从产业区域来看,目前全球整个游艇工业(含艇、机、拖车)市场容量已超过400亿美元,形成了以美国、欧洲和日本为三大中心的市

---

[1] 刘天鑫. 游艇市场,未来空间大[J]. 金融博览(财富),2013,(4):55-57.

场格局；从产品结构来看，价格昂贵的船内装机艇、较大尺度的帆艇、大马力发动机、大载重能力游艇拖车等市场需求正日渐旺盛。美国仍保持其游艇生产和消费大国的地位；日本、中国及马来西亚等东南亚国家将成为亚洲游艇制造业的中心；西欧则在豪华、高档游艇生产上仍具有优势。

由于游艇生产上的高工艺性和消费上的奢侈性，豪华和超豪华游艇的生产和消费仍将集中在欧美等发达国家和地区，而中、低档游艇的生产和消费将在发展中国家展开，且消费量也将逐年增加。

2）中国游艇发展前景

中国经济快速增长、优越的地理条件为游艇产业发展奠定了基础。申奥成功不仅给北京带来了新一轮的水上游开发热，还为相关城市［如青岛、天津等地的水上游项目（如青岛市有 154 个与奥运水上竞赛相关的建设项目）］带来了约 90 亿元的投资。2008 年北京奥运会 300 余艘水上竞赛用工作艇在天津建造，天津已成立了有关舰船游乐公司、游艇制造生产基地、游艇俱乐部等。在南京，有关部门正开发长江沿岸的水上旅游项目和处于江中的江心洲游艇俱乐部，而其他地方，如江苏太湖、浙江千岛湖等地都在积极开发游艇旅游项目。

中国拥有广袤的水域资源、大量码头和停泊区，涉水相关产业的前景很好。目前，各大临水城市的水上规划项目纷纷启动，相关的政策和管理法规相继出台。随着经济的发展，国民人均财富不断增长，一批率先富裕起来的群体将推动私家游艇市场的启动。以游览观光、健身娱乐和水上运动为主体的公众性休闲游艇和水上游乐设施的需求急速增长。一大批旅游公司、集团公司和民营企业对游艇及水上运动器材提出消费需求，这些都表现出中国在此领域的巨大的市场发展潜力和贸易空间。

第 2 章　游艇制造业

游艇制造始于 17 世纪，从欧美开始萌芽，制造的游艇供欧洲权贵使用，18 世纪开始兴盛，和平的时代环境、财富的积累和休闲需求的增加使现代游艇生产与消费从欧美开始向世界扩散。现代游艇制造业始于二战后，20 世纪 50 年代中期，游艇年销售量约 3100 艘，71%为木质结构的小型机动艇和帆艇，少量为铝质结构的机动艇。20 世纪 60 年代初由于 FRP 在技术上的发展和生产成本的下降，FRP 游艇开始进入市场，占据当时 69%的市场份额。

20 世纪 70 年代欧美游艇需求剧增，世界游艇市场开始加速增长，亚洲游艇制造业崛起。

20 世纪 80 年代至 90 年代初，世界游艇市场开始走向疲软，美国市场的下滑速度最快，1992 年美国游艇业销售收入下滑至 103 亿美元。在经历短暂低迷后，世界游艇市场自 1993 年开始逐渐复苏。

如今，美国和一些欧洲国家仍为豪华游艇生产和消费大国。欧洲在高档豪华游艇设计和制造上占优势；美国为世界游艇生产大国；日本、中国等国家为亚洲游艇制造业的中心。从需求角度看，受游艇文化及消费习惯的影响，游艇消费仍集中在欧美发达国家或地区，发展中国家的游艇消费正悄然起步。

我国从 20 世纪 50 年代开始制造 FRP 船艇，但主要产品局限在特殊用途艇（如公园用划艇、巡逻艇、救生艇等）。2000 年以来，我国游艇消费理念开始萌芽，各种游艇制造厂、俱乐部纷纷出现，具有自主知识产权和自主品牌的中国游艇开始崭露头角。

2.1　游艇制造业概况

2.1.1　游艇的分类

现代游艇的种类很多，按照不同的标准可以分成不同的种类。

（1）按大小分为小型游艇（11 米以下）、中型游艇（11~18 米）、豪华型游艇（18~24 米）和超级型游艇（24 米以上）。

（2）按艇体材料分为木质艇、钢质艇、铝质艇、FRP 艇，以及先进复合材料艇。

（3）按动力分为机动艇、机动风帆艇、风帆艇和划艇等。

（4）按发动机类别和装机方式分为舷外机艇、舷内外机艇和舷内机艇等。

（5）按用途分为个人娱乐艇、家庭游艇、商务艇、公共游览艇、多用途游艇、钓鱼艇和赛艇等。

（6）按速度分为低速、中速、高速和超高速艇。

（7）按品质分为廉价游艇、中档普通游艇、家庭型豪华游艇及高档豪华游艇。

高档豪华游艇的艇长在 35 米以上，艇上装备有最现代化的通信和导航等系统，舱室内配有高级材料如柚木、皮革、镀金小五金件、不锈钢扶手、高级地毯、高档家具、现代化的电气设备、古董、字画、特殊的灯光设计等设施，从里到外衬托着豪华的气氛。这种游艇不仅供家族成员娱乐，而且是艇主从事商务、处理日常工作及社交活动的理想场所，同时也是艇主向贵宾或对手显示其经济实力的王牌。这种豪华游艇的价格在数百万美元不等，有的高达上千万美元。消费者主要是贵族、巨商。家庭型豪华游艇尺度一般为 13.5 米以上，它设计新颖，选材上等，结构与制造工艺精度高，选用名牌设备设施，布置舒适，单价在 30 万美元以上。中档普通游艇尺度一般为 9~13.5 米，单艇售价在 5 万~20 万美元，这种游艇质量适中，消费市场广阔。廉价游艇尺度在 9 米以下，单艇售价在 5 万美元以下，这种游艇销售量最大。

各种艇的用途有很大差别，在性能要求方面也有很大不同，形式追随功能，不一样的功能诉求决定了游艇在造型方面有着很大差别。私人娱乐游艇更多的是追求海洋生活的惬意和享受，在造型方面可能会选择个性、能体现个人价值取向的造型，而商务艇则多会注重内室的私密性、交流的方便与快捷，在造型方面可能就会注重造型对于企业形象的象征意义。游艇建造材料有很多种，目前主流的游艇有 FRP 及先进复合材料游艇、铝合金和钢质游艇，以及木质游艇。

2.1.2 游艇制造产业链

一个完整的产业链包括原材料加工、中间产品生产、制成品组装、销售、服务等多个环节，以及交织影响这单一链条的辅助性产业、产业消费市场和政府政策等构成的经济关系。游艇产业的产业链可以看作由与设计、制造、配套、销售、消费及辅助产业与基础服务等一系列环节分别对应的上、中、下游产业构成的一条链状结构[①]。

1. 游艇产业链的上游

产业链的上游是游艇的设计、制造与配套产业,主要提供游艇产业的技术服务、游艇的生产制造,以及包括专用发动机、发电机、专业仪器仪表、导航设备、螺旋桨、帆具、涂料、安全设备、卫生洁具、电器设备等在内的游艇附件配套功能。

2. 游艇产业链的中游

游艇的销售和消费服务处于产业链的中游,是游艇产业链的核心环节,主要负责游艇的流通及消费服务。其中,游艇销售服务包括总代理、游艇销售公司、游艇展商、游艇杂志、游艇网站、游艇信息服务业、二手游艇经营等大量的相关业务;游艇消费服务包括游艇俱乐部、游艇驾驶、水上运动培训、游艇代管、保养维护、游艇租赁、游艇器材等产业环节。

3. 游艇产业链的下游

处于游艇产业链下游的是一系列关联产业与基础服务,包括支持性产业服务与相关辅助产业,其中,基础服务指的是游艇经济运转所需的码头、航道、产业政策,游艇的安全、运输、报关及仓储服务等;辅助产业则包括为水上运动提供装备器材的相关制造业和消费用品的加工制造业等。以上所有这些产业及其提供的服务都是游艇产业正常运转的必需环节,缺少任何一个环节,都会影响整个游艇产业的顺利发展。

作为游艇产业的上游产业——制造业来说,游艇制造业的贯穿领域相对于其他单一制造业(如电子类产品)来说比较复杂,涉及材料、机械、电子、化工等众多相关领域。游艇制造产业属于技术、劳动"双密集"型产业,它主要包括原材料工业、游艇艇体制造、游艇装配、游艇配套设施四个方面。

(1)游艇制造所涉及的原材料工业主要分为:舰体使用的钢材、FRP制造过程中的一些树脂、玻璃纤维等。游艇制造的整个过程中,对于材料、设备、配件的选用相当考究。游艇消费除了要求美观、舒适,更要求安全性能强。因此,对艇体材料、装艇设备、艇内装饰用配件等有特殊的要求,如艇体材料要具有足够的刚度和强度,不易变形、损坏;设备要求使用游艇专用设备;内装材料和五金件等物品比一般船舶上用的要高级得多。

[①] 程爵浩. 我国游艇经济发展的多维解析[J]. 船艇工业技术经济信息,2005,(7):92-98.

（2）游艇艇体制造主要指艇体模具、玻璃纤维、树脂胶、涂料等制造。如在FRP游艇的建造过程中，艇体模具的建造非常重要，模具质量的好坏直接影响游艇艇体的质量，所以，艇体制造被视为游艇产品工艺的第一环。

在艇体制造中FRP材料的使用优点较为突出，游艇更容易塑造形状，流线型更好。这就是为什么帆船几乎都采用FRP制造的缘故。目前国际上的游艇，很少有使用铝合金来做的。FRP游艇能刚好做出客户想要的流线和内部空间。铝合金游艇一般都是用在摆渡钓鱼船上。FRP游艇在操纵性能上比铝合金游艇更有优势。两者在保养便捷程度上差不多，都是比较容易保养的。目前大多数现成游艇都是用聚酯树脂作黏合剂，使用FRP的复合结构。这种艇使用期长，不易磨损，价格相对而言并不贵，而且维修简单。通常这种现成的艇采用手糊法成形，按大小不同，厚度从3/16英寸到1/2英寸不等。形状也是多种多样的，有泡沫塑料夹芯的、轻木夹芯的、聚氧乙烯夹芯的和木芯的双层壳艇体。小些的艇体的夹芯部分就有足够的浮力，支撑着游艇使其不会沉入海底，但是在较大的艇上就不行了[①]。

对于FRP艇体的制造，化工类产品起到不容忽视的作用。艇体制造所需的FRP模具的主要工艺是以树脂为基体材料，玻璃纤维作为其中的增强材料，并以原型为基准所制成的模具。FRP模具具有成形灵活、生产开发周期短、工艺性好、耐磨、使用寿命长等优点。目前，游艇艇体制作FRP模具的母模多以石膏、木材、水泥、石蜡等基材制作，成形过程中主要使用环氧树脂、FRP，最后成形外观处理过程中多使用胶衣来保证外观的光泽度和平滑度。

在美国西海岸曾发明另一种类型的结构，即在泡沫塑料上覆一层FRP作外板，用于建造艇体。其优点为把艇体夹芯的硬度和包在外面的FRP的硬度结合在一起。毫无疑问，其他方法也正在不断地被创造出来。由此看来，FRP和有夹芯结构的复合材料艇体将会被长期使用。

（3）游艇装配工业即游艇零部件制造业和艇内装饰业。主要游艇装备包括：专用发动机、发电机、专业的仪器仪表、导航设备和螺旋桨等，这部分装配件在很大程度上决定了游艇的使用性能。

发动机无疑相当于游艇的心脏，游艇的性能、稳定性由发动机来决定（图2-1）。发动机品质高低主要体现在动力性和经济性，也就是说，发动机要具有较好的功率、良好的加速性和较低的燃料消耗量。影响发动机功率和燃料消耗量的因素有很多，其中，影响最大的因素有排量、压缩比、配气结构。不能单凭速度一项指标来评定游艇上发动机的性能，在游艇上，性能是舒适性、稳定性、操控性、节能性及速度的融合体。

---

① 陈小为. 游艇外观设计与材料工艺关系研究[D]. 长沙：湖南大学，2011.

图 2-1　游艇发动机

资料来源：洋马 LHA 系列发动机 4LHA-STP[EB/OL]. https://b2b.hc360.com/supplyself/80379312145.html[2018-06-10]

电子仪器类配套的产品可分为：罗经、航海用导航灯、音响浮标、计程仪、测深设备、雷达、自动操舵仪、天文钟、潮汐指示灯、检雾灯、航海计算器、航海用照准仪、航位推算描绘仪、全球定位系统（global positioning system，GPS）等。

由于这部分产业技术密集，利润空间高，国际市场上竞争非常激烈。目前豪华游艇这部分设备大部分市场空间主要还是分布在欧洲、美国、日本等国家或地区的公司手中，如著名的游艇发动机品牌有康明斯（Cummins）、雅马哈（Yamaha）、美国水星（Mercury Club）等。而像游艇用的雷达、电话通信设备、冷气设备、家用电器、船用空调、各种信号灯等船用电气设备，它们的利润空间相对小一些，却正是国内游艇配件制造商或供应商主要参与竞争的市场所在[①]。

（4）游艇配套设施：高档游艇的配套设施一般都是根据艇主自己的需求来定制的，而通常所说的游艇的配套设施一般都是以游艇的功能来设计的。从整体上

---

① 胡小刚. 游艇产业发展的研究和预测[D]. 广州：华南理工大学，2004.

看，游艇就是一个融现代办公与家庭休闲为一体的海上流动公寓，它在海上有着整体的功能特征，既可在上面用作家庭休闲生活使用，又可在朋友聚会或宴请朋友客户时使用，这充分体现了现代生活的高质量与人的高品位格调。根据功能的不同，里面的设施也略有不同。例如，运动型游艇一般都配套大功率的发动机，而里面的设施可能要简单一些；休闲型的游艇则会更加注重家庭氛围，如厨房、客房、卡拉OK设备、电子游戏房、加长的钓鱼船尾等，以满足休闲时的家庭氛围所需。大型游艇内装饰十分高档豪华，更注重在通信设备、会议设备、办公设备的配套安装上充分体现出现代企业办公的需要。

2.1.3 游艇制造企业数量及分布

通观全球的游艇市场，北美洲和欧洲是当今世界最主要的两大游艇市场，二者合计占世界游艇市场份额的90%以上。在北美洲地区，美国是世界上游艇业最发达的国家，其游艇市场的销售额占世界游艇业销售额的半数以上，是世界上第一游艇消费大国。从全球游艇市场总体来看，美国、意大利、法国和英国等欧美国家主导着游艇市场的状况及其发展。

从生产量来看，美国每年建造休闲游艇2万艘左右，居世界第一位。2007年，仅美国国内休闲游艇的建造生产企业就达1100家，与之配套的船用动力主机生产企业有50多家，休闲游艇生产建造企业及配套企业的就业人员达50多万人，生产企业和就业人员列居各国榜首。2007年，法国和英国的产量分居第二位、第三位，年产量分别为7900艘和3300艘。而休闲游艇的全球出口三大国分别是法国、英国和德国，三个国家的年均出口量分别为4300艘、2100艘和1900艘。美国游艇业在美国经济高速发展的背景下，起步阶段经历了50年，才形成了集制造、销售、维修、服务、保险于一体的工业体系。

2011年出版的《世界游艇产业发展报告》数据显示，全世界主要游艇建造国家拥有游艇建造厂超过3700家，其中，美国约有1500家，意大利有500家，英国有156家，法国有120家，加拿大有100家。除了游艇建造厂商外，美国还有约1000家从事游艇销售、主机和零部件供应的厂商。一般而言，一个国家前20家厂商占其国家60%的市场份额。与此同时，从事游艇和游艇主机制造的相关从业人员也越来越多。据不完全统计，世界主要游艇制造国家游艇从业人员已超过80多万人。

2018年1月，国际著名游艇行业媒体 *Boat International Media* 发布了《全球订单大全》，可见"意大利三剑客"仍占据前三强，Azimut-Benetti（阿兹姆-贝尼蒂集团）以77个在建项目、总长度2840米仍居首位，法拉蒂集团（Ferretti Group）以总长度2762米位列第二名，Sanlorenzo（圣洛伦佐）则以总长度2457米位居第三名。值得一提的是，海星游艇制造有限公司（Heysea Yachts）（简称海星游艇）

是中国游艇制造商中唯一进入全球80英尺以上游艇30强的企业,位居2018年中国游艇订单榜第一名、全球超级游艇订单排行榜第16名。自2014年起,海星游艇连续4年进入全球超级游艇榜单前30强,成功晋升为国际知名品牌,跻身众多国际一线品牌之中。

2.2 西方发达国家游艇制造业发展概况及厂家介绍

现代游艇工业始于二战之后的20世纪50年代,意大利、英国和美国是发展游艇工业的先驱。20世纪50年代初期,游艇的年销售量约为3100艘,销售金额约5270万美元,其中,71%为木质结构的小型机动艇和帆艇,少量为铝质结构的机动艇。20世纪60年代初期,由于FRP在技术上的发展和生产成本的下降,FRP游艇开始进入市场并很快发展起来。1970年美国和西欧的游艇销售金额已达38亿美元,其中美国市场占73.6%。20世纪80年代末,世界游艇市场开始走向疲软。一些以游艇和零配件为主的生产商在销售上受到打击,纷纷关停并转。进入20世纪90年代,当一些国家游艇市场仍在疲软的时候,日本、英国、荷兰、德国、澳大利亚等国家的市场仍然发展平稳[1][2]。近年来,随着全球经济的不断升温,游艇制造业也呈现出逐年升温的态势。美国出版权威杂志 *Showboats International* 进行的游艇行业2007年度评比显示:意大利游艇工业巩固了其全球霸主地位,雄踞世界豪华游艇制造业1/3的份额;在前十超大超级游艇生产国中,美国紧随意大利排在第二位,其后是荷兰和德国。2006~2008年,全球大型游艇订单总长度从81 844英尺增至113 520英尺,连续3年的年增长率分别为7.9%、15.3%、20.2%;总艘数由668艘增至916艘。

2.2.1 美国

美国游艇业的发展与其经济发展紧密相关,1913年,美国游艇业发展开始起步,20世纪六七十年代已形成集制造、销售、维修、服务、保险于一体的工业体系;20世纪70年代初到80年代末美国游艇市场空前繁荣。20世纪80年代中期美国有1300多个游艇俱乐部、4000多个游艇码头,游艇总数已超过1200万艘,约占当时世界游艇总量的2/3;20世纪90年代初,随着世界游艇市场开始疲软,美国游艇业也出现短暂的回落,但是随后又很快进入了快速发展的时期,至今保持着世界游艇市场的霸主地位。2004年,全世界游艇建造厂商共有3000多家,

---

[1] 王海燕,吴建华,蒋金英. 世界游艇工业与市场(一)[J]. 民船船型开发通讯,1993,(2):34-49.
[2] 韦林毅. 豪华游艇建造模式研究[D]. 上海:上海交通大学,2008.

其中，美国约有 1000 家，约占世界 1/3。

1. ACY

ACY 是佛罗里达州的高级定制游艇制造商和海事服务机构，拥有船舶储存超过 300 艘，150 吨、75 吨和 35 吨的海上旅行车，三个拖运海湾，全覆盖的游艇港口、全封闭油漆隔间和油漆准备设施，以及 24 小时服务和保安，同时还提供燃气和柴油服务，力求在同一屋檐下提供全方位的海运服务，让 ACY 成为专家服务和存储的首选。ACY 位于奥基乔比（Okeechobee）水道的 46 英里处，交通便利，可通过 Okeechobee 湖从内陆水道、大西洋和墨西哥湾轻松抵达，距离 95 号州际公路（I-95）和佛罗里达州收费公路也只有几分钟的路程。

ACY 有占地 63 英亩[①]的海洋设施，其不仅是一个造船厂，还可以建造 ACY 世界著名的定制运动游艇，并提供现场全方位的海上服务，包括游艇维修、重新供电和改装、完整的喷漆服务及储存 300 多艘船只。ACY 声称：我们的声誉建立在与客户和业务伙伴的长期合作关系之上。我们的客户知道他们出现任何问题时可随时找我们，就像家人一样。无论您的海运服务需求是大还是小，请告诉我们。我们会像在家里一样对待您。ACY 是满足客户所有海运服务需求的一站式商店。

2. Westport Yachts

Westport Yachts 是在游艇和商业建筑中使用复合材料的先驱，迄今已完成了 140 多艘游艇和许多商船建造。自 1964 年公司成立以来，Westport Yachts 已经建造并发布了各种各样的船只，从商业渔船和快速客轮，再到豪华游艇。

Westport Yachts 是北美最大的游艇制造商，也是世界最大的游艇制造商，不仅在产品质量方面，而且在服务水平方面，都具有许多优势。

（1）设计和开发方面。Westport Yachts 拥有一支由海军建筑师、海洋工程师和设计专家组成的大型内部设计与开发团队，他们与业界最受尊敬的独立设计师密切合作。结果众所周知，其具有始终如一的卓越性能、结构完整性、现代风格和高效的内部布置。

（2）专业设施方面。Westport Yachts 建在三个独立的码头上，团队专注于有限数量的配置，以满足最高质量标准。此外，Westport Yachts 的专业橱柜和木工店提供的精美细木工的庭院操作，值得最奢华的定制建筑拥有。

（3）过程工程方面。Westport Yachts 在建筑的各个方面进行了大量投资，从工具和工艺流程到系统安装和主要部件的图案，确保了首次精确度，实现高水平贴合性、光洁度。

Westport Yachts 的熟练劳动力包括许多拥有数十年经验的退伍军人，并且跨

[①] 1 英亩=0.404 856 公顷。

越了几代员工家庭。他们的工作质量已成为 Westport Yachts 品牌的标志，以及精心打造的游艇的保证。

Westport Yachts 对优质建筑的承诺得到了领先的游艇出版物，甚至其他游艇制造商的广泛认可。在 1984~1997 年，Westport Yachts 为一些业内最受尊敬的船厂建造了数十个船体，其自身的质量标准可以被它们所接受。最重要的是，这种品质同样为众多经验丰富的业主所熟知，他们让 Westport Yachts 成为他们的选择，而且同样快速增长的重复购买者群体将 Westport Yachts 体验视为其他人遵循的标准。

虽然许多游艇制造商在过去的四十年里更替很快，但 Westport Yachts 已经占据了大型游艇品牌的世界领先地位，Westport Yachts 的员工也是如此。如今，Westport Yachts 拥有许多第二代和第三代员工，以及许多拥有三十年或更长时间工作经验的员工，他们拥有的行业经验很多，且拥有一流的工艺保证。

3. Horizon Shipbuilding

Horizon Shipbuilding 是位于亚拉巴马州拜尤拉巴特里（Bayou La Batre）的造船厂。该公司是在 1997 年由一个小家族创立的，而此前有一家造船企业失败了。2002 年，在一名尼日利亚客户未能全额支付几艘交付的船只后，Horizon Shipbuiding 宣布破产。在从破产中走出来后，公司的控制权完全交给了创立团队的年轻成员特拉维斯·R·肖特。Horizon Shipbuilding 在 21 世纪 10 多年的发展中，将船只运送到国防、渔业和拖船客户手中。到 2016 年，该公司雇用了大约 350 名员工，年收入在 40 万~5000 万美元。

2016 年 7 月，Horizon Shipbuilding 是获得纽约市渡轮服务建造新客运渡轮合同的建造商之一。然而，在船舶建造过程中，Horizon Shipbuilding 遇到了现金流的挑战，并开始落后于计划，导致其开始雇用合同工，加剧了其财务困难。Horizon Shipbuilding 总裁肖特表示，该公司已同意以 260 万美元的价格建造每艘船，低于另一名建造商"金属鲨鱼船"报价的 300 万美元，这依然不足以支付开支费用。该公司于 2017 年 11 月申请破产，理由是渡轮建设造成的损失，以及一系列拖船的建造成本比预期的要高。

4. Century Boat Company

Century Boat Company 是美国的造船企业，是 20 世纪赛车和游艇的主要制造商之一。它成立于 1926 年，位于威斯康星州密尔沃基市的威克街 333 号，由两位兄弟詹姆斯和威廉·韦尔奇组建，他们擅长建造专为速度而设计的木板船体。很快他们就搬到密歇根州的马尼斯蒂，成长为全国主要的供应商。1928 年，公司搬到密歇根州的马尼斯蒂，在那里运营了 60 年。1930 年，Century Hurricane（世纪飓风）以每小时 50.93 英里的速度保持世界快艇纪录。到 1937 年，该公司提供了

28 种型号的船只供选择。在二战期间，该公司获得了一份合同并交付了 3600 艘船只，获得了陆军-海军"E"奖，以表彰其在生产材料方面的卓越表现。该公司在 1950 年之前拥有 343 家经销商的授权，并使用了"The Thoroughbred of Boats"的口号。

1990 年 3 月 30 日，Century Boat Company 成为公司转型专家 Richard Genth 的合作伙伴 General Marine 的一部分。General Marine 为 Century Boat Company 寻找投资合作伙伴，并同意让雅马哈在其船上挂上专属舷外机。1995 年 Century Boat Company 被雅马哈收购，之后还购买了军曹渔船；这家新公司名为 C&C Boats。

2005 年 3 月雅马哈出售游艇 Cobia，并表示将专注于"一个品牌，一个愿景"的概念。仅在 2007 年，就出售了 1000 艘船，员工认为事情正在发生变化。但是在 2009 年 12 月 1 日，雅马哈宣布它正在放弃其 Century Boat Company 系列。此时，Century Boat Company 拥有 18 个州的 45 家经销商。2010 年 7 月，雅马哈称 Century Boat Company 的资产已经出售。2011 年 4 月 1 日，Century Boat Company 客户服务和保修功能被转移到佐治亚州肯尼索的雅马哈总部，而 Century Boat Company 在巴拿马城的服务和销售仍在继续。

2.2.2 意大利

意大利游艇工业发展较早，技术力量雄厚，产品主要出口美国、德国、法国和瑞士及欧洲其他国家。1988 年意大利出口美国的游艇总金额达到 4000 万美元，是当年美国游艇市场上的第五大销售量。意大利是欧洲制造 35 米以上大型豪华游艇的中心之一，是游艇设计的行家，主要致力于风格和形式上的豪华，代表着未来游艇的发展潮流。意大利的游艇厂商将注意力集中在中东，依靠有竞争力的价格结构争取到了许多市场。

1. Codecasa Yachts

Codecasa Yachts 是一家意大利豪华超级游艇建造公司，于 1825 年由 Giovanni Battista Codecasa 在维亚雷焦（Viareggio）创立。

该公司拥有一个造船厂，可以在 30~90 米建造钢/铝或全铝船。该造船厂位于维亚雷焦最古老的码头之一，占地面积超过 6500 平方米。造船厂还配备了修理和改装马达及帆船游艇装置。

Codecasa Yachts 负责地中海周围的许多豪华游艇。其客户包括一些亿万富豪，如穆罕默德·法耶德购买了游艇 Sokar，该游艇始建于 1990 年，完成于 1997 年，长 63.5 米，在 2007 年被评为世界第八十九大游艇。

Codecasa Yachts 因其 164 英尺的游艇系列被 *Yachts* 杂志评为大型机动游艇类别的"最佳设计"。

2. Filippi Boats

Filippi Boats 是一家总部位于意大利的国际划艇赛车壳制造商。该公司由 Lido Filippi 于 1980 年创立。进入 21 世纪船坞的运行由 Lido Filippi 的儿子 David 负责；该船厂拥有 60 名技术人员，每年生产 1100 多艘船只，为世界各地的联合会提供服务。1990 年至 2010 年的 20 年间，Filippi Boats 的船只在世界赛艇锦标赛和奥运会上获得了 400 多枚奖牌。图 2-2 为 Filippi Boats 设计博物馆的部分展品。

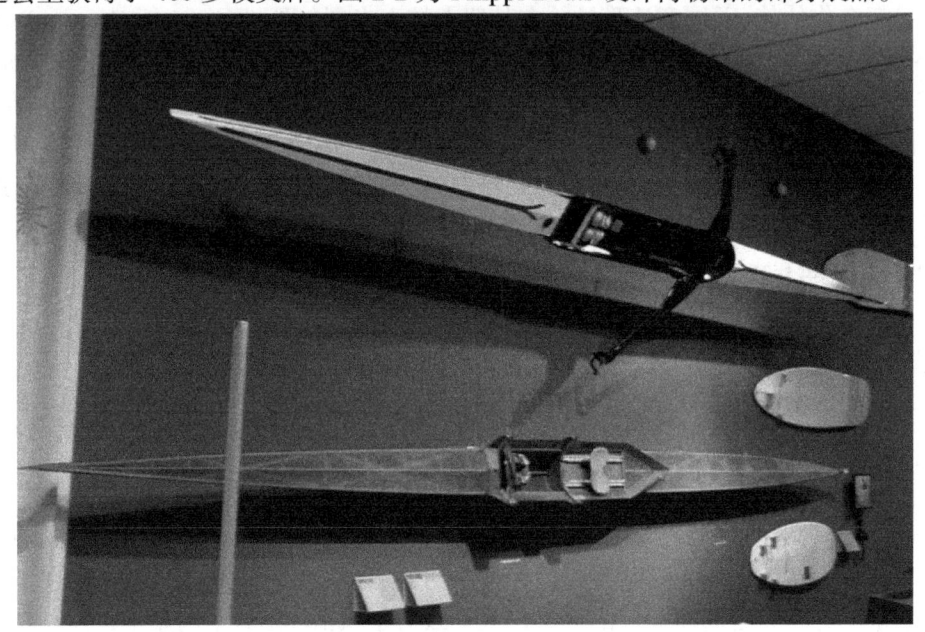

图 2-2　设计博物馆的 Filippi 单桨（顶部）

资料来源：Filippi Boats[EB/OL]. https://en.wikipedia.org/wiki/Filippi_Boats[2018-06-10]

Filippi Boats 的历史可以追溯到 1980 年，当时 Lido Filippi 开设了自己的造船业务，在一个小棚子里和其他五个船员一起生产木制划艇。船坞位置独特，位于第勒尼安海的达衣岩（Donoratico），可以俯瞰托斯卡纳群岛。

到 20 世纪 80 年代中后期，Filippi Boats 造的船在 1986 年英格兰诺丁汉世界赛艇锦标赛及 1987 年哥本哈根世界赛艇锦标赛中赢得金牌，并在随后的汉城奥运会四人双桨比赛中取得第一名。

1997 年，Filippi Boats 获得了第一个国际标准化组织（International Organization for Standardization，ISO）质量认证。这是一个决定性的步骤，因为它使 Filippi Boats 能够保证其国际客户及其在全球五大洲的 22 家独家经销商始终如一的高品质。根据明确定义的流程，离开 Donoratico 的每艘船都须完全符合技术卡的所有要点，这些技术卡由每个工作过的工匠签名。

3. Cantiere Nautico Cranchi

位于意大利北部阿尔卑斯山脚下科莫湖畔的 Cantiere Nautico Cranchi（简称 Cranchi）是一个典型的家族型企业。它始建于 1866 年，当时以制造小木舟为主；在 1870 年的时候才正式注册成立公司，并且开始制造精美的快艇。从那时开始，公司一直致力于研究和技术投资，同时追求新的观念，所有的创新项目都形成于研究开发中心和样品制作部门，并将新的概念确定之后转化到产品生产中去。

随着 Cranchi 游艇产品销售网络的不断扩大，客户对"Cranchi"品牌的认知度和信任度逐年增强，目前其在国际上享有较高的声誉。2005~2006 年度航海游艇销售额高达 1.11 亿欧元，在意大利位居第三位。

Cranchi 也成为世界著名的游艇品牌之一，旗下共有 12 种游艇型号，并以运动型动力艇为主，其中有两款是飞桥式动力艇。图 2-3 为 Cranchi 制造的一款豪华游艇——Cranchi 50。

图 2-3　2013 年生产的 Cranchi 50

资料来源：Cranchi 50[EB/OL]. https://buy.jyacht.com/used/j01201772546.shtml[2018-06-10]

Cranchi 的发展历史如下。

1866 年，公司显露雏形。

1870 年，正式注册成立公司，以制造木质游艇为主。

1970 年，开始以 FRP 为材料制造游艇。

1972 年，公司成功制造出第一艘 4.85 米长的 FRP 游艇。

1997 年，公司游艇试验中心"Italo Monzino"在圣乔治迪诺加罗（San Giorgio di Nogaro）建成。

2000 年，总面积为 2.29 万平方米、作为公司第二个工厂的 San Giorgio di Nogaro 竣工投产。

2003 年，公司第三个工厂 Colico 正式投产，作为一个高效现代化生产基地，主要生产预装配件。

2005 年，公司第四个工厂项目 Seventy 在 Rogolo（罗戈洛）开始筹建，总面积为 10 万平方米（其中占地面积 2.5 万平方米），计划生产 50 英尺以上的游艇；该厂房采用的都是新技术、新设备、高科技，其工业化程度相当高，被誉为海洋领域的新的里程碑。

2006 年，由以前的有限责任公司转制为股份制公司，主要股东为 Alessandra、Paola、Elena、Guido Cranchi、Franco Monzino。

2.2.3 法国

法国游艇制造业中以帆船制造和帆船消费为主。法国游艇租赁公司出现后，高档游艇的需求迅速增长，目前法国已成为世界上规模较大的帆船和气垫船制造国和出口国。其中，中国已成为法国船用配套企业产品的主要进口国。法国游艇制造商见表 2-1。

表 2-1　法国游艇制造商一览表

法国游艇制造商		
Jeanneau	Bénéteau	Dufour
Prestige Yachts	Zodiac	Fountaine Pajot
Gibert Marine	Bombard	Amel
Wauquiez	Outremer	Nautitech Catamarans

资料来源：France-boatbuilders and shipyards[EB/OL]. https://www.yachtall.com/en/boat-builders-shipyards/france [2018-06-10]

1. 亚诺

Jeanneau（亚诺）是全球规模最大的船艇制造公司之一，在世界各地拥有 5 个生产基地，员工总数超过 2000 人，制造 5~23 米不同规格的帆船、动力艇和豪华游艇，在全球 45 个国家总共有超过 300 个经销商。亚诺建立于 1957 年，这个如今享誉全球的知名船艇品牌由亨利·亚诺在法国西部旺代省境内一个名为莱塞比耶（Les Herbiers）的小城市创立。自品牌创立以来，亚诺始终秉持着最初的价值观，恪守对航海精神的信仰，追求船艇的精致外观，将先进造船工艺融入设计生产中，且遵循客户意见完善产品的功能及服务。

按照动力艇与帆船划分成两大类，动力艇包括开放式快艇系列 Cap Camarat、钓鱼船系列 Merry Fisher、近岸巡航艇系列 Leader、NC 和 Velasco，以及豪华游艇系列 Prestige。帆船则包含赛艇系列 Sun Fast，巡航帆船系列 Sun Odyssey、Sun Odyssey DS，以及豪华帆船系列 Jeanneau Yachts。这些产品几乎能够满足世界各地船艇爱好者各方面的需求。2017 年，令亚诺引以为傲的 Merry Fisher 1095 在巴黎船展上进行它的世界首秀，见图 2-4。

图 2-4　Jeanneau Merry Fisher 1095

资料来源：Jeanneau Merry Fisher 1095 [EB/OL]. https://www.yachtall.com/en/boat/jeanneau-merry-fisher-1095-271198[2018-06-10]

2. 杜福尔

1957 年，年轻的工程师米歇尔·杜福尔发现了这种新材料——聚酯。当时，他是一名水手，对游艇、海上行驶和流体力学有着真正的热情。这激发了他建造一艘聚酯游艇的想法。1964 年，米歇尔·杜福尔开始设计"Sylphe"移动式游艇。他冒着很大的经济风险制造了这艘游艇，租了一个机库，并开始在他新成立的公司的支持下制造"Sylphe"。

1965 年，这位前卫的工程师在他的订单簿上填写了 20 个订单，到第二年，订单数量增加到 60 个。随着新的"Arpège"模式的推出，他的生意一飞冲天，这使游艇上的生意发生了革命性的变化，并促成了几个新的工作室的创建。1970 年，他成立了一个设计办公室来开发"Safari"。从 1971 年起，Dufour 每年生产 300 多艘船只。2015 年该公司正在拉罗谢尔附近的佩里尼（Périgny）建造一家现代化的 15 000 平方米工厂。

1971 年，Dufour（杜福尔）推出了"索蒂尔日"（Sortilège）模式，该品牌达到了新的高度。米歇尔·杜福尔利用拉罗谢尔著名的"Minimes 港"游船码头开业的机会，创办了"大帕瓦"号游艇展。在各个方面，他扩大了公司的销售网络，出口到整个欧洲，并在意大利和美国建立了子公司。1973 年，该公司获得了出口奖，并获得了欧洲领导人的认可。这段繁荣时期见证了 Dufour35、Dufour27、Dufour33、Dufour34、Dufour1300、Dufour29、Dufour31、Dufour2800 和 Dufour1800

款游艇的诞生。

2.2.4 英国

英国造船历史悠久，游艇工业的发展也很早，基础雄厚，英国所建造的游艇以大型、昂贵、奢华、品质精美而闻名于世。英国大约有 100 家游艇制造厂，多数厂家的产量在 10~15 艘。英国最大的游艇制造厂是 Westerly（韦斯特利），1985 年的销售金额约 750 万英镑，在当时其产品在英国的市场占有率达到了 18%。此外，Moody 游艇厂的市场占有率为 16%，Sadle 游艇厂为 14%，这三家游艇厂的产值总和达到 48%，几乎垄断了整个英国[①]。

英国也是世界上游艇制造业较发达的国家，它最早制定了游艇的设计和建造规范，英国劳氏船级社于 1978 年就率先颁布了《英国劳氏船级社船舶入级规范和规则》。英国在 FRP 复合材料游艇的设计和建造方面颇具实力，特别是在采用碳纤维和 Kevlar 纤维研制的新颖复合材料游艇方面则更有优势。经研究认为，在碳纤维中混杂 Kevlar 纤维制造的复合材料艇体减重效果明显，可提高航速 20%，节约燃料费 33%。

Fairline（菲尔兰）由 Jack Newington 于 1963 年创办，目前为著名私募股权投资机构 3i 集团所拥有，Fairline 品牌被公认为世界上顶级的豪华游艇制造商，其工厂及公司总部位于英国伦敦北部的昂德尔（Oundle）镇，该地区为英国传统造船基地。2013 年，Fairline 已拥有十几个造船车间，分别制造其 3 个系列 11 个型号的游艇，成为英国首屈一指的豪华游艇制造商。英国游艇在设计和制造程度上都毫不逊色于意大利游艇。Fairline 不仅在英国游艇市场上首屈一指，在世界游艇市场上也占有重要的地位。图 2-5 为 Fairline 官网所呈现的游艇图片。

图 2-5　Fairline 游艇

资料来源：Targa[EB/OL]. https://www.fairline.com/en/yachts/targa/[2018-06-10]

---

① 王海燕，吴建华，蒋金英. 世界游艇工业与市场（一）[J]. 民船船型开发通讯，1993，（2）：34-49.

Fairline 历史如下。

1963 年，Jack Newington 获得一个废弃的砂石场，Fairline 开始有了"家"。

1967 年，第一艘 Fairline 游艇建成，它是一艘长 19 英尺的内河游艇，但已经开始使用当时最新的 FRP 船建造技术。

1971 年，Fairline 的销售网络扩大至国外，以便顺利扩大销售市场。

1980 年，Fairline 发展高速的巡航游艇。

2002 年，第 10 000 艘 Fairline 游艇已完成。

2.2.5 德国

德国游艇市场的游艇销售金额在逐年增加，除橡皮艇和游艇附件外，仅游艇的销售额在 1987 年为 4.135 亿马克。德国的帆艇市场 20%由国内两家大造船公司所控制，一家是 Dehler，另一家是 Bavaria。德国大型游艇的需求量在不断扩大，过去销售的大型艇以 34 英尺和 36 英尺为主，后来增加到 41 英尺甚至 45 英尺。在 2000 年德国大约有 150 个船厂和游艇厂，雇员约 8000 人，共生产约 28 000 艘总值 5.48 亿美元的游艇。德国游艇市场竞争非常激烈，世界上任何一个知名的游艇品牌在德国都有销售。德国主要游艇制造商见表 2-2。

表 2-2 德国游艇制造商一览表

德国游艇制造商		
Bavaria	Sealine	HanseYachts
Dehler	Elegance Yachts	Performance Marine
RaJo Boote	Hellwig Boote	Nautilus Hausboote
Mystraly Boote	Neptun Yachten	Hellwig Boote

资料来源：boat-builders-shipyards[EB/OL]. https://www.yachtall.com/en/-boat-builders-shipyards/germany[2018-06-10]

1. Bavaria

Bavaria（巴伐利亚）成立于 1978 年，由窗户制造商温弗里德·赫尔曼和游艇租赁经纪人约瑟夫·梅尔特（Josef Meltl）共同创办（图 2-6）。到 2006 年，该公司已生产约 3500 艘帆船和机动游艇，雇用 600 人。Bavaria 是欧洲最大的游艇制造商之一，也是德国最大的游艇厂。Bavaria 也是全球三大游艇市场领先者之一。2016 年，Bavaria 在吉伯尔施塔特（Giebelstadt）拥有大约 600 名员工，其中 150 人在行政部门工作。吉伯尔施塔特的工厂面积超过 65.6 万平方英尺[①]，生产面积约 23 万平方英尺。

---

① 1 平方英尺=9.290 304×10^{-2}平方米。

图 2-6 Bavaria 商标

资料来源：BAVARIA YACHTS-DISCOVER THE BLUE[EB/OL]. https://www.bavariayachts.com/en-uk/[2018-06-10]

2. 汉斯游艇

汉斯游艇（Hanse Yachts）公司（简称汉斯）是全球第二大帆船生产厂商。该公司的主要制造地点在格雷夫斯瓦尔德及波兰戈莱纽夫的船壳生产和预装配子公司。生产大厅总面积约 380 000 平方英尺（格雷夫斯瓦尔德约 200 000 平方英尺，戈莱纽夫约 180 000 平方英尺），图 2-7 为其生产制造厂。此前，汉斯游艇只制造帆船。迈入 21 世纪，该公司于 2006 年收购了挪威汽艇制造商 Fjord Boats AS 的大部分股份，并开始开发海运汽艇。在收入方面，帆船约占 70%，动力艇大约占到 30%。

图 2-7 汉斯游艇生产厂

资料来源：HanseYachts[EB/OL]. https://en.wikipedia.org/wiki/HanseYachts#/[2018-06-10]

2.2.6 澳大利亚

2017 年末，澳大利亚人口达到 2486 万，平均每 33 个人有一艘游艇。昆士兰州的游艇市场最大，2013 年澳大利亚就有游艇泊位 55 万个，三个主要的游艇展是：悉尼国际游艇展、神仙湾游艇展和墨尔本游艇展。

在网站上[①]可以看到澳大利亚大型游艇制造商和造船厂的名单，共有 47 家，生产的船只种类繁多，包括机动游艇、动力艇、双体船，甚至还有充气艇和独木舟等，顾客可以对各式各样的游艇进行查询和购买。

1. Haines Group

自 1959 年由 John Sydney Haines AM 及其家人成立以来，Haines Group（海恩斯集团）一直是海洋行业的领导者。John 来自一个建造者和渔民的家庭，并在早年磨炼了他的手艺，然后利用他的技能和经验将 Haines Group 建设成一个令人羡慕的帝国。

Haines Group 拥有超过 55 年的创新、研究和开发经验，如今设计和制造了一系列屡获殊荣的可拖挂玻璃纤维船品牌，包括旗舰 Haines Signature Boats 系列、Tournament Pleasure Boats 系列和 Seafarer Boats 系列。它也是铃木海洋船外板的最大私人经销商，通过遍布澳大利亚和新西兰的广泛网络销售。图 2-8 为 Haines Group 官网所呈现的游艇图片。

图 2-8 可容纳八人的 Haines Group 游艇（600C）

资料来源：600C[EB/OL]. https://www.hainessignature.com.au/our-boats/cruiser/600c/[2018-06-10]

2. 里维埃拉

2015 年和 2016 年澳大利亚海洋工业年度出口商里维埃拉集团（Riviera Group，

---

① Australia-Boatbuilder, shipyards and boat manufacturers. https://www.profinautic.com/en/manufacturers/boats/?ct= au[2018-06-10].

简称里维埃拉）是澳大利亚最大的豪华游艇制造商，也是全球海洋产业的领先者。

里维埃拉成立于 1980 年，运营于南半球最大的豪华游艇建造基地——位于昆士兰黄金海岸的库梅拉，占地 14 公顷。该公司年产量 55%以上的出口遍布全球约 60 个国家和地区。里维埃拉在开发新船型上投入了大量资金，在设计、技术、海上作业能力和性能及豪华的内饰环境与无与伦比的业主关怀等各个领域反映出其对卓越品质的追求和热情。

如今，里维埃拉建造了长度在 36~77 英尺不等的豪华游艇，横跨五个不同的模型系列：已证实的有蓝水天桥系列、时尚和尖端的运动游艇系列、运动和冒险的 SUV 系列、豪华和长程的新运动游艇系列和永恒经典的伯利兹摩托游艇系列。里维埃拉的游艇制造厂如图 2-9 所示。

图 2-9 里维埃拉游艇制造厂

资料来源：Our Story[EB/OL]. http://www.riviera.com.au/about-us.html[2018-06-10]

2.2.7 荷兰

荷兰的游艇工业技术力量强大、工艺先进，是游艇产业强国，它拥有豪华游艇设计和制造的一整套精良的设备及设施。1988 年荷兰出口美国的游艇总金额就达到 5000 万美元。荷兰拥有优秀的游艇和附件销售人员与销售网，是欧洲一流的游艇市场[①]。

荷兰在豪华游艇制造市场上一直位于世界第三位，仅次于美国和意大利。此外，荷兰国内每年举办四次游艇展会，包括阿姆斯特丹国际游艇展（国内规模最大，每年的 2 月或 3 月举行）和阿姆斯特丹船舶设备贸易展览会（主要参展对象为设备、材料、配件、游艇贸易和产业服务的供需者，每年 11 月中旬在 Amsterdam RAI Exhibition Center 举行）。

---

① 王海燕，吴建华，蒋金英. 世界游艇工业与市场（一）[J]. 民船船型开发通讯，1993，（2）：34-49.

1. 达门造船集团

达门造船集团（Damen Shipyards Group）于 1927 年在荷兰的霍林赫母由简（Jan）和马里纳斯·达蒙（Marinus Damen）共同创立。这两兄弟在创办之初就成功地经营了主要以荷兰风格为导向的船厂，拥有一个小而忠诚的客户群。1969年，从父亲手中买过公司的科默·达门（Kommer Damen）先生将达门造船集团打造成为一家实力雄厚的企业集团。进入 21 世纪经过近 80 年的发展，荷兰达门造船集团已经发展成为一家全球经营公司，拥有 30 多家船厂、修理厂和相关公司的跨国公司，其中包括他于 1991 年收购的遨慕世（Amels）造船厂。全球范围内达门拥有众多合作船厂，可在当地建造达门船舶。自 1969 年以来，它设计和建造了 5000 多艘船只，每年交付多达 150 艘船只，年营业额达 20 亿欧元。它的产品设计和工程是在内部进行的，设计范围很广，包括拖轮、工作艇、巡逻艇、货轮、挖泥船及豪华游艇等。

2. 遨慕世造船厂

遨慕世造船厂于 1918 年在 Friesland 创立，当时以制造渔业船舶为主。到 1981年后，才开始转向游艇制造。1982 年下水了第一艘长度为 48.5 米的超级游艇 Katalina，1995 年，下水了荷兰当时最大的机动艇 Montkaj，长度 75 米。2005 年，遨慕世将所有的管理、设计和生产部门搬迁到达门造船集团于 2000 年收购的弗利辛恩市大型海军船坞（前皇家斯海尔德造船厂），逐渐发展成为荷兰一家巨型游艇制造厂，拥有 350 名雇员，年收入接近 7000 万欧元。遨慕世作为达门造船集团的一部分，已经成长为荷兰最大的豪华游艇造船厂，在世界范围内被公认为是最高质量和完美的象征。图 2-10 为遨慕世的造船车间。

图 2-10　遨慕世造船车间

资料来源：The shipyard[EB/OL]. http://www.amels-holland.com/cn/about-amels/the-shipyard/ [2018-06-10]

遨慕世造船厂非常自豪拥有在荷兰最大的超级游艇建造设施，包括 200 米长的现代化室温控制干船坞。遨慕世造船厂的卓越声誉来自高水平的能工巧匠、合作无间的团队，以及强大的项目管理组织能力。

　　遨慕世造船厂不是一个主要面向产品的生产企业，而是依据客户的需求，选择合适的设计者和建造师，建造出独一无二巨型游艇的企业，因此，公司的主要业务是依据订单生产游艇。正如它的官网里所说的那样，"遨慕世坚信发展无止境，为此我们迈上了一个新的台阶，将运用遨慕世最高质量标准和荷兰超级游艇最先进的技术建造全定制版豪华游艇。作为超级游艇市场的引领者，遨慕世倾听客户的心声。这就是为何在已经取得巨大成功的遨慕世限量版基础上，我们向前迈进一步开始重拾全定制游艇建造。遨慕世全定制版游艇——用最高标准创造您对豪华游艇的全新感受"，以此在全球范围内赢得顾客的青睐。

2.2.8　新西兰

　　新西兰由两个主要岛屿（南岛和北岛）和一些小岛组成，国家四面环海，海域辽阔，2016年人口约为450万，城市居住人口达到了80%，而其中90%的人口距离海岸仅1小时车程。新西兰实行200米的专属经济区制度，其专属经济区海域面积为130万平方千米，居世界第4位。作为世界知名的海洋国家，拥有广阔的海域，该国的游艇制造、消费及游艇旅游业都相当发达。新西兰的人均船只数量比世界上任何国家都多，2014年，在新西兰的奥克兰有超过13.5万艘注册游艇，大约每11人就有一艘游艇。奥克兰是新西兰国内游艇产业最发达的地区，具有明显的行业优势，汇集了全国1/3以上的游艇制造及相关企业。

1. McMullen & Wing

　　McMullen & Wing 是一家位于新西兰奥克兰的造船厂，以其深厚、持久的品质享誉全球。2016年McMullen & Wing在其位于奥克兰的造船厂发布了超艇项目1016，这艘探险游艇的续航里程达到了惊人的6000海里，足以穿越任何大洋。

　　项目1016是McMullen & Wing旗下现存最大的游艇，也是其Diamond系列家族的第二位成员。此系列第一艘是环游世界的45米超艇Big Fish。两艘游艇的造船工程都由Gregory C. Marshall负责。Big Fish船体以不锈钢材料制成，坚固耐腐蚀；蓝色涂装，极富海洋气息；船体明黄色水线十分亮眼，如此个性的配色让你一眼就能认出它来。

2. Marco Boats

　　Marco Boats 是一家新西兰高品质铝船设计和制造商，其生产的船只适合家庭划船和出海钓鱼。该船厂提供4米到9米的各种船只，甚至可以根据客户的特殊需求安装定制船只。

　　除了处于合金船制造的最前沿之外，Marco Boats经验丰富的团队还能够为所有维修、改造和铝制造工作提供帮助。无论客户是要购买当前的船只，订购新船，还是只是寻求好的建议，都可以了解 Marco Boats 的船只系列。

3. Southern Ocean

Southern Ocean（南大洋海洋）的船建造团队位于新西兰陶朗加，距离奥克兰仅 144 海里。陶朗加是一个美丽的海港小镇，有一个大型避风码头。

Southern Ocean 在陶朗加建造豪华休闲船、国际赛艇和超级游艇超过 30 年。从设计和建造一艘 100 英尺的超级游艇，到建造和重新装修国际赛艇，再到为 Baron von Rothschild 建造定制帆船，都完成得十分出色。

Southern Ocean 还具有一支才华横溢的造船工人团队——派往世界各地的专业工匠，通过他们的绘画和整合技术，提供各种船舶功能性服务，包括：船舶设计和起草、完整的船建造、电气服务、船绘画和抛光、广泛的船改装、预防性维护等。

2.3　中国游艇制造业发展状况及趋势

2.3.1　中国游艇制造业概况

我国游艇制造起步于 20 世纪 50 年代，经历了几十年缓慢的发展过程，直到 21 世纪初才出现游艇工业阔步发展的局面。最早的游艇制造是 20 世纪 50 年代至 70 年代生产供公园、人工湖及海边用的 FRP 划桨艇、机动小艇和机动游览艇，FRP 建造技术的引进是那一阶段的主要标志，发展相对缓慢，还没有真正进入私家游艇领域。进入 21 世纪 80 年代，沿海和内陆一些游艇企业引进世界先进技术，进行来料加工并与外商合资合作，以贴牌生产（original entrusted manufacture，OEM）为主要形式，开始生产各种不同规格、不同型号的游艇，包括豪华型游艇。20 世纪 90 年代后期，随着休闲经济的升温，大量世界游艇企业选择以独资、合资、合作的形式来建立游艇制造企业，有实力的企业也看好游艇产业，进军游艇制造领域，在游艇生产能力、产品质量、产品类型方面都有了提升。2008 年短暂的金融危机对世界经济的发展产生了深远影响，游艇产业也未能幸免，国内的游艇制造业及时调整战略，转换思路，吸取经验，正向更快、更好的方向迈进[①]。

---

① 中国船舶工业行业协会船艇分会，上海船舶工业行业协会.2009—2010 年中国游艇产业发展综述报告[M]. 上海：上海交通大学出版社，2011.

从 2013 年第十八届 CIBS 上获悉，2011 年，我国主要游艇制造厂达到 160 多家，游艇俱乐部达到 37 家。游艇制造业中 90%为 FRP 企业，加上散落在全国各地的小游艇、工作艇、运动艇、FRP 渔船定点生产的救生艇等企业，全国从事 FRP 船艇制造企业超过 200 家，产值超过 1000 万元的企业就有 30 多家，这些企业主要集中在深圳、上海、青岛、天津、厦门、珠海等沿海城市，另外，中西部地区也有少数企业分布,约占全国比例的 10%,图 2-11 为我国游艇制造业分布图。全国范围内的游艇泊位约 7000 个。

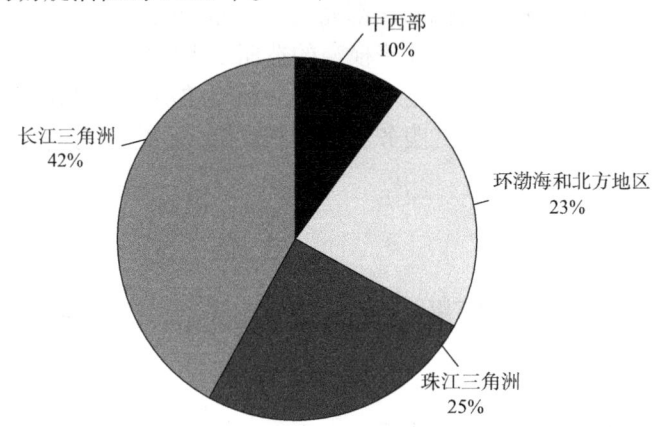

图 2-11 国内游艇制造企业分布

资料来源：《2017—2022 年中国游艇行业现状未来发展趋势与投资分析研究报告》

游艇业作为新兴产业受到很多地方领导的高度重视，纷纷对游艇业的发展寄予厚望，把它作为城市品牌。辽宁、河北、山东、江苏、上海、浙江、福建、广东、海南等沿海和内陆水上旅游资源丰富且经济相对发达的省市游艇业已有所发展，其中以深圳、上海、青岛、日照等地发展较快。青岛、日照由于有 2008 年奥帆赛和世帆赛的因素，游艇业发展非常迅猛。深圳毗邻香港，且气候条件好，发展游艇业具有得天独厚的自然条件。上海加快发展游艇经济，要将奉贤区打造为游艇城。可以预计，随着经济的进一步发展，人们生活观念的逐步转变，游艇业将会在我国得到迅猛发展。在游艇俱乐部方面，据中国船舶工业行业协会船艇分会统计，全国已建成、在建和已经规划建设的游艇俱乐部超过 100 家，也就是说，还有 63 个俱乐部在开建。

我国的游艇生产能力和制造工艺技术仍无法与世界级游艇制造企业相抗衡。企业的生产主要集中在中、低端，所造游艇规格大多在 24~48 英尺，价格位于 100 万~400 万元，以对外出口为主，而 80 英尺以上的高端游艇市场却基本被别的厂商所垄断。我国游艇建造企业满足最低档次的游艇需求有余，而对较高档次游艇需求的应对能力却明显不足，且自主游艇品牌匮乏，因而在世界市场中的竞争力相对有限。但是近年来，我国企业集团积极参与世界知名游艇建造企业的重组和并购活动，进行新的游艇制造产业的布局。

2005 年，中国游艇经济从悄无声息到"浮出水面"。中国交通运输协会邮轮游艇分会提供的资料显示，随着经济发展和消费水平的提升，游艇制造业和消费业保持了 30%的年增长率，年销售收入数十亿元。尤其在受累于 2008 年世界金融危机的传统欧美游艇市场收缩的情况下，新兴的中国游艇消费市场开始颇受关注。一些原先贴牌代加工、出口国外的游艇制造企业将眼光转而投向国内市场，众多欧美知名游艇企业也纷纷来华开拓市场。

国内知名的游艇制造企业有以下几个。

1. 毅宏集团

毅宏集团拥有集游艇生产、设计、配件、售后等服务于一体的专业游艇产业基地。为更好地拓展游艇市场，将毅宏游艇品牌展示给更多的高端客户，集团先后成立了厦门毅宏车艇销售有限公司、上海毅宏游艇投资有限公司，以及海南毅宏投资有限公司。

2014 年，毅宏集团的游艇建造工厂拥有 67 万平方米土地面积、1400 米海岸线、30 万平方米海域使用面积。现已建设完成共计 30 000 平方米的厂房 4 幢，并在船厂内设有一个 6000 平方米的大型游艇码头，以供各式游艇执行严格的下水、航行测试。工厂配备了先进的游艇建造设施设备，同时拥有有多年游艇建造经验的设计师、工程师、管理人员，以及熟练的技术工人组成的专业团队，与国际知名设计师和工程师共同协作。集团一直致力于技术和工艺的改进，不断将先进的技术革新融入中国传统的手工艺之中。品质为魂、精益求精，为客户提供建造服务，建造具有高品质且操控性、安全性、稳定性俱佳的世界级游艇，打造国内第一豪华船艇制造企业、国内第一游艇品牌。

毅宏集团游艇品牌的各款游艇均由意大利著名游艇设计师设计，建造过程均在意大利著名工程制造团队的指导下进行，游艇的配件以进口为主。集团自投产后，通过了 ISO 9000 和 ISO 9001 认证，毅宏游艇系列产品已取得了行业权威的欧洲统一（Conformite Europeenne，CE）认证和中国船级社（China Classification Society，CCS）认证，是国内首家 A 类游艇制造商。

为了不断地满足市场需求，现开发了多个系列的豪华游艇：高速运动艇（硬顶）系列、带飞桥豪华游艇系列、豪华休闲艇系列，以及专为内湖、内河、水库定制的游艇。目前现有产品包括 Sea-stella 38 无界之星、Sea-stella 46 水上超跑、Sea-stella 53 水晶宫殿、Sea-stella 55 飞桥系列、Sea-stella 63 总裁尊驾系列豪华游艇（图 2-12），以及 Aquitalia 85、Aquitalia 95 顶级全定制游艇。

图 2-12　毅宏 Sea-stella 63 总裁尊驾系列豪华飞桥游艇

资料来源：毅宏 2012 款 Sea-stella 63 尺豪华游艇首发[EB/OL]. http://www.neeu.com/read/28069.html [2018-06-10]

毅宏游艇不断致力于满足游艇市场的需求，为客户提供可深度定制的高附加值、高性价比产品。产品融会了意大利游艇设计理念和我国娴熟精湛的制造工艺，在打造百变的内部空间时，充分体现了以人为本的品牌理念，其游艇制造工艺精良、品质卓越，充分体现了不凡的意式风格、中国工艺。产品已远销海外市场，也遍布中国各个主要省市。

2. 太阳鸟

太阳鸟游艇股份有限公司（以下简称太阳鸟）创立于 2003 年，是一家从事高性能复合材料船艇设计、研发、生产、销售及服务，为客户提供从方案设计、产品制造到维修服务等全方位的个性化解决方案的企业，公司注册资本 13 910 万元，已拥有湖南沅江和广东珠海两个生产基地，分别从事游艇设计和销售。公司总占地面积 61 万平方米（湖南 25 万平方米，珠海 6 万平方米），2012 年员工人数 1800 余人，其中技术研发与设计人员 300 人。

太阳鸟秉持"做最优秀的游艇制造商"理念，专注于高性能复合材料船艇研发、生产、推广，以游艇为主导，共有三大系列产品：游艇 15 个规格，40 种型号；商务艇 18 个规格，55 种型号；特种艇 16 种规格，30 种型号，是国内最大的复合材料船艇制造企业之一。公司产品销售覆盖全国 32 个省（自治区、直辖市），其中，中国金茂控股集团有限公司（简称金茂）、华为技术有限公司（简称华为）、上海中信轮船有限公司（简称中信）等知名企业已成为公司客户。公司的自主品牌产品已成功进入国际市场，出口至英国、西班牙、东南亚、非洲与美洲等国家和地区。

太阳鸟秉承"传递感动，创造美好"的理念，经过多年发展，成为国内规模最大、设计和研发技术水平最高、品种结构最齐全的复合材料船艇企业之一，连续多年公司复合材料船艇产量位列内资企业第一名。公司现为高新技术企业，公司研发中心——湖南现代游艇技术研究与工业设计中心是现在国内唯一的游艇设计中心。公司拥有和使用 25 项专利，其中实用新型专利 4 项、外观设计专利 21 项，另有 4 项发明专利申请权。公司游艇产品多次荣获各类设计大奖，公司设计生产的 80 英尺游艇于 2008 年荣获"省长杯"广东工业设计奖，2009 年荣获中国创新设计红星奖。2010 年公司联合国防科学技术大学、华中科技大学利用公司最新开发的"多混设计、多混材料和多混工艺"技术设计建造的海鸟系列 40 米"绿色"豪华双体游览船，再一次打破了由公司保持的 36 米复合材料双体船的亚洲建造纪录。

太阳鸟现为中国船舶工业协会副会长单位、中国复合材料协会理事单位、中国小艇标准化技术委员会委员单位、美国游艇协会会员单位、湖南省名牌产品与著名商标企业、国防科大新材料船艇试验基地、国家小型船艇装备动员中心。

3. 海星游艇

海星游艇由中国和欧洲游艇业界数位精英创立于 2004 年。公司坐落于广东省江门市新会区西江出海口，拥有生产基地 66 700 平方米，厂区内建有现代化的游艇生产厂房、下水滑道和停泊码头。创始人和管理层拥有 20 多年的游艇建造经验，拥有一支优秀的研发设计团队和 300 多名熟练技术工人。图 2-13 为海星游艇的 Logo。

图 2-13　海星游艇 LOGO

资料来源：海星游艇[EB/OL]. https://buy.jyacht.com/yachts/Heysea/[2018-06-10]

自成立伊始，海星游艇就一直致力于自主品牌的塑造，将公司定位于专业中、大型游艇研发、设计、制造、销售厂商，和欧洲顶级游艇企业建立合作关系。经过多年的努力，海星游艇旗下豪华游艇和商务游艇已经在中国游艇制造界取得订单量第一的位置，连续多年获得"中国中大型游艇企业最具成长性大奖""中国中大型游艇设计先锋奖""中国制造最佳销售游艇品牌"，并连续多年获得国家工商部门颁发的"守合同重信用"企业。

作为中国最专业的游艇生产企业，海星游艇是国内少数几家可以设计制造 60

英尺以上大型豪华游艇的厂商之一,同时具备强大的标准化、批量化的目录式游艇建造能力。海星游艇凭借新颖时尚的设计风格、卓越奢华的工艺品质,赢得了社会精英阶层的广泛青睐。而独特的 QCDS[①]项目管理模式、具有国际先进水平的技术设备和严格的质量监管体系则是海星游艇向客户提供高效、高质产能的有力保障。

4. 金海湾游艇制造有限公司

宁波金海湾游艇制造有限公司创建于2005年,是集设计、研发、制造、贸易、服务为一体的专业制造各种规格船艇的高新科技型企业。公司位于浙江东海之滨宁波市宁海临港开发区,海岛资源丰富,港口码头汇聚,水陆交通便利。2012年公司总资产3.8亿元,占地面积66 000平方米,建筑面积30 000平方米。现有员工300多人,其中工程技术人员35人。公司历年获得宁波市实力型企业、出口创汇明星企业、宁波市林园式工厂、宁波市环保模范工厂等荣誉称号。

公司投资1.5亿元,在宁海临港开发区建造国际现代化的标准船艇制造厂房,包括船艇设计研发中心、船艇模具制造车间、总装车间、FRP制作车间、内装家具车间、五金舾装件车间、游艇 4S 店、试航码头等基础设施,引进五轴数控机床、300吨龙门吊机、真空吸尘、油漆喷涂等世界先进制造设备,打造具有较强实力的研发和制造50~150英尺豪华游艇的制造基地。

金海湾游艇性能优越,启动、加速转向操控灵活,外部轮廓线条分明。巡航之时,令人心旷神怡,高速航行之时不觉热血沸腾。公司目前生产的主要游艇系列分别是休闲运动艇、豪华艇、巡逻艇,以及特种艇,甚至正在研发新领域船型,为中国游艇开拓新的渠道。

2.3.2　中国游艇制造业所面临的问题

1. 公用型多,家用型少

随着旅游业的发展,水上旅游热点地区集体用游览船的现象增多,如桂林漓江、杭州西湖、昆明滇池、洛阳小浪底水库等地,主要船类品种有机动游船(座机及挂机)、画舫型游船、电瓶游船、垂钓型小游船,以及公园等水面使用的各种小型动力和人力游览船。随着旅游业的发展,旅游地区使用的大中型交通船的需求量也在逐年增加。

20世纪80年代,江新船厂较早开发了家庭型游艇,并在中国进出口商品交易会上展出,虽然造价较低,但因设计、制造工艺、装潢等相对较差,未能打开出口销路。之后,外商来我国投资,厦门玻璃钢游艇厂首开返销美国记录,江苏也合资建造钓鱼船及帆艇等游乐用船,并返销日本、美国。但总的来说,出口数

---

① Q即品质(quality),C即成本(cost),D即交期(delivery),S即安全(safely)

量还较少。至于家庭型游艇的销售，虽然已有先富起来的人首开了购买私人游艇的记录，但要形成市场，尚需时日。

2. 一般档次多，高档次少

在游艇质量方面，总的来说能达到镜面光洁度和装潢高水准的高档次产品还较少，一般水平的较多。以地区而言，广东地处东南沿海，学习先进技术快，更主要的是广东大多数 FRP 船艇厂家的领导者有开拓性，眼光远，重视产品质量，重视工艺技术，甚至还有厂家聘请了世界级专家主抓技术工作。在一年一度的 CIBS 上，国内展品外观质量大都不如其他展品。

3. 造型无特色，较少有新意

各地生产的游艇在造型上还比较一般。一是外形设计缺乏时代感，与国外游艇相比有明显的差距；二是未能创造出有中国特色的艇型，也未达到不断出新的状态，基本停留在创造出一种型号"吃"多年的滞后状态，缺乏不断推陈出新、追赶世界水平的闯劲。

4. 材料一般化，工艺少改进

不少生产企业出于成本考虑，在原材料选用上大都因循守旧，采用普通的惯用材料，很少为提高产品性能而采用档次较高的原材料（如碳纤维、芳纶纤维、乙烯基酯树脂等）。在工艺上也较守旧，较少考虑改进，如可以采用机械浸渍成型法制造船体及上层建筑，也可以用气压法脱模这类既可降低工人劳动强度，又能提高工作效率、确保质量、降低材料消耗的先进工艺方法。

经过近几年的高速发展，旅游业正迎来一次转型升级，邮轮旅游等中、高端细分领域持续火爆，迎来了前所未有的发展机遇。邮轮旅游的升温，给游艇产业带来了增长契机，未来前景日益明朗。

邮轮产业进入新一轮增势，无疑将带动起游艇产业的发展。而且游艇产业也是旅游业目前的发展重点，我国政府有望加大对其的扶持力度，进一步壮大产业规模。

与发达国家相比，我国游艇产业存在很大差距，美国依然主导着全球的游艇市场。美国游艇销售额基本保持在 300 亿美元，占全球的 55% 左右；游艇厂商数量有 1000 多家，规模比重同样超过一半。

我国虽有游艇制造企业近 400 家，但年产值超过千万元的只有 30 余家。国内拥有游艇俱乐部 100 余家，但参与人数十分有限。

不仅是游艇数量、规模等存在劣势，在消费观念、政策体系等方面，我国也难以企及。例如，国人对游艇消费理念倾向于奢侈品消费，但美国则是平民化消费。再如，发达国家的游艇产业政策完善，而我国直到近几年才开始制定相关标准，出台相关政策引导游艇产业的发展。

此外，我国游艇产业缺乏具有影响力的龙头企业，总体上仍处于以消耗资源、环境和劳动力为主的初级发展阶段。这导致自主品牌缺失，并在游艇动力、导航驾驶等核心技术及关键设备上严重依赖进口。

接下来，要促进游艇产业发展壮大，必须出台发展游艇产业、规范游艇运作的政策及法规文件。同时，突破游艇消费瓶颈，培育正确的游艇消费理念。

在游艇设计与制造技术能力方面，则需实施人才战略，培养游艇研究、设计和制造等专业技术及管理人才。为此可以制定相应政策和激励举措，确保有足够人才支撑游艇产业的发展。

总的来说，邮轮旅游有望维持快速增长，游艇产业的重要性和地位将会得以强化。在相关政策、法规、制度进一步完善后，游艇产业必将因此驶入快车道。

2.3.3　中国游艇制造业发展前景

中国经济的快速增长、优越的地理条件为游艇产业发展奠定了基础。申奥成功不仅给北京带来了新一轮水上游开发热，还带动了其他相关城市的水上游，例如，青岛、天津等地的水上游，青岛市154个与奥运水上竞赛相关的建设项目，带来了约90亿元投资。而2008年北京奥运会300余艘水上竞赛用的工作艇在天津建造，天津已成立有关舰船游乐公司、游艇制造生产基地、游艇俱乐部等。在南京,有关部门正开发长江沿岸的水上旅游项目和处于江中的江心洲游艇俱乐部，而其他地方，如江苏太湖、浙江千岛湖等地都在积极开发游艇旅游项目。

中国拥有众多的水域资源、大量码头和停泊区，水上旅游业的前景十分光明。目前各大临水城市的水上规划项目纷纷启动，相关的政策和管理法规相继出台。随着经济的发展，国民人均财富不断增长，一批率先富裕起来的群体，将推动私家游艇市场的启动。以游览观光、健身娱乐和水上运动为主体的公众性休闲游艇和水上游乐设施的需求急速增长，一大批旅游公司、集团公司和民营企业对游艇及水上运动器材提出消费需求，这些都表现出中国在游艇制造领域的巨大的市场发展潜力和贸易空间。

2015年7月，中国交通运输协会邮轮游艇分会发布的《2014中国游艇产业报告》显示，2014年中国游艇制造业产出规模接近80亿元。2014年，珠海游艇产业产值就达到了31亿元，中山约10亿元，加上江门，已经占据全国产值一半以上。据广东省行业人士介绍，时至2017年，江门、中山、珠海三地的游艇产值占到全国的60%。随着粤港澳游艇自由行的各项政策措施进一步细化和落实，必将形成一个巨大市场，从而带动游艇制造业的升级。目前，我国游艇制造业的技术含量和产品质量与世界先进水平还有不小的差距，如何提升和发展已成为沿海各地亟待面对和解决的必答题[①]。

中国游艇行业正朝着层次性与结构性转变。也就是说，跟随市场的需求，坚持提供不同层次的产品，特别是中低档、大众化的产品。2013年10月的国际游艇产业投资合作论坛邀请了美国游艇行业协会会长，据介绍美国有游艇1700万艘，平均每十几个人就拥有1艘，94%是小型游艇，豪华大型游艇只有6%。这说明了游艇市场消费结构和中国船艇的消费市场需要分层次，并且要特别关注中小船艇的消费需求。诸多品牌厂商也推出了高制造、低价位的相关船艇，红双喜的双体船具有空间大、油耗低、材质轻、速度快四大优势，售价不超过300万元。值得一提的是，在2013年CIBS现场，小型船艇展出和销售数量都有了大幅度提升，8米以下船艇的数量相较于往年具有43%的增长，充分显示了大众对游艇的消费更加趋于理性和成熟。

第十九届CIBS首度开辟公务船艇展区，落实专业制造公务船艇的企业将会参加展会。近年来，游艇技术、材料、配件已经被公务船艇采用。国家最近两年采购了大量的公务船艇，很多设备、技术、材料都是使用游艇的相关领先技术，成为亚洲游艇全产业链旗舰展及整个游艇行业中必不可少的重要环节。

据悉，目前国内缺乏船长为20~80米浅吃水、航速高的大型铝合金高速执法公务船艇，而这种公务船艇占所有海上执法公务船艇的25%~30%。据此测算，未来铝合金高速执法船艇市场在200亿元左右。

游艇人才相对缺乏是游艇行业的发展短板，这个短板已经受到了国家相关部门的重视。2013年9月，中国船舶工业行业协会船艇分会和山东交通学院在山东济南举办了游艇人才会，共有20多家的游艇公司参加了这个会议。会议之后，上海交通大学、上海海事大学等一些学院与游艇协会商讨，将围绕游艇人才的培养开展系列活动。同年11月，中国船舶工业行业协会船艇分会、华中科技大学、太阳鸟联合举办了大学生游艇设计大赛，这些人才培养活动与大赛的举办成为游艇行业人才储备的平台，引领中国游艇起航。

随着环境与水上保护力度的加强，人们逐渐意识到资源节约的重要性。游艇的清洁化技术、新材料、新结构、新观念将引领、捆绑绿色游艇的研发。成型技术与配套技术将出现新的结构。发动机的排放、推进形式、能源配置都要有新的思路。衡量国家与地区游艇产业发展及游艇消费市场情况有两个杆，即桅杆与钓竿，因此中国游艇制造业发展趋势也会像国际上的发展一样，更具有节能环保特质的船艇将成为大众化消费的主流。

绿色游艇是未来游艇制造业发展的必然趋势。在"工业4.0""互联网+""智能制造"的影响下，以新能源利用、环保节能技术开发为代表的绿色发展模式成为制造业的一大热点。除了在动力方面进行新能源尝试，游艇制造业还需更加注

---

① 刘强. 我国游艇制造业将迎来黄金机遇期[N]. 中国质量报，2017-12-20（001）.

重生产过程的绿色化，以 FRP 船体的手工糊制工艺为代表的传统建造模式已慢慢被淘汰。

　　加大新能源在游艇上的应用力度，有助于进一步提高中国游艇制造业的国际竞争力。中国游艇制造业已形成强大的出口能力，国内 120 多家企业制造的游艇被海外用户广泛接受。一些去过国外进行水上休闲活动的年轻人发现，国外很多游艇及相关装备来自中国。在绿色游艇技术培育期，有实力的出口企业积极投身这一新领域，将会赢得发展的先机。

　　绿色游艇也契合了国内游艇行业转型、创新、跨界的发展要求。国家鼓励发展游艇租赁，环保性能突出的游艇在大众消费中必将有所作为。很多地区正在建设绿色、宜居、智慧、健康的新城镇，打造滨水休闲度假旅游区，这也将提高对环保节能型游艇的需求。

　　游艇制造企业要抓住机遇，大力提升绿色游艇的技术含量。有学者分析，应用环保技术的新型游艇在功能定位，空间布局，材料、设备及建造工艺等方面与传统游艇有着很大区别。相关企业要从游艇设计工作这一源头做起，更新设计理念，保证产品质量，做出一批新的精品游艇。同时，探索绿色游艇技术需要一个较长的过程，对此要有充分的认识和准备。

第 3 章 世界游艇品牌

在世界上 200 多个国家和地区中，真正在游艇市场占有一席之地的只有为数不多的几个，世界前 8 个主要游艇建造国家垄断着世界游艇市场 80% 的市场份额。从销售排名来看，除了位居第一位的美国，紧随其后的意大利、法国、英国、德国都在欧洲。各国的游艇业各有特色，如法国以帆船为主，意大利盛产顶级豪华游艇。下面将按欧洲、北美洲、澳大利亚、亚洲等顺序来分别介绍世界著名的游艇品牌。

3.1 欧洲的游艇品牌

欧洲和北美洲是当今世界最主要的两大游艇市场，二者合计占世界游艇市场份额的 94.3%。欧洲是世界第二大游艇市场，占世界游艇份额将近 40%。知识品牌数据研究大数据平台与十大品牌网联合推出的 2018~2019 年游艇十大品牌排行榜显示，在全球排名前 10 位的游艇品牌中，意大利占据 4 个席位，英国 2 个，法国、德国和摩纳哥各 1 个，欧洲的游艇厂商在其中占据 9/10，可以说欧洲的游艇业拥有悠久的历史沉淀、精美的技术和绝佳的质量，是游艇业中的典范。

欧洲发达国家的游艇普及率非常高。作为发达国家数量最多的大洲，居民生活条件普遍优渥，高收入使得游艇这一休闲娱乐方式在欧洲十分盛行，稍富裕的家庭都会成为各类游艇消费者。北欧很多发达国家平均每 10 人左右就拥有一艘游艇，这也带动了欧洲游艇业的兴起。欧洲不仅有着许多世界顶尖的游艇品牌，而且不断有新的品牌出现和新的游艇公司成立。

本节将着重介绍欧洲意大利、法国、英国、德国、荷兰这几个国家的著名游艇品牌。

3.1.1 法拉帝（意大利）

1. 品牌概况

法拉帝集团成立于 1968 年，不仅是意大利最大，也是欧洲第一大豪华游艇设计制造公司，拥有全球最先进的船型开发、动力匹配与内饰设计中心，以及 670 多家全球供应商体系和全球最先进的制造系统。旗下拥有九大顶级游艇品牌，其中法拉帝、丽娃和博星（Pershing）三个品牌位居全球前十大品牌之列。至 2018 年，法拉帝拥有 22 个具有国际领先水准的造船厂，其中 19 个造船厂位于意大利，2 个在西班牙，1 个在美国迈阿密，拥有员工近 3000 名，并在 80 多个国家和地区建立了由 100 多家经销商和代理商组成的销售网络，在全球 35 个国家设立了 100 多个维修网站及零部件供应中心，以确保 5000 多个配件的持续供应。

法拉帝集团主要设计制造 7~80 米的豪华游艇及运动休闲艇，年造艇约 450 艘。继获得"年度全球最佳船厂"称号之后，法拉帝集团以优异战绩结束了 2017 年度，巩固了其在全球游艇业的领导地位。

2. 发展历程

Alessandro 和 Norberto 在 1968 年共同创办了法拉帝造船厂。1971 年，第一艘 10 米的木制动力帆船问世，其兼具风帆和发动机动力特性。1982 年，集团开始建造海钓艇、开放式游艇和飞桥式游艇。1998 年，法拉帝集团依靠自身的努力，收购了美国拜泰姆（Bertram）游艇公司，成为当时世界最大的运动型海钓游艇供应商。此后，还收购了 C.R.N.S.p.A 船厂。

21 世纪开始，法拉帝集团就控股了 Riva S.p.A.游艇厂，同时为其新建游艇制造中心和生产与销售中心，主营丽娃品牌的游艇。2004 年，以专门建造开放式动力艇著称的意达马（Itama）船厂加入集团。

2008 年，法拉帝集团收购美国海联海事（Allied Marine）公司的资产、品牌和业务。这家美国公司主要从事全新和二手动力艇的售后、营销及中介服务。

2012 年 1 月 10 日，山东重工集团有限公司下属的潍柴控股集团有限公司总投资 3.74 亿欧元，与法拉帝次要债权人在济南签署协议，经过债权重组，收购获得法拉帝集团 75%的控股权。

2016 年 2 月，法拉帝公务舰艇部成立。新部门致力于一系列最先进舰艇的设计、研发和建造，通过精湛的产品特性和宏大目标，满足了国际水域和内陆海岸线对安保、巡逻和防卫的需求。

3. 主要产品及子公司情况

法拉帝集团主营游艇相关业务，拥有法拉帝、博星、拜泰姆、丽娃等 9 个顶级游艇品牌（子公司）（表 3-1）。集团针对消费者进行调查后，将这 9 个品牌分为 5 种类型：品牌知名度型、高性能型、经典传统型、运动海钓型和大型游艇。

表 3-1　法拉帝九大游艇品牌（子公司）介绍

游艇品牌（子公司）	概况介绍
法拉帝	主要生产飞桥式动力艇，长度大于 13 米、小于 30 米。每艘动力艇上的甲板是敞开式的，舷内外各有一台操舵系统。生产基地主要位于卡托利卡（Cattolica）、弗利（Forl）、圣乔瓦尼（San Giovanny），代表型号有 Ferretti Artura690、Ferretti460、Ferretti 50 Delite；Ferretti530/550/591/630/681/731/780/830/881
博星	全球玻璃纤维开放式游艇的先驱，目前主要设计和生产 11~35 米的开放式游艇，以追求高性能游艇作为宗旨，被法拉帝集团收购后，其在创新、舒适和格调等方面也有很大进步
意达马	成立于 1969 年，是意大利著名 FRP 游艇品牌之一，该品牌主要生产 13~23 米的开放式游艇，该类游艇适合"亲海型"的消费群体。卡斯泰尔韦基奥（Castelvecchio）是该公司的主要生产基地
拜泰姆	1998 年被法拉帝集团收入名下，该品牌在全球游艇品牌中名列前茅，主要生产 11~22 米的运动海钓型游艇，游艇产品特别适合于海钓，该品牌在世界所有运动海钓型游艇品牌中最具权威性
丽娃	创建于 1842 年，拥有悠久的游艇历史，主要生产开放式和双层游艇，是知名的 FRP 豪华游艇品牌之一
龙虾船	从 1849 年开始建造游艇，主营小型传统式游艇，长度 7~16 米，其主要特征是采用双壳结构、首尾结构一致的建造方式，公司生产以追求休闲、娱乐为主要特征的"Maestro"型游艇
摩西卡夫特	主要设计和制造"龙虾艇"，长度在 15~85 米，产品型号有 Dolphin44/51 等
定制法拉帝	设计制造大型双层 Maxi 游艇，长度是 30~34 米
CRN	创立于 1963 年，1999 年加入法拉帝集团，具有同时制造 30~60 米长的游艇的能力，以设计、制造大型豪华游艇为主，长度在 30~80 米。致力于为客户度身定制 46~72 米的 CRN 品牌巨型钢铁铝合金游艇，以及半定制的 30~43 米 Custom Line 品牌巨型 FRP 游艇

资料来源：https://www.ferrettigroup.com/zh-cn/[2018-12-25]

（1）品牌知名度型。以法拉帝、丽娃、定制法拉帝为代表，主要为飞桥式动力艇，目标群体为追求豪华与雅致的内饰、忠于古典美、追求时尚的客户。

（2）高性能型。以博星和意达马为代表，适合于追求创新和优性能的消费群体。

（3）经典传统型。代表品牌有龙虾船、摩西卡夫特，公司在设计游艇时将现代化和传统元素相结合，混合风格也满足了一部分消费者的需求。

（4）运动海钓型。游艇适合于海洋钓鱼爱好者，该类游艇上配有完整的钓鱼设施，且舱位宽敞，宜于海钓，代表品牌是拜泰姆。

（5）大型游艇。游艇一般长度大于 40 米，一般采用定制化销售的方式，目标客户是追求稀有性和独特性的消费群体，该类游艇代表品牌有 CRN。

4. 市场经营状况

法拉帝的游艇在全球大约 70 个国家和地区中销售，和 50 多个经销商有贸易往来。中国现有 3 个代理商拥有法拉帝旗下品牌的代理权：深圳坚荣公司、巴富仕（Bahrfuss）和亚勋斐瑞（Antek）。深圳坚荣公司拥有法拉帝在中国华南地区的经销权；巴富仕拥有法拉帝和博星两个游艇品牌在华北地区的经销权；亚勋斐瑞拥有法拉帝在华东区域的经销权。

公司在 2008 年销售额曾一度跨越 9 亿欧元，2010 年销售额约 5 亿欧元，税息折旧及摊销前利润约为 3000 万欧元。在一个仍以价格压力为特征的市场中，这一结果的改善主要是法拉帝集团在 2009~2010 年航海年期间采取的主要举措，导致成本降低了约 5000 万欧元。刚刚过去的 2017 年，公司产值超过 6 亿欧元。另外，集团在 *Boat International* 杂志发表的 *Global Order Book* 2018（《2018 全球排名手册》）中，雄踞 20 家全球顶尖船厂榜首，按新项目数量统计名列全球船厂第一位。集团 2018 年完成了 91 个项目（比 2017 年增长 4.6%），在建的 24 米以上游艇订单总长度达到 2952 米（增长 6.9%），数据肯定了集团制定的发展战略。通过持续不断地投入研发新型号和提高产能，集团在近几年实现了产品线的全面升级换代。

3.1.2 阿兹慕（意大利）

1. 品牌概况

目前，阿兹慕（Azimut）集团（以下简称阿兹慕）是世界上最大的豪华游艇制造商，是欧美和亚洲地区最畅销的意大利游艇品牌之一，2017 年在亚洲游艇颁奖盛典上斩获"亚洲地区最活跃船艇品牌"奖。其摩登先锋的创新、锐意进取的研发和意大利卓越的工艺，共同构筑了品牌今天的辉煌成就。无论是经典的飞桥式游艇，还是时尚的运动式艇，其设计和生产都代表着全球的潮流。

集团前身是保罗·维他利（Paolo Vitelli）于 1969 年创立的游艇制造厂，1985 年完成对贝尼蒂（Benetti）游艇制造厂的并购，最终组成阿兹慕-贝尼蒂集团，总部位于意大利的阿维格利亚那（Avigliana）。集团旗下的 4 个厂房中位于维亚雷焦（Viareggio）的是组装中心，在法诺（Fano）的厂房则是专门制造 FRP 船壳的基地。整个集团公司一年可以造 350 条各式 FRP 游艇，长度在 39~165 英尺不等，拥有员工 2294 人。

2. 发展历程

1969 年，保罗·维他利创办了集团前身阿兹慕，阿兹慕公司主要业务包括游艇租赁、进口、销售等。

1974 年，阿兹慕首次推出其自制的产品，颇受消费者喜爱，这也促使阿兹慕成为国际豪华游艇知名品牌之一。

1985 年，阿兹慕收购了贝尼蒂，阿兹慕-贝尼蒂集团公司由此成立。

1994 年，阿兹慕研制并使用"无框窗"材料，这种材料可以延长 8 倍黏糊在 FRP 船壳上，无须任何钢架构，阿兹慕在其"AZ 43"游艇上首次成功采用该项技术并获得成功。

2001 年，阿兹慕-贝尼蒂集团收购了皮亚琴察的 Gobbi 造船厂，并推出阿特兰蒂斯品牌，专攻 10~18 米开放性游艇。

2006 年，为了更好地制造巨型游艇，集团与意大利制造商 Fincantieri SpA 成立合资企业。

2007 年 4 月 5 日，集团为直接靠近中国客户，在中国上海设立办事处。2014 年就开始为中国客户量身定制游艇，并积极拓展本地的售后服务体系。

3. 产品情况

旗下阿兹慕、贝尼蒂和阿特兰蒂斯三个游艇品牌在游艇市场各具代表性。

（1）阿兹慕品牌。主要生产 13~38 米不等的开放和驾驶桥系列，是各品牌中型号系列最完整的飞桥式游艇，其中包括飞桥式（如 AZ 39E、AZ 116 等）和带活动顶盖的 S 系列（如 AZ 43S、AZ 86S、AZ 103S 等）。2017 年，业内最重要的"世界游艇大奖"颁奖典礼于戛纳游艇展期间举行，阿兹慕游艇获得"最佳布局奖""最高成就奖""最佳内饰设计大奖""最佳技术创新奖"四项殊荣。

（2）贝尼蒂品牌。主要生产 24~70 米的大型游艇。在 2017 年"*Best of the Best* 罗博之选"中，Benetti Fast 125 Skyler 获得年度 33~60 米游艇奖。

（3）阿特兰蒂斯品牌。主要生产 10~17 米的开放式系列游艇。阿兹慕在中国上海设有办事处，可直接并持续性地提供服务给中国客户，同时办事处配有专业员工提供专业帮助。Azimut 43S 游艇（图 3-1）最先敲开中国游艇市场的大门，它是阿兹慕开放式游艇中最小的，其酒红色的船身最为吸引人，再配备进取的外形和方形的窗户，给人不一样的感觉。

图 3-1　Azimut 43S

资料来源：https://www.charterworld.com/news/summary/azimut-72s[2018-06-12]

4. 市场经营状况

阿兹慕-贝尼蒂集团是 24 米以上豪华游艇的全球领先制造商，是全球最大且最具声望的游艇及超级游艇制造者，至今服务网络遍布 70 个国家，设有 138 多个销售服务中心，在上海（中国）、香港（中国）、劳德代尔堡（美国）和伊塔雅伊（巴西）有直接的代理和分支机构。该集团批发和零售商合计约 50 家，主要分布于欧洲、非洲、远东、澳大利亚、中东、北美洲和南美洲。

根据知名美国船艇杂志 *Show Boats* 杂志于 2016 年拟定的权威名单，阿兹慕-贝尼蒂集团 2003~2015 年连续 13 年稳居全球大型游艇建造商首位，集团产值在 6 亿~7 亿欧元，2015~2017 年增长率均在 11% 上下。阿兹慕游艇为集团营业额的增长做出了重要的贡献，2016 年度营业额近 3 亿欧元，根据估算，销售额较上一年度提升了 23%，而年产量也达到了 300 艘游艇。根据销售市场格局欧洲地区为该集团最大的销售市场，几乎占市场总量的 49%，其次是美国，占 21%，第三是拉丁美洲，占 16%，远东和中东及澳大利亚地区等占 14%。如今，阿兹慕是欧美和亚洲地区最畅销的意大利游艇品牌之一，2016 年亚太市场单位销售与上年同期相比增长了 10%；2017 年还在亚洲游艇颁奖盛典上斩获了"亚洲地区最活跃船艇品牌"奖。

3.1.3 博纳多（法国）

1. 品牌概况

至今已有 130 多年历史的法国博纳多（Beneteau）集团（以下简称博纳多）在国际上久负盛名，是世界首屈一指的帆船游艇制造商，也是欧洲最大的船艇生产商（包括动力游艇和帆船），在世界游艇制造领域占有极为重要的地位，其制造的产品被公认为是性价比最高的帆船和游艇产品。至 2018 年，博纳多在法国旺代省拥有五家工厂，在南卡罗来纳州 Marion 建立的美国工厂规模已达到 25 万平方英尺，总投资约 2500 万美元。

卓越的帆船制造技术是博纳多引以为傲的资本。作为全球最大的帆船制造商，博纳多占据了超过全球 1/3 的市场份额。集团批量生产 6~18 米的帆船和游艇，以及 18 米以上的超豪华帆船和游艇，主要有 First 风帆游艇和 Oceanis 远航游艇两大系列。

博纳多在世界众多游艇制造商中可谓首屈一指，颇受航海爱好者的喜爱，其竞争力主要体现在品牌理念和创新精神上：①"一切以客户为中心"的品牌理念。为了更好地提高消费者满意度，博纳多每年会进行 200 多项研究和 500 多项测试。2003 年，博纳多获得了 ISO 14001 的认证，只有严格控制废弃物排放量、环境污染程度的产品才能得到这项认证。在 2004 年，博纳多继续发力，研发出了一种叫

Infection 的新技术，大大减少了造船对环境的污染。②创新精神。每当金融危机来临时，博纳多总能推出新型帆船和游艇，把握住市场，让客户感到惊喜。在最近的一次金融危机到来时，众多游艇企业濒临灭亡，意大利 Dalla Pieta 被浙商收购，博纳多同样也裁员数千人，但是其新推出的 6 款船型扭转了趋势。

2. 发展历程

法国博纳多品牌成长发展历程概况如表 3-2 所示。

表 3-2　博纳多品牌发展历程

年份	重大事件
1884	经验丰富的造船师 Benjamin Bénéteau 在法国旺代省（Vendée）创建了博纳多船厂，目的是为当地的渔民生产拖捞渔船
1912	Benjamin Bénéteau 领先于同时代人，推出了第一艘动力船
1964	Bénéteau 家族的第三代传人 Annette Bénéteau-Roux，与其兄弟 André 和丈夫 Louis-Claude Roux 将企业经营范围扩至休闲游艇，并将 FRP 技术用于造船
1965	博纳多在巴黎船展推出"捕鱼-游览船"，并展出一系列既适用于捕鱼又可休闲巡游的船只
1976	博纳多推出由 André Mauric 设计的 First 30，此后推出的一系列 First 产品成为帆船业永恒的经典
1982	First 系列产品的成功使博纳多成为世界风帆游艇制造业的领军企业
1984	博纳多在百年厂庆之际成功地在巴黎证券交易所上市
1986	博纳多在美国南卡罗琳娜州建立了其在美国的第一个生产基地
1992	博纳多继续扩大经营范围：收购位于法国波尔多的超豪华风帆游艇制造商 CNB，同时收购商业渔船制造商 Chantiers Gendron
1994	博纳多开发出第一个度假移动房 O'Hara 系列产品，制定了此产业的标准
1995	建于 1963 年的 Jeanneau 船厂加入博纳多。同年，无驾照汽车生产商 Micro Car 和双体船品牌蓝高（Lagoon）加入博纳多
1997	建于 1965 年的 Wanquiez 船厂加入博纳多
2001	集团推出两项新服务，即二手船交易中心 European Yacht Brokerage（EYB）和贷款服务 SGB Finance。EYB 是欧洲最大的二手船交易中心
2005	博纳多拓宽其品牌产品，在"度假和自由"的理念上创建品牌 Cyclades
2007	博纳多被欧洲媒体授予 Yacht of the Year 头衔
2008	博纳多游艇俱乐部成立，其是专属于博纳多游艇拥有者的俱乐部
2009	博纳多选在中国打开其亚洲市场

资料来源：http://www.beneteau.com/[2018-06-12]

3. 主要产品及子公司情况

博纳多旗下有博纳多、亚诺、蓝高等子公司，每个子公司基本上都有自己的专属领域。就游艇业务而言，博纳多和亚诺主要负责休闲游艇制造，CNB 和蓝高等主要负责造船和大型游艇建造，如表 3-3 所示。

表 3-3 博纳多主要子公司介绍

主要子公司标志	集团子公司概况
BÉNÉTEAU 博纳多子公司	于 1884 年成立，是世界主要的帆船制造商和欧洲最大的船艇生产商（游艇范围包括动力游艇和帆船），产品尺寸为 6~18 米，被公认为是性价比最高的帆船和游艇产品。2005~2006 年财年销售额为 4.751 亿美元，税后利润为 0.50 亿美元，雇员人数达 2000 余人
JEANNEAU 亚诺公司	于 1963 年成立，1995 年加入博纳多，是该集团第二大子公司，是全球规模最大的船艇制造公司之一，至 2016 年，在世界各地拥有 5 个生产基地，员工总数超过 2000 人，制造 5~23 米不同规格的帆船、动力艇和豪华游艇，在全球 45 个国家总共有超过 300 个经销商
LAGOON 蓝高公司	于 1984 年成立，于 1995 年加入博纳多，它是世界上最大的双体船生产厂家，产品有 11~22 米的七种双体船型号，年产量从 1995 年 10~15 艘，发展到 200~300 艘。2018 年 4 月举行的多体船博览会期间，蓝高 50 喜获 12~16 米多体船类别"2018 年最佳多体船"殊荣
CNB yacht builders CNB	于 1987 年成立，1992 年被博纳多收购，是一个专门为客户度身定制 20~32 米长的铝质、FRP、碳纤维及复合材质的超豪华帆船和动力游艇制造厂。目前，该公司产量占世界超豪华帆船市场份额的 10%左右，80%游艇用于出口

（1）博纳多品牌。主要生产帆船和动力艇，帆船有 Oceanis、First、Cyclades Beneteau、One-design 四个系列；动力艇有 Monte Carlo、Antares+de 9m、Antares-de 9m、Flyer、Swift Trawler 五个系列。

（2）亚诺品牌。主要生产帆船和动力艇，帆船有 Sun Odyssey DS、Sun Odyssey Performance、Sun Odyssey、Sun Fast、Sun 五个系列；动力艇有 Cap Camarat、Leader、Merry Fisher、Prestige、Runabout 五个系列，此外还有 Rigiflex 等系列。

（3）CNB 品牌。主要是定制生产豪华游艇。

（4）蓝高品牌。主要制造双体船，蓝高也是世界著名的双体船品牌。

（5）Wauquiez 品牌。主要从事半定制豪华帆船的生产。

（6）Voyager TM 品牌。负责生产高速客船。

（7）Beneteau Peche 品牌。以生产钓鱼艇和工作艇为主。

以上子公司是博纳多在法国境内的企业，除此之外，博纳多在美国也拥有一个拥有 300 名员工、年产 500 艘帆船的生产基地，该基地主要生产帆船，是美国三个重要的帆船厂家之一。波兰的博纳多生产基地主要生产动力艇，一年的产量在 2500 艘左右。

4. 市场经营状况

时至 2018 年，博纳多有着航海领域专家组成的最大的独家经销商网络，400 名经销商分布在五大洲。主要市场是美国、法国和英国，并在 30 多个国家和地区有销售渠道，拥有 1500 多家代理商、经销商和售后服务中心。每年生产的游艇中 80%用于出口，其中约有一半出口到欧洲各国，10%出口到北美洲。

尽管受金融危机影响，博纳多 2008 年产值遭到 50%的下滑，但在过去几年里，其销售额却稳步增长。2017 财年，博纳多的销售总额为 10.33 亿欧元，比 2016 财年增长了 12.0%。其中营业利润 72260 万欧元，占销售收入的 9.7%。此外，2014~2017 财年，该集团公司的营业利润分别是 0.092 亿欧元、0.267 亿欧元、0.429 亿欧元、0.723 亿欧元，整个集团的利润呈现出稳步上升的趋势，表明了集团良好的发展前景。

3.1.4　圣汐（英国）

1. 品牌概况

圣汐（Sunseeker）游艇公司（以下简称圣汐）被誉为海上的"劳斯莱斯"，是英国最大的游艇制造商，同时也是英国皇室专用游艇品牌，具有极为独特的品牌形象。公司总部位于英格兰南部的普尔市，主要制造基地在英国国内。至 2018 年，公司在全世界范围内拥有员工 3000 多名，分别从事设计、制造、销售等不同领域的业务。公司年造游艇 200~240 艘，产品有运动艇、摩托艇、表演游艇等多种。早期公司主要生产 17 英尺的小艇，现已成为全球最大的全私营游艇制造商和最大的 80 英尺以上级动力艇制造商，同时圣汐也是全球著名的豪华游艇制造商之一，在全世界 30 多个国家有分支机构。

2. 发展历程

1962 年，Robert Braithwaite 和 John Braithwaite 两兄弟开始在英格兰的普尔建造游艇。6 年后，成立了圣汐。

1971 年，圣汐首艘小艇建造成功。

2006 年，公司生产的"72 掠夺者"（Predator）荣膺澳大利亚海事工业联合协会最佳产品奖。

2007 年，得益于显著增长的公司海外销售和贸易量，品牌获得了英国商界声望最高的年度奖项——"女王成就奖"。

2013 年 6 月 22 日，中国的大连万达集团投资 3.2 亿英镑（30.65 亿元）并购英国圣汐 91.8%的股份。

3. 产品情况

圣汐生产的游艇总共可以分为 5 个系列、21 款不同的型号，尺寸从 12~37 米不等，零售价格在 17.5 万~500 万英镑，如表 3-4 所示。

表 3-4 圣汐产品状况

游艇种类	型号	具体说明
大中型游艇	37 米三层甲板游艇、Sunseeker 105/94/90/82/75 等系列	Trideck Yach 是圣斯克公司最新推出的产品，长达 36.89 米，内饰相当豪华，游艇共有三层
飞桥式机动游艇	曼哈顿 50/60/66 系列	该公司从 20 世纪末推出该型号产品，具有极好的稳定性和速度，内部设计风格独特，装饰豪华舒适
表演机动艇	战舰 55/62/72/182/108 等系列	战舰系列型号游艇是该公司研发的自主游艇，是世界上极少数高性能游艇之一，其所运用的技术极为先进，且其流线型的外观、舒适的内舱十分人性化
离岸游艇	近海 53/47/35 等系列	近海系列是圣汐推出的一款专为海上聚会而设计的豪华游艇，既能让消费者感受海风的吹拂，也能彰显游艇本色
运动小艇	运动型钓鱼艇 37、猎鹰 43（Super hawk43）、XS 运动艇	运动型钓鱼艇 37，人称"海上的路虎揽胜"，专为追求速度与激情的年轻人所准备且其内部客舱宽敞舒适，适于休闲

资料来源：https://www.sunseeker.com/en-GB/[2018-06-12]

4. 市场经营状况

圣汐的产品在欧洲一直比较畅销，与西班牙、法国和意大利的贸易额比较高。至 2018 年，圣汐游艇已经销往全球 40 多个国家和地区，共计有 80 多个经销商。

2003 年，圣汐中国（Sunseeker China）在德国汉诺威注册成立并于同年在中国上海成立代表处，成为圣汐国际（Sunseeker International）官方授权的中国销售代理商及售后服务商，开中国超级游艇业的先河，自此在亚洲市场上也同样呈现快速增长的态势。圣汐中国在三亚、北京、上海、青岛、香港开设有办事处。10 年累计销售圣汐品牌超级游艇 56 艘，大连万达集团股份有限公司、青岛海尔股份有限公司、台湾旺旺集团、珠海格力电器股份有限公司、搜狐公司、前程无忧有限公司、上海九龙山股份有限公司、香港盈科电讯有限公司等都已成为圣汐品牌的忠实用户。

圣汐年营业额自 1991 年起开始连年增长，尤其是 2006 年有了一段较大幅度的增长，该年营业额达到了 2.02 亿英镑。2015 年在全球市场业绩喜人，2016 年更是手握 26 个超级游艇（24 米及以上）订单。为了保证工程质量和进度，同时进一步拓展新业务，公司正计划招揽更多木工、管道、电气、机械、复合材料、层压等建筑及工程方面的人才，将主要在英国多塞特郡（Dorset）从事制造相关工作。

3.1.5 公主游艇（英国）

1. 品牌概况

公主游艇（Princess Yachts）造船厂建立于 1965 年，现已发展成为英国第二大游艇企业，也是欧洲摩托艇制造领军者之一，并且是英国最大的成品游艇制造商之一。该公司制造的摩托艇在世界范围内进行销售，凭借其一流的性能及高品质的标准，在业内建立了良好的声誉。

公主游艇的前身是 Marine Projects，负责装配和租赁 Projects 31 游艇，直到 1970 年该公司才下水了第一艘游艇——Princess 32。随后就一发不可收拾，在 10 年内该公司总共卖出了 1200 多艘 Princess 32。随着该型号游艇社会知名度的不断提高，该公司索性就改名为公主游艇，并沿用至今。

公主游艇总部位于英国西海岸主要城市普利茅斯，有 5 个生产基地，总部位于纽波特街道普利茅斯沿江边，其余 4 个位于普利茅斯其他地区，总面积接近 100 万平方米。每一艘公主游艇都有 1500 名工人为之服务，这决定了公主游艇的绝佳品质。

2. 发展历程

1963 年，公主游艇创始人大卫·金（David King）创建了公主国际游艇公司，并于同年进驻中国。

20 世纪 70 年代，公司推出了第一艘尾舱飞桥式公主游艇和第一艘公主飞桥式机动艇。

之后的 10 年内，推出了首艘运动游艇 Princess 286 Riviera，仅法国市场每个月的订单量就是三艘。

1997 年，公司将总部迁至普利茅斯新港街，并在附近新建了生产基地，至 2016 年工厂总面积已经超过 1 000 000 平方英尺。

2000 年，公司研发了 V 旗舰系列产品。

2001 年，公司正式更名为公主游艇国际公司。

2006 年，公主游艇国际公司被《胡润百富》杂志评选为"2006 年最受中国千万富翁青睐的豪华游艇品牌"。

2009 年，公主游艇国际公司收购一个长期租赁的国防部新基地 South Yard，发展超级游艇 M 系列，在 2011 年最终购买该基地。

2012 年，第二代公主游艇 Princess V39 面世，同时最大的型号公主游艇 Princess 40M 也荣耀问世；同年公主游艇国际公司宣布其国际经销网络新增一名成员——公主游艇南中国有限公司，该公司将担负起这个英国皇家品牌在福建以南的运营，并建立营销和售后服务中心。

2016 年，公主游艇宣布在其总部普利茅斯开启一轮大刀阔斧的改革，此次重组计划包含近 350 人的裁员。

3. 产品情况

公司主要经营动力艇，长度范围为 42~95 英尺，有飞桥式游艇和 V 类运动游艇两大类，共有 18 种型号。11 个飞桥式游艇目前生产销售的型号有 95MY、25M、23M、21M、P67、P62、P58、P54、P50、P45、P42；7 个 V 类运动游艇目前生产销售的型号有 V70、V65、V58、VS53、V48、V45、V42。

4. 市场经营状况

时至 2016 年，公主游艇在全球共有 71 个销售点，年销售量约 400 艘，其游艇产品畅销于欧美各大国家及城市。

该公司有 90%~95%的产品通过经销商间接出口，其中 80%卖给在国外放置游艇的英国公民。从总的销售份额来看，欧洲消费者占 1/3，北美占 1/4。除此之外，公主游艇在美国销售的游艇九成都是 15 米以上的大型游艇。

为更好地开拓中国市场，公主游艇将游艇代理权正式授予了拥有丰富进口品牌代理经验的深圳中汽南方游艇公司，这标志着世界顶级豪华游艇品牌公主游艇正式进入了中国市场。但 2008~2018 年十年来在中国业绩一直不好，代理商也不断更换，除了价格偏高，政策环境不好，可能也与代理商的选择及品牌宣传的方式不适合中国消费者有关。

3.1.6 汉斯（德国）

1. 品牌概况

汉斯是德国第二大游艇公司，由 Michael Schmidt 于 1993 年创立。初创期间，汉斯就在汉堡游艇交易会上展出了"Hanse 291"，得到了帆船爱好者的好评，签下了 30 份合同。在此基础上，后面又推出了 Hanse 292、Hanse 301、Hanse 331 等型号。可以说，汉斯始于帆船，胜于帆船。

汉斯是全球首个定制帆船制造商，是德国第一的帆船品牌。汉斯一直坚持定制的道路，客户可以自由搭配舱室布置、颜色和木质等，设计属于自己的帆船，就如同自己打造的一般。从第一条帆船开始，现代化、优雅就是汉斯游艇的特点，同时秉持着"形式服从于功能"的原则，打造客户心中理想的船型。

1999 年，汉斯与世界顶级赛船设计公司 Judel/Vrolijk & Co 合作，同年，他们合作的第一个船型就获得了"欧洲年度最佳船型"称号。在随后的 2000 年和 2002 年推出的新产品也获得了该殊荣。2015 财年，汉斯收入为 1.286 亿欧元，营业收入为 510 万欧元，净收入为 320 欧万元，共有 1314 名员工。

2. 发展历程

1993 年，Michael Schmidt 先生从著名瑞典设计公司——卡尔拜尔公司购得阿芙罗狄蒂 291 船型的专利，成立了汉斯。

1994 年，Hanse 331 成功上市。

1999 年始，汉斯与世界顶级赛船设计公司 Judel/Vrolijk & Co 合作，两者首个合作船型即斩获了"欧洲年度最佳船型"称号。

2005 年，汉斯被列为全球五大远洋帆船制造公司之一。

2006 年 3 月，汉斯购买了挪威海湾游艇公司 51% 的股份，开创动力艇业务。

2007 年 3 月 9 日，汉斯在德国法兰克福证券交易所成功上市。

2013 年 4 月，Hanse 445 抵达中国，汉斯宣布正式全面进入亚洲市场。

2014 年，当时最大船型的 Hanse 675 在全球瞩目的德国杜塞尔多夫游艇展上隆重推出。

3. 子公司情况及主要产品

时至 2018 年，汉斯拥有 6 家全资子公司，其中 4 家在德国，其余 2 家分别在美国和波兰。公司主要生产的游艇长度在 9~19 米。最新收购了法国 Previlege——全球高端定制双体帆船，现集团旗下已包含七大船艇品牌：Hanse（汉斯）、Dehler（黛勒）、Moody（穆迪）、Varianta（瑞安）、Sealine（希岚）、Fjord（福德）、Previlege。

（1）Hanse：帆船品牌，有 10 种型号的帆船，具有代表性的有 Hanse 388、Hanse 548、Hanse 588、Hanse 675 等。

（2）Dehler：有 6 种型号，分别是 Dehler 32、Dehler 34、Dehler 46、Dehler 38、Dehler 29、Dehler 42。

（3）Moody：汉斯于 2007 年 3 月从一英国公司手中购买的一个品牌，拥有两个型号 Moody 45 帆船、Moody 54DS 帆艇。

（4）Varianta：主打 Varianta 37 一个明星产品。

（5）Sealine：有 4 种型号，分别是 Sealine C430、Sealine F430、Sealine C330 及升级豪华版 Sealine F530。

（6）Fjord：动力艇品牌，有 3 个型号，分别是 Fjord 40 快艇、Fjord 48 快艇、Fjord 36 快艇。

（7）Previlege：汉斯收购的法国著名高端定制双体帆船品牌。

目前，汉斯品牌的子公司除了分布在德国，还分布在美国和波兰，子公司概况如表 3-5 所示。

表 3-5 汉斯游艇品牌子公司一览

地点	名称	经营范围
德国	Marina Yachtzentrum Greifswald GmbH（原称 Hanse Yachts Beteiligung GmbH）	经营码头和餐厅
	Hanse（Deutschland）Vertriebs Gmbh & Co KG（简称 VHG）	负责德国销售
	Verwaltung Hanse（Deutschland）Vertriebs GmbH（简称 VHV）	是 VHG 的普通合作经营伙伴
	Yachtzentrum Greifswald Beteiligungs-GmbH	在挪威设有的全资公司 Fjord Boats AS，Vettre 都负责摩托艇销售
美国	Hanse Yachts US LLC Savannah GA	协调北美地区销售
波兰	Technologie Tworzyw Sztucznych Sp Zo.0 Goleniow（简称 TTS）	制造 FRP 零部件（船体、甲板等）

资料来源：http://www.hanseyacht.cn/[2018-06-12]

4. 市场经营状况

汉斯是德国第二大游艇品牌，以帆船制造和销售为主，产品销往世界 30 个国家。游艇产品有近八成用于出口，并且欧洲仍是其主要的出口市场。

2007 财年，汉斯营业收入首次破亿，达到了 1.05 亿欧元。之后几年持续增长，2017 年汉斯不仅增加了许多重量级新代理，而且销售业绩增长了近 20%，还收购了顶级双体帆品牌。在 2017 年，汉斯几乎囊括了全球每个重要的最佳船型的奖杯。

随着 2013 年 4 月 Hanse 445 抵达中国，汉斯宣布正式全面进入亚洲市场。随后的时间里，汉斯旗下的诸多经典船型纷至沓来。从荣获过"欧洲年度最佳船型"的 Hanse 415，到全球市场占有率第一的 50 英尺以上级别帆船 Hanse 575；从最具性价比的初级赛船系列 Varianta 44，再到源自英国、充满皇室气息的顶级私人订制帆船系列 Moody 62。经过几年的精心发展，汉斯在亚洲市场取得了骄人的成绩，销售服务网络在中国全面展开，并逐步扩展至东南亚地区。

3.1.7 乐顺（德国）

1. 品牌概况

乐顺（Lürssen）集团（以下简称乐顺）创立于 1875 年，是一个家族式企业。公司总部位于德国不来梅港的维哥萨克。迄今为止，乐顺拥有 1000 多名技术工人、200 多名工程师，在游艇制造方面享有 6 项关键制造技术，已经成为世界领先的大型奢华游艇生产企业之一。乐顺开创了许多的世界第一，如世界上第一艘摩托艇、第一艘半排水量的快速巡逻艇、第一艘柴油机动力艇、第一艘远程控制艇、第一艘 1000 吨以下直升机护卫舰、第一个经过许可在海外国家建造游艇的厂家等。

乐顺游艇品牌2012年入选世界奢侈品协会（World Luxury Association, WLA）发布的"世界十大豪华游艇品牌"。作为一个世界老牌造船企业，其制造的超级豪华游艇屡获世界大奖，在业界拥有非常高的地位。公司保持持续创新，生产高质量的产品，以及拥有敬业的员工，谨慎的态度，特别是与客户紧密的互动，这一切的完美结合使得乐顺一直备受客户推崇。

乐顺设计和建造游艇、海军舰艇和特种舰艇。以Lürssen Yachts品牌进行贸易，它是定制超级游艇的主要制造商之一，2016年世界前十大超级游艇排行榜上有4艘都出自乐顺，包括Espen Oeino的Al Salamah（艇长139米），David Geffen的Rising Sun（艇长138.4米），Dilbar（艇长156米）和Azzam（艇长180米）。

2. 发展历程

1875年，24岁的Friedrich Lürssen成立了造船车间Aumund。他的第一艘船展示了他的商标：独创性和高品质。

1884年，Friedrich Lürssen建造了世界上第一艘摩托艇。

1917年，德国海军开始使用由乐顺开发和建造的遥控船进入被占领的港口或攻击重型装甲船。

1927年，乐顺造出了当时世上最快的通勤游艇和当时世上最长、最重的动力游艇：36米AAR Ⅳ重130吨。

1959年，乐顺推出特别为德国海军开发的捷豹，它是未来快速巡逻艇设计的典范。

1971年，乐顺游艇外观设计确立了全新的全球标准；Carinthia Ⅵ这艘71米长的船被看作今天乐顺游艇的前身。

1991年，第一艘完全由新成立的独立乐顺游艇制造部门指导设计和建造的游艇Be Mine完工，它赢得了国际超级游艇协会设计奖及年度超级游艇奖。

2003年，Tim Heywood设计的当时世界上最大的超级游艇之一Pelorus（全长115米）交付使用。

2005年，第一艘配备紧凑型Azipod驱动系统的游艇ICE（全长90米）交付使用。这种超小噪声和振动推进系统在满足对生态作业的需求方面特别有效。

2013年，乐顺交付了世界上最长的游艇阿扎姆号（Azzam）。它不仅创下了180米的长度和超过30节的速度纪录，而且它的建造时间不到三年，也创下了时间纪录。

2016年，乐顺推出了156米长的Dilbar游艇，宽度超过23米，总吨位超过15 900 GT，是世界上最大的游艇。同年乐顺以长期合作关系收购了造船公司Blohm+Voss。

2018年3月1日，由蒂森克房伯和乐顺组成的德国财团被德国政府排除在建造多用途军舰MKS 180的招标项目外。该项目为德国海军码头（隶属于Prinvinvest

集团），以及荷兰达门造船集团负责。

3. 子公司情况及主要产品

乐顺主营豪华游艇、海军军舰和特殊船舶等种类，其中，豪华游艇多以定制为主，长度在33~150米，比较著名的是长为97.2米的Carinthia Ⅶ。

截至2017年8月，全球最大的五艘超级游艇中，乐顺生产的游艇占了多半：位居第一的Azzam是世界上最大的私人游艇，全长180.61米；位居第三的日蚀号艇长167米；位居第五的Dilbar艇长156米。紧随其后的还有艇长155米的Al-Said（阿尔-赛德号）、艇长147米的Topaz（黄宝石）号、艇长139米的Al-Salamah（阿尔-萨拉马号）、艇长138.4米的Rising Sun（日出号）、艇长126.2米的Octopus（章鱼号）都由乐顺制造。

截至2018年最大的超级游艇Azzam，配备了功率相当于9.4万马力[①]的发动机，速度可达30节，使其成为该级别航行最快的游艇之一。同时吃水深度较浅，仅为14英尺，这使该游艇可以停靠在某些较为安静的地中海港口。毫无疑问，这是游艇建造史上最复杂和最具挑战性的伟大工程（图3-2）。

图3-2　截至2017年8月世界上最大的超级游艇Azzam（艇长180.61米）

截至2018年世界第三大的超级游艇日蚀号目前的拥有者是俄罗斯富豪阿布拉莫维奇。该游艇价值8亿欧元，长约167米，宽21.5米，排水量13 000吨，其涡轮增压发动机功率高达2万马力。这艘潜艇还能潜入160英尺深的水中，可以由游艇的底部直接进入舱内。2010年5月，日蚀号游艇正式完工下水（图3-3）。

---

① 1马力=745.700瓦。

图 3-3　截至 2017 年 8 月世界上第三大的超级游艇日蚀号（艇长 167 米）

超级游艇 Dilbar 号（图 3-4）是截至 2018 年的世界第五大游艇。俄罗斯亿万富翁投资者以他母亲的名字命名了这艘价值 2.56 亿美元的游艇。它的室内和外部设计是由 Espen Oeino 和 Andrew Winch 设计公司进行的，由传奇的法国设计师 Alberto Pinto 亲自操刀。Dilbar 曾打破了多项超级游艇的纪录：总吨位最大、游艇上最大泳池（180 立方米）、最大柴油发电机（30 000 千瓦）等。这艘游艇可以容纳 40 名宾客和至少 80 名船员。船上配有健身房、按摩浴缸、电梯、直升机、停机坪、游泳池、附属艇、空调、温泉浴场、桑拿、电影院、游泳池、按摩室、户外酒吧等豪华设备。

图 3-4　截至 2017 年 8 月世界上第五大的超级游艇 Dilbar 号（艇长 156 米）

Al-Said 游艇由沙特阿拉伯的亿万富翁纳赛尔·拉希德（Nasser Rashid）所有（图 3-5）。2008 年由来自不来梅的乐顺收购的 Blohm+Voss 在德国建造定制、镀金，它的长度为 155 米。它的外观是由 Espen Oeino 设计的，而它的内部则是 Espen Oeino 的签名，外观上的游艇名称也由 24K 黄金刻字制成。它最多可容纳 70 位客人和 150 名船员。它有一个音乐厅，可以容纳一个 50 件乐器的管弦乐队，其他奢华特色还包括带可伸缩屋顶的游泳池、直升机和 75 英尺的 Viscount Linley 餐桌。

图 3-5　截至 2017 年 8 月世界上第六大的超级游艇 Al-Said（艇长 155 米）

乐顺旗下拥有五个子公司，分别为 Fr. Lürssen Werft、Lürssen Logistics、Lürssen Yachts、Lürssen Rendsburg 和 Lürssen Bardenfleth（表 3-6）。

表 3-6　乐顺子公司一览表

子公司	公司概况
Fr. Lürssen Werft	该公司办公楼位于不来梅港的 Vegesack，制造工厂坐落于 Lemwerder，在乐顺中处于最核心的地位
Lürssen Logistics	1987 年成立，主要业务是对产品和文件的维护，还包括培训、提供配件、技术援助等
Lürssen Yachts	从 Fr. Lürssen Werft 公司的一个部门中分立出来，现在的主要业务是制造和维修大型和高级摩托艇
Lürssen Rendsburg	该公司在 20 世纪 80 年代中期加入乐顺，填补了乐顺在船舶建造类别中的空缺，使其制造的产品更加丰富。该公司除了制造军舰以外，还建造科学考察船、特殊船舶、补给船和巨型游艇
Lürssen Bardenfleth	于 2001 年加入乐顺，更名为 Lürssen Bardenfleth。目前主要生产搜救船、特殊小游艇、科学考察船和巨型游艇

4. 市场经营情况

乐顺游艇品牌的销售地目前已覆盖至少 26 个国家,在收购了超级船艇制造商 Blohm+Voss 之后,乐顺在游艇维修和改装方面的实力有了更进一步的提升,在商船、超级游艇、军舰领域的竞争力也有了显著增强。乐顺已逐步获得了世界各地市场的广泛认可,除了公司巨大的规模之外,其在游艇制造方面的技术实力也为此奠定了坚实的基础。尤其在大型超级游艇的制造方面,由于一艘大型的超级游艇制造周期为 2~3 年,因而乐顺保持大致每两年一艘大型超级游艇订单供货的速度,其最大的客户群体来自俄罗斯。近几年乐顺巨型游艇订单不断,口碑业绩俱佳。

3.1.8 斐帝星(荷兰)

1. 品牌概况

斐帝星(Feadship)是一家总部位于荷兰的游艇制造商,以生产昂贵的游艇闻名于世。斐帝星创建于 1949 年,由 De Vries 和 Van Lent 两大家族组建,Henri de Voogt 担任设计师。目前斐帝星以制造动力艇为主,在 Aalsmeer(阿尔斯梅尔)、Makkum(马克库姆)和 Kaag(加赫)拥有三家造船厂,还有一个设计和工程中心 De Voogt Naval Architects,员工达到 1400 余人。斐帝星的名称源自 The First Export Association of Dutch Shipbuilders,是"荷兰造船第一出口协会"首字母的缩写,因此这个名字使得人们把这个初出茅庐的企业和荷兰特色的造船联系起来,拥有这种特色在注重独特个性的造船业尤为重要。斐帝星使用钢材来制船的方法征服了美国人。

20 世纪 60 年代世人见证了斐帝星的稳步成长,不论是其声誉,还是在这段时间内它所建的船只的大小。船只从 85~90 英尺,到 100~110 英尺,再到 120 英尺,同时配置着舵手室、横渡大西洋的能力等功能。很多造船业的里程碑被相继创造或超越。而且,斐帝星的名声在 20 世纪 70 年代初开始大幅度上升,每年都有许多新游艇建成。斐帝星设计和建造的个性化定制机动游艇精美绝伦,为世界之最。斐帝星在豪华游艇业内名声雄踞第一已达数世纪之久,并享有独尊的品牌地位。

2. 发展历程

1849 年,阿克布姆家族在荷兰海岸边上购买了一个小型造船厂来建造和修理船只,并于 1927 年加入 Van Lent 家族。

1949 年,与另一家庭造船厂 De Vries 一起创立了斐帝星。

1951 年,斐帝星首次在纽约游艇展上展出荷兰人使用的钢制游艇。

1977 年,斐帝星美国公司成立,Don Kenniston 为第一任总经理。

1984 年，在法国设立安提贝（Antibes）办事处。

2005 年，新建一个 Makkum 游艇码头，成为斐帝星在荷兰的两个码头之一。

2006 年，斐帝星在摩纳哥游艇展上推出"X-stream"未来概念船。

2013 年，胡润全球最大可租游艇百强榜上，斐帝星成为上榜第二多的游艇品牌。

2017 年，Venus 重回荷兰，斐帝星设立专门的"斐帝星改建和服务"部门，负责为在荷兰和其他国家与地区的斐帝星船艇提供支援服务。

3. 子公司情况及主要产品

斐帝星是由 De Vries 造船厂、Van Lent 造船厂和一个游艇的设计和开发中心——名为 De Voogt 的造船工程公司，所组成的合作企业，它在 Aalsmeer，Makkum 和 Kaag 拥有三个造船厂。据统计，斐帝星集团公司已累计制造近 300 艘游艇，一般每年最多制造 12~13 艘游艇。

在截至 2015 年的荷兰前十大超级游艇盘点中，斐帝星占了四艘，分别是 99 米的 Madame Gu（全球排名 29）、87.78 米的 Musashi（全球排名 48）、87.78 米的 Fountainhead（全球排名 49）、85.95 米的 Esctasea（全球排名 55）。

另外，2012 年 10 月 28 日下水的 Venus 游艇——乔布斯生前定制的私人豪华游艇，正是斐帝星所造（图 3-6）。

图 3-6　乔布斯生前定制的私人豪华游艇 Venus

4. 市场经营情况

斐帝星的客户群体专注于最顶尖的一小部分消费者，只为全球的顶级客户服务，这是其在普通游艇制造商中脱颖而出的原因，因而斐帝星每年只推出 4 艘游艇。例如，斐帝星曾售出的一艘名为"UTOPIA"的明星产品，全长为 71.6 米，空间巨大，功能齐全，不仅拥有贵宾室、书房、健身房、休闲室等，甚至其甲板能够起降直升机，当然其造价也相当"顶级"——7.5亿元。在斐帝星的豪华游艇中，最低价也要2亿元，游艇每年的维护费用也高达300万元。

自2008年国际金融危机以来，全球游艇行业规模萎缩了30%，欧美的巨头游艇品牌普遍遭受重创，受此影响后斐帝星的发展速度也明显放缓。但近年来的订单显示，游艇的船型仍在向大型化方向发展，豪华的超级游艇手持订单量继续稳步增长；从交付数量来看，以定制出名的斐帝星豪华游艇的制造和销售情况依然保持强劲势头。

3.2 北美洲的游艇品牌

根据全球制造商集团（iMFR.COM）的统计结果，在全球游艇市场中，北美洲和欧洲仍是最主要的两大游艇市场，二者合计市场份额占据世界游艇市场的90%以上。北美洲市场基本完全是由超级大国美国带动起来的，美国是游艇业最发达的国家，其游艇市场的销售额占全球总额的一半以上，是世界上第一游艇消费大国。游艇在美国的普及率非常高，平均每14人就会拥有一艘游艇。

从全球游艇市场来看，美国和欧洲的意大利、英国、法国、德国等发达国家主导着游艇市场。欧洲的游艇偏重大型豪华游艇，而美国则主要是中小型游艇，豪华游艇只占2.5%，5万美元以下的小型游艇占80%，因而2008年的国际金融危机对美国游艇业的影响最大。

在游艇制造领域，全球共有3000多家游艇制造厂商，美国一个国家就有1000多家，占总数的1/3。除了游艇制造厂商外，美国还有约1000家从事与游艇相关的销售、维修和零部件生产的厂家。

按照世界游艇厂商销售收入排名，美国拥有全球第一大游艇集团宾士域（Brunswick）集团（以下简称宾士域）和第二大集团吉玛（Genmar）集团（以下简称吉玛）。宾士域的游艇销售收入平均占世界市场份额的10%；排在第二位的吉玛，游艇销售收入平均占世界市场份额的4%。美国每年建造休闲游艇2万艘左右，居世界第一位，销售额超过了20亿美元，占世界市场份额的10%以上。

除了宾士域和吉玛这两个超级品牌，美国还有MPX、瑞格（Regal）、Tracker Marine等许多世界顶尖的游艇品牌。

3.2.1 宾士域（美国）

1. 品牌概况

美国宾士域由创始人John Moses Brunswick创建于1845年，是世界上最大的游艇制造商,总部设在美国伊利诺伊州的森林湖,拥有正式员工2.8万人。整个宾士域品牌主要从事设计、制造和销售以下六大产品:游艇、船舶/游艇柴油机、电子设备、健身设备、保龄球、台球。

2017年游艇及游艇动力的营业收入占总收入的77%。1925年在美国纽约证券交易所成功上市,1957年进入世界500强。就游艇、游艇设备而言,该公司在全球有50多个制造基地,拥有近50多个国际性游艇品牌,产品种类众多。2012年,西瑞(Sea Ray)豪华游艇产量全世界第一,船艇外形的流线设计、船舱雅致的内饰件受到美国上流社会的青睐。

2. 发展历程

宾士域品牌游艇业务发展历程如表3-7所示。

表3-7 宾士域品牌游艇业务发展历程

年份	重大事件
1845	在美国俄亥俄州西南部城市辛辛那提市成立
1925	在纽约证券交易所成功上市
1960	公司进入游艇产业
1961	公司购买了Keikhaefer公司,该公司旗下拥有水星海事(Mercury Marine)和Quicksilver两大游艇品牌
1969	公司建立Capital工具厂,专门生产游艇用的模具、钻模等
1986	公司收购两大游艇品牌Sea Ray(西瑞)和Bayliner(贝琳娜)
1988	公司为其游艇海洋阵容加入了更多的知名品牌,有Trophy、Maxum、Robalo和Spectrum
1991	公司开始在欧洲生产品牌为Quicksilver的充气艇
1993	公司在伊利诺伊州的森林湖,即现在总部所在地,建成了一条生产以铝和玻璃纤维为材质的Quicksilver游艇生产线
1994	公司开始开拓钓鱼艇业务
1995	公司开始投资国际游艇公司,进入普通娱乐艇市场,创办品牌Baja
1996	公司进入海船市场,收购品牌Boston Whaler(波士顿威拿)
1999	公司购买法国钓鱼艇品牌Arvor(阿尔沃)
2001	公司扩展其游艇占有份额,收购游艇品牌Hatteras Yachts(哈特拉斯游艇)、Sealine(西莱)和Princecraft
2003	公司开始经营游艇部件和零部件业务,经营品牌Land N Sea和Attwood(安特伍德)
2006	公司收购休闲性钓鱼艇品牌Cabo Yacht,健全公司旗下休闲性钓鱼艇品牌
2007	宾士域经销商联盟成立,旨在帮助会员经销商降低成本、提高收入、奖励人才、提高零售
2016	宾士域收购Hey Day和Thunder Jet

资料来源:http://www.brunswick.com[2018-06-12]

3. 子公司情况及主要产品

宾士域品牌的诞生源于一张台球桌，但宾士域的卓越一定是因为游艇。宾士域目前的主营业务领域可分为游艇及游艇设备、游艇动力和其他运动器械。

（1）在游艇和游艇设备领域。宾士域不仅生产娱乐艇、豪华休闲钓鱼艇、摩托艇、高性能游艇、海钓船、运动艇、巡洋艇，也制造铝质渔艇、浮筒船和甲板艇等，同时制造和销售游艇零部件及相关管理系统软件，并为游艇和娱乐交通工具的经销商提供开发管理系统工具等。

由于宾士域集团旗下厂家较多，聚集了许多国际著名品牌，而且有些厂家可以制造不同品牌类型的游艇及其设备。从产品角度分析，可以把集团公司游艇分为七大类。

第一类为摩托艇，共有 5 个子品牌，分别为 Hatteras Yachts（哈特拉斯游艇）、Maxum、Sea Ray、Sealine Motor yacht（西莱摩托艇）、Meridian Yachts（子午线游艇）。

第二类为普通娱乐艇，共有 15 个子品牌，也是最多的，以 Aquador、Baja 为代表。

第三类为休闲性质的钓鱼艇，共包含 3 个子品牌，即 Albemarle、Hatteras 和 Cabo。

第四类为海钓船，共有 14 个子品牌，如 Boston Whaler、Sea Boss 等。

第五类为淡水钓鱼艇，有铝和 FRP 两类材料制造的淡水钓鱼艇，目前集团拥有 9 个游艇品牌，以 Crestliner、Quicksilver 为代表。

第六类为浮筒船和甲板艇，集团共有 8 个子品牌，典型代表有 Bayliner、Suncruiser by Lowe 等。

第七类为充气艇，集团生产这类游艇品牌有 5 个，分别为 Protector、Mercury、Rayglass、Valiant 和 Quicksilver。

（2）在游艇动力业务领域。强大的宾士域既能提供一系列的尾部驱动引擎、舷内机、舷外机、喷水推进系统，也能提供游艇电子和集控系统、操舵系统、仪器仪表、控制器、推进器、拖曳马达、营救系统装置及齿轮箱等部件和附件。

宾士域的游艇动力有舷外机、舷内机、尾部驱动和喷水推动引擎、拖曳马达等种类，而且每一类引擎都有相应的品牌，95%以上的产品都在全球范围内销售。比较著名的舷外机品牌有 Mercury、Mercury Racing、Mariner；著名的尾部驱动和喷水推动引擎品牌有 Cummins、Mercruiser Diesel、Mercruiser、Mercury Racing 等。

（3）游艇其他部件和附件。宾士域品牌下主要有两个部件附件子品牌：Attwood（安特伍德）创建于 1905 年，2003 年被宾士域集团收购；Swivl-Eze，1993

4. 市场经营情况

年由宾士域设立，当下都主要在美国境内销售。

截至 2017 年，宾士域产品销售于 130 多个国家，在世界上处于领先的地位。2017 年宾士域公司年报显示，集团公司主营业务收入 45 亿美元，营业利润为 5.02 亿美元，分别比 2016 年增长了 7.1%和 5.2%；其中，游艇主营业务收入为 26.32 亿美元，营业利润为 4.07 亿美元，比 2016 年增长 8.0%左右。

宾士域的产品主要通过分销商、经销商、零售商这三大渠道开展销售。销售区域集中于美国、欧洲、加拿大、太平洋地区、拉丁美洲、非洲和中东等国家或地区。其中，在美国销售额为 29.7 亿美元，居第一位；其次是欧洲为 5.85 亿美元，排名第二。此外，目前集团公司已形成四大游艇部件和附件分销商，即 Land N Sea、Benrock、Diversified/Marine/Products、Kellogg Marine/ Supply。它们的主要销售范围分别为北美地区、美国南部地区、美国西部地区、美国东北地区。

2017 年宾士域的区域销售情况如图 3-7 所示。

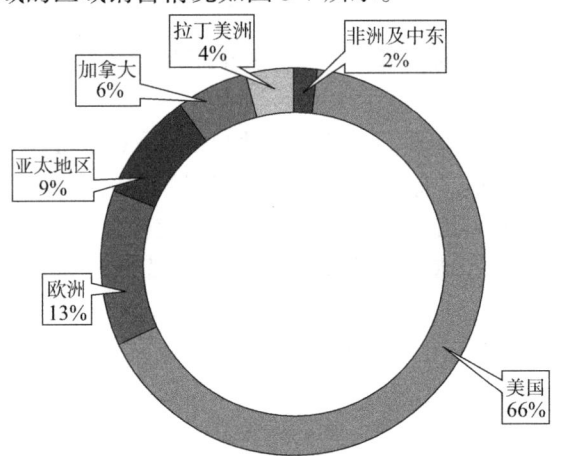

图 3-7 2017 年宾士域的区域销售情况

资料来源：宾士域集团 2017 年财报

宾士域四大游艇部件和附件分销商及其业务情况见表 3-8。

表 3-8 宾士域四大游艇部件和附件分销商及其业务情况

公司	简介	主要业务
Land N Sea	1975 年创立，2003 年被宾士域收购	主要负责集团公司在北美地区的游艇部件和附件的销售与服务业务
Benrock	创建于 1977 年，2005 年被宾士域收购	主要负责集团公司在美国南部地区的游艇部件和附件销售与服务业务

续表

公司	简介	主要业务
Diversified Marine Products	1958年创立，2006年被宾士域收购	主要负责集团公司在美国西部地区的游艇集团公司收购业务
Kellogg Marine Supply	1938年创立，2006年被宾士域收购	主要负责集团公司在美国东北地区的游艇部件和附件销售与服务业务

2015~2017年宾士域游艇和游艇动力销售情况如表3-9所示。

表3-9 2015~2017年宾士域游艇和游艇动力销售情况

种类	指标	2015年	2016年	2017年	2016~2017年增长率
游艇	主营业收入/百万美元	879	964	1103	14.4%
	营业利润/百万美元	39	60	75	25.0%
	营业利润率	4.4%	6.2%	6.8%	
游艇动力	主营业收入/百万美元	2314	2441	2632	7.8%
	营业利润/百万美元	348	377	407	8.0%
	营业利润率	15.0%	15.4%	15.5%	

资料来源：宾士域2015~2017年财报

3.2.2 吉玛（美国）

1. 品牌概况

吉玛前身是Minstar公司，在1978年创立。1982年，公司董事会主席和首席执行官Jacobs将其改名为吉玛。此时吉玛总部设立在美国明尼苏达州的明尼阿波利斯，旗下共有9个游艇制造中心，拥有12个品牌，员工总人数达到5700名。吉玛是世界上第二大游艇制造厂商，仅次于巨头宾士域，游艇销售占世界市场份额的4.3%。游艇产品种类丰富，涵盖从小型游艇到大型游艇的诸多市场领域。

在使用和开发新技术以提高游艇生产效率上，吉玛是当之无愧的行业领导者。多年来，吉玛品牌通过创新、加强管理、完善服务在全球游艇制造工业取得很大成功，如集团自主研发出VEC和Roplene技术，其中VEC技术被美国环境保护委员会授予"空气净化卓越奖"；Roplene技术因生产出高质量的新产品而获得了1997年北卡罗来纳州政府颁发的新产品奖和1998年国家工程师协会颁发的专业工程师奖。高科技水平是游艇业未来数十年的核心竞争力，也使其在全球游艇市场的消费者心中牢牢占据了一角。

2. 发展历程

1978 年，Irwin Jacobs 买下 Boats Arctic Enterprises 25%的股权。

1981 年，Minstar 公司从破产的 Arctic Enterprises 中独立出来。

1982 年，Minstar 公司游艇销售额达到 2530 万美元。

1986 年，吉玛从 Minstar 公司拆分出 4 个动力艇品牌，但 82%的股份仍由 Minstar 公司控股。

1994 年，吉玛成为 Minstar 公司的母公司。

2000 年，吉玛游艇营业额达到 8.58 亿美元，其中利润为 6100 万美元。

2001 年，吉玛将旗下的 Hatteras 游艇品牌以 8000 万美元现金价格卖给了宾士域。

2004 年开始，吉玛将旗下的 Crestline、Lowe 和 Lund 这三大铝质游艇品牌以 1.91 亿美元现金价格卖给了宾士域，此后将重心放在主流大型 FRP 动力艇上。

2015 年，吉玛游艇销售额接近 12 亿美元。

3. 子公司情况及主要产品

吉玛几乎能提供从小型轻便船到豪华汽艇的所有机动船，如客舱性快艇、甲板船、家用轻便汽艇、渔艇、钓滑两用艇、豪华游艇、浮筒船等，设计了 250 多个新艇模型。该集团公司制造的游艇长度范围在 12~60 英尺不等，旗下拥有 12 个国际著名品牌，如 Aquasport、Carver、Champion 等（表 3-10）。

表 3-10　美国吉玛旗下 12 个子公司/品牌介绍

名称	创建时间	模型种类	长度/英尺	价格/万美元	船型
Aquasport	1964 年	15 种	17~28	2.0~13.5	FRP 质远海渔艇、近海渔艇
Carver	1964 年	16 种	32~60	20~1000	马达游艇、宽体快艇、高速游艇
Champion	1975 年	22 种	18~24	2.1~5	FRP 低音船和海湾船
Four Winns	1975 年	29 种	16.6~41.3	1.6~38.5	FRP 运动船、甲板船、有船室的船、快速巡洋舰
Glastron	1956 年	24 种	17~27	1.2~6	FRP 敞篷船、滑水钓鱼船、甲板船、小型快艇
Hydra-sports	1973 年	14 种	17~33	1.6~21	钢化玻璃海上渔艇、钢化玻璃海岸渔艇、近海渔艇
Larson	1913 年	23 种	18~37	1.2~25	小型钢化玻璃船、甲板船、小型巡游艇
Marquis	2003 年	1 种	59	不确定	豪华钢化玻璃汽艇
Ranger	1968 年	10 种	15~23	1.5~6	FRP 制低音船
Stratos	1984 年	20 种	17~21	2~13	FRP 低音船、渔滑两用艇、近海渔船
Triumph	1994 年	12 种	12~21	0.75~4.07	聚乙烯渔船、滑艇、家用游艇
Wellcraft	1955 年	5 种	17~28	2.0~13.5	FRP 质远海渔艇、近海渔艇

资料来源：杨新发. 世界游艇产业发展报告[M]. 上海：上海交大出版社，2011：49-50

4. 市场经营情况

吉玛有 1200 多个经独立授权的经销商，其中，有 1000 家在北美洲地区，200 多家遍及世界 40 多个国家和地区。集团主要竞争对手是宾士域、美国 Fountain 动力艇厂、美国雅马哈发动机公司、法国罗德里格兹（Rodriguez）集团公司等。截至 2006 年，吉玛销售额达到了 12 亿美元。2006 年，发展势头强劲，出口量较上一年提高了 70%，创造了新纪录。首席执行官 Jacobs 也承认，现在北美市场成了竞争最为激烈的市场，这个市场大型产品的销量还不错，但是新进入的产品却比较困难，吉玛总体的表现还不错是因为拥有最好的产品和最好的技术，以及各个船艇展带来的成效。并且吉玛在全世界市场上的销量也十分乐观，销售额保持了两位数的增长速度。

3.2.3 海洋产品公司（美国）

1. 品牌概况

海洋产品公司（Marine Products Corporation，MPX）在 2000 年 8 月 31 日成立于特拉华州，现在的总部位于美国佐治亚州亚特兰大市，主要从事 FRP 游艇设计、制造和销售业务，截至 2011 年拥有全职员工 1100 人。2001 年 3 月 2 日，在美国纽约证券交易所成功上市，股票代码为 MPX。目前，它的首要竞争对手和要赶超的对象就是美国的游艇业龙头品牌——宾士域和吉玛。

2. 发展历程

2000 年，MPX 成立。

2001 年 2 月，收购查帕拉尔（Chaparral）公司。查帕拉尔公司成立于 1965 年，是美国三大尾部驱动艇制造厂之一，公司成立之初位于佛罗里达州劳德代尔堡（Fort Lauderdale），1976 年搬迁至现在的住所田纳西州纳什维尔（Nashville）。

2001 年 3 月在美国纽约证券交易所成功上市。

2001 年 6 月，MPX 正式收购 Robalo 公司的商标和资产，从此开拓了海钓艇业务。同年，把 Robalo 公司从佛罗里达州迁至佐治亚州瓦尔多斯塔（Valdosta）地区。

2003~2004 年获得美国船舶制造商协会设立的客户满意指数大奖。

3. 子公司情况及主要产品[①]

MPX 的主要产品为休闲性 FRP 机动艇，包含运动艇、甲板艇、巡洋舰、运动钓鱼艇，目前有 Chaparral 和 Robalo 两个品牌。其中 Chaparral 产品主要经营

---

① 杨新发. 世界游艇产业发展报告[M]. 上海：上海交通大学出版社，2011：52-53.

尾部驱动艇和舷内机艇，有 SSI 运动游艇、Signature 巡洋舰、Sonesta 甲板艇、SSX 运动甲板艇四个系列；Robalo 产品只有 Robalo Sport 运动钓鱼艇一个系列，该游艇以舷外机为动力装置，主要为海钓运动而设计的。其主要产品及其型号见表 3-11。

表 3-11 MPX 的主要产品及其型号

主要产品	主要型号
SSI 运动游艇	共有 12 个型号，分别为 SSI 180、SSI 190、SSI 204、SSI 210、SSI 215、SSI 220、SSI 235、SSI 236、SSI 246、SSI 255、SSI 256、SSI 275。其中，SSI 275 是该类游艇的最新型号
Signature 巡洋舰	共有 8 个型号，分别为 Signature 240、Signature 250、Signature 270、Signature 280、Signature 290、Signature 310、Signature 330、Signature 350。其中 Signature 250 是一款新的型号，也是公司生产的最大的 Signature 巡洋舰，具有高效的汽油或柴油推动装置
Sonesta 甲板艇	共有 6 个型号，分别是 Sonesta 214、Sonesta 232、Sonesta 234、Sonesta 252、Sonesta 254、Sonesta 274。Chaparral 投身甲板艇的设计已经超过 15 年，在这一领域依旧处于领先地位。Sonesta 是一款宽敞且具有多用途的游艇
SSX 运动甲板艇	它是 2007 年 Chaparral 品牌新增的一个系列，公司主要推出了 3 个型号，分别是 SSX 236、SSX 256、SSX 276。这款游艇融合了 SSI 运动游艇和 Sonesta 甲板艇的特点与奢华
Robalo Sport 运动钓鱼艇	共有 9 个型号，分别是 R 220、R 225、R 227、R 240、R 245、R 260、R 265、R 300、R 305

资料来源：http://www.marineproductscorp.com/[2018-12-25]

4. 市场经营情况

MPX 销售对象包括全球的运动型游艇、甲板船、舱式游艇、喷射船及游钓市场。2013~2017 年，MPX 游艇销售收入最多的是 2017 年，净利润也呈逐年递增趋势（图 3-8）。

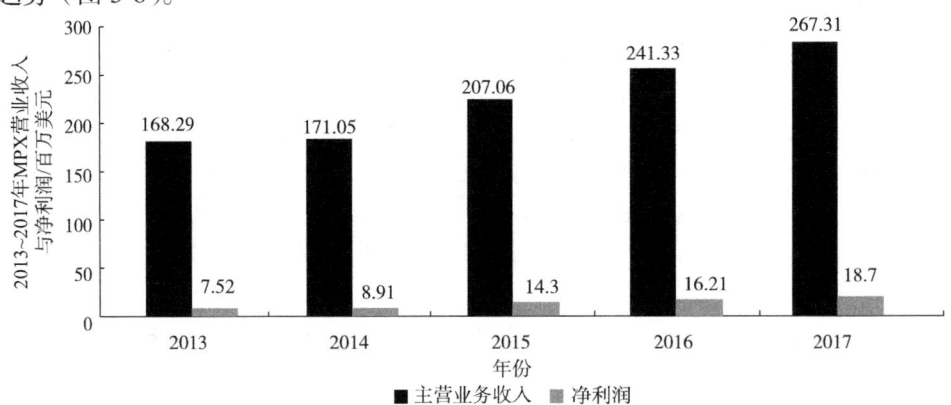

图 3-8 2013~2017 年 MPX 营业收入与净利润情况

资料来源：MPX 2013~2017 年财报

3.2.4 瑞格（美国）

1. 品牌概况

美国豪华游艇制造商瑞格拥有多年的造船历史，专门研制各种新颖、舒适的豪华游艇和性能极强的运动快艇。瑞格的总部位于美国佛罗里达州，其主造船厂Regal Marine Industries（皇家游艇工业公司）有工人850人，每年制造逾3000艘的各款游艇销往世界各地，其产品以流线锐利、品质上乘、动力强劲、安全耐用、燃油经济、高性价比著称。瑞格能建造5.5~12.8米的20多款游艇，而且在尺寸和规模方面还在继续扩展。瑞格连续五年荣获美国船舶制造商协会客户最佳满意度大奖，并且是率先获得世界质量保证权威认证证书ISO 9001：2000的豪华游艇制造商之一。

2. 产品情况

瑞格旗下有如下五大品牌。

（1）运动快艇Bowrider品牌：有14种型号。

（2）Cuddy品牌：有2种型号，分别是Regal 2250和Regal 2550。

（3）运动快艇Deck Boat品牌：有4种型号，分别是Regal 24 FasDeck RX、Regal 24 FasDeck、Regal 27 FasDeck RX、Regal 27 FasDeck。

（4）运动游艇Express Cruiser品牌：拥有3种型号，它们是Regal 28 Express、Regal 30 Express、Regal 32 Express。

（5）运动游艇Sport Coupe品牌：拥有4种型号，依次为Regal 35 Sport Coupe、Regal 42 Sport Coupe、Regal 46 Sport Coupe、Regal 53 Sport Coupe。

3. 市场经营情况

瑞格年造游艇3000多艘，销售收入一般在1亿~2亿美元。该品牌的海外市场也十分广阔，出口量占到了销售额的20%。公司在游艇最大的市场——北美市场上设立了120个经销商，各个经销商的业绩都十分出色，同时，冬季的各种船艇展也增加了公司销售量。

3.3 澳大利亚的游艇品牌

澳大利亚位于太平洋西南部和南部、赤道南北的广大海域中，由澳大利亚大陆及其附近的塔斯马尼亚等岛屿和海外领土组成。一般认为，澳大利亚是世界上唯一一个独占一个大陆的国家。国土面积约769万平方公里，海岸线长达36 700

千米，人口 2700 万，其雄厚的经济实力和良好的水域条件使得澳大利亚游艇工业异常红火。然而，相比较澳大利亚其他的如矿产、农牧、旅游等陆地工业，游艇业所占份额还很小，截至 2011 年，澳大利亚有近 450 家游艇及船舶制造企业，从业人员已超过 4500 名，近年来一直保持着快速增长的势头。

澳大利亚是被游客和游艇租赁者称为"鳄鱼邓迪"的土地，是独一无二的游艇租赁消费目的地。澳大利亚的岛屿为游客提供了南太平洋的温暖和美丽，以及任何一个第一世界国家的精致和品质。几乎所有的大型世界游艇租赁公司都在澳大利亚设有基地，澳大利亚沙滩附近的超级游艇也越来越多。澳大利亚游艇租赁的豪华游艇类型包括机动游艇、帆船、游艇、双体船、动力艇、豪华游艇和超级游艇等。

如今的澳大利亚游艇市场和水上展览有了越来越多品种更多样、型号更大、产地更远的游艇品牌。时间若拉回到十年前，这些进口品牌还很少，澳大利亚国内市场不太复杂，因此本地生产的小型艇就在市场上占据主导地位。但现在情况与以前大不相同了，进口品牌促进了澳大利亚游艇市场的繁荣和进步。

当前，澳大利亚主要游艇品牌有里维埃拉、圣伦娜（Sunrunner）、海风双体船（Seawind Catamarans）、Quintrex、Mustang 等。

3.3.1 圣伦娜（澳大利亚）

1. 品牌概况

圣伦娜游艇是世界运动型游艇顶尖品牌之一，采用澳大利亚先进造船工艺和顶级发动机，舒适度好、性价比高，尤其是以严谨的造船理念和对质量、性能、细节的重视在国际上有口皆碑。

圣伦娜游艇品牌由 Paul Smithson 创立于 2001 年，以制造销售豪华游艇为主。2002 年，公司制造的 Sunrunner 3700LE 与 Sunrunner 3700SE 系列游艇通过意大利船级社认证。公司进入豪华运动型游艇市场后推出的首款游艇 Sunrunner 3700LE 就斩获了澳大利亚海洋工业联合会颁发的 2002 年"年度最佳游艇"奖。2003 年 2 月，公司的游艇首次出口新西兰。2005 年，公司的年生产能力达到了 150 艘。至今，产品已销往新西兰、中国、美国、中东及欧洲国家和地区，产品出口额占到了该公司生产总额的六成。

2. 产品情况

圣伦娜运动型游艇在国际市场具有良好的品牌形象和口碑，是公认的世界运动型游艇顶尖品牌之一，这一切得益于它采用澳大利亚先进造船工艺制造，配备有世界顶级发动机。截至 2010 年，圣伦娜推出了五个系列豪华游艇：2800 系列、3100 系列、3300 系列、3700 系列、4800 系列。产品长度为 28~48 英尺不等，以满足各种消费需求。不同于大多数船厂，圣伦娜在质量上下足了功夫，所有游艇上的配置均采用最高质量标准，比如，舱内采用樱桃木细木家具，布艺采用双道缝合，船首围栏采用厚度为 30 米的不锈钢代替了标准厚度 25 米的不锈钢，冰箱容积比大多数船上冰箱的容积大 20%，并且设计环节充分考虑到使用者的需求。这些因素综合在一起，使其在激烈的品牌竞争中脱颖而出，成为澳大利亚游艇品牌的领头羊。

此外，Sunrunner 3700LE 和 Sunrunner 3700SE 均获得意大利船级社证书，Sunrunner 2800、Sunrunner 3100、Sunrunner 3300、Sunrunner 4800 也获得了 C 类出口证书。而且圣伦娜所有型号的游艇均通过美国游艇协会、欧洲 CE 和澳大利亚规格上限标准认证，所有船体构造均通过相关检测。

3. 市场经营情况

圣伦娜游艇于 2001 年进入豪华运动型游艇市场，推出的第一款游艇 Sunrunner 3700LE（图 3-9）就获得澳大利亚海洋工业联合会颁发的 2002 年"年度最佳游艇"奖项。

图 3-9　澳大利亚海洋工业联合会评选出的 2002 年"年度最佳游艇"——Sunrunner 3700LE
资料来源：http://auto.chinadaily.com.cn/2011-10/26/content_13982432.htm[2018-12-25]

圣伦娜的经销商不仅遍及澳大利亚的每个州，而且在新西兰、中国、美国和中东地区都有经销商，在欧洲设有产品代理商。资料显示，与欧洲同类同级产品比较，该公司产品的售价要低 30%左右，例如，该公司 Sunrunner 2800 游艇现价为 12.9 万澳元，游艇 Sunrunner 4800 的现价为 85 万澳元，50 飞翔新型号游艇价格也只有 100 万澳元左右。尽管圣伦娜在游艇制造领域属于后起之秀，但其发展迅速，不论是工厂规模，还是出口规模都增长极快。圣伦娜以严谨的造船理念和对质量、性能、细节的重视，在国际市场树立起了良好的品牌形象和口碑，发展迅速，销售网络覆盖了新西兰、中国、美国、中东地区及欧洲等国家和地区，出口额已经占到了生产总额的 60%。

3.3.2 海风（澳大利亚）

1. 品牌概况

海风双体船是全世界闻名的双体船品牌，也是澳大利亚最受欢迎的巡航帆船和动力双体船品牌，拥有超过 30 年的经营经验，致力于制造和出口世界各地最高品质的多体船，包括游艇和巡航游艇。海风双体船公司（简称海风）始建于 1982 年，是澳大利亚最早的双体船建造商，公司总部位于新南威尔士州的悉尼，拥有 200 多名员工，20 家全球代理商，产品销往世界各地。公司成立之初，以建造长度仅为 4~5 米的小型双体船为主。20 世纪 80 年代，公司因一艘海风 24 小型双体船而出名，成为当时全球范围内小型双体船设计的标杆。从 20 世纪 90 年代开始，公司涉足生产和设计客户定制型双体船。海风已成为澳大利亚最大的帆船和机动双体船品牌，拥有两个工厂，其中 Wollongong 工厂占地 60 000 平方英尺，Nowra 工厂占地 12 000 平方英尺。公司的帆船和机动双体船年生产量在 25 艘左右。

2. 发展历程

1982 年，创始人、帆船运动员 Richard Ward 成立了该公司。

1994 年，明星产品海风 1000 荣获"澳大利亚年度帆船奖"，这是历史上第一次双体式帆船获得此奖项。

2002 年，海风斩获 1llawarra 商会评出的"最佳出口商"和"最佳商业成就奖"。

2005 年，海风 1160 被澳大利亚海洋工业联合会授予"最佳帆船"称号。

2006 年，海风斩获"美国年度游艇奖""澳大利亚最佳商业奖""1llawarra 区域最佳制造商"等殊荣。

2010 年 10 月，海风收购了科赛尔造船公司（Corsair Marine）——世界上最著名的三体帆船制造厂。在过去的 25 年里，科赛尔造船公司制造出了 1600 多艘帆船。最初的 20 年，科赛尔造船工厂一直在北美，后来迁至越南。

2016 年，海风 1190 运动艇赢得了《巡航世界杂志》的"年度最佳船舶评委特别选择奖"。

3. 产品情况

海风目前主营的两大产品是帆船和动力双体船，都冠以海风品牌。

（1）帆船：长度在 10~12.1 米，有 4 种型号，分别为 160、1200、1000、1050 Resort。

（2）动力双体船：长度在 11.6~13.38 米，有 2 种型号，分别为冒险 38 和冒险 44 动力双体船型号，即冒险 38 和冒险 44。

4. 市场经营情况

海风在澳大利亚、美国、中国香港、意大利、泰国等地拥有 10 个经销商，其中，美国和澳大利亚分销商最多。至 2010 年，公司营业额已突破 200 万美元，其中，出口比例达到销售额的三成以上。海风拥有 20 家全球代理商，双体帆产品销往世界各地。

海风每艘游艇的出口价格在 13 万~135 万美元不等。有具体的例子可以体现，如果不包括澳大利亚购买者购船时应支付的 10%的商品和服务税（goods and service tax，GST），2017 年海风牌在澳大利亚本地的零售价格如下：海风 1160 帆船的价格约为 48 万美元，海风 1600 帆船价格约为 135 万美元，冒险 38 动力艇和冒险 44 动力双体船的价格分别为 37 万美元和 45 万美元左右。

海风至今仍是澳大利亚最受欢迎的巡航帆船和动力双体船，在 2017 年 5 月第 29 届澳大利亚黄金海岸游艇展上，海风的游艇受到极大追捧，现场就有售出。

3.3.3 里维埃拉（澳大利亚）

1. 品牌概况

澳大利亚的里维埃拉是南半球最大的 FRP 机动游艇制造商和销售商，也是世界上豪华游艇制造五强之一，公司有超过 30 年的发展历史。里维埃拉是当之无愧的休闲游艇之王，产品线丰富，以多功能著称，又不失豪华，堪称海上豪华 SUV。里维埃拉总部和生产基地位于澳大利亚游艇制造业中心的黄金海岸，占地 30 多万平方米，工厂和昆士兰州库梅拉的黄金海岸城市码头相邻，拥有自己的河道、浮桥和咖啡馆。员工近 1400 人，年销售额超过 4 亿澳元，产品分销网络遍及世界 30 多个国家和地区。里维埃拉每年生产约 400 艘世界级船只。

里维埃拉定位于休闲娱乐的私人豪华游艇，非常注重个性化设计。多年来，里维埃拉的产品获得无数大奖。其生产的豪华游艇共有三大系列，分别是飞桥系列、运动型游艇系列、运动型快艇系列。除了销往澳大利亚本土之外，大部分出口到北美、欧洲和亚洲等 30 多个国家和地区。

2. 发展历程

1980 年，里维埃拉成立于特里山新南威尔士州。

1981 年，里维埃拉迁至昆士兰州拉布拉多分部并开始营业，当年仅有 5 名员工，共建造 8 艘舰艇。

1983 年，里维埃拉产品开始出口到美国。1985 年，产品开始出口到欧洲国家。

1999 年，里维埃拉具有年产 250 艘游艇生产能力；同年，里维埃拉另建新厂，并于 2000 年在库梅拉竣工投产。

2002 年，里维埃拉培训中心开放，管理层收购。

2004 年，里维埃拉 Riviera 51 型飞桥式游艇获得澳大利亚海洋工业联合会巡洋舰年度大奖；同年，里维埃拉荣获澳大利亚海洋工业联合会颁布的"最佳出口商"及"昆士兰州创新奖"，总生产游艇达到 400 艘。

2005 年，推出 M360 Sport Cruiser 等多个系列产品，赢得《现代舰船》杂志的"年度巡洋舰"称号。里维埃拉赢得昆士兰州"年度出口商大奖"，启动了 38 个 MKI 模型。

3. 产品情况

里维埃拉的产品以休闲娱乐的私人豪华游艇而闻名，不仅注重个性化设计，质量也是业内顶尖。里维埃拉生产的游艇长度范围在 31.5~64.5 英尺，目前主要有四类：飞桥式游艇、运动摩托艇、运动快艇、SUV 快艇。

（1）飞桥式游艇。飞桥式游艇是公司生产型号最多的游艇类型，目前有 15 种型号，分为 33 Series Ⅰ、33Series Ⅱ两个系列，代表型号有 57 ENCLOSED、52ENCLOSED、45OPEN、43OPEN。

（2）运动摩托艇。目前在产的有三种型号：M72、M68、M39。

（3）运动快艇。目前在产的有四种型号：3600、5400、4800、6000，其中 3600（图 3-10）是最为畅销的运动快艇型号。

图 3-10　里维埃拉运动快艇最畅销的型号 3600
资料来源：http://www.riviera.com.au/[2018-06-12]

（4）SUV 快艇。目前在产的有四种型号：575SUV、525SUV、445SUV、395SUV。

4. 市场经营情况

2007 年起，为了应对游艇市场的变革，里维埃拉实施新的战略，放弃了许多小型游艇制造，把主要精力放在购买需求较大的大型豪华游艇制造上，虽然近些年产量有所下降，但集团公司的销售收入却逐年增长。

目前，里维埃拉的产品除了销往澳大利亚本土之外，还出口30多个国家和地区，大部分出口到北美洲、欧洲和亚洲等地区，出口额占集团公司整个营业额的55%。除新西兰外，美国是该公司的最大游艇出口国，其次分别为欧洲、日本及东南亚等国家和地区。在未来的发展计划中，里维埃拉打算将飞桥式游艇向其他国家和地区推广，同时把运动快艇推向太平洋沿岸地区市场。

3.3.4 马里迪莫（澳大利亚）

1. 品牌概况

马里迪莫（Maritimo）是澳大利亚的全球船舶制造公司和国防总承包商，专门从事国防和商业船舶的设计、建造和支持。马里迪莫总能通过定制材料和创新设计创造出无与伦比的作品。X系列就是重构运动游艇传统理念的最佳体现。马里迪莫也成就了澳大利亚的比尔·巴伦·考特，使他成为澳大利亚最受赞誉的造船师。他受到澳大利亚的生活方式和这一地区独特的美丽海岸线的启发，以具有无与伦比的远程能力的工程和元素，以及抵御最恶劣的海洋条件为目标，建造了质量、形式和性能最优越的汽艇。

除创新外，马里迪莫还致力于质量的保证，它是澳大利亚唯一拥有ISO 9001认证的造船公司。建造的每个阶段都由独立的海洋测量师进行质量控制。结构完整性是最重要的——手工铺设的固体玻璃纤底部、引擎室衬垫经过专利的黏合过程、整体的燃料箱，等等。马里迪莫将每一个细节视为创造卓越的机会，这些特性可以确保每个马里迪莫船艇拥有最干净、最整洁和最受保护的工程与电力系统。

2. 技术与产品情况

（1）赛艇。马里迪莫在澳大利亚和国际上都处于离岸赛艇的领先地位，没有任何一家制造商能像马里迪莫一样拥有这样的技术和如此性能的赛艇。

（2）机动游艇。马里迪莫致力于打造最高品质的独特运动游艇。X系列继承了长程机动游艇前辈的永恒优雅和无与伦比的能力。在手工制作的木材、精致的皮革和聪明的人体工程学设计之下，它拥有最佳的航海设计，确保简单、高效和可操作性。当深水行动时，其竞速优势超过了体育和高性能岛屿探险的需求。

如图3-11所示，Maritimo X60这艘机动游艇，凭借其创新的尾舱，彰显了新一代马里迪莫的设计。Maritimo X60后舱给业主提供了一个新的定制等级，旨在满足各种需求。

图 3-11　马里迪莫创新系列产品 Maritimo X60

资料来源：http://www.maritimo.com.au/[2018-06-12]

3. 市场经营情况

近年来，豪华游艇产业已从全球金融危机后的影响中慢慢复苏，截至 2016 年底，马里迪莫部分型号游艇的出口量已达到 2015 年的 4 倍。公司在澳大利亚本地有 150 多个分销商，在全球其他地方还有 40 多家经销合作伙伴。

3.3.5　欧兴法斯特（澳大利亚）

1. 品牌概况

欧兴法斯特（Oceanfast）公司（以下简称欧兴法斯特）在军用船舶和客轮方面都经营运作得非常成功。整个团队拥有高超的专业技术水准，内部可以完成和小艇制造相关的所有事情，包括设计、工程、金属预制、复合层压、设备配备和最后的试运转，等等。

欧兴法斯特在 1999 年被奥斯托商业船舶制造公司（以下简称奥斯托）收购后，发展成为一家拥有 1600 多名员工、地位举足轻重的船舶和游艇制造公司。它的工厂主要集中在沿岸地区，分布在汉德森、福里门特、西澳大利亚，它在阿拉巴马也拥有一家商业小艇制造公司。另外，它在欧洲、美国和日本也有办事处。这家公司的生产能力是巨大的，它可以制造超过 125 米长的小艇，它所生产的最大的游艇是"澳洲命令"号。

2. 产品情况

西澳大利亚的欧兴法斯特的柴油快艇最为出名。公司在 2002~2003 年的某段时期，同时进行着 5 艘平均艇长为 58 米的柴油快艇的建造工程。

欧兴法斯特的明星产品如下。

（1）钢/复合位移柴油快艇萨卡拉 3 号：艇长 56.5 米，本耐恩博格和他的工作室给出外部创意，其余的内部和外部设计都是由欧兴法斯特的设计和技术部门完成的。

（2）高性能全铝赛博得号：长53米，于2004年完工。

（3）铝制20节[①]的柴油快艇：长57米。

（4）"澳洲命令"号：2003年1月推出，由沙姆·邵基奥范尼设计。这艘长69.9米的长期远程艇曾被预言为世界上最大的全铝柴油快艇。它是为澳大利亚的前高尔夫明星格莱格·诺曼建造的。

（5）完美命令号：2003年8月推出，长55米，是由钢铝合成的。

3. 市场经营情况

奥斯托在它的创始人、大股东及主席约翰·罗斯维尔的管理下，现在已成为有广泛知名度的公司，它经常性营业额超过3亿澳元。受国际需求的周期性和澳元升值等因素的影响，小艇市场不太像之前那样活跃。

3.4 亚洲的游艇品牌

20世纪70年代起，世界游艇市场在欧美需求剧增的带动下加速增长，亚洲各国经济迅速发展，游艇需求量逐渐增加，同时亚洲制造业崛起。

经过三个多世纪的发展，西方游艇产业趋于饱和，在遭受了2008年全球金融危机带来的巨大冲击之后，北美洲和欧洲等西方游艇经济重心已经开始逐步向包括中国、海湾国家、俄罗斯等在内的新兴市场转移。可以说，世界游艇产业逐渐向亚洲转移。虽然，受游艇文化及消费习惯的影响，当前游艇消费仍集中在欧美发达国家，但发展中国家的游艇消费正悄然起步，亚洲成为世界游艇发展新重心的时代潮流势不可挡。

中国从20世纪50年代开始制造FRP船艇，但主要产品局限在特殊用途艇上。21世纪以来，中国游艇消费理念开始萌芽，各种游艇会所、俱乐部纷纷出现，具有自主知识产权和自主品牌的中国游艇开始崭露头角。21世纪的第一个十年是中国游艇制造行业发展最为迅猛的时期，中国整体游艇生产能力已跻身全球十强，其中超级游艇的制造能力已位列全球第六。截至2013年4月，中国游艇制造厂商约440家（整艇制造商80家左右，另有零配件制造商360家左右），80%~90%的产品用于出口，年销售额超过30亿元。

虽然制造水平与世界水平之间有所差距，但由于劳动力成本的低廉，中国制造的中小型游艇的价格与欧美国家相比便宜20%~30%，这使得中国制造的中小型游艇在世界市场上非常具有竞争力。目前，中国游艇市场销售的游艇类型

---

① 1节=1.852千米/小时。

主要集中在中小型游艇，规格主要在 24~48 英尺，超过 50 英尺的游艇销量也在逐渐增长。

中国内地包括生产小艇、游艇在内的厂商遍布苏、浙、沪、粤、闽、鲁、鄂、湘、川，以及京、津、辽等省区市，但主要集中在珠江三角洲地区、长江三角洲地区和环渤海地区，这些游艇重要生产基地对推进中国游艇业的发展起到了重要的作用。国产游艇在十多年前就已经进入欧美市场，海星、太阳鸟、上海佳豪、红双喜、毅宏、东海等国产游艇品牌早已出口至英国、西班牙、东南亚与美洲等国家和地区，经过几十年的不懈努力，中国制造的游艇已出口到 70 多个国家和地区，中国也拥有了许多属于本土的知名游艇品牌。

3.4.1 雅马哈

1. 品牌概况

雅马哈（Yamaha）集团（以下简称雅马哈）是有着多年造船历史的游艇生产商。20 世纪 50 年代后半期开始，雅马哈着手当时备受瞩目的新素材 FRP 的研究与开发。自 1958 年由日本制造的第一艘 FRP 船以来，雅马哈就一直处于船舶行业的前沿。1960 年开始，雅马哈生产、销售 FRP 材质的游艇、钓鱼艇等丰富多彩的海上产品。通过反复地研究和开发，并结合市场的需求，以实绩为基础，特别是船用发动机，不断发展壮大，如今，雅马哈作为豪华的高性能游艇备受瞩目，已经在全球 180 多个国家和地区被广泛使用。

利用在摩托车、游艇、船外机等领域成功运用的小型发动机技术，并活用 FRP 加工技术，雅马哈于 1986 年成功开发出首台水上雅马哈摩托艇 WR500——在当时被亲切地称为"海上喷射艇"。其带来的轻松驾船体验和极高的运动性能，很快被广大的海洋运动爱好者所接受，并且公司一直推陈出新，衍生出了目前为人所熟知的水上摩托艇。

2. 发展历程

日本雅马哈业务发展重大事件如表 3-12 所示。

表 3-12　日本雅马哈业务重大事件表

年份	重大事件
1955	雅马哈发动机株式会社成立
1958	日本制造出第一艘 FRP 船
1960	雅马哈第一台 FRP 摩托艇及船外机投产并上市销售
1961	首届太平洋 1000 公里摩托艇马拉松 CAT-21 获得优胜
1965	雅马哈首次建造 FRP 渔船第三富士丸
1986	雅马哈第一台 personal water craft 摩托艇上市销售

续表

年份	重大事件
1993	中国株洲南方雅马哈摩托汽车有限公司建立。中国四川华川雅马哈摩托汽车零件制造有限公司建立
1994	摩托车出口销售公司——雅马哈发动机台湾贸易公司在台湾地区成立
2009	与雅马哈海洋会社合并

3. 产品情况

日本雅马哈的产品种类繁多,包括摩托车、机动自行车、船只、帆船、个人水上工艺品、游泳池、通用船、渔船、舷外马达、四轮沙滩车、休闲越野车、卡丁车发动机、高尔夫球车、多功能发动机、发电机、水泵、雪地车、小型喷雪机、汽车发动机、表面贴装机、工业用无人直升机、轮椅等等。

雅马哈海洋产品则分为休闲豪华艇、运动艇、水上摩托艇、钓鱼艇、船外机几大类。

其中,游艇产品有以下三种。

(1)休闲豪华艇。其为顾客提供功能强大的海上舒适居住环境。共有3个型号:SC390、SC320、SR310。

(2)运动艇。其具有革新的引擎,新颖的设计。共有3个型号:AR195、AG-230、242 LIMITED SE。

(3)钓鱼艇。其专为钓鱼爱好者设计,可以充分享受垂钓乐趣的钓鱼艇。共有8个型号:FG420、FR340 LX、FR340、YF310、Y360、UF310、DFR380、Y490。

水上摩托艇有5个系列:FX Limited SVHO、GP1800、VXR、EX、SUPER JET,共10个型号。

4. 市场经营情况

日本泡沫经济破裂后陷入低迷的游艇市场,近年来有恢复的迹象。据日本海洋事业协会介绍,雅马哈在2017年面向日本国内的出货金额为186亿日元,比上年增加了两成,达到了20年来的最高水平。2013年,日本游艇旅游人数就达到了238 000人。近几年,由于经济好转、来自富裕人群的交易增加、日本各厂商向市场投放高级款型等,消费者需求越发旺盛,尤其是用于巡游和垂钓的豪华游艇在日本走俏。

国际市场上,雅马哈畅销欧美国家,在水上摩托艇的领域里,得到世界广大爱好者的好评,每年在世界摩托艇的各大赛事中表现极佳,雅马哈摩托艇的销售量也是有目共睹的。韩国海洋水产部统计数据显示,在韩国,雅马哈产品占据了45%的游艇发动机市场份额。

展望游艇市场的未来,游艇旅游市场的中心目标人群是中老年人。近年来新婚旅行和家庭旅行方面的相关市场需求也在不断地被挖掘,而雅马哈还从事各类产品的进口和销售、旅游业务的开发、休闲娱乐设施及相关服务的管理,这大大增强了雅马哈的市场竞争力。

3.4.2 海星

1. 品牌概况

海星游艇是中国中大型游艇领军企业，成立于2004年，众多游艇界海归精英和优秀的研发管理团队组建了这家公司。海星游艇拥有66 700平方米的生产基地，建有系统完善的现代化游艇生产厂房、下水滑道和停泊码头。海星游艇一直致力于中大型游艇的研发、设计、制造和销售。海星豪华游艇和商务游艇已经在中国游艇制造界处于订单第一的位置，连续多年获得"中国中大型游艇企业最具成长性大奖""中国中大型游艇设计先锋奖"。

海星游艇的茁壮发展离不开明确的定位：专业建造60~180英尺大型豪华游艇，它也是中国少数几家可以设计制造80英尺以上大型豪华游艇的厂商，同时具备强大的标准化、批量化的目录式游艇建造能力和个性化定制游艇建造能力，建有工程技术研究开发中心。海星游艇是国内唯一一家拥有超级游艇内装实验室的企业，同时也是第一家获得中国船级社游艇型号认证的厂家，还是中国游艇制造商中唯一一个进入全球80英尺以上游艇30强的企业。

2. 发展历程

2007年，海星游艇正式投产，以设计、制造、销售房船为主，主要销往中国香港。

2008年，公司战略定位为中大型游艇专业制造商，并研发设计58英尺和75英尺游艇，正式推出Heysea系列游艇后分别升级为Heysea 60、Heysea 78游艇。

2009年，研发设计Heysea 70游艇，Heysea 78游艇在国内同尺寸游艇中销售量持续保持第一；同时，Heysea系列部分船型改造升级。

2013年，研发设计Asteria 95超级游艇，Asteria 108超级游艇再获2艘订单。海星游艇以绝对领先优势，占据中国中大型游艇市场份额第一位置。

2014年，正式推出Zoom 72，一经推出便获得3艘游艇的订单。Asteria 95英尺游艇刚推出，即获得2艘订单。Asteria 108游艇再次得到中国香港客户的认可并获得订单。此外，海星游艇跟客户签订了一艘双体42米超级游艇的合同。

2016年，正式推出超艇Asteria 96、Sealink 152及28英尺家庭式小艇，研发设计126英尺超级游艇、家庭式小艇Bayview 48。

2016年，在美国劳德代尔堡设立驻美办事处。

3. 产品情况

目前，海星游艇在中国60英尺以上中大型游艇市场占有率高达50%以上，在中国市场 80 英尺以上游艇市场占有率超过 70%，并已持续保持领先地位。

海星游艇旗下的品牌游艇种类多，呈现精品化、体系化特点，主要产品分类如下。

（1）Heysea 豪华休闲游艇有 Heysea 60、Heysea 70、Heysea 78、Heysea 82、Heysea 90 系列船型。

（2）Asteria 豪华休闲游艇有 Asteria 88、Asteria 98、Asteria 108、Asteria 118、Asteria 128 系列船型。

（3）Vista 超级定制有 Vista 42M、Vista 45M、Vista 50M、Vista 55M 系列船型。

4. 市场经营情况

2014 年的 Vista 42M 超级游艇和 Zoom 72 等新型游艇一经推出即获得巨大反响，意味着中国超级游艇市场迈出了里程碑式的一步，同时，再次奠定了海星游艇在中大型游艇市场的领军地位。2016 年与全球著名超级游艇经纪管理公司 YPI 集团签订战略合作协议，海星游艇向国际化步伐迈出了历史性的一步，正式开启全球化战略。

海星游艇目前在中国中大型游艇市场占有率高达 80%，是国内中大型豪华游艇的领跑者。海星游艇客户遍布三亚、海口、深圳、广州、厦门、上海、大连等中国各沿海城市，同时还出口到北美洲、南美洲、澳大利亚、东南亚及俄罗斯等国家和地区。海星游艇凭借多年中大型游艇领域的行业经验和品牌积淀，在国内中大型游艇市场上无论是按总尺度计算，还是按游艇交付数量计算，都稳居 60 英尺以上游艇市场第一的位置，并崛起为中国中大型游艇的领军品牌。

3.4.3 太阳鸟

1. 品牌概况

太阳鸟创立于 2003 年，它致力于高性能复合材料船艇研发、设计、生产、销售及服务，是国内最大的游艇、商务艇及特种艇系统解决方案提供商。公司注册资本 13 910 万元，已拥有湖南沅江和广东珠海两个生产基地，湖南的研发中心是国内首个省级游艇设计中心，拥有目前国内规模最大、实力最强的设计团队，拥有外观设计专利 21 项。截至 2013 年，已有中国的长沙拉斐尔、上海兰波湾、香港普兰蒂以及美国普兰蒂、意大利马可波罗五家子公司，分别从事游艇研发设计、销售与服务业务，公司总占地面积 61.0 万平方米，2012 年员工人数 1800 余人，其中技术研发与设计人员有 300 人，年生产各类多混材料船艇 1000 余艘。

2. 发展历程

2002 年，通过 ISO 9001：2000 及英国皇家认可委员会国际质量管理体系认证。

2003年，太阳鸟成立。

2003年，为金茂、华为、中信、英国丹尼斯公司、上海世界博览会打造了不同层次的游艇。

2005年，生产出国内第一艘最大的80英尺豪华游艇。

2006年，生产出亚洲最大的、乘员最多的36米复合材料双体船。

2008年，公司改制为游艇股份有限公司，开始出口大型游艇。

2010年9月28日，太阳鸟登录深圳证券交易所创业板，成为中国第一家上市融资的游艇公司，股票代码为300123，股票简称为太阳鸟。

2011年5月27日，公司的"太阳鸟及图"被认定为中国驰名商标；荣膺2011年51~80英尺亚洲地区"最佳动力艇制造商"。

2018年1月24日，公司全称由"太阳鸟游艇股份有限公司"变更为"亚光科技集团股份有限公司"，证券简称由"太阳鸟"变更为"亚光科技"。

3. 产品情况

太阳鸟是国内最大的复合材料船艇制造企业之一，专注于高性能复合材料船艇研发、生产、推广，共有凤鸟系列、美兰德系列、兰博尔系列三大系列产品，按产品分类可分为以下三种。

（1）私人游艇：6~50米长不等，15种规格，40种型号。

（2）商务艇：10~60米长不等，18种规格，55种型号。

（3）特种艇：6~100米长不等，16种规格，30种型号。

2014~2017年，太阳鸟这三类游艇为公司带来的营收情况如图3-12所示。

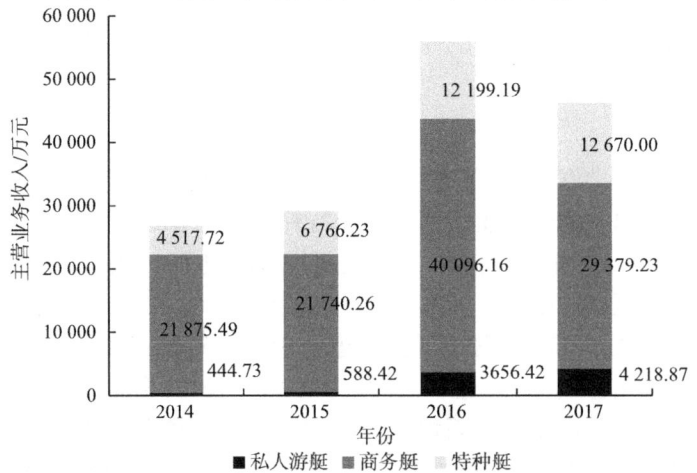

图3-12 2014~2017年太阳鸟三类游艇主营业务收入分产品情况

资料来源：太阳鸟2014~2017年度财报和企业招股说明书

4. 市场经营情况

太阳鸟的游艇产品销售覆盖全国 32 个省区市，我国著名企业金茂、华为、中信等一直都是太阳鸟的客户。2009 年起，太阳鸟自主研发的游艇已经成功打入国际市场，出口至美国、欧洲、东南亚与非洲等国家或地区。太阳鸟定位于中高端客户，主攻飞桥式游艇市场，采用国际复合材料打造。在国际市场中，飞桥式游艇市场相对成熟，单艇价格相对较高，需求量较大。经过多年探索，太阳鸟的造艇工艺与水平已经接近国际游艇大牌的水准，有能力参与到国际游艇市场竞争当中，且性价比高。太阳鸟将重心放在飞桥式游艇市场，一方面有利于公司发挥性价比优势；另一方面高附加值产品毛利率高，在少量出口的情况下也能保证收益。

太阳鸟 2007~2013 年主营业务收入和净利润均呈持续增长态势，2013 年后其销售情况有所下滑，2015 年下降到最低点，营业收入为 17 287.8 万元，净利润为 –838.4 万元，2016 年和 2017 年再度呈稳步回升态势（图 3-13）。

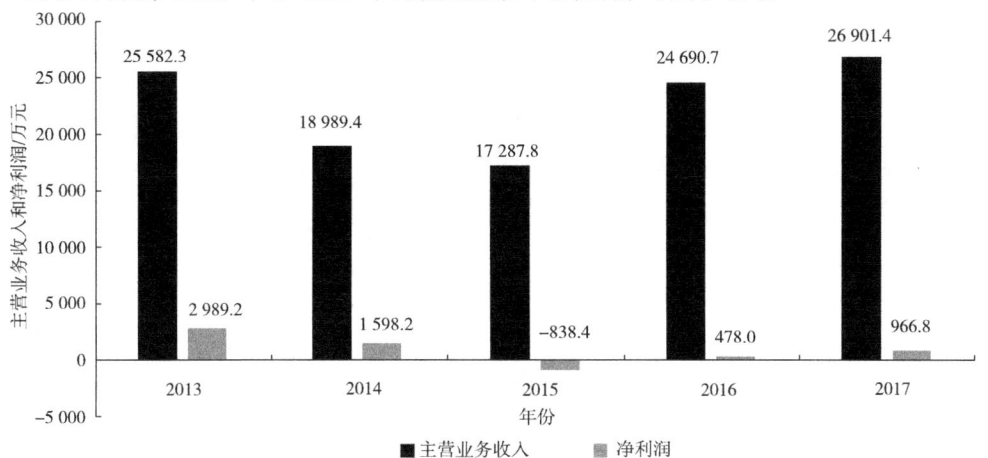

图 3-13　2013~2017 年太阳鸟主营业务收入和净利润
资料来源：太阳鸟 2013~2017 年度财报和企业招股说明书

3.4.4　上海佳豪

1. 品牌概况

上海佳豪船舶工程设计股份有限公司（以下简称上海佳豪）是中国民营船舶设计龙头，是目前中国唯一一家拥有从开发设计、合同设计、详细设计到生产设计、技术监理等完整技术服务链的一站式设计服务商。自 2010 年起，上海佳豪开始进军游艇领域，传统的船舶技术为公司进军游艇市场提供了强有力的技术支持。2010 年 6 月，成立了控股子公司——上海佳豪游艇发展有限公司，它是一家以大中型豪华游艇设计、制造为主业的现代型企业。厂区设立在上海市奉贤区游艇工业园区内,工厂占地100亩[①],生产厂房面积约为28 000平方米,由综合楼、70英尺级游艇舾装车间、35米游艇舾装车间、FRP成型车间和游艇装饰车间等组成。公司拥有自主设计与制造团队,可年产70英尺的豪华游艇12艘。截至2017年9月30日,上海佳豪总资产387 641.51万元。

2. 发展历程

2001年10月,上海佳豪成立。

2009年10月,上海佳豪在深圳证券交易所创业板挂牌上市,证券代码为300008,证券简称上海佳豪。

2010年6月28日,成立控股子公司——上海佳豪游艇发展有限公司。

2014年1月,上海佳豪企业发展集团有限公司成立。

2016年5月,上海佳豪更名为天海融合防务装备技术股份有限公司。

上海佳豪游艇业务的布局自2010年起,具体步骤分为两步[②],取得了显著成效。

(1)利用3~5年的时间,通过代理国外知名品牌,引进国外先进技术,学习国外设计。利用"Bestway by Fipa"的代理品牌享受品牌溢价,同时通过设立游艇俱乐部布局销售渠道。3年后,在消化吸收国外先进技术的基础上,开始设立自主游艇品牌,增加游艇产量,丰富游艇品种。

首先,上海佳豪代理意大利知名品牌Fipa游艇集团(以下简称Fipa)旗下高端游艇。Fipa是全球著名的游艇品牌,2010年全球排名第七,上海佳豪为Fipa旗下20多类游艇在中国内地的唯一代理商,代理收入为国外游艇售价的20%。

其次,上海佳豪引进Maiora 20S(68~70英尺)游艇生产技术。上海佳豪与Fipa签订《Maiora 20S游艇生产技术转让合同》,以55万欧元获得Maiora 20S游艇的生产许可及技术指导。

(2)5年后,随着游艇爆发期的来临,开始拓展中、低端市场,让普通人买得起游艇,由代理品牌走向自主创新,成为集设计、生产、销售、服务为一体,覆盖高、中、低档产品的游艇制造运营商。

3. 产品情况

上海佳豪旗下游艇品牌有以下五个。

(1)Venere。起源于意大利Fipa和上海佳豪的合作,创建于2010年。Venere呈现了佳豪游艇的独特风格及特性:线条优美的大尺寸全景窗及侧窗、坚固的V形船体设计,配合德国MTU COMMON RAIL引擎。

(2)Maiora。享有盛名的意大利游艇。Maiora系列为船长20~47米的经典飞桥FRP动力艇。Maiora和所有Fipa的游艇都是定制的产品,独一无二。Fipa

---

① 1亩≈666.7平方米。

② 黄德春,徐敏,华坚,等. 游艇投资与产业[M]. 北京:科学出版社,2013:117-118.

通过了 UNI EN ISO 14001：2004 认证，证明 Fipa 在制造过程中对环境的影响符合法规要求。

（3）AB Yachts。世界领先的喷水动力游艇。创建于 1992 年，首次出现喷水推进器适用在小尺寸但高性能的工艺，为全世界的游艇提供了技术参考。

（4）CBI Navi。高达 60 米，全定制的铝合金/钢制巡洋艇。CBI Navi 动力艇，1984 年成立于意大利维亚雷焦，是一家钢制船制造商。CBI Navi 是全定制船，船体为铝合金/钢制，全/半排水型的船型使得船在面对大浪时也能轻松应对。

（5）Cantiere Nautico Cranchi。最早由 Giovanni Cranchi 于 1870 年创立于科莫湖畔，至今已经发展到在伦巴第（Lombardia）和威尼斯（Venezia），其拥有三个制造基地及一个游艇实验中心（可以实验所有艇型）。在高效的销售网络支持下，全球 55 个国家客户对 Cranchi 品牌的认知度和信任度逐年增加，目前在国际上享有较高的声誉。

4. 市场经营情况

上海佳豪在先前多年的船舶经营过程中，已获取了一定的技术服务基础，与众多船厂和设备供应商建立了良好的信用关系，这些为销售游艇铺设了渠道，游艇俱乐部的设立也进一步完善了渠道布局。上海佳豪 60 个泊位的游艇俱乐部已于 2011 年在黄浦江沿岸正式投入运营。

2014 年以来，受政策的限制和环境不鼓励奢侈品消费的影响，国内游艇业呈现大规模亏损的现象，需要改善盈利模式和推广宣传方式才能改变不景气的状况。为此，上海佳豪自己挑选适合的客户群体，设立相应的门槛，只吸纳 50~100 人的高端客户，公司采用实艇销售，即让顾客登上意大利建造的 Maiora 20S 游艇，亲身体验游艇的乐趣，这也是营销的有效方式之一。

第 4 章　游艇消费市场

随着全球经济的发展，世界范围内游艇消费市场日渐升温。不仅欧美等老牌游艇大国的相应产业消费持续增长，以中国为代表的一些后起之秀也发展迅猛。本章首先介绍包括中国在内的几大游艇消费区域的发展历程，分析区域市场特点。其次，分别分析现代经济发展、地理环境和海洋文化等因素对游艇消费的影响。再次，介绍当代世界游艇消费对人们的生活方式有哪些影响。最后着重介绍新兴的游艇会展经济的相关内容。

4.1　游艇消费区域市场

全球的游艇消费区域市场大致可以分为以下几个市场：美国游艇消费市场、欧洲游艇消费市场（以英国和意大利为代表）、澳大利亚游艇消费市场及中国游艇消费市场。上述几个区域游艇产业的发展水平各不相同，本节将分别对以上四个主要的游艇消费区域市场进行详细的介绍。

4.1.1　美国游艇消费市场

世界游艇业每年大约带来超过 500 亿美元的经济效益，美国作为世界上游艇行业最发达的国家，其游艇销售量占全球游艇销售量的 50%以上。游艇行业的销售收入包括各种船舶的销售额、发动机、拖车、配件、安全设备、燃料和其他收入及游艇相关保险、维修、停靠、启动、储存、俱乐部开支等。本节将主要介绍美国游艇行业的发展历程及游艇消费市场的发展状况。

1. 美国游艇行业的发展历程

美国游艇行业的发展历程十分漫长，20 世纪至今，美国的游艇行业发展历程大致可以分为以下四个阶段。

（1）第一阶段：20世纪70年代之前。1913年美国的人均GDP超过英国，成为世界上经济第一的大国。与此同时，在经济快速发展的前提下，孕育出了美国的游艇业。1913年美国全民共有40万艘游艇。在20世纪60年代和70年代，美国的游艇行业已经形成了一个集制造、销售、维修、服务和保险五位一体的完整的工业体系。1970年，美国游艇销量为800万艘，几乎平均每23名美国人就拥有一艘游艇。由此可见，经济的发展是游艇行业发展的基础，游艇行业的发展必须以雄厚的经济实力做支撑。

（2）第二阶段：20世纪70年代初至80年代末。此时美国游艇市场正在蓬勃发展，在20世纪80年代中期，美国全境有超过1300家游艇俱乐部和4000多个游艇码头。总的游艇数量已超过1200万艘，约占世界游艇数量总和的70%。

（3）第三阶段：20世纪80年代末至90年代初。在此期间，全球遭遇了三次金融危机，经济受到重创。受到经济下滑的影响，世界游艇市场开始遭遇瓶颈，作为游艇大国的美国下滑速度最快。

（4）第四阶段：20世纪90年代至今。在经历了20世纪80年代经济低迷后，美国游艇市场重新迎来了春天。在此期间，美国的游艇数量基本保持在1700万艘左右，拥有游艇的人数约为全国总人口的1/3。2015~2019年北美交付的38艘游艇中有34艘成交于美国，美国保持着世界游艇市场的主导地位。

2. 美国游艇消费市场发展状况

1）游艇总量稳中有增

2004~2016年这12年间，美国游艇总的数量基本在2000万~2500万艘，游艇数量有小范围的波动，但总体上较为稳定，这与美国游艇市场的逐渐成熟是分不开的。2016年，美国游艇数量为2560万艘，比上年增加了12.5%，新增游艇主要包括舷外挂机艇848万艘、舷内机艇175万艘、舷内外机艇182万艘。

2）游艇销售量稳定增长

自2004年以来，美国游艇销售总额的增长幅度始终保持着平稳状态，基本幅度为9%。2019年美国游艇销售量约28万艘，总销量仅次于2007年。

2016年新艇和发动机的销售总额比2015年增长约12.6%。新艇的日常价位大约为12 360美元/艘，而旧艇价位会低一些，平均售价大约为7850美元/艘。2020年1月美国船舶制造商协会（National Marine Manufacture Association，NMMA）主席Frank Hugebmeyer乐观地表示2020年美国新艇销售将再增2%[1]。美国许多州市因游艇的不断发展获得了大量的经济来源，这些州市因为游艇行业的发展，经济更加繁荣。

---

[1] 国际市场：2019年美国游艇销售创近12年第二高记录 2020年前景强劲[EB/OL]. http://kuaibao.qq.com/s/20200109A2PQTNOO?refer=spider[2020-08-26].

3）游艇消费类型多样

在美国游艇消费市场上，游艇消费的类型多种多样，如帆船、个人小型游艇、舷外挂机艇、船内装机舷外驱动艇、船内装机小汽艇和船内装机豪华艇等，价格也是实行多价位，可以满足不同消费群体的需求：低至几千美元，高至数千万美元不等。在以上游艇消费类型中，最受欢迎的是小型游艇，价位为 1 万~5 万美元。因其价格的可接受性，受到了美国大多数人民群众的青睐，参与量在 33%左右，称为国民游艇。

4.1.2 欧洲游艇消费市场

欧洲游艇消费市场也是相当广阔的，本节选取英国和意大利两个主要的欧洲游艇消费市场，分别介绍这两个国家游艇消费市场的市场概况、发展优势，以及两国中著名的游艇公司。

1. 英国游艇消费市场

1）市场概况

英国游艇消费市场近年来总体呈健康的发展势头。中型的游艇市场与之前相比有所减少，但是丝毫不会影响英国是欧洲第二大游艇市场的地位，其 50 英尺以上的大型游艇销售良好，依旧可以为英国带来一笔可观的收入。

2）发展优势

英国海岸线长 12 429 公里，主要河流是塞文河（354 公里）和泰晤士河（346 公里）。作为欧洲的一个岛国，英国的游艇运动在整个国家受到普遍的欢迎，游艇活动主要集中在英国南部沿海地区，特别是大陆与怀特岛之间的海峡。英国的内陆水系发达，是进行游艇活动的好地方，特别是在泰晤士河流域、诺福克港口及北部水域。英国境内大约有 25 万个浮式泊位，其中 50 000 个是真正的泊位。英国位于欧洲，处于中纬度地区，全年气候温和湿润，游艇活动主要时间段是从四月初到十月底，持续时间近七个月。

英国造船工业历史悠久，游艇行业起源也早，拥有强大的物质基础。英国建造的游艇以其巨大昂贵的豪华精致品质而闻名。英国因其雄厚的经济基础成为一个全球性的借款人，贷款在新游艇市场和早期的游艇销售中发挥着重要的作用，特别是在低端市场，其作用则更加凸显[1]。

3）英国著名的游艇公司

A. 圣汐

圣汐是英国最大的动力游艇建造公司。该公司建于 1968 年，原名为普尔机动船公司，20 世纪 70 年代是该公司的重要转折点。

---

[1] 华承昌. 英国游艇工业（上）[J]. 船舶工业技术经济信息，2005，（11）：32-41.

圣汐初步开始应用于小型游艇上。在小型游艇的生产制造方面，该公司一直引领着世界潮流，但如今的品牌才真的算是鼎力之作。它抓住了公司仍在追求的市场的本质。尽管英国经济增长呈现良好态势，但圣汐在英国市场的总营业额多年来一直相对较小。总的来说，公司98%的营业额来自出口市场。经过多年的发展，该公司的分销网络遍布全球，目前已达50多家，实现了全球销售。

B. 白桦国际船舶公司

白桦国际船舶公司近年来发展尤其迅速。2016年这家英国公司旗下的产品有八种型号，长度在8.8~15.5米不等。当前该公司生产线中有四种快车型敞篷运动游艇型号：290型号、350型号、370型号和510型号。其中，290型号是由安德鲁·沃斯顿赫姆设计的版型，于2005年1月举行的斯克洛德斯伦敦展览会上首次亮相。350型号则是安德鲁·沃斯顿赫姆设计的旧款猎鹰·威利希的改进版。而370型号和510型号是在2004年10月的劳德代尔堡展览会上重新面世的。

C. 锡克斯特游艇公司（Seaquest Yachts）

锡克斯特游艇公司位于康沃尔郡，锡克斯特游艇公司主要有三种型号的游艇，分别为莱希尔·皮尤设计的RP36型号，史蒂芬·琼斯设计的普里马38和锡克斯特320。排除税价在外，基本规格的锡克斯特320小艇的参考价格在55 000英镑左右，RP36的价格在88 000英镑左右，普里马38的价格则在122 000英镑左右。

锡克斯特船厂雇用了17名员工，全年营业额目前接近300万英镑。该船厂在2004年共交付了11艘小艇，包括3艘锡克斯特320型号，2艘普里马38型号，6艘RP36型号，其中RP36型号的6艘小艇中有5艘出口到了西班牙、美国和荷兰。

2. 意大利游艇消费市场

1）市场概况

意大利是欧洲老牌游艇大国，游艇和人口比例大概为1∶71，即在意大利，平均每71个人就拥有一艘游艇。意大利共有88万艘游艇，其中大约9%的游艇已经通过了政府机关的审核注册，还有41%的游艇没有经过认证注册，其余50%为小游艇、独木舟、皮艇和风帆冲浪船等类型的游艇。在意大利，动力艇是一种集各方面优点于一身的游艇，并非其他普通的游艇可以与其相媲美。

意大利拥有8000公里的海岸线，包括很多著名的岛屿，这一天然的地理优势十分适合游艇产业的发展。意大利拥有包括西西里岛、撒丁岛、斯特龙博利岛和厄尔巴岛在内的诸多著名岛屿，并且在大陆北部还有很多湖泊，这对于游艇产业的发展具有很大的优势。

2）发展优势

众所周知，意大利的游艇制造业首屈一指，也是欧洲第一大游艇制造国。意大利游艇建造历史悠久，游艇制造商拥有精湛的工艺和世界顶级的游艇设计师。意大利所生产建造的游艇中有20%主要供国内市场消费，剩余80%的游艇用于出口。高档和豪华的内饰船及驾驶艇占生产、销售与出口的绝大多数。

同时，意大利游艇工业体系比较齐全，不仅拥有发达的游艇制造业，可以制造各类游艇，还拥有配套的游艇装备和配件制造业。2013 年，意大利游艇产品总销售额就已经达到了 16.93 亿美元，继美国之后成为第二大游艇生产制造国。

3）意大利著名的游艇公司

A. 法拉帝集团

法拉帝集团成立于 1968 年，该公司总部位于意大利中北部的弗利，法拉帝集团的生产建造面积约为 67.3 万平方米。

法拉帝集团是欧洲规模最大的豪华游艇设计制造公司，该公司主要生产制造的目标对象为 7~80 米的豪华游艇和运动休闲艇。法拉帝集团拥有国际先进技术水平的造船厂，其中 22 个造船厂分别位于西班牙、意大利和美国。法拉帝集团的主要业务是进行游艇的设计、生产和销售，承包一系列游艇的生产制造服务，目前该集团公司拥有 9 个世界顶级的游艇品牌：法拉帝、博星、意达马、拜泰姆、丽娃、龙虾船、摩西卡夫特、定制法拉帝、CRN。2019 年上半年法拉帝产值为 3.58 亿欧元，总订单额突破 6.5 亿欧元。

B. 阿兹慕-贝尼蒂集团

阿兹慕-贝尼蒂集团的前身是阿兹慕公司，该公司在 1969 年由保罗·维他利创立，就当时而言，该公司所承担的主要业务是有关游艇的进出口和消费。之前该公司并没有如此大的声望，使其成为意大利游艇三大制造商之一的原因是该公司自制的新产品 AZ 43 的问世，该产品一问世就受到了消费者的青睐，从而促使阿兹慕成为国际豪华游艇知名品牌之一。

1982 年该公司首次制造了 Azimut 105 Failiaka 游艇，Azimut 105 Failiaka 游艇是同时代众多游艇产品中长度最长的，该公司又凭借这项游艇产品成为当时世界上能制造 100 英尺以上的少数的游艇制造厂之一。2001 年，集团总部成立了一个大型综合游艇厂，占地面积广阔，气势非凡。资料显示，该集团公司已经可以制造 230 英尺长的游艇，这在游艇行业中产生了不小的影响。该集团公司目前拥有 4 个厂房，其中，组装中心位于维亚雷焦的厂区，在法诺的厂房是专门制造 FRP 船壳基地。整个集团一年大概可以造 350 艘各式 FRP 游艇，长度在 39~165 英尺不等。

C. Cranchi

Cranchi 与其他游艇生产制造商不同，该公司是一个家族企业，公司内的领导人均有亲戚关系。Cranchi 位于意大利北部阿尔卑斯山脚下科莫湖畔，它始建于 1866 年，当时还是以最原始的小木舟为生；在 1870 年的时候，经过层层审核才正式注册成立为公司，并且开始由制造小木舟向制造精美的快艇转变。从此之后，公司注重科技研发，重视技术投资并融入与时俱进的新观念，所有的创新项目都形成于研究开发中心和样品制作部门，并在将新的概念确定之后转化到产品生产中。

随着 Cranchi 游艇产品销售网络在全球的不断延伸，该公司在人民群众的心里树立了良好的公司形象，Cranchi 品牌在全球的知名度不断提升，也就自然而然地成了世界著名的游艇品牌之一。该公司旗下共有 12 种游艇型号，公司最引以为傲的游艇是运动型动力艇，其中有两款是飞桥式动力艇。目前 Cranchi 在许多地区都和其他国家或地区有贸易往来，销售范围由本国销售扩展到了欧美地区，甚至是全世界。

4）市场前景

意大利游艇消费市场可以说是非常广阔，就全球范围而言，意大利游艇消费市场排名第二，位于美国之后。意大利整体经济对游艇市场有积极影响，使其保持着良好的发展态势。不仅如此，意大利除了拥有世界顶级的帆船组织之外，还是一个巨大的动力船艇市场，其动力船制造业也是相当发达。这些有利因素都使意大利的游艇市场发展前景十分广阔。

4.1.3　澳大利亚游艇消费市场

本节首先着重从三个方面来介绍澳大利亚游艇市场的发展概况，其次介绍该国游艇消费市场的特点。

1. 澳大利亚游艇市场的发展概况

1）总体经济

20 世纪 90 年代，全球经历了三次大范围的金融危机，全球经济出现了不同程度的衰退。在此期间，澳大利亚受全球经济低迷的影响，相比其他国家损失要更严重。在金融危机期间，澳大利亚游艇市场经营状况十分糟糕，游艇行业受到了严重打击。

之后随着经济的逐渐复苏，澳大利亚的 GDP 一般保持着 3%的平均增速，失业率也逐步降低。经济复苏使得澳大利亚游艇产业渐渐地恢复了生机。

2）各州游艇发展

澳大利亚是个面积十分广阔的大陆国家，国土面积约为 769 万平方公里，主要包括昆士兰州（Queensland）、新南威尔士州（New South Wales）、维多利亚州（Victoria）、南澳大利亚州（South Australia）、西澳大利亚州（Western Australia）和塔斯马尼亚州（Tasmania）六个州，以及北领地（Northern Terntory）和澳大利亚首都领地（Australian Capital Territory）两个本土领地。它们之间游艇行业的发展程度、市场消费水平也不尽相同。

3）游艇会展经济

在游艇展览会方面，澳大利亚拥有三个最为著名的游艇展，每年这三个游艇展都可以为澳大利亚带来一笔可观的收入。最著名的是悉尼国际游艇展，于每年七月末八月初举行，大约有300个展商，每年至少吸引7万名观众。第二个为墨尔本游艇展，同悉尼国际游艇展一样在每年的七月末举办，参展商户比悉尼国际游艇展少，大约有210个展商，超过55 000名观众。最后一个为神仙湾国际游艇展，于每年五月末举行，大约有310个展商，42 000名观众。

2. 澳大利亚游艇消费市场的特点

1）游艇消费需求大

澳大利亚当地人将游艇休闲视为自己日常生活的一部分，喜欢利用自己的休闲小长假乘坐游艇长途航行到大海上，或者使用家族拥有的小型船只在周末去海上钓鱼。放眼望去，码头一般停靠着的都是私人游艇。在悉尼国家公园内的帝王码头，使用三维游艇仓库将游艇存放从平面延伸到立体系统，大大提高了存放水平[①]。

在游艇的拥有方式上，澳大利亚的居民会购买游艇，或通过成为俱乐部成员的方式临时享受船上生活。在澳大利亚，游艇具有广泛接受性，受到绝大多数澳大利亚居民的青睐，因此澳大利亚的游艇消费市场非常庞大，具有很大的发展潜力。

2）供给来源广泛

澳大利亚的游艇生产商，它们并不是仅仅限于拥有生产游艇权利的行业巨人，只要它们能够保证自己生产的游艇的质量合乎政府机构设定的标准，无论游艇的大小和尺寸如何，游艇的生产和制造都可以在全国各地进行，因此游艇的供应来源非常广泛。也就是说，手工作坊也可以制作豪华游艇。游艇制造水平的高低与现代工厂建筑繁华与否、设备和技术水平的高低之间并没有直接联系。

在澳大利亚游艇行业，不仅有里维埃拉等大型现代游艇制造企业，还有类似于圣伦娜这样的小型游艇企业。虽然厂商的规模有大有小，但是结果相同，那就是它们都制造出了世界上先进的豪华游艇。其中圣伦娜仅有几十名员工，游艇制造基本上是手工制造，车间也没有重型设备，更不必说其他先进的设备了。但是圣伦娜制造的28英尺、37英尺和48英尺长的游艇在澳大利亚游艇市场上具有极其重要的地位。

里维埃拉不论从生产规模还是技艺水平来说，在澳大利亚都是首屈一指的。2007年该公司拥有多达1000名员工和9个生产车间，占地面积相当广阔，约为7公顷。车间里的各种设备是当时最为先进的机器设备。另一家Mustang游艇制造

[①] 苏红宇. 澳大利亚游艇业发展的几点启示[J]. 船艇，2007，（23）：26-31.

公司的规模介于两家公司之间，该公司有 10 个模具和 200 艘游艇，该厂最大的特点是拥有一个专门用于水密性测试的室内试验箱，以此来确保生产质量。

澳大利亚的所有游艇制造公司都不拘泥于设备和工厂的现代化，但在关键的模具设备方面，每个公司都将不遗余力地投入巨资。所有企业都在不断增加模具数量，提高模具的精确度和不断地改进工艺。虽然这些制造企业规模不大，但在澳大利亚游艇市场中都能找到自己的一席之地，它们共同促进了澳大利亚游艇消费市场的发展。

4.1.4 中国游艇消费市场

大多数中国人对游艇的第一印象可能是奢华、富有和遥不可及的。许多渴望伴随着风帆和海浪漫游于茫茫大海的海上运动者，一旦想到游艇是触不可及的，便停下了探索的脚步[1]。但是在实际中，这种对游艇的认知有失偏颇，游艇并不是像大家所理解的那样遥不可及。

普通公众认为，游艇花费数额巨大难以负担，属于奢侈消费，而出现这种想法的原因是物以稀为贵。由于国内游艇行业起步晚，并不像在欧美国家一样普及，游艇才成为人们心中的奢侈品。事实上，游艇消费的价格区间浮动很大，从数万元到几百万元不等。根据国际惯例，人均 GDP 超过 3000 美元之后，游艇经济开始萌芽。中国许多地区已然具备了这些条件，游艇正在悄悄走进中国公众的日常生活。

1. 中国游艇市场的发展状况

近年来，伴随着中国经济的不断进步，人民可支配收入大幅增加，生活水平显著提高，游艇正在摆脱其奢侈品属性，满足不同层次人群的消费需求。

一方面，顶级豪华游艇的需求正在与日俱增。同其他名牌汽车、豪宅的作用一样，游艇除了满足消费者的物质需求之外，更多的是一种奢侈生活的象征。为了满足精神方面的需求，许多富商会重金购买豪华游艇来体现自己的地位。

另一方面，中、低档游艇的消费比例正在增加且增加势头强劲。其目标客户从白领到蓝领阶层，从年轻人到中老年人，消费者群体的范围正在逐渐扩大。但是能够承担得起豪华游艇的上层社会的人士还是为数不多的。

2. 中国游艇市场的特点

中国游艇市场的消费特点可以大致概括如下：首先，尽管近年来游艇行业发展迅速，但受到诸多因素的限制，游艇市场的发展水平仍然低于国外；其次，虽然游艇市场的整体发展水平不及老牌游艇大国，但中国近年来的游艇市场仍有很

---

[1] 帅鹏坤. 中国将成第二大游艇消费市场[N]. 中国水运报，2014，(6).

大的发展潜力[1]。具体说来，中国游艇市场呈现出以下几个发展特点。

1）发展迅速

近几年来，中国的游艇产业取得了长足发展，大约有 17 个省区市正在开发景观水系系统和游艇俱乐部。2018 年中国游艇销量稳定，具备设计能力的游艇制造企业有 58 家，2014~2018 年年均产值为 55 亿元。中国所生产的游艇，除了满足本国的需求之外，剩余游艇主要出口至欧美地区和亚洲其他地区。中国出口多于进口，2016 年实现贸易顺差约 0.34 亿美元。

2）处于初步发展阶段

虽然目前游艇行业正以突飞猛进的速度在世界市场上崭露头角，但中国游艇企业的主营业务仍然还是游艇制造和出口。作为游艇经济的最高层面，游艇生活的休闲经济目前还处于初步的培育发展阶段。以上的状况是由下列几方面因素造成的。

（1）海洋文化在中国的基础较为薄弱。众所周知，由于历史原因，中国以陆地文化为主导文化，海洋文化在中国虽然有了广泛的传播，但是基础依然十分薄弱，无法撼动陆地文化在中国人心目中根深蒂固的地位。

（2）中国人追求实用性的消费习惯。中国人追求实用的必需品，而西方人以追求更健康和优质的生活为目标。对于中国人来说，与房屋和汽车等必需品相比，游艇这种奢侈品的需求就会下降许多，在中国公众眼中，游艇只是富人展示其地位的奢侈品，并不具备实用的价值[2]。

大多数中国人购买游艇是为了炫耀自己并展示自己的地位和能力。经调查发现，许多中国人购买游艇只是下意识的冲动性消费，购买之后则很少使用它，只是偶尔用作商务接待，真正去享受游艇这种独特生活方式的购买者少之又少。

（3）海洋休闲文化的缺乏。中国的海岸线辽阔，水域资源丰富，可是受长期主导的陆地文化的影响，很多中国家庭都教育孩子不去海边，类似"能上山，莫下海"这样的俗语很多。潜意识里，传统的中国人将大海看作一种极其危险的地方，因此中国人与海洋亲密接触的机会很少，更不用说进行海上冲浪等相关的海洋休闲活动。这一历史文化因素导致中国公众在很长一段时间里很少触及海洋休闲文化，这对中国人的游艇休闲消费有一定的负面影响。

3）发展潜力巨大

随着中国人民收入水平的不断提升和休闲时间的增加，人们对生活水平和生活质量的要求也在与日俱增。跑车、豪宅等已然无法满足人们在物质和精神上的需求。作为高端生活品质的代表，游艇逐渐被人们所接受，并逐渐融入人们的生活。

---

[1] 蔡志滨. 中国游艇市场特点与游艇消费滞后浅析[J]. 中国军转民，2012，（3）：36-39.
[2] 邢鹤龄. 游艇旅游发展模式研究[D]. 山东：山东大学，2012.

在中国，游艇主要消费群体的范围在不断地扩大，不再仅仅局限于富豪。许多城市的大型企业和大公司会以公司或股东的名义购买更多的豪华游艇。他们购买游艇更多的是用于接待客户进行商务谈判，以此来展现企业的硬实力。

与此同时，海洋休闲文化在各方的努力推动下得到了广泛的传播，并不断融入人们的生活中。越来越多的人群表现出对海洋活动的热情，购买市场将进一步得到推进。此外，国家游艇相关政策的陆续出台及各岛休闲设施和服务的不断完善也将导致更多的游艇消费，加速中国游艇产业的发展。

4.2 游艇消费市场与世界经济发展水平

游艇的消费水平受制于经济发展水平的高低，经济发展水平高会带动游艇产业的快速发展，相反，经济发展水平低会阻碍游艇产业的发展。本节将从第二次工业革命、20世纪90年代金融危机及20世纪90年代金融危机后三个时间点来讲述经济发展水平对游艇消费的影响。

4.2.1 第二次工业革命后世界经济发展水平与游艇消费市场

19世纪70年代至20世纪初，德国和美国发生了近代第二次工业革命，以电能的突破和内燃机的广泛应用为标志，为德国、美国两国创造了巨大的生产力，经济水平迅速提高。各国之间联系日益密切，受益于第二次工业革命所带来的经济效益及技术成果，世界整体经济水平得以提升。一方面，游艇产业得到了更多的经济支持；另一方面，内燃机等技术成果的应用使得游艇的制造技术更加精湛，提高了游艇制造的数量和质量，因此游艇产业也获得了较快发展。

以美国游艇市场为例，1913年美国拥有游艇达40万艘。20世纪六七十年代美国的游艇业已经形成了集制造、销售、维修、服务、保险于一体的工业体系。1970年，美国游艇销售收入已达34.4亿美元，拥有游艇800多万艘，平均23人拥有一艘游艇。

20世纪70年代初至80年代末，美国游艇市场空前繁荣。20世纪80年代中期，美国有1300多个游艇俱乐部、4000多个游艇码头，游艇总数已超过1200万艘，约占当时世界游艇总量的2/3。1988年，美国游艇总销售收入达到了179亿美元，游艇数量超过1500万艘，平均16人拥有一艘游艇。

4.2.2 20世纪90年代金融危机时世界经济发展水平与游艇消费市场

20世纪90年代，全球经历了三次金融危机，第三次东南亚金融危机破坏性最大。东南亚金融危机爆发后,经济发展进入了低迷期,相应的游艇经济也发生了停滞甚至是倒退的现象。

1997年7月2日,泰国宣布泰铢实行浮动汇率制后,泰铢、印度尼西亚盾,甚至连新加坡元等,与美元的比价纷纷创出近年来的最低点。除此之外,泰国首次爆发金融危机之后,人民纷纷将资本抽离,从泰国到东南亚其他的国家,再到中国的台湾、香港等地,证券市场一度低迷,金融机构纷纷破产倒闭。泰国自身的金融危机迅速发展成影响全球经济的"金融风潮"。

经历了接二连三的金融危机之后,世界经济普遍低迷,一度进入萧条的状态,游艇经济受宏观经济的影响,也进入了低迷期。美国作为当时全球第一大游艇市场,游艇市场的下滑速度最快。1992年,美国的游艇业总销售收入下滑到103亿美元。这段时期,游艇业的参与人数仅仅8500万左右,大约占美国总人口的34%。同样地,其他国家和地区的游艇行业也受到了不同程度的重创,游艇消费水平骤然下降。

4.2.3　20世纪90年代金融危机后世界经济发展水平与游艇消费市场

在经历了20世纪90年代初期短暂的低迷状态后,世界经济开始复苏,一些欧美的游艇大国又进入了蓬勃发展的时期,中国的游艇行业也迎来了春天。本节将以美国和中国的游艇市场为例,介绍这一时期世界经济发展水平与游艇消费市场的相互关系。

1. 美国

这个时期,美国游艇数量基本上维持在1700多万艘的水平,参与游艇活动的人数大约占美国总人口的1/3。

2002年,美国游艇的销售额突破了300亿美元,大约占世界游艇总份额的55%,保持着世界游艇市场的霸主地位。从美国经济发展的不同阶段可以看出,当美国经济快速发展、全国一片繁荣之景时,游艇行业处于蓬勃的发展期,人民收入增加,消费档次提高,休闲娱乐活动愈加丰富,自然会有更多的人将资金投入游艇行业,从而进一步提高游艇的消费水平。由此可见,游艇产业的消费水平同经济发展水平同向发展。

2. 中国

2017年前三季度中国GDP同比增长6.9%,比上年同期增加0.2个百分点。其中第一季度、第二季度、第三季度分别增长6.9%、6.9%、6.8%,连续9个季度增长在6.7%~6.9%,保持中高速增长。以上数据显示出中国经济在不断发展。

近年来,中国海洋经济取得了长足发展,根据《2016年中国海洋经济统计公报》①的初步核算，2016 年中国海洋生产总值 70 507 亿元，比上年增长 6.8%。海洋生产总值占 GDP 的 9.5%，其中，海洋第一产业增加值 3566 亿元，第二产业增加值 28 488 亿元，第三产业增加值 38 453 亿元，海洋第一、第二、第三产业增加值占海洋生产总值的比重分别为 5.1%、40.4%和 54.5%（图 4-1）。

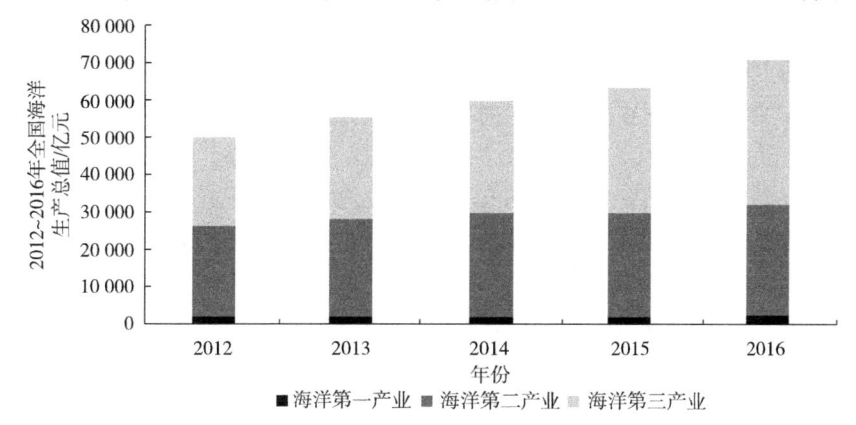

图 4-1　2012~2016 年全国海洋生产总值情况

早在"十二五"期间，中国就着力发挥环渤海、长江三角洲和珠江三角洲三大经济区的模范带头作用，形成北部、东部和南部三个海洋经济圈。一些内陆省区市海洋经济也逐步发展，浙江舟山群岛、广州南沙、大连金普、青岛西海岸等国家级新区，以及福建平潭、珠海横琴、深圳前海等重要涉海功能平台相继获批设立。山东、浙江、广东、福建、天津等全国海洋经济发展试点地区工作取得显著成效，重点领域先行先试取得良好效果，海洋经济辐射带动能力进一步增强。一批跨海桥梁和海底隧道等重大基础设施相继建设和投入使用，促进了沿海区域间的融合发展，海洋经济布局进一步优化，海洋经济结构加快调整。

"十二五"期间，中国产业结构实行重大调整，2010 年海洋经济第一、第二、第三产业结构的比例为 5.1∶47.7∶47.2，2015 年的比例则为 5.1∶42.5∶52.4。传统海洋产业加快转型升级，海洋油气勘探开发进一步向深远海拓展，海水养殖比重进一步提高，高端船舶和特种船舶完工量有所增加。新兴海洋产业保持较快发展，年均增速达到 19%。海洋服务业增长势头明显，滨海旅游业年均增速达 15.4%，邮轮游艇等旅游业态快速发展，涉海金融服务业快速起步，海洋科技创新与应用取得新成效。

中投顾问发布的《2018—2022 年中国海洋经济产业深度分析及发展规划咨询

---

① 中华人民共和国自然资源部. 2016 年中国海洋经济统计公报[EB/OL].gc.mnr.gov.cn/201806/t20180619_1798494.html[2020-08-27].

建议报告》显示："十二五"期间，中国海洋经济继续平稳运行，经济增长8.1%，海洋经济的发展依旧为中国宏观经济的发展做出了杰出的贡献。2015年海洋经济总量接近6.5万亿元，比"十一五"期末增长了65.5%；与上期相比，海洋生产总值占GDP比重达9.4%；涉海就业人员大约增加了239万人。

随着建设"一带一路"倡议的提出，中国海洋经济对外开放不断拓展。2015年，中国的上海、天津、广东、福建等地的自由贸易试验区相继设立。企业运用多种方式，如对外投资建港、承接海洋工程项目、收购涉海公司等，将合作领域由国内合作转变为国际合作，扩大了合作范围。中国与海上丝绸之路沿线国家在很多方面展开了密切的合作，譬如在基础设施建设、经济贸易合作、环境保护、人文交流等方面，经过长时间的互相合作，中国对外贸易水平得到提升，投资数额也在逐年增加。

多年的实践经验表明，海洋经济的作用不容小觑，它对于国家的全面发展具有至关重要的作用。为了进一步发展海洋经济，国家海洋局计划在2020年前推出10~20个海洋经济示范区，主要的指导思想是因地制宜，实行差异化管理：集中政策优势进行差异化发展，使其成为新兴海洋产业引领区、海洋生态环境保护的示范区，以此来巩固海洋经济的发展。中国海洋经济良好的发展势头对中国游艇消费市场有着十分积极的影响。

在中国海洋经济不断发展的基础上，中国的游艇经济也迎来了春天。游艇作为海洋经济重要的组成部分，异军突起，发展迅猛。

游艇其实可以看作人们的交通运输工具之一。随着经济的逐步发展，社会文明的逐步演化，游艇的主要角色发生了变化，游艇的应用范围变得更加广泛，用途日趋多样化。

游艇行业是现代制造业和服务业的良好结合，游艇行业的发展进步也带动很多其他相关产业的发展。如今，游艇的出现与发展正在逐渐改变人们的生活消费方式，提升了生活服务品质：经常参加游艇活动，可以强身健体，游艇可以提供休闲、健身和户外运动，给人们带来高品质的生活，自然而然地会受到大多数人的喜爱。

因此，现代意义上的游艇产业是社会经济发展、人民收入水平的提高、技术发展进步综合作用的产物。世界游艇产业发展历史悠久，经过多年的不断发展，目前越发稳定成熟。如今，世界游艇市场主要由几大强国为主导，如美国、法国、意大利、澳大利亚、加拿大和日本。与以上国家相比较而言，中国游艇产业刚刚起步十多年，发展期较短，但近年来中国经济，尤其是海洋经济的飞速发展也推动了游艇行业的繁荣。

根据《中国游艇产业发展综述报告》[①]的调查数据，中国游艇企业中注册资

---

① 杨新发. 中国游艇产业发展综述报告[M]. 上海：上海交通大学出版社，2011.

本超过 500 万元的企业数量占整体企业数量的 18%，近 30%的企业注册资本在 1000 万~5000 万元，近 40%的企业注册资本不到 500 万元。这些企业中，18%的主营业务收入超过 5000 万元，不到 500 万元的则有 42%。综上所述，有相当多的企业经营规模非常大，但是依旧也存在经济实力不强的企业。

近年来中国游艇进出口增长很快，随着出口游艇数量的增加，出口游艇的销售金额也在增加，对中国的财政收入做出了极大的贡献。出口游艇数量从 2016 年的 1 057 000 艘增加到 2017 年 2 163 700 艘；同时出口游艇的销售额从 2016 年的 6.07 亿美元增加到 2017 年的 6.98 亿美元。与出口情况相同，近年来游艇进口数量及进口金额也在逐年增加。以上数据可以进一步说明，中国的游艇制造业已经有了一定的经济基础，并且发展态势良好，即在经济发展时，游艇消费呈同向发展。

4.3 游艇消费与地理环境

游艇消费水平和地理环境密切相关，游艇作为一种水上交通工具，其发展水平自然而然地受到自然地理环境的影响；随着经济和社会的发展，游艇的用途越来越广泛，扮演的社会角色也越来越丰富，这与人文地理环境的发展密切相关。

4.3.1 自然地理环境

游艇行业发达的国家和地区普遍都具有海洋资源的优势，江河湖海水域面积大，这一自然地理资源禀赋有利于转变为经济优势。

在资源的空间分布上，沿海地区一般拥有漫长的海岸线、广阔的海域和美丽的岛屿，是游艇的最佳发展地。游艇发展较快的地区，一般伴随着丰富的生物资源，如珊瑚礁和红树林等，具有极高的美学观赏价值，这些地区一般而言水域环境条件优越，风景宜人，可以吸引全世界的游客前来驻足观赏。

自然地理环境对游艇产业的发展至关重要。中国水资源丰富，水域面积辽阔，十分适合开展游艇活动。本节接下来将以上海为例，具体分析自然地理环境对游艇产业发展的影响。

上海游艇业发达，这与其优越的自然地理环境密不可分。众所周知，水是游艇产业的生命之源，丰富的水域资源是游艇行业得以发展的必不可少的前提条件。上海集江、河、湖、海于一体，独特的地理优势、丰富的水系资源使上海发展游艇产业具有得天独厚的地理优势。

上海被大海和湖泊包围着：三面临江靠海，一面与太湖水系相连，上海内湖河众多，水系四通八达，与江苏、浙江两省及沿长江的内地省市水路联系密切。截至2018年上海境内现有大小河道约43 104条，河道总长度约为28 778.36公里，河网密度约4.54公里/公里^2。另有大小湖泊41个，面积约72.717 9平方公里；以海的防洪除涝为主要目标的水利设施基本成型，同时以黄浦江和苏州河为主体的区域规划也已经启动。这些涉水环境建设为促进游艇产业发展提供了自然环境基础。

尽管上海与其他省市相比在发展游艇行业方面具有独特的优势，但也存在一些缺点，例如，与三亚、青岛等城市相比，上海开发游艇的条件不理想，水域的面积较小，深度较深，小型游艇航行尚可满足，但是对于大型游艇来说，上海水域面积的深度和广度就会对游艇的航行造成一定的限制。

同时，随着上海经济的快速发展和城市化的不断推进，人口密度高，用水需求增大的同时污染物的排放量也在与日俱增。水资源受到污染之后，其利用价值急剧降低。例如，在航行途中看到污染物，无论是谁心情都会受到影响，从而直接影响游艇的潜在需求。有关数据显示，全市共有污染源55 979种，其中，日排污水量820万立方米，占全市污水总量的55%。另外，农村存在大量畜禽污染和化肥农药污染。全市地表水本来就有限，因此符合国家规定质量标准的可利用的水资源就更少了。中国列出36个水质缺水的城市，上海就是其中之一。

由此可见，独特的自然地理环境是把双刃剑，既可能成为有利发展的自然禀赋，也可能因为资源刚性限制发展。因此，各地应因地制宜，扬长避短地发展游艇业。

4.3.2 人文地理环境

一个地区游艇行业的发展程度如何，不仅取决于该地区的自然环境条件，还取决于人文地理环境，社会文化背景影响游艇消费偏好的形成。例如，在美国、加拿大、芬兰等欧美国家，除了先天存在的优越的地理环境之外，社会环境也对游艇行业的发展起到了重要的作用。

欧美地区属于世界经济发达地区，同时这些地区的社会福利待遇也很高，这就为游艇业的快速发展提供了雄厚的物质基础。很多当地居民从小就接受海洋文化的教育，对海洋拥有一种别样的情怀，因此游艇、帆船、游泳等海洋运动有着非常广泛的群众基础。

游艇的普及程度很高，其实质是相应地区的游艇消费者具有相当的偏好，从而游艇在这些地区拥有十分广阔的市场需求。这些消费群体作为市场基础，刺激和支持着游艇上游生产制造业的发展。

不同的是，亚洲和非洲的沿海居民从小并没有接受海洋文化的教育，与海洋有交集的地方仅仅限于捕鱼等生产活动，没有与之相关的休闲活动。除此之外，亚、非两地的经济发展水平不如欧美地区，由于收入水平低，他们大多数在生计初期就被迫承受沉重的就业压力，游艇消费群众基础非常薄弱，这些地区游艇消费市场十分狭窄，关联产业的发展也受到了限制。

游艇消费水平的高低一般与该区域经济水平的高低、配套基础设施的完善程度、政策的扶持力度，以及相关法律法规颁布的多少有着密切的联系。一般而言，经济越发达，基础设施完善且先进，拥有政府大力支持且有着完善的法律法规做支撑的地区，游艇的消费水平会远远高于其他地区。

由于历史传统的因素，中国目前仍然以陆地文化为主，海洋文化不受重视。对任何产业和企业而言，想要获得长足发展，不仅要有经济基础做支撑，还要有消费者的支持，中国的游艇行业目前仍然处于起步阶段，大多数人群对游艇还保持着一种抗拒的状态。

因此，加强对消费者海洋文化教育和海洋意识的培育，培育公众游艇消费理念就显得异常重要。游艇不仅是一种交通运输工具，还是一种可以使我们放松的休闲娱乐品，可以充当闲暇时的一种户外运动载体。上海游艇消费业应在塑造与海洋文化相关的游艇休闲特色文化方面下功夫，从而使游艇文化深入人心。中国游艇市场具有很大的发展潜力，但是还尚未被开发出来。

4.4 游艇消费与海洋文化

游艇是一种海上交通运输工具，其所有者和使用者的行为离不开海洋文化的影响。海洋文化是否深入人心，直接关系到人们对于游艇的认知，也就间接影响了游艇的消费水平。本节首先说明何为海洋文化、游艇文化，以及相关的游艇文化活动发展情况。

4.4.1 海洋文化

1. 海洋文化内涵及起源

人类的文化类型可以分为海洋文化和陆地文化，海洋文化是人类文化系统的重要组成部分，是人类在长期的海洋开发实践活动中逐渐积淀而形成的具有独立属性的成果。海洋文化是关于海洋的文化，具体表现为人类在认识海洋、理解海洋、开发海洋、利用海洋的过程中所形成的物质成果和精神财富。

海洋文化是在人类的社会实践中逐渐产生的，即海洋文化是沿海居民在认识海洋、利用海洋和改造海洋的实践活动中所形成的，具有自身的独特性和整体性。海洋文化具有社会性，它是在人类和海洋的互动中形成的，反映的是人类在认识和开发海洋中所形成的思想观念、价值判断、精神信念、心理情感、制度习俗及相应的物质载体。

海洋文化并不是陆地文化向沿海地区的延伸，它形成于特定的生产生活实践活动中，是沿海先民在海洋捕捞、海洋养殖等涉海活动中逐渐形成和发展起来的。

石器时代是海洋文化的萌芽期，而15世纪的大航海推动了海洋文化的快速发展。就中国而言，先民们在旧石器时代已经开始认识海洋并逐渐有了开发海洋、利用海洋的意识，以及海神崇拜、航海造船技术和航海活动，留下了大量海洋文化遗产。

早期的海洋文化主要表现在器物文化层面，而后逐渐扩大到海洋意识、海洋习俗及海洋管理制度层面。在春秋时期，先民们已经开始利用海盐等海洋资源。秦汉时期，中央王朝十分重视海洋资源的开发。秦汉以来，海洋进入了集权制国家中央政府的视野，秦始皇、汉武帝等都在执政期间实施了大规模的海疆海域巡查、祭祀和海外世界的探求活动并建构了一系列的海疆行政管理，海洋产业管理，以及通过海上丝绸之路进行对外交通贸易的制度建设。

同时，有关海洋的诗词歌赋等文学作品大量产生。由此可见，不断深入的海洋开发活动促进了海洋文化的生成、发展与变迁。海洋文化的产生和发展始终与人类对海洋的认识、对海洋资源的利用及开发实践活动相伴随。

2. 海洋文化本质

海洋文化是社会实践的产物，具有社会性。具有社会性的原因在于海洋文化其实是人类心理需求的一种体现，代表着人类对于海洋的认知，对于海洋的渴望。人类在长期的海洋开发实践活动中所创造的海洋文化，体现的是人的情感与价值。

就海洋非物质文化遗产的保护而言，这一举动也体现了人类对于海洋的观念与情感。人类在社会实践过程中了解海洋、建设海洋，因此在此基础上所形成的海洋文化具有社会性。

4.4.2 游艇文化

游艇文化是海洋文化的一个重要组成部分。海洋文化包括对海洋开发和利用的物质生活模式，而游艇的出现使人类对海洋的探索又前进了一步。物质层面上，游艇的广泛普及为人类利用海洋提供了新的可能性；精神层面上，游艇文化是海洋文化的进一步延伸。游艇的设计制造体现了人类对于海洋的认知，同时，游艇休闲活动为人类在精神层面上感知海洋提供了更多的体验。

海洋文化的进步会促进游艇文化发展。在意识形态层面，海洋文化的进步会深化人类对海洋的认识。随着人类对海洋认识的深入，人与海洋接触的频率会更为频繁，游艇活动便可以像其他水路交通运输形式一样被越来越多的人接受，有利于游艇文化的普及与传播，所以游艇文化和海洋文化的发展是相辅相成的。

1. 游艇文化内涵

文化一词包含的内容非常丰富。一般认为，文化是人们创造的物质财富和精神财富的总和[①]。文化内涵指体现在文化载体中的人文精神及其所体现的思想内容。每个人都是独一无二的，他们通常喜欢在自己的物品中留下一些痕迹来展示他们的个性、品味和习俗。

具体到游艇这个物品，游艇的外观是不同文化内涵的具体体现，不同的设计师在不同的文化背景下成长，因此设计的风格也是迥然不同的。因此，游艇文化内涵是指通过个性化的游艇造型，展现设计师各自的设计风格和不同国家和地区的文化气息。例如，意大利游艇的浪漫之美、澳大利亚游艇的现代风格、美国游艇的个性和实用性，以及经典和优雅的英国游艇，不同文化背景下孕育的游艇文化也是不同的，每个国家和地区的游艇建造各具特色。

游艇文化是一种新兴文化，在休闲文化、体育文化、海洋文化、港口文化和水文化等多种文化的孕育下形成，是文化进步发展的象征与体现。

2. 游艇文化的特点

游艇文化是海洋文化的一部分。在海洋文化发展的历史长河中，逐渐形成了游艇文化[②]。游艇文化体现了人们对于海洋、未来、自由的渴望。它具有区域性和民族性，不同地区所孕育的游艇文化截然不同。

游艇文化在发展中融入了人们的日常生活，体现了人们对娱乐休闲新生活方式的理解。游艇文化包含港口文化"进取、冒险、自由、活泼"的精神品质，独特的海洋文化包容性、休闲文化倡导的舒适态度、体育文化的竞争理念及水文化多变而生动的形式则是游艇文化的重要因素。具体分析，游艇文化具有以下特点。

1）多样化

游艇的设计风格和外观都是凝结设计者智慧结晶的产物，体现着不同的历史文化传统。随着全球游艇产业的发展，游艇的设计风格各异，每个地区都拥有独特的游艇建造方式，游艇文化也因此呈现出多样化的发展趋势。

2）包容性

文化的传承发展贵在和而不同，游艇文化也有极强的包容性。游艇文化代表了人类对海洋文化的一种新的认知。游艇文化在自身的发展过程中，既拥有本民族的传统文化，体现传统文化独特的文化氛围，又融入了同时代的先进文化，文化只有与时俱进才不会被逐渐淘汰。游艇文化既可以体现传统文化，又融入了先进文化，体现了文化的包容性。

---

① 张硕. 文化的概念与生活文化定义[J]. 南京晓庄学院学报，2014，（2）：70-75，124.
② 陈涛. 海洋文化及其特征的识别与考辨[J]. 社会学评论，2013，1（5）：81-89.

3）娱乐性

正如高尔夫、F1 赛车是人们休闲娱乐的方式一样，游艇受欢迎的程度越来越高，在日常生活中渐渐被接受。游艇的主要角色也在不断地变化着，最初仅仅是作为一种交通运输工具，后来被作为身份、品位和价值的象征，随着文化的发展和人们经济水平的提高，游艇渐渐成为人们对生活品质的一种追求表现。因此，游艇文化中娱乐元素是重要组成部分。正是由于与其他文化类别的大众文化不同的娱乐性质，游艇文化得以深入人心，进而提高了游艇的普及率，带动了游艇行业的发展。

4.4.3 游艇文化相关活动

在大多数人眼中，中国的海洋文化是从近年来才传播进来的，其实不然。中国的海洋文化在历史上曾经处于世界领先地位，但是因为清朝政府的错误决定，坚持执行闭关锁国的政策，使得中国的海洋经济和海洋文化一度处于停滞状态。如今，中国已经认识到海洋经济在国家发展中的重要作用，开始采取措施大力发展海洋经济。作为先行者，游艇文化相关活动也如雨后春笋一般，蓬勃发展起来。游艇博物馆、游艇会展等活动不仅宣传了海洋文化，也拉动了游艇产业的发展。

1. 游艇博物馆

建造游艇博物馆可以增加人们对游艇的认知，让人们以一种历史的眼光去看待游艇文化。除此之外，中国游艇产业刚刚起步，游艇发展时间较短，通过建立游艇博物馆，不仅可以向人民群众传播游艇历史文化，还可以传递一种对高品质生活、对海洋、对时尚追求的精神。

中国著名的游艇博物馆是上海长风游艇游船馆。上海长风游艇游船馆与室外苏州河上第一座标准游艇码头和游艇展区、游艇会所、游艇酒吧等设施相结合，进一步增添了游艇文化的氛围。观光者若不留意，极易与其失之交臂。该博物馆分上下两层，约 400 平方米。底层基本为外国游艇，二楼为中国游船。通过图片展板、游艇游船模型及多媒体形式，集知识性、观赏性和趣味性于一体，是进行科普教育和传统历史文化教育的良好场所。博物馆内设"游船溯源""游艇""游轮""画舫龙舟""游艇产业""游船传奇""魅力苏州河"七部分展示内容，突出"老渡口、新码头"的主题，给参观者留下了难忘的印象。

2. 游艇赛事

游艇赛事在常人看来，仅仅是一项体育运动，实际上这也是宣传游艇文化的一种方式。通过游艇赛事可以让人们了解游艇文化所包含的运动精神和拼搏精神，加速游艇经济的发展。

例如，深圳七星湾游艇赛事是目前中国比较知名的游艇盛事。2017 年 8 月 2

日至 4 日，第三届中国大学生帆船锦标赛暨第四届泛太平洋大学生帆船邀请赛在深圳大鹏新区七星湾举行。厦门大学、清华大学、北京大学、复旦大学、浙江大学、台北海洋大学等 39 支大学生代表队在深圳大鹏新区扬帆起航，其中还有来自日本、俄罗斯、新加坡等国家和地区的队伍。

这是该项赛事继 2016 年后第二次在深圳七星湾游艇会举办，参赛队伍、规模都创造了新的纪录。该项赛事由教育部主管的中国大学生体育协会主办，中国大学生体育协会海上运动分会执行，深圳市七星湾游艇会、深圳市帆船帆板运动协会承办。

2017 年有两个级别 39 所高校参赛，对于加强国内外大学生的海上运动交流，对普及帆船运动、提高帆船竞技水平有着积极意义。大学生参与帆船运动是中国普及帆船运动的催化剂，同时对学生增强海洋意识，关注并积极参与我国海洋事业发展也有着积极意义。

在我国举办游艇赛事，可以增强消费者对于游艇文化的理解，促进我国游艇文化的传播发展，扩大该文化的影响力。在国际上举办游艇赛事，可以促进世界游艇文化的交流，取长补短，进而促进全球游艇文化的共同进步。

3. 游艇会展

举办游艇会展是传播游艇文化的重要途径之一。游艇会展可以使游艇消费者亲身体验游艇生活，在一种相对愉悦的环境下了解游艇，拉近游艇消费者与游艇之间的距离，激发消费者的购买需求，促进游艇消费。每一场游艇会展都有不同的游艇主题，会展充分利用各种媒介来宣传游艇文化。

以上是游艇文化相关活动，游艇是一种文化，作为海洋文化的一个分支，游艇文化的发展与海洋文化相辅相成。就中国来说，培养国人的海洋意识和海洋情结，提高国人对海洋的认知，促使海洋文化深入人心，这样才可以提高游艇消费在中国市场的消费比例和份额，促进游艇经济的发展。

4.5 游艇消费与生活方式

游艇消费经过多年的不断发展，具有休闲娱乐、航海运动、社交工作等多种功能。作为一种逐渐发展起来的旅游休闲形式，游艇旅游、游艇俱乐部、游艇的零售和租赁、游艇地产等经济活动正改变着人们固有的生活方式。

4.5.1 游艇旅游

游艇旅游包括很多内容，如建立游艇俱乐部，提供游艇的租赁服务及最近新发展起来的游艇地产等。游艇旅游近年来逐渐丰富了我们的生活方式。

1. 游艇旅游的概念界定

游艇旅游是一种新兴事物，与一般旅游的形式相比具有很多的不同之处。一般旅游是以消费者的消费，即以利益最大化作为经营的主要目标，但是游艇旅游不同，因为游艇旅游具有海洋性和休闲性，这种旅游方式的主要目的在于为消费者提供一种休闲放松的状态，并不是将营利作为经营的主要目标。

不同的学者对游艇旅游的定义皆不同：从广义的定义来讲，游艇旅游所涵盖的内容十分宽泛，不仅包括对于游艇本身的参观游览，还包括一系列的附加活动，如参加游艇活动，多方举办游艇赛事、游艇展览会等。

2. 游艇旅游的特征

1）类型多种多样

从游艇所属权的角度划分，游艇旅游大致可分为如下几类。

（1）自身使用，使用自有游艇出游。自身使用是指游艇购买者通过出资购买游艇，以便于自身体验一系列的休闲活动。自身购买可以获得游艇的所有权及使用权，但是需要支付一大笔购买费用，经济负担较大。

（2）租赁游艇出游。游艇的购买和维护费用较高，因此租赁游艇业务在中国越来越普及，使用租赁游艇出游也成为一种时尚选择。但是在中国缺乏相应的法律法规做支撑，因此游艇租赁在一定程度上还不是很规范。租赁与自身购买相比，所需要支付的金钱较少，但是其费用也很繁杂。租赁费用涉及诸多方面，如维修游艇、保养、经营管理、船长或船员服务、餐饮和娱乐等。除了以上所包括的方面之外，租赁费用还包括第三方赛艇所提供的娱乐性体育活动，这笔费用也是不可忽视的。

（3）自己驾驶游艇出游。自身持有驾照的优势是可以尽力满足自身的消费需求，其间仅是游玩，并不赚取收入，劣势是难度较高，需要本人通过专业技术的考试成为合法的驾驶员后才可以自己操作游艇。

（4）雇佣专业驾驶员驾驶游艇出游。雇佣专业人员的优势是难度低，不需要自己考取证书，但却需要支付额外的费用。同时游览者也需要了解并掌握一定的水上救生知识和基本安全知识，并在游艇上配备相应的安全人员和设备。

（5）跳岛游（island hopping）。跳岛游就是在岛屿之间来来往往地旅行，从1岛"跳"到2岛，再从2岛"跳"到3岛。它随机性大，一切都不那么确定，路线你自己说了算。跳岛游可以随意选择沿途想看的风景，随意跳岛。跳岛游在欧美等国的商业运作已经很成熟，是很多年轻人游艇旅游的时尚之选。2018年7月4日，中国海南省海洋与渔业厅公布的《海南省无居民海岛开发利用审批办法》（以下简称《审批办法》），明确单位或个人申请开发利用无居民海岛，可用于旅游、娱乐、港口等行业，这标志着跳岛游在中国已成为可能。

《审批办法》明确规定，单位或个人申请开发利用无居民海岛，应向省级海洋行政主管部门提出申请，并提交无居民海岛开发利用申请书、具体方案和项目论证报告。《审批办法》还明确规定，对无居民海岛进行旅游、娱乐开发利用的最高期限为二十五年；港口、修造船厂等建设工程用岛期限则长达五十年[①]。这一政策的出台无疑为中国游艇旅游打了一针强心剂。

2）关联产业共同发展

游艇旅游往往集中在游艇俱乐部的经营管理上，除此之外还包括传统游艇业的消费服务、支持和辅助等中下游产业门类。其中，上游产业包括设计研发（游艇设计、游艇技术）、制造工业（原材料工业、游艇制造工业、游艇装配工业）、配套工业（专业发动机、发电机、专业仪器仪表、导航设备、螺旋桨、帆具、涂料、安全设备、卫生洁具、电器设备、控制装置等游艇附件），上游产业的经济功能主要为技术生产配套。

中游（核心）产业包括销售服务（总代理、游艇销售公司、游艇展销、游艇杂志、游艇网站、二手游艇经营）、消费服务（吃住行游购娱、游艇俱乐部、游艇驾驶、水上运动培训、游艇代管、保养维修、游艇租赁、游艇器材等），其经济功能主要为流通和核心业务。

下游产业包括基础服务（码头、仓储、游艇转运、安全、报关、航道、信息、水域资源、金融保险等）、辅助产业（水上运动装备、体育用品器材），其经济功能主要为支持服务和互补产品缺口。

为了更好地享受和体验游艇生活，作为消费者的首要任务便是需要了解游艇生活所包含的具体内容。游艇旅游包括多方面内容，如游艇租赁与购买、俱乐部活动、游艇相关培训、装备器材消费、出海游玩、保险和停泊管理等日常开支。

游艇旅游所包括的内容十分丰富，既包括在游艇俱乐部等地方可以参加的游艇活动，还包括游艇旅游的游艇培训、器械维修之类的供应商活动。除此之外，它还涉及游艇分销商、零售商直至最终用户的链条，产业链上各节点的旅游企业及游艇相关服务部门发挥各自核心竞争力，丰富了游艇旅游的内容。

3）需求具有不稳定性

游艇旅游是属于享受型的一种服务，对于消费者来说，它并不是生活必需品，而是生活水平维持在一定水平的前提下，人们额外追求的一种精神层面的享受。因此一些社会的变动，如金融危机、股市暴跌等都会对游艇旅游造成毁灭性的打击。

[①] 海南省自然资源和规划厅. 海南省海洋与渔业厅关于印发《海南省无居民海岛开发利用审批办法》的通知[EB/OL]. http://dof.hainan.gov.cn/zhfw/zcfg/hy/201807/t20180704_2679878.html[2018-08-09].

下面通过一个事例来讲述一下游艇旅游消费的不稳定性。2008年的世界金融危机就导致全球游艇市场急剧缩减，游艇企业因为事发突然，纷纷宣布破产倒闭。作为世界游艇第一大国的美国也遭受到了重击，销售额猛然降低20%。中国游艇相关法律法规不完善，游艇旅游在中国的发展仍然缺乏良好的制度环境，因此在金融危机爆发时，中国的游艇行业也进入了低迷期。

除了金融危机之外，自然灾害也是影响其发展的重要因素。游艇休闲活动会给自然环境带来一定的不良影响，改变原来的地质结构；同时台风、海啸等自然灾害也会摧毁游艇及其岸边设施等，阻碍游艇旅游业的发展。由此可见，游艇旅游的发展程度受限于多种因素，具有很大的脆弱性。

3. 针对中国游艇旅游现存问题的解决措施

1）政府部门

为推动游艇旅游业的发展，政府部门可以在相关制度，法律政策等方面来提供一些帮助，协助解决中国游艇旅游现在所面临的问题。

首先需要统一游艇旅游监管部门，完善相关法律法规，坚持以游艇旅游安全、有序、健康、快速发展为主要目的，理顺管理体系，完善相关登记与检验、水域及航道管理、安全监管等具体规章制度。

其次需要集中设定游玩路线，加强休闲区的基础设施建设，集中精力建设公共游艇码头，满足大量中低端游艇消费需求；需要正确认识游艇旅游的社会普遍需求，降低游艇交易及消费税率，疏通游艇融资及租赁通道。

最后政府部门可以制定与游艇旅游相关的从国家到地方、由行业到企业的系列标准规范，具体涉及游艇俱乐部、码头建设、安全监管、游客进出境、港口收费、环境保护、游艇保险及配套设施建设等方面。

2）行业协会

中国游艇旅游发展水平仍处于起步阶段，行业协会有责任提供有偿服务，以此来促进该行业的发展。行业协会可以通过政府的渠道间接地向协会转移一定的服务经费，如通过增加政府购买服务的方式，或者通过授权帮助行业协会承接游艇企业诚信等级评估、游艇产品质量认证、游艇驾驶员考评体系、行业创投基金设立、游艇码头和俱乐部服务等级评定等第三方机构管理内容，提升行业协会的生存与发展能力。

发挥行业协会在企业与政府间的桥梁作用，既传达贯彻游艇业的政策与法律法规，又反映行业和企业的实际需要与利益；通过组织游艇会展或会议活动、开展技术讲座、传播资讯、组织考察、培训专业人才等方式，引导行业有序发展，扩大游艇旅游的正面影响。

3）旅游企业

旅游企业拥有一系列的活动场所和配套服务，主要包括相关俱乐部和会所及其游艇经销代理公司。游艇企业应该从自身的角度来考虑如何可以促进游艇旅游的发展，如从游艇本身的生产制造及其建造完成之后的售后服务管理等方面来促进游艇旅游的提升。

要想一直具有发展前途，就要提高创新能力。游艇企业应该结合自己公司的发展理念，创新和丰富游艇旅游产品，积极革新消费模式。开发多种游艇租赁套餐，有针对性地销售游艇及其附加产品。除此之外，游艇企业还可以从游艇文化方面大力宣传游艇运动及休闲知识，通过文化的途径来为游艇旅游这种模式做宣传。

4.5.2 游艇俱乐部

游艇俱乐部作为一种重要的游艇消费方式，具有很高的休闲娱乐价值。本节将为读者介绍世界上著名的游艇俱乐部，分析建造游艇俱乐部的区位特征，最后简要介绍游艇俱乐部的三种发展模式。

1. 世界著名游艇俱乐部简介

1）安提瓜岛和巴布达岛皇家海军俱乐部

安提瓜岛和巴布达岛皇家海军俱乐部起源于安提瓜岛一些朋友的非正式聚会，聚会的群体不断增大就形成了如今的俱乐部。该俱乐部并不是严格意义上的游艇俱乐部，他们建立俱乐部的主要目的是纪念海军的历史和庆祝过去的胜利。该俱乐部最与众不同的地方便是成为会员的方式：只要被正式会员邀请，并携带 7 瓶朗姆酒，便可以成为俱乐部的会员。

2）四湖冰上游艇俱乐部

四湖冰上游艇俱乐部位于威斯康星州的麦迪逊，俱乐部以冰为特色，为保证冰面的形成，建筑承包商使用冰船运送工人和设备穿过湖面，因此在几年以后，该俱乐部出现了冰上渡船。这种冰上渡船最开始仅仅是作为交通运输工具，后来逐渐演变成为休闲工具。渡船拥有一个巨帆，一次可以载客 20 人，到 19 世纪末，湖里的冰船数量就达到了大约 85 艘，因此该俱乐部也就逐渐地发展起来。

3）Alice Springs 游艇俱乐部

澳大利亚四周环海，可谓是一个名副其实的岛国，Alice Springs 游艇俱乐部位于澳大利亚大陆的陆地中心，别具一番特色。许多参加过澳大利亚主要游艇赛事的水手都加入了 Alice Springs 游艇俱乐部。

4）西南深阁游艇俱乐部

西南深阁游艇俱乐部官方总部在西南深阁银行，该俱乐部每年在泰晤士皇家游艇俱乐部举行年会，如图 4-2 所示。该俱乐部对成员的包容性强，有奉行裸体主义的游艇爱好者存在，允许不同人群选择不同的游艇生活方式，也是游艇活动的魅力之一。《时代》和《伦敦日报》也曾称其为独一无二的游艇俱乐部。

图 4-2　西南深阁游艇俱乐部

5）孟买皇家游艇俱乐部

孟买皇家游艇俱乐部位于印度的孟买，孟买是一个以哥特式建筑为主的古老城市。俱乐部始建于 1846 年，开始被称为孟买游艇俱乐部，于 1876 年获得皇家的称号，因此称为孟买皇家游艇俱乐部。该俱乐部的不同之处在于，它拥有历史悠久的游艇——建造于 19 世纪 20 年代以前的帆船。孟买皇家游艇俱乐部凭借这一优势每年吸引了大量的游艇爱好者前来驻足观赏。

2. 游艇俱乐部区位特征

游艇俱乐部的选址需要考虑多方面因素，如自然地理环境、该地的总体经济水平、当地消费者偏好、政府部门的游艇政策及该地海洋文化教育的情况。

游艇旅游是一类综合性较强的行业，游艇俱乐部在该行业中扮演着重要的角色。行业前期，游艇俱乐部会负责游艇制造的相关事务，建造完成后，需要负责游艇的销售状况，后期还要承担一系列的售后服务。主要业务功能包括水上停泊与生活供给、水上运动培训、休闲度假娱乐、游艇维修保养、商务社交、酒店功能等，主要目的在于提供多方面的服务，刺激游艇爱好者的消费，推动关联产业的发展，增加收入。

1）自然地理环境

就中国目前而言，游艇俱乐部的分布呈现"S"形，即主要分布在环渤海地区、长江三角洲地区和珠江三角洲地区等地，少数分布在一些内陆省市。这些地区具有很多共同的特征，譬如，它们都有绵长的海岸线和广阔的海域面积、风景优美的大小岛屿；在生物资源上，如珊瑚礁、红树林等，这些资源具有生态环境价值的同时，还可以带给人一种美的视觉感观。与沿海城市相比较而言，内陆省市发展游艇业就会增加很多的限制条件，因此俱乐部的选址尽可能地聚集在拥有良好水域环境、具有优美风景的江河湖泊的地方，如陕西安康的瀛湖，重庆的长江、嘉陵江和三峡库区，湖南长沙的湘江、松雅湖等。

2）区域经济水平

经济水平高是游艇业发展的前提和基础，因此游艇俱乐部发展程度的高低与区域经济发展程度密切相关。该地区的经济水平越高，居民的消费水平也会相应地提高，接受新事物的思维和意识也会更强，游艇俱乐部也会更加受欢迎。

3）游艇产业政策

中国的游艇产业起步较晚，因此在游艇法律法规的制定方面仍滞后于实践发展。目前中国的游艇相关法律规定过于粗糙，相关法律准则的制定还有待于进一步提高。在政策制定方面，当地政府也做出了积极的努力，譬如政府在海南的国际旅游岛建设、天津的滨海新区建设、上海的游艇水陆保税仓建设、广东的南沙粤港澳游客游艇自由行等一系列区域实行的产业政策，这些政策措施对于当地游艇行业及经济的发展无疑起到了巨大的促进作用。除此之外，地方政府对于当地的游艇安全管理、公安边防管理等方面做出的努力，也彰显了地方政府对游艇产业鼎力支持的意愿。

4）海洋文化教育

因为历史的原因，中国海洋文化基础薄弱，因此在中国积极传播海洋文化，进行海洋文化知识的教育具有重要的作用。开放进取的海洋文化有利于游艇活动的普及和俱乐部的发展。据调查统计，如果一个地区游艇俱乐部发展较好，那么该地区举办的游艇会展和游艇赛事活动也会相应地增多。中国沿海的几个省大约承包了81.82%的游艇会展和66.3%游艇帆船赛事，涵盖多种比赛形式。除此之外，沿海地区和城市打造的海洋公园、滨海旅游景区、海水浴场等不仅可以为消费者提供休闲娱乐的地方，还可以借此普及海洋文化。

综上所述，中国游艇俱乐部空间分布主要集中在沿海地区，大致分布在长江三角洲地区、环渤海地区和珠江三角洲地区，这些地区的城市如广东、海南、山东、上海和浙江等省市，它们与其他省市相比综合能力相对较强，因此游艇产业的发展情况也较其他省市好。自然地理环境的优劣、经济发展水平的高低、政府对于游艇产业的政策支持与否，以及关于海洋文化的教育程度的高低等，都会影响到一个地区游艇俱乐部的区位选择。

中国游艇俱乐部发展的区域差异很大，长江三角洲地区是中国第一大经济区，该地区的游艇经济起步较早，经济基础雄厚，拥有多条完整的产业链条，可以集中各种优势来发展游艇经济。可以充分利用其城市群经济、富裕人口优势，创新游艇旅游产品，打造国际滨海城市旅游目的地。青岛、大连、天津等城市处于环渤海经济区，可以凭借优越的地缘优势、客源优势、游艇制造业优势等，进一步深入经营游艇俱乐部，挖掘具有地区特色的产业特色。

3. 游艇俱乐部发展模式

目前游艇俱乐部有以下几种不同的划分方式。

（1）按管理模式划分。可划分为会员制型和公共配套型游艇俱乐部。前者属于私人开发管理，一般仅面对会员才会提供服务，但是也会收取相应的费用，如会员的入会费、管理费（年费）等固定费用，会员在会所内消费需要额外支付费用；后者是城市的公共配套设施，一般只有简单的码头设施，类似于陆地上的公共停车场，按时（次）收取费用，两种模式收费方式不同。

（2）按地理位置划分。可划分为远郊型和中心型游艇俱乐部。前者是一种比较典型的高端游艇俱乐部，但是由于设施齐全、占地面积大等因素，一般都会位于较为偏远但风景优美的地点，有一系列的娱乐休闲、住宿饮食等配套设施；中心型游艇俱乐部多位于城市近水繁华区，并作为城市公共景观供大家欣赏，但是因为城市土地资源紧缺等因素，各类休闲娱乐等设施主要依靠周边城市配套满足。

（3）按主要消费目的划分。可分为运动娱乐型、休闲型和商务型游艇俱乐部。运动娱乐型游艇俱乐部主要的客户群体为年轻人，该类型的俱乐部主要用于满足水上运动的客户需求；休闲型游艇俱乐部主要目标客户为家庭，为家庭度假、休闲聚会等提供服务；商务型游艇俱乐部主要面向公司管理阶层，一般提供较为综合性的娱乐休闲配套设施，包括酒店、会议中心、高端餐饮和运动健身等。

以上游艇俱乐部的分类模式并不是绝对的，三种分类方式互有交集，如公共配套型游艇俱乐部很可能就在市中心，并可能是休闲型或者是运动娱乐型的俱乐部。就目前而言，中国的游艇俱乐部主要有以下三种主要的发展模式。

1）以赛事促发展型

以赛事促发展型游艇俱乐部经常组织或参与各类帆船赛事，在某种程度上属于运动娱乐型游艇俱乐部。这种俱乐部主要通过举办各种游艇赛事来展示俱乐部的良好形象，吸引游艇爱好者参与进来。该类型游艇俱乐部的主要代表为浪骑游艇会。深圳市浪骑游艇会是中国内地最早投资开发、经营游艇会项目的公司，建立于1998年，但是于2006年因经营出现问题而被万科企业股份有限公司收购后，经营模式发生了巨大的转变，获得了更为迅猛的发展。到2014年浪骑游艇会拥有945平方公里的海域使用权证，游艇泊位约有275个。自2007年起，"中国杯"帆船赛和浪骑游艇会结为战略联盟，赛事自创立以来连续六届都以浪骑游艇会作为赛事基地，浪骑游艇会以完善的资源配套设施帮助"中国杯"从诞生直至成为亚帆联A级赛事，并在2013年列入了国际帆联赛历。

2）以展览引人气型

以展览引人气型游艇俱乐部以举办船展为主要的销售途径，通过不断地举办各类船展，逐渐成为高端人士最佳的商务社交场所。热闹、炫目的船展秀不仅可以提高潜在消费者对于游艇俱乐部的关注程度，还可以刺激他们加入俱乐部的消费心理。CIBS 是目前中国历史最悠久的综合性游艇会展，截至 2013 年，已成功举行了 18 届游艇展览会，受到了世界人民的高度赞许。

以展览吸引人气、宣传游艇俱乐部，进而推广游艇俱乐部的方式，是目前我国俱乐部主要的发展模式。不过，培育一个新的会展需要足够的业内资源和政府、媒体资源，前者包括厂商、代理、配套产业等方面，后者包括各级政府、协会和媒体的积极支持。不论是业内资源，还是政府、媒体资源，双方鼎力合作，便可以最大限度地促进游艇俱乐部的发展。

3）以连锁占市场型

以连锁占市场型游艇俱乐部为上流社会的精英解决了一项巨大的问题，即支付高昂的购买费用和使用效率最大化之间的问题。一艘游艇的价格本身就不低，再加上每年需额外支付的维修、保养费用，总的支付费用比较高昂，但是在购买之后，如果使用次数十分有限，那么高昂的费用和使用效率就不成正比了。在兼顾费用和使用效率两者关系方面，上海莱悦游艇俱乐部做出了很好的榜样。

莱悦游艇俱乐部来自澳大利亚，是澳大利亚经营最为成功的游艇俱乐部，在澳大利亚主要沿海城市拥有了 10 个俱乐部网点，已成功运营十多年。2006 年，其在中国设立了上海莱悦游艇俱乐部。之所以在中国建立莱悦游艇俱乐部，主要目的是希望通过在中国建立分公司，将澳大利亚先进的游艇制造技术和与时俱进的俱乐部运营模式与管理理念引入中国，以此来提升中国游艇制造技术和游艇消费理念，引入新型的游艇休闲方式。莱悦游艇俱乐部有一项独特的规定，即只要是属于莱悦游艇俱乐部的会员，他们就不需要自己支付高昂的游艇购置费用，只要交纳低于每年停泊养护游艇费用的年费，那么即可拥有在任一莱悦游艇俱乐部的游艇网点（含境外）任意时间使用不同品牌游艇的权利。莱悦游艇俱乐部的这一独特的规定赋予了会员极高的权利，不仅可以尽情地享受游艇生活，还直接降低了会员的经济负担，减免了诸多烦琐的费用，即不用支付保险费、牌照费、维护保养费、停泊费、航道申请费等费用。莱悦游艇俱乐部是国内最早的一家国际连锁游艇俱乐部，该俱乐部主要的经营方式是游艇租赁，这种方式不仅可以减少消费者的支出，同时也可以通过租赁码头与其他俱乐部合作的方式，实现低成本扩张。

上述三种模式是目前国内游艇俱乐部行业比较有代表性的发展模式路径，每种模式的背后都是根据俱乐部自身资源做出的决策。俱乐部在选择发展模式的时候，需要具体问题具体分析，选择适合自己的俱乐部发展模式。

4. 中国游艇俱乐部的未来发展

中国游艇产业尚处于起步阶段，作为游艇消费核心的俱乐部经营，更是处于一个初步的发展期，如何促进俱乐部的持续发展是每一个俱乐部所面临的生存和发展的首要问题。

1）寻找适合自身经营状况的途径

游艇俱乐部优势各异，每一家都拥有与其他游艇俱乐部不同的独特优势，先天性的优势可能包括自然地理位置的优越性，后期的优势可能体现在基础设施的完善性、政策的支持性及当地经济水平的发达程度等方面。上节主要介绍了游艇俱乐部的三种发展模式，究竟选取哪一种，需要俱乐部根据自身条件做出具体选择。例如，可以根据目标客户进行选择：如果潜在目标客户是以运动型为主，那么就可以通过多次举办游艇赛事活动来吸引客户群；如果潜在目标客户是以商务型为主，那么可以通过开展商务会谈等商务活动来吸引客户。无论如何，只有适应自己的需求，差异化经营的俱乐部才可以在未来获得长足发展。

2）提高服务质量，增加服务类型

游艇俱乐部拥有众多要素，其中，最为重要的便是人员要素即会员。会员的满意程度直接体现了这个俱乐部经营的成功与否。因此如何提高服务质量，为会员更好地服务便成了俱乐部努力的方向。增加服务类型在这里主要指游艇的增值服务。

提供增值服务主要有两种途径：首先是与外部其他性质的高端会所建立合作伙伴的关系，会员可在双方平台上各以对方准会员身份共享会所的非核心设施（核心设施决定了会费的差异，如会费差异不大也可共享核心设施）；其次是具体问题具体分析，了解每位会员的个性化需求，提供有针对性的增值服务。

3）建立俱乐部联盟合作关系

虽然 2017 年粤港澳游艇自由行通过了审批，游艇可以自由地出入这三个地区，减少了不少限制，但是目前中国的大部分地区，国家的政策仍然限制游艇自由地进行跨区域航行，这一政策无疑使得游艇的乐趣下降。建立俱乐部联盟合作关系，有两个目的，一是促进我国政府推进政策改革，一个产业的发展自然离不开政策的支持，目前粤港澳已经实现了游艇自由行，接下来便是促进游艇在水上自由地"游"起来。二是可以利用集群效应，实现资源共享。例如，深圳的某个游艇俱乐部会员因事务驾驶游艇至厦门等地时，可以凭借会员身份停泊在当地的俱乐部，按俱乐部标准正常进行收费，反之亦然。只有当各个俱乐部之间建立了合作的关系之后，才能共同培育游艇市场，促进游艇产业的长足发展。

4）注重提高管理人员素质

如今虽然人才辈出，但是专业人才仍然十分紧缺，尤其是游艇行业的专业人才。不论在游艇的外观设计方面，还是游艇具体的制造过程中，专业型人才都很紧缺。因此不仅要引进专业人才，对于原有的员工也要不断进行素质培养。游艇俱乐部的经营管理人才主要来源于两个方面，一方面是从国外引进专业的管理人才，与中国的游艇行业相比，国外的游艇行业拥有先进的生产技术和专业的管理人才，通过国内外交流，可以吸引一些高科技人才。另一方面是从其他高端会所，如高尔夫俱乐部等跨行业而来。从国外引进高端管理人才势必要支付高昂的人才培养费用；从其他行业跨行而来又会面临专业知识不足的问题。因此，俱乐部面临的首要问题便是提高工作人员的专业素养，加快人才本地化，可以通过在高等学府设立相关专业、引入国外专家进行短期课程教授等方式大力培养人才队伍。

4.5.3 游艇零售租赁

从事游艇零售租赁服务的主要为中小规模的游艇销售代理商。他们主要采用的是团队包租、计时收费的工作方法，这种收费方法适用于不同类型的消费者。开展游艇零售租赁业务，可以与大众消费水平相适应，具有很强的娱乐性和运动性。例如，租用游艇参加海上聚会、海钓、出海度假、海上婚庆等旅游休闲项目，以此来满足不同消费者的各种娱乐需要。

目前游艇零售租赁在中国越发普遍，其快速发展也给租赁业务利益相关方带来了极大便利。

（1）对于承租人而言。游艇租赁的意义主要体现在以下三个方面[1]。

首先是减轻了经济负担，缓解了资金短缺问题。直接购买游艇需要一次性支付高昂的购买价格，倘若一次性支付完成后，购置游艇会在一定程度上降低游艇俱乐部资产的流动性，从而融资能力降低。但是游艇租赁业务出现之后，俱乐部仅仅需要支付少量的租赁费用便可以获得游艇的使用权，从而开展游艇业务。

其次，游艇租赁业务可以改善游艇俱乐部内部的投资构成，优化产业结构。租赁业务使得俱乐部不需要一次性将资金用于游艇的购置，因此可以将剩余资金进行二次投资，用于拓展游艇消费服务项目，提升游艇消费服务质量。因此可以提高资金使用效率，提高俱乐部的盈利净利润。

最后一项意义便是，游艇的租赁业务可以减少俱乐部的税负。《企业会计准则第 21 号——租赁》[2]规定，对于经管租赁资产中的固定资产，出租人应当采用类似资产的折旧政策计提折旧；对于其他经营租赁资产，应当根据该资产适用的企业会计准则，采用系统合理的方法进行摊销。

（2）对于出租人而言。游艇租赁具有广阔的发展前景。近年来中国经济不断发展，人们生活质量显著提高，已经具备了游艇发展的经济基础。在中国政府的

---

[1] 贾晓玲，宋勇. 关于游艇融资租赁的探讨[J]. 会计师，2015，（20）：26-27.
[2] 中国财政部. 企业会计准则第 21 号——租赁[EB/OL]. http://www.fdi.gov.cn/1800000121_23_63813_0_7.html[2018-08-15].

有力支持下，游艇产业得到中央及海南、广东、上海等沿海省市地方政府的大力扶持，游艇休闲产业迎来了发展的黄金时代。游艇产业在政策的支持下，拥有良好的发展环境。游艇俱乐部可以获得稳定、大额的资金流入以足额支付租金，使得游艇租赁公司的租金收益得到保障。

（3）对于卖出人而言。该业务的普及可以加速企业自身的发展。游艇的租赁业务可以提高游艇俱乐部的资金利用率，换一个角度也可以理解为，为俱乐部提供了金融方面的支持。游艇租赁可以增加潜在消费者，使得游艇消费需求增加，进而销售规模增大。只有在销售规模得到改善的情况下，游艇制造企业才能获得持续进行研发与创新活动所需的资金，从而不断提升企业竞争能力。

4.5.4 游艇地产

随着经济的快速发展和社会的全面进步，一种新的地产模式——游艇地产开始进入人们的视野。游艇地产是目前比较具有特色的地产类型，它正逐渐成为理论界探讨的热点和实践领域规划探索的重点。游艇地产的发展涉及产业众多，主要涉及旅游业、房地产业及游艇产业这三大行业。

1. *游艇地产的概念*

游艇地产是多种行业共同发展，进而衍生出来的一类新兴行业，是近年来新兴的一种发展模式。该模式把游艇旅游与地产相组合，主要的消费者一般为高端人群。游艇地产一般是指在游艇泊位的岸边建设各种类型的住宅，在该住宅附近，配备有全套的基础设施，与住宅共同构成了一个旅游景点。销售时，不仅出售房产，连同附带的泊位也要进行销售。

游艇地产是在房地产业、旅游业、游艇产业这三大产业的基础之上逐步发展起来的，因此游艇地产与这三种行业息息相关，游艇地产的快速发展可以带动以上三种行业的发展[1]。

游艇地产表面体现为游艇运营，但是实际上是以运营地产作为主要的利润来源，再加上旅游的促进作用，因此便形成了一个多种行业互补的新行业，这种新模式可以将利润提升至最大化。游艇地产属于一种行业衍生物，该行业的发展势必会带动相关产业的发展。游艇地产的开发，可带动游艇制造业及相关服务业的发展，与此同时，还可以吸纳大量的劳动力，缓解社会就业压力，提高该区域经济发展水平，形成新的经济增长点。

游艇地产的带动作用很明显，作为经济高端化及消费现代化的代表产业，游艇地产的产业链涉及研发、设计、制造、销售、培训、餐饮、住宿、旅游、休闲度假、维修等一系列活动，具有极高的带动性和回报性。因此，游艇地产的发展

---

[1] 赵真韬. 重庆市游艇地产发展研究[D]. 重庆：重庆大学，2012.

前景良好、发展空间十分广阔。

2. 游艇地产发展模式

游艇地产的发展模式主要分为以下三种类型：以居住为首要目的的游艇地产发展模式，以休闲度假为首要目的的游艇地产发展模式及综合型的游艇地产发展模式。

1）以居住为首要目的的游艇地产发展模式

以居住为首要目的的游艇地产发展模式较为基础，主要是向消费者提供住所，因此该类游艇地产的选址对周边环境的要求比较高。这种模式适合旅游资源比较丰富的城市。旅游资源既可以是优美的自然资源，也可以是丰富的人文资源，同时还要求这些资源与水域资源有良好的结合。对周边环境的高要求主要是为了提升住宅区的周边环境质量，增加娱乐休闲设施，提高居民居住满意度。

2）以休闲度假为首要目的的游艇地产发展模式

以休闲度假为首要目的的游艇地产发展模式是以休闲度假为主题，因此选址并不在喧闹的市中心，一般位于距离城市较远的郊区或者远离城区的旅游景点周边或者资源条件优越的地段。该类发展模式最大的特点便是拥有大型的休闲会所供消费者前来体验和享受，在优越的自然资源基础之上，再加之现代休闲娱乐设施的构建，为消费者营造出一种轻松愉悦的氛围，为广大消费者提供休闲度假的理想目的地。

3）综合型的游艇地产发展模式

综合型的游艇地产发展模式实际上属于一种复合型的发展模式，它除了具备前两种发展模式的功能以外，还具备一些其他的功能。这类地产多出现在旅游目的型的城市，兼有第一居所与第二居所的所有功能。综合型的游艇地产所包括的内容有很多，如五星级酒店、高级游艇俱乐部等基础配套设施。社区应包括小学、幼儿园、医疗中心等民生配套，集休闲娱乐、度假旅游、居住、运动、商业、教育等功能为一体。综合型的游艇地产的选址一般位于地理条件优越的地方，对于距离城区的距离并没有太多的限制条件，因为其本身基础设施基本齐全，对外来基础设施的依赖性较小。

4.5.5 公共码头的建立

游艇俱乐部的游艇码头设施一般为非公用码头，该类型码头建立的目的是为普通游客提供游艇休闲区。随着游艇旅游的兴起，公共码头悄然兴起。公共码头是指不归属于任何游艇俱乐部、高档旅游房地产和酒店项目的码头，是政府投资建设的一些带有公共性质的普及型游艇码头设施。公共游艇码头有大面积的游艇干仓和专用滑道供非俱乐部会员使用，同时建有较完善的配套设施，但是仅仅收取十分低廉的费用。在游艇旅游公司进入公共码头后，团队类型的游艇观光旅游将与旅行社等合作进行，同时配套大众餐饮、休闲娱乐等基础设施[①]。

目前中国公共游艇码头数量不多，积极打造公共游艇码头是游艇得以普及的基础性条件[②]。建造公共游艇码头不需要极高的环境要求，只需要拥有最基本的排水排污设施和气象服务等信息技术即可。

就目前中国游艇公共码头的发展状况而言，在中国游艇业发展初期，应更加注重公共码头的建造。目前国外游艇码头发展区间很宽，根据所属水域划分，可以分为私人会所游艇码头、商务游艇码头、运动游艇码头及公共游艇码头，在这些码头附近，停车场、休息区、宾馆等设施与码头同步发展，增加了经济效益。中国也应向国外借鉴相关的发展经验，并运用于中国游艇公共码头的建造过程中。

4.5.6 如何培育游艇休闲消费

游艇行业越来越受到广泛关注，那么如何培育游艇休闲消费也就成为重要的话题，接下来将为大家介绍如何培育游艇休闲消费。

（1）吸取前者的发展经验，取其精华，弃其糟粕，同时可以利用新媒体的方式传播游艇的相关领域知识。注意研究国内外游艇市场的需求趋势，制定正确的经营战略，剖析游艇市场动向，实时调整自己的方针政策。

（2）积极引进专业的管理人才及团队，提高工作人员的专业素养和服务质量。实行奖励机制，制定相应的评判标准，鼓励工作人员参加各种形式的行业培训，提高服务质量和专业能力。

（3）拓宽游艇产品销售渠道，增加产品销售类型。传统的游艇消费即乘坐游艇观摩海景，但是一个行业要想获得长足发展，必须具有创新意识。除了最基本的观摩海景之外，企业还应该培育发展多种游艇消费方式，以此来满足不同消费群体的个性化需求。例如，开展多种海洋垂钓、深海运动，以及合作举行海洋比赛项目等。通过以上多种途径，提高游艇品牌国内外知名度，提高游艇消费能力。

（4）积极举办游艇展会，运用大型赛事推动游艇产业的不断进步[③]。通过消费者亲自体验丰富多彩的游艇生活，使得游艇真正成为日常生活的一部分，海洋文化深入人心。由此可以提高消费者对于游艇的认知程度，营造出一种游艇旅游的社会氛围。

（5）政府需要出台相关政策，使得游艇消费更法律化和规范化，规范市场竞争行为，鼓励游艇旅游企业优化运营机制与管理模式，将潜在的游艇消费市场变成一种现实，促进游艇休闲旅游的综合发展。

---

① 祝勇. 游艇大众化呼唤公共码头[N]. 海口晚报，2013，（2）：1-2.
② 周绪米. 发展游艇：公共码头是关键[J]. 珠江水运，2015，(19)：32-33.
③ 曹学丽. 会展的网络营销传播研究[D]. 上海：上海师范大学，2016.

4.6 游艇会展经济

游艇会展经济是以游艇会展为基础而发展起来的一种新兴经济。游艇经济之所以繁荣，是因为该经济的发展对社会多方面的发展都有极大的促进作用，如对国际旅游岛的建设、海洋文化的推进、游艇产业的发展及游艇会展举办地的发展都具有极大的积极效益。

4.6.1 世界游艇会展中心

世界上游艇会展中心有很多，国外著名的游艇会展中心有迈阿密游艇展，罗德岛的新港游艇展，摩纳哥游艇展；中国著名的游艇展主要有青岛国际会展中心，上海国际会展中心及大连国际游艇展览会等。

1. 国外著名游艇会展中心

1）迈阿密游艇展

迈阿密位于美国，是美国佛罗里达州的第二大城市。该地区位于大西洋东南沿岸，属于热带气候，拥有绵长的海岸线，具有发展游艇业的先天优势。迈阿密是美国乃至世界著名的大都市，经济基础十分雄厚，在金融商业、娱乐媒体、艺术和国际贸易等方面具有举足轻重的地位。迈阿密城市圈是在美国排名第四的大都市圈，与迈阿密-戴德县、布劳沃德县和棕榈滩县共同组成了该城市圈。在2009年，瑞银集团（瑞士联合银行集团）对73个目标国家和地区进行了专门的研究调查，调查结果出乎意料，迈阿密成为一匹黑马超越其他地区，排名全美最富城市，居全球最富及最具购买力城市第五位。2010年，迈阿密被评为美国第七大综合性城市。迈阿密得天独厚的地理位置优势也使它成为1400多家跨国公司的拉丁美洲地区总部。由于临近海洋的地理位置的优势，迈阿密成为大宗型货物的中转地，特别是来自南美洲和加勒比海地区的货物。除此之外，迈阿密经济十分发达，美国最大的国际性银行聚集地就是迈阿密。

迈阿密发达的交通和繁荣的经济，也使得它成为各类会展和国际比赛首先考虑的地方。1992~2004年，迈阿密曾成功举办了13次国际建筑及照明展览会，共有来自全球600多家的企业参与这个展览会，取得了不俗的反响。后来因为各种原因，会展被迫中断，直到2016年，会展再次进入人们的视野。这个会展的优点是为买家和卖家提供面对面交流的机会，使得卖家能够充分展示自家产品的独特性和优越性。

迈阿密举办国际会展的主要目的在于可以通过会展的形式加强美国与亚洲和欧洲国家之间的经济贸易的往来。一些美洲和加勒比海地区的游艇进出口商、零售商和批发商都希望借助迈阿密会展去寻求最新的技术和一流的产品及服务。与此同时，该会展的举办对于亚洲国家的游艇生产商和制造商无疑也是一个绝佳的机遇。因为某些政策条件的限制，亚洲国家的商品一直很难进入欧美市场，所以迈阿密游艇会展的成功举办，对于那些正在努力想要开拓国际市场的亚洲制造商来说的确是一个绝佳的商机。

会展不仅使美洲国家各企业之间的合作得到进一步加强，还加强了美洲与其他大洲之间的联系。事实证明，该会展的成效非常巨大。会展为参展商打开了通向南美和北美市场的大门。同时，我们也非常希望在会展上看到越来越多中国企业的身影，它将有力地拉动中国与美国之间的贸易合作交往，增进两国经济往来，促进两国互利共赢。

2）罗德岛的新港游艇展

罗德岛地处美国，拥有的海岸线漫长且优美，罗德岛内多为低缓的丘陵，北部多冰川湖和冰碛石。优越的自然资源优势使得罗德岛一直被人们认为是美国最适合度假的地方。在慢慢地发展过程中，罗德岛逐渐形成了一条关于游艇的产业链，如拥有丰富经验的水手、众多安全的港口及具有完善配套设施的游艇俱乐部。

罗德岛每年都会举办国际游艇展，这也是美国四大游艇展之一。在会展上，游艇租赁公司会免费提供长达 12 米的美洲杯参赛船只，带领人们参观罗德岛、新港乃至纽约。与其他地方游艇展不同的是，罗德岛的游艇会展和音乐节及美食节一起举办，努力打造一场欢快的罗德岛嘉年华。

3）摩纳哥游艇展

摩纳哥是位于欧洲北部的一个城邦国家，摩纳哥游艇展由英富曼会展集团主办。该公司于 1973 年创办，是世界上最大的展览公司之一，在游艇展览方面有着丰富的经验和展商资源。摩纳哥游艇展于 1991 年开始举办，随着科技和经济的进步，游艇业得到了很大的发展。摩纳哥王子阿尔贝二世和相关皇室及成员为游艇展的发展提供了极大支持。当初举办摩纳哥游艇展的主要目的在于希望丰富的水上游艇活动和大量的优质买家使会展比其他同类型会展更有质量及价值，希望可以借此打造世界一流的游艇会展。为了达到这个目标，摩纳哥政府和相关部门将很多资源投入会展之中，给予了会展很多帮助。毋庸置疑，欧洲地区最好的俱乐部中肯定有摩纳哥游艇俱乐部的身影。摩纳哥游艇俱乐部由摩纳哥公主 Rainier 三世在 1953 年创立，最初的宗旨是"通过游艇文化、游艇展览和相关娱乐休闲生活来开发、激励并服务于摩纳哥的推广"。这个宗旨一直延续至今仍未改变。有趣的是，俱乐部的主席一直是由摩纳哥的王室担任，所以王室的政策支持对于该游艇俱乐部发展的重要性可见一斑。

摩纳哥游艇展每年 9 月举办，每次会展都会吸引许多世界各地优秀的游艇制造商、游艇经纪人、船艇设备和专业观众，这是一场游艇业顶级的会展，给了全世界各个游艇厂商机会去充分展示他们最新的游艇。2015年,摩纳哥游艇展的参观人数达到3万人,但是值得注意的是,摩纳哥国家的国民也才仅仅只有3万多人,参观人数几乎和其国民数量一致,因此该会展的受欢迎程度可想而知。在2015年摩洛哥举办的游艇展会中,开放了5个超级游艇泊位,这样做的好处是可以有更多的位置提供给豪华游艇用作展览,参观时也更加赏心悦目。

2. 中国著名游艇会展中心

1)青岛国际会展中心

A. 历史沿革

(1)成立前阶段:与其他展会的发展无异,青岛国际会展中心也是以展销会为基础慢慢发展起来的。在20世纪90年代,展销会是一个比较受欢迎的交易形式,青岛市南海路的山东国际贸易会展中心和青岛市人民会堂等处都曾担任过承办展销会的角色。青岛唯一具有承办较大型展会的场馆就是山东国际贸易会展中心。同时,该会展中心还承担了每年举办青岛对外贸易洽谈会(后更名为中国国际消费电子博览会)的任务。

(2)起步阶段:经过2000年青岛对外贸易洽谈会的考验,会展内的基础设施得到了快速发展并已经基本完善。在2001年,青岛国际会展中心正式投入运营。自开始运营之后,会展数量呈现几何倍数增加的态势,如2001年,共举办了24次会展,到了2002年,会展数量就达到了40个。青岛的展览业自此进入了一个快速发展的阶段。同时,会展的档次也在逐渐地提高,比较著名的会展包括中国国际消费电子博览会、中国国际渔业博览会,青岛国际时装周,全国高校仪器设备展览会等,这些会展在国内外都有较大的影响。

(3)快速发展阶段:随着会展的规模越来越大,原来的展厅已经不能满足展会的需要,所以2005年进行了扩建,2006年5月会展中心二期工程完工,这次扩建使展厅的总数增加到了6个。后来成功举办了APEC中小企业技术交流暨展览会,该展览占用了所有的展厅,展览面积达到5万平方米,这是青岛国际会展中心承接的最大规模的展览,它标志着青岛国际会展中心的承接能力迈上了一个新的台阶。2006年年底,会展中心的上级管理机构进行了变更,由青岛市外经贸局变为青岛国信实业有限公司进行管理,同时会展数量持续增加,到了2008年,会展数量已经超过了70个。

B. 目前发展状况

2016年,青岛国际会展中心举办的会展已经有130余场,展览面积累计达到150万平方米。许多全国知名的会展在此举办,给青岛的经济注入了强大的活力。2016年保密技术交流大会暨产品博览会、第七届中国奶业大会暨2016年中国奶业展览会、2016中国国际石墨烯创新大会、2016国际材联第十七届亚洲材料大会暨中国材料大会、中国联通合作伙伴大会、全国第五届中小学生艺术展演等大型知名会展先后在会展中心成功召开,这使得青岛国际会展中心在业界的影响力大大增加。

C. 会展中心简介

青岛国际会展中心坐落于青岛崂山市,毗邻大海、交通便利、环境优美、位置优越。该会展中心的占地面积约 25 万平方米,其规模为山东省最大,同时也是山东省和青岛市政府重要的公益性设施。该中心设施完善先进,拥有很多智能化的建筑,集商住、餐饮、服务为一体,不亚于其他发达国家的会展中心。这是山东省标志性的会展中心,同时也是其对世界开放的窗口。

青岛国际会展中心所占用的 25 万平方米的土地,被其细致地划分为不同的区域,每个区域都有其不同的作用。其中有 5 万平方米用作室内展览,室内共有 6 个展厅,可以提供大约 4000 个国际标准展位。青岛国际会展中心拥有一个可容纳 3000 人的会议大厅及中小型会议室、洽谈室 45 个。另外拥有近万平方米快餐厅和中、高档餐厅。为了照顾会展不同的需求,会展中心还提供了各种现场租赁业务,包括桌椅、货架、射灯、展示橱等,以及不同规格和要求的水、电、气服务和互联网、电话线、叉车、物流运输等服务内容,如图 4-3 所示。

图 4-3 青岛国际会展中心

2) CIBS

CIBS 是亚洲数一数二的游艇展,创办于 1996 年,距今已有 20 多年的历史。该会展覆盖面广,包括采购贸易、选船看船、高端生活式体验、游艇文化传播于一体,这在国内的游艇展上是少见的。由于其对于游艇产业有高度的整合性和专业性,所以它已经成为中国游艇发展的"指明灯"。

CIBS 之所以这么成功,一方面是因为它位于经济繁华的上海,另一方面是因为它是由中国工业协会、中国船舶工业行业协会船艇分会、上海船舶工业行业协会、上海对外科学技术交流中心、上海博华国际展览有限公司联合创办,这些客观因素成了游艇展飞速发展的强大动力。CIBS 作为中国最大规模的游艇展,其目光不仅停留在游艇本身和游艇产业链的塑造上,更是将目光投放于城市发展上。

在举办游艇展期间，将休闲展和商品展也引入进来共同举办，不仅努力推举游艇平民化的发展方向，而且融合高端需求，帮助大众在追逐梦想和生活品质的道路上实现华丽蜕变。

随着需求越来越多，会展中心的面积也在不断地扩大，从 2006 年的 23 000 平方米到 2015 年的 55 000 平方米，面积扩展了 2 倍多。每年游艇展览面积的变化也显示出游艇经济越发繁荣的趋势。2010 年世界博览会的举办更是游艇展发展的催化剂。到了 2012 年，游艇展览场馆由上海国际展览中心转移到上海世博展览馆，虽然是借用，但是可以促进双方的共同发展。上海世博展览馆总面积为 12.9 万平方米，共有 5 个展馆，游艇展览举办期间并没有全部使用，仅使用了 1 号和 2 号展馆，但总面积也达到了惊人的 55 000 平方米。著名的外滩是 CIBS 的水上展区，总共大约有 5000 平方米的水域供参观者观赏和体验。CIBS 参展面积伴随着自身实力扩大而不断增加，在经历 20 年的风风雨雨中不断开拓进取，赢得了关注，取得了进步。

另一个促进 CIBS 快速发展的原因是中国在 2001 年加入了世界贸易组织，这意味着中国开放的大门向更多国家打开，中国开放的包容度越来越高，这也间接促进了游艇业的发展，一个明显的现象是参展商的数量大幅度地增加。随着中国市场慢慢地被打开，太阳鸟、红双喜等众多中国游艇船舶制造商加入 CIBS，在展区内也有一定的知名度，而且很多国外的知名游艇制造商也想参加 CIBS，并且取得了自己的一席之地，如法拉帝、博纳多、亚诺等游艇公司多年来就一直积极地参加游艇展，这使得整个会展的内容更加丰富多彩，如图 4-4 所示。

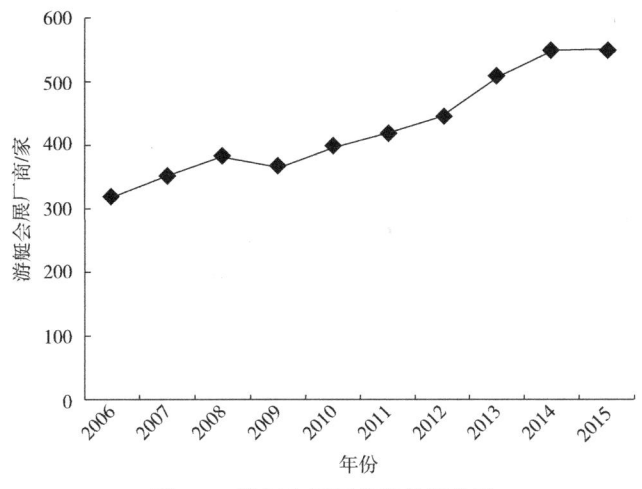

图 4-4　游艇会展厂商增长折线图

资料来源：姜静. 上海游艇产业发展的 SWOT 分析及对策建议[J]. 上海经济，2015，（4）：49-53

上海作为中国经济最发达的城市之一，其游艇业也是最发达的。依靠其得天独厚的地理条件、丰富的自然资源和经济资源，上海的游艇业才会有如此迅猛的发展，CIBS 也凭借其国际都市容纳性强的特点，以及其独特的水域经济条件，已发展成为中国游艇展览业的龙头展。

3) 大连国际游艇展览会

中国大连国际游艇展览会于 2007 年创办，是中国北方城市举办最早、规模最大、效果最佳的游艇展览会。该会展在 2010 年进行了一次迁址，搬到了星海湾游艇港。该会展的目标是推动游艇产业的发展，将游艇引入人们的生活，使其成为生活方式的一部分。大连国际游艇展览会的主题为商务时尚和休闲运动，主要包括三大主项和四大主题展区，分别为游艇、休闲运动及生活方式和商务时尚、休闲运动四大主题，内容包括游艇、休闲运动及生活方式。该展览面积多达 2.8 万平方米。游艇会展内容非常丰富，由中国摩托艇运动协会和大连市摩托艇运动协会主办的水上表演赛，邀请来自广西、广东、安徽、浙江、上海、北京等省区市的水上运动顶尖高手参加。与其他会展不同的是，大连国际游艇展览会以活动的娱乐性及用户体验为出发点，使更多的人能体验游艇，热爱游艇。

4) 三亚游艇会展

三亚作为中国最南端的热带海滨旅游度假胜地，阳光、沙滩、海水、空气质量都在全国名列前茅，有着发展游艇业的绝佳优势。三亚一年四季都可以正常使用天热避风港，众多世界顶级游艇生产商一致认为，三亚是世界上少有的可以建设一流游艇基地的选址。如此独特的自然地理优势吸引了外商投资群体、企业成功人士及每年数百万的游客，为三亚游艇旅游奠定了坚实的客观条件和消费群体基础。此外，三亚具有坚定而长远的国际游艇产业战略发展布局。三亚的相关发展规划指出：积极鼓励发展私人游艇和企业会所，引进各类豪华游艇，吸引大批富裕人群和游艇爱好者前来休闲度假，建设中国一流的游艇基地。

三亚的游艇展会最早是在 2007 年举办，即"第一届中国（三亚）豪华游艇展暨海上逍遥文化节"，随后，海南（三亚）国际游艇展、三亚国际游艇博览会、海天盛筵、海南游艇及高端生活方式（国际游艇模特大赛）及世界游艇盛典等高级别、高规模的游艇展览盛会陆续登陆三亚，三亚迎来了游艇产业的高速发展期。游艇会展最大的意义不在会展本身，而在于政府能否通过会展活动引入海洋休闲旅游的概念。当地政府和商界能借助游艇会展积极完善游艇消费的相关设施、政策，游艇经济就会得到较快发展，也给游艇企业带来新的市场机会。

4.6.2 游艇会展经济的综合效益

1. 对游艇产业的推动作用

首先，游艇会展对游艇市场交易有较大的推动作用。参与游艇会展的观众有不少是买主或潜在顾客[①]，消费者青睐于游艇会展，是因为游艇会展提供的产品和价格选择范围更广，同时也免去了与游艇经销商交易的复杂过程。对于游艇经销商来说也是一个重要的市场契机，部分游艇经销商在各游艇会展上的销售达年销售额的1/3。

其次，游艇会展对于游艇制造商在游艇的生产方面有一定推动作用。游艇厂家的设计人员可以利用好游艇会展，了解世界最新的游艇类型，并现场了解顾客的多种意见。

最后，游艇会展对游艇行业的可持续发展有积极作用。游艇会展是游艇制造商、游艇经销商和游艇消费者（游艇爱好者）交流的平台，有多个新产品、新技术及游艇生活方式都是在会展上首次推出，对游艇行业专业人员来说，游艇会展是不可多得的了解行业新动态的机会，便于他们在今后的设计、生产、发展与销售方面做出科学的调整，从而适应整个市场行情的变化需要，实现长远的持续发展。

2. 对国际旅游岛建设的作用

会展往往会带来大量人流，参会人员对吃、住、行、游、购、娱的需求较大，而且会展带来的旅游客源具有较高的消费能力，属于旅游业当中消费较大的高端客户，他们的消费会产生巨大的经济效益。例如，三亚举办游艇展会吸引了来自全世界的参展商、游艇行业人士及参展观众等，他们在三亚停留期间及旅游活动给三亚产生了直接和间接的综合收益，并让更多国内外高端人士了解三亚，给海南国际旅游岛建设的形象宣传再添推力。

3. 对地方会展产业的发展作用

游艇会展是会展产业的一个重要组成部分，其对会展业的发展主要有如下作用：第一，游艇会展属于高端的奢侈品展，相对于其他的普通会展所租用的场馆面积和搭建成本都要高，有力增加了会展供应商及会展服务业的收入；第二，游艇会展大部分属于国际性的盛会，给会展人才提供了一个很好的交流平台，有利于会展业学习借鉴国外的展会的思想、经验和技术；第三，游艇会展有利于多个国家和地区的会展人才了解展地，认识到会展地得天独厚的自然条件、经济条件和社会条件，推动当地会展业的规模化发展；第四，游艇会展丰富和补充了会展的形式，游艇会展在海洋上的举办使会展从陆地延伸到水上，从普通会展发展到高端会展，形成了水陆结合，大众高端会展齐头并进的局面。

4. 推进海洋文化

游艇会展不只是展览本身，还带来了丰富多彩的以海洋为主题的文化生活，

[①] 雷春，鲍富元. 三亚游艇展会成效提升对策研究[J]. 经济视角（上），2013，（10）：37-39.

如第四届三亚国际游艇展暨海洋文化节就同期举办了第二届三亚国际水上摩托车大赛、首届三亚帆板公开赛、首届三亚国际海钓比赛等一系列活动，同期举办的还有海洋文化论坛系列讲座。总之，通过各类海洋文化活动来潜移默化地影响人们的生活方式，将多样的海洋生活方式用活动的形式呈现给大家，用观赏、体验的方式来享受大自然赐予我们的别样风情，让人们进一步了解海洋，感受海洋的文化和魅力。

5. 游艇会展对举办地旅游城市推介的影响

近几届的游艇会展引起全中国和全世界的关注，如 2013 世界游艇盛典的嘉宾有来自 14 个国家的 16 个游艇行业协会主席、30 多位国际著名游艇企业的首席执行官、9 个中国各省市游艇行业协会代表、8 个滨水城市政府代表团、近 400 位中国游艇企业代表和专家学者、20 多家中国投资机构代表。高关注度为三亚树立了一个新的形象，让大家认识到三亚不仅是一个旅游城市，更是一个适合发展海洋文化、水上运动和游艇产业的城市，进一步使三亚的城市营销推介活动获得新契机。

第 5 章　游艇俱乐部发展

游艇俱乐部作为一种营利性的服务单位，在日常生活中主要负责游艇消费服务等各项职能。建立游艇俱乐部的初衷在于向人民群众推广海洋休闲娱乐活动，宣扬海洋文化精神。一般来说，游艇俱乐部具有多种功能，尤其是具有现代意义的游艇俱乐部，其已经从单一功能逐步发展成为集多种功能于一体的多样化休闲娱乐组织。游艇俱乐部一方面可以提供一些配套服务，如游艇的维修保养、游艇的航行停泊，以及消费者的休闲娱乐等服务；另一方面可以为消费者提供衣食住行等方面的服务，可以说服务类型应有尽有。

在西方国家，游艇俱乐部的专业设施和全面体贴的服务赢得了众多游艇消费者的青睐，因此，在当时参与游艇俱乐部就成了一种非常时尚的生活方式。由于其独特的休闲感及给消费者所带来的满足感，特别是随着如西安、成都的规划设计不断深入，游艇的受欢迎程度不断提升。游艇俱乐部公共码头已成为城市滨水区规划和设计中的重点规划对象，因为公共码头不仅可以优化城市环境，还可以丰富日常活动，提高居民的生活质量。

5.1　游艇俱乐部概述

游艇俱乐部一般包括游艇、码头、会所、导航和基础设施（防波堤、护岸建筑等），以及活动项目设施等（图 5-1 和图 5-2）。

5.1.1　游艇俱乐部的产生

18 世纪伊始，游艇俱乐部在英格兰开始逐渐发展起来，并在 20 世纪 50 年代成为一种主流休闲活动。早期的游艇俱乐部是一个小船坞，供船主停放、修理和补给。后来随着工业革命的发展及技术经济的进步，小码头的规模不断扩大，逐

图 5-1 游艇码头

图 5-2 游艇会所全景

渐成为上层社会人物的聚集地。时至今日,西方国家的游艇产业已发展成为一个更加完善的集制造、销售、维修、服务、金融、保险等多方面于一体的综合产业体系。

在此期间,游艇会展广受欢迎,越发活跃,游艇俱乐部和游艇码头也相继发展起来。自 20 世纪 50 年代以来,得益于世界经济的发展和制造技术的不断进步,游艇业主越来越多,游艇活动也在广泛地开展,随着时间的发展,游艇俱乐部已成为世界发达国家和地区的高端休闲消费项目,与豪车一样,成为一种身份和荣誉的象征。具有现代意义的游艇俱乐部,其已经从单一功能逐步发展成为集多种功能于一体的多样化的休闲娱乐组织。游艇俱乐部一方面可以提供一些配套服务,如游艇的维修保养、游艇的航行停泊,以及消费者的休闲娱乐等服务;另一方面可以为消费者提供衣食住行等方面的服务,游艇俱乐部一般包括很多基础设施和活动项目设施。

5.1.2 游艇俱乐部的类型

游艇俱乐部类型不同，运行规律自然也就不同，每个游艇俱乐部都有自身独特的作用。划分依据不同，游艇俱乐部类型划分也就不同。

1. 按功能划分

1）运动娱乐型游艇俱乐部

运动娱乐型游艇俱乐部拥有相对专业的设施服务，为信息的收集和人员的沟通提供了一座桥梁。这种类型俱乐部的游艇以中小型游艇为主，因为中小型游艇体积适中，航行小巧便利并且就价格而言也有极大的优势，它主要是为了满足体育和娱乐的需求，因此更加适用于低收入人群和青少年人群。俱乐部的运作基于团体包租和按时收费。这种游艇俱乐部通过吸引会员组织度假、娱乐和休闲服务活动来开展业务。参加的活动类型多种多样，大致包括水上训练活动、游艇许可证培训、生日派对、旅行团和朋友聚会，等等。

哥斯达-斯美拉达尔俱乐部（The Yacht Club Costa Smeralda，YCCS）是由目前的总裁阿迦汗陛下和其他创始人于1967年5月12日共同创办。其创办的初衷是为了建造一家非营利性的体育组织，从而使那些游艇爱好者和热爱海洋的运动爱好者有更多的机会接触海洋运动，如图5-3所示。

图5-3 YCCS

在历史的长河中，YCCS的建筑物也有了历史的沧桑感，所以2003年，在美国建筑师Peter Marino的领导下，YCCS进行了一次大规模的翻修，翻修之后的俱乐部成了世界上最漂亮且兼具功能性的俱乐部之一。

YCCS举办的最具盛名的活动非劳力士超级帆船杯莫属。第23届劳力士超级帆船杯于2012年9月2日至8日在YCCS上演。在几天激烈的比赛中，航海家不但充分地享受赛道带来的乐趣，还领略了撒丁岛的美丽风光。比赛中所用的赛道均是由 YCCS 比赛委员会亲自布置的，如图 5-4 所示。

图 5-4　YCCS 举办的劳力士超级帆船杯

资料来源：第 23 届劳力士超级帆船杯撒丁岛 YCCS 精彩上演[EB/OL]. https://www.jyacht.com/life/marina/j04201110316.shtml[2018-06-10]

YCCS 设置的赛道长度短至 16 海里、长至 68 海里，可以满足大多数比赛的需求。这些赛道围绕岛屿、小岛和散落在撒丁岛海岸的礁石，曲折蜿蜒。所以，比赛中最具挑战性的就是很长的迎风或者顺风航程了。

作为一个历史悠久的游艇俱乐部，YCCS 不仅拥有令人折服的外观和建筑群，以及一片迷人的海滩，它更像是一座活的帆船博物馆，在总共四层的建筑中，每一个角落都有一个帆船的模型，从远古时代的小型帆船，到近现代的大型帆船，来到这里，你可以切身体会到帆船在历史中的演变。

2）休闲型游艇俱乐部

休闲型游艇俱乐部以家庭为主要对象，为家庭度假、钓鱼休闲等提供服务，以家庭氛围为卖点。这些游艇俱乐部的会员大多数为常规会员，包括私人游艇所有者和游艇租赁者。前者一般是企业高级管理人员和私营企业主，他们主张自由的生活方式，经常会乘坐游艇出海放松，参与一些娱乐活动。私人游艇一般由游艇俱乐部代为管理并进行维护，业主需要支付游艇俱乐部一定的费用，用于日常泊位、日常维护、油费等。游艇租赁者除了支付会员费外，还可以通过支付一定金额来获得使用俱乐部游艇的权利，以此来参加一些休闲活动。

天津成立的首个天津湾游艇总会于 2010 年正式起航。该游艇码头北侧紧邻的是绿化面积 2 万平方米的天津湾公园，一年中的大多数时间可以感受到绿色的存在，其独特的绿地和水岸环境，是举办如庆功会、酒会等的最佳场所。旁边 5000

平方米的建筑全部建造为高端休闲会所,并且提供多种休闲服务,其中包括健身、水疗、SPA、美食等。此外,天津湾游艇总会主要包括天津湾公园、游艇俱乐部、游艇码头、啤酒花园、休闲会馆和赛艇基地六大板块。它紧邻海河,塑造了海河旅游的交流空间,凸显独特的城市生态标志(图5-5)。

图 5-5　天津湾游艇俱乐部

资料来源:天津湾游艇总会 首个游艇俱乐部年底将"起航"[EB/OL]. http://news.enorth.com.cn/system/2010/11/02/005354815.shtml [2018-06-13]

天津湾游艇总会占地面积约为 4 万平方米,如此巨大的面积并没有使它像其他俱乐部那样远离城市,地处远郊。根据工作人员介绍,豪华游艇码头在全国尚属新领域,在天津更是首次创办,但是凭借天津得天独厚的地理优势,充分利用河海地带的自然生态,与周边繁华的商业相结合,使自然与商业融为一体。

3)商务型游艇俱乐部

商务型游艇俱乐部主要消费者为商务人员,为了提供进行商洽的场所,需要配备有豪华酒店、会议包机、高尔夫球场等基础配套设施服务。这些俱乐部大多数都是大型豪华游艇,所以会员费很高。世界上的大部分豪华游艇俱乐部并不是向所有公众开放,而是仅限于会员使用。其服务主要包括专业船长、日常维护、高档餐饮、娱乐等。因为是商务型游艇俱乐部,因此会经常举办一些类似于商务会议、公司例行的活动。浪骑游艇会、香山国际游艇俱乐部是中国著名的商用游艇俱乐部。

浪骑游艇会于 1998 年 5 月正式成立,拥有 275 个游艇泊位,拟规划多个干船舱。在 2006 年 6 月,浪骑游艇会被万科企业股份有限公司全资收购,自此以后,浪骑游艇会逐步定位为高端,成为富豪、精英人士休闲度假和举行高端商务活动的品牌场所。

浪骑游艇会位于深圳南澳的大鹏半岛(航海坐标:东经 114°33′32.3″、北纬

22°33′24.6″），隶属于大亚湾海域，该海域为中国最美的八大海域之一。浪骑游艇会背倚深圳第二高峰七娘山，面临风景秀丽的大亚湾生态海域，其占地及占海总面积高达 34 万平方米。该俱乐部由美国著名游艇码头设计公司 Bellingham 公司操刀设计，其建造之初就按照国际标准严格要求，建筑物设施包括会所大楼、全封闭的会员公寓、800 多米长的防波堤、275 个游艇泊位、400 个干船舱、游艇维护车间等设施。

浪骑游艇会把游艇生活方式的推广作为主要任务，将游艇运动、航海培训、大亚湾旅游观光、大鹏半岛度假休闲、五星级酒店式服务集于一身，并为会员提供包括游艇停泊、租赁、维护保养、游艇俱乐部活动策划和组织等全方位的服务，引领自然健康的海洋休闲时尚，彰显会员的身份和地位。

2. 按经营档次划分

1）高端游艇俱乐部

高端游艇俱乐部的主要特点为规模庞大，服务周到，相应的配套设施齐全且不以利润最大化为经营的主要目标。高端的服务自然与高昂的价格相对应。这种类型的游艇俱乐部入会门槛较高。

泰国的游艇俱乐部就属于高端游艇俱乐部。豪华游艇生活小区——Royal Phuket Marina（皇家普吉码头，RPM），开业至今已发展为最出色的游艇天堂，其位于阳光普照的热带小岛，得享全年气候宜人的环境。RPM 获亚洲游艇爱好者的一致好评，被誉为位于安达曼海域的顶尖世界级游艇会，如图 5-6 所示。

图 5-6 RPM

资料来源：顶尖世界级游艇会：Royal Phuket Marina[EB/OL]. https://www.jyacht.com/life/marina/j04201110316.shtml[2018-06-28]

RPM 位于普吉岛东岸海滨，它是泰国首个世界级豪华悠闲生活小区，其豪华程度不亚于一些发达国家中的豪华小区。小区内不仅基础设施非常完善，而且可以眺望风景秀丽的攀牙湾。该小区是由全球第二大数码无线电话制造商 Binatone 的总裁 Gulu Lalvani 创立。Gulu Lalvani 同时创建了游艇会所，建立的初衷是将世上最美丽、交通最便捷的地点之一普吉岛打造为世界级游艇活动枢纽（图 5-7）。

图 5-7 RPM 建筑

资料来源：顶尖世界级游艇会：Royal Phuket Marina[EB/OL]. https://www.jyacht.com/life/marina/j04201110316.shtml [2018-06-28]

2）中端游艇俱乐部

中端游艇俱乐部会员在社会上也是有着举足轻重的地位。中端游艇俱乐部多是商务社交会所，采用会员制的管理模式，会员一般都拥有属于自己的游艇。这种俱乐部在国外相当普遍，基础设施十分完善，最为典型的代表是新西兰皇家游艇俱乐部。

新西兰皇家游艇俱乐部是新西兰最高级的游艇俱乐部，成立于 1851 年，是世界上名声显赫的游艇俱乐部（图 5-8）。俱乐部位于奥克兰港湾大桥脚下的顶级地段，采取会员制，一整年都会有各式各样的帆船活动，并准备了很多其他的活动来满足俱乐部会员的不同兴趣。俱乐部成员有机会参加世界上各种高级的游艇比赛，如海军上将杯、路易威登杯、美洲杯等。俱乐部宽阔的空间可以为会员提供私人活动，如安排会议或者举办个人派对。

图 5-8 新西兰皇家游艇俱乐部所在的码头

资料来源：玩帆船，怎能不知道这些游艇会？[EB/OL]. https://mp.weixin.qq.com/s?__biz=MjM5ODE3MzY5NA%3D%3D&idx=1&mid=2649819136&sn=5856e79b341bf186b58bf778b784a168 [2018-07-07]

3）平民化游艇俱乐部

平民化游艇俱乐部更适用于普通收入水平的消费者，采用会员与非会员相结合的形式，该类型俱乐部的设施服务是向整个社会开放的。这种游艇俱乐部在欧美国家俱乐部中占据着重要地位，在一些欧美国家中大约有70%的家庭拥有很多不同类型的游艇或船只，他们需要这些游艇俱乐部为他们提供相应的服务。

伦敦的小游艇俱乐部成立于1925年，自称有1300名会员，坐落在伦敦泰晤士河畔，是人们在伦敦市中心享受宁静的天堂。在这里，会员可以非常安静地喝酒、聊天、享受美食，甚至过夜。该俱乐部有航海和午餐两种会员方式。对于航海会员，俱乐部提供了交流航海经验的平台；对于午餐会员，俱乐部提供可口的美食和优质的服务，时间是星期一至星期五中午12点到下午2点。会员通过投票产生，会费根据年龄和会员级别需要支付的费用从54英镑到372英镑不等。所以，小游艇俱乐部逐渐成为平民的俱乐部。

3. 按游艇俱乐部所在区域划分

1）远郊乡野游艇俱乐部

远郊乡野游艇俱乐部是一种典型的高档游艇俱乐部形式，管理方式采用会员制，常常建造于远离市区中心的地方。设施齐全，有一系列的娱乐休闲、住宿饮食等配套设施，因此，与外界很少来往，完全可以自给自足。

浙江九龙山游艇俱乐部（图5-9）是中国较为著名的游艇俱乐部，创办于2006年，坐落于杭州湾九龙山国家森林公园内。其占地66亩，海岸线全长1500余米。俱乐部的服务功能有休闲观光、游艇驾驶训练、举办商务活动、私人聚会、游艇式婚礼等，同时，许多游艇比赛也在这里举行。

图 5-9　九龙山游艇俱乐部设计概念图

资料来源：世外桃园：九龙山将军游艇俱乐部[EB/OL]. https://www.jyacht.com/life/hqsc/j04201110318.shtml

[2018-07-15]

俱乐部一期会所面积3000多平方米，采用意大利威尼斯风格，由美国著名的

EDSA 规划景观设计、美国 WATG 负责建筑设计、法国著名 NDA 公司负责游艇码头设计。同时，二期由西班牙城堡、海洋花园、海洋主题公园、3 万吨游轮码头等构成的海神湾游艇俱乐部也正在建设当中。

2）城市中心区游艇俱乐部

城市中心区游艇俱乐部是一种比较常见的游艇俱乐部形式，多位于城市近水繁华区，在欧美城市旧港区改造的规划建设中非常多见。城市中心区游艇俱乐部已然成为该城市公共景观的一部分。但是，城市各项自然资源比较紧缺，不宜占用过多的土地资源，因此，除了必要的码头设施之外，各类休闲娱乐等设施主要依靠周边城市配套满足。

青岛银海国际游艇俱乐部位于青岛市市南区东海中路 30 号，陆域面积 67 000 平方米，海域面积 87 000 平方米。俱乐部的设计制造按照国际标准，设有 366 个专业码头停船泊位，是第一个以游艇俱乐部为主体的国家 AAAA 级旅游景区。图5-10 为青岛银海国际游艇俱乐部所在的码头。

图 5-10 青岛银海国际游艇俱乐部码头

资料来源：青岛银海国际游艇俱乐部[EB/OL].https://www.jyacht.com/marina/yinhai/[2018-07-20]

青岛银海国际游艇俱乐部相较于其他俱乐部，优势在于靠近市中心，基础设施完善，拥有一流的充电、供水、加油、起吊、修船和干船坞；同时，还设有帆船训练基地、帆船下水坡道、海上搜救直升机起降场等设施。俱乐部的周围有俱乐部会所、游艇驾驶培训学校、健身会馆、风格迥异的宾馆、歌厅、咖啡厅、酒吧、钓鱼场、美容中心等。它为俱乐部会员及游客不仅提供了专业设备，而且提供了休闲娱乐设施。青岛银海国际游艇俱乐部的快速发展已经在国际游艇业引起了轰动。

3）屋船

屋船与前者不同，是一种正在普及的游艇俱乐部方式。与其他俱乐部的不同之处在于，它不设公共的游艇码头，而是通过规划设计使每家每户拥有自己唯一的游艇码头。因为实现条件较高，因此这种形式在欧美国家及澳大利亚等国家的高档滨水住宅区规划设计中正在渐渐普及。

4. 按开发方式分类

根据我国游艇俱乐部的开发情况，可以将其分为地产游艇俱乐部、以运动竞技为主的帆船（游艇）俱乐部、滨海城市建立的游艇（帆船）俱乐部，以及私人会所式的游艇俱乐部。

1）地产游艇俱乐部

游艇地产是近年来新兴起来的一种发展模式，该模式把游艇旅游与地产相结合，主要的消费者一般为高端人群。游艇地产一般是指在游艇泊位的岸边建设各种类型的住宅，在该住宅附近，配备有全套的基础设施，与住宅共同构成了一个旅游景点。销售时，不仅出售房产，连同附带的泊位也要进行销售。厦门香山国际游艇俱乐部就是一个以地产开发促发展的游艇俱乐部。

该类游艇俱乐部近年来发展快速，但是也存在着一些问题，如发展前期的规划是好的，但是在发展过程中，地产商对游艇俱乐部的经营管理往往十分欠缺，因此，在后期经营过程中需要落实各方责任。

2）以运动竞技为主的帆船（游艇）俱乐部

青岛奥林匹克帆船中心就是青岛国际帆船中心（图 5-11）。青岛奥林匹克帆船中心地理位置优越，位于青岛市东部新区浮山湾旁。原本为北海船厂的地址，基地的西北角是市内著名的景点"燕岛秋潮"。得益于青岛奥林匹克帆船中心的各方面的优势，其举办了 2008 年第 29 届奥运会和 13 届残奥会帆船比赛。

图 5-11 青岛国际帆船中心

资料来源：青岛奥林匹克帆船中心[EB/OL]. https://m.baidu.com/tc?from=bd_graph_mm_tc&srd=1&dict=20&src=http%3A%2F%2Fsd.sina.com.cn%2Fcity%2Fcsgz%2F2016-10-14%2Fcity-ifxwvpar8074506.shtml&sec=1551163267&di=2ee563148b0f32e0&is_baidu=0 [2018-07-24]

说起大规模的以运动竞技为主的帆船（游艇）俱乐部，青岛奥林匹克帆船中心闻名世界。借助于"奥运"的东风，青岛奥林匹克帆船中心获得了政府的巨额财政投入，拥有了庞大的经济来源。因此，该基地在政府的经济和政策支持下，才可以快速地建造完成。

3）滨海城市建立的游艇（帆船）俱乐部

滨海城市建立的游艇（帆船）俱乐部的典型代表有大连星海湾国际游艇俱乐部和日照国际帆赛基地。

大连星海湾国际游艇俱乐部是创建较晚的游艇（帆船）俱乐部之一，于2002年5月创立。虽然建造较晚，但其设施规模却不输于其他游艇俱乐部（图5-12）。游艇港水域面积8.5万平方米，平均水深-6米；俱乐部的自有水域长2公里，宽0.5公里；建有396米长的3个重力式码头，138个国际标准浮动游艇泊位。

图 5-12　大连星海湾国际游艇俱乐部所在的码头

资料来源：大连星海湾国际游艇俱乐部[EB/OL]. http://www.ytshe.com/article-37539-1.html [2018-07-28]

日照国际帆赛基地（图5-13）也是滨海城市建立的游艇（帆船）俱乐部之一。日照国际帆赛基地总面积106公顷，其中，陆地面积65公顷、水域面积41公顷，有帆船泊位320个、游艇泊位80个。巨大的面积使得其能够承担很多大型的比赛，如2005年欧洲级、2006国际470级世界帆船锦标赛。基地整个工程总投资约1.9亿元，主要工程内容有港池、护岸、护堤、浮动码头、小品、雕塑、灯光及已完工的17 000平方米的帆船俱乐部、水上控制中心和船库丈量室、圣火台和服务中心等。

图 5-13　日照国际帆赛基地

资料来源：十一运会场馆巡礼 日照水上中心奥帆赛基地[EB/OL]. http://sports.sina.com.cn/o/p/2009-09-25/18474604916.shtml [2018-08-03]

以上两家游艇俱乐部归国有企业所有，其中大连星海湾国际游艇俱乐部更加具有游艇港概念，因为它的经营方式是以开发为基础的。而日照国际帆赛基地与之不同，其已经将部分物业进行了转移，不再全部归属国有。北京长城国际游艇俱乐部已租用其码头，并在游艇俱乐部物业中开发了一个产权度假胜地。这两个项目成功地为该市增加了游艇港口硬件，并创造了一个吸引外国投资项目的机遇。毕竟，许多欧洲和美国制造商更喜欢此类的生活方式。

4）私人会所式的游艇俱乐部

私人会所式的游艇俱乐部主要面向本俱乐部的会员，并为其提供商务办公、休闲娱乐、衣食住行等多方面的服务。如深圳浪骑游艇会、青岛银海国际游艇俱乐部、上海金茂盛融游艇俱乐部、深圳大梅沙游艇俱乐部。

还有一类以经营游艇为主业的发展商开发的游艇俱乐部，如苏州太湖水星游艇俱乐部（图 5-14）。苏州太湖水星游艇俱乐部成立于 1996 年，由苏州太湖水星游艇俱乐部有限公司与苏州太湖国家旅游度假区经济发展集团有限公司组建的有限责任公司，苏州太湖水星游艇俱乐部有限公司为该俱乐部的主要经营者。苏州太湖水星游艇俱乐部是中国首家具有国际水准的一体化的会员制私家游艇俱乐部。

图 5-14　苏州太湖水星游艇俱乐部

资料来源：苏州太湖水星游艇俱乐部[EB/OL].https://www.jyacht.com/marina/shuixing/[2018-08-09]

苏州太湖水星游艇俱乐部从成立以来秉承的理念一直是一切以客户为尊，努力打造私人式管家服务。后来，其逐渐将功能多样化，成为集商务宴请、朋友聚会、家庭度假为一体的理想场所。它多次举办高端的国际品牌推广、年度龙舟及摩托艇赛事、洁净太湖水鱼苗放养慈善公益等活动，还曾被指定为接待国家级元首访问的专用会场，多次被评为优秀服务行业的典范。

5.1.3　游艇俱乐部的功能

游艇俱乐部的功能是多种多样的。正常的游艇俱乐部通常包括餐饮住宿功能、商务谈判会议功能、健身训练功能、休闲娱乐功能、星际酒店功能，甚至包括团体旅游规划功能、水上生活功能、港口联合检查功能等。

游艇俱乐部可以提供各种形式的服务，服务范围广泛。但是具体问题具体分析，俱乐部可以提供什么样的服务，这是由它们自身的经营模式所决定的。通常，游艇俱乐部提供的服务主要有生日聚会、学生晚宴、社交联谊、结婚周年纪念、婚纱摄影、时装秀、旅游组团等。

以广州南沙游艇会为例。广州南沙游艇会拥有 300 多个泊位，100 多个干仓泊位，占地面积约为 1.7 万平方米，据统计，它拥有 720 米长的海滨观光休闲长廊，场面十分壮观。广州南沙游艇会主张提供一条龙式的全套服务，即从购买游艇开始，直至游艇维修结束。会所具有多种功能，可以提供多方位的服务。综上所述，游艇俱乐部的功能主要分为以下四类，具体功能如下。

（1）基本功能：游艇停泊、游艇维修保养、游艇补给、游艇租赁等。

（2）核心功能：水上休闲度假、水上商务洽谈、水上运动娱乐、水上运动培训等。

（3）衍生功能：餐饮、住宿、会议、娱乐等。

（4）其他功能：其他综合性功能，如生日联谊、结婚周年纪念、公司年会、商务联谊、商品特卖会、时装周等。

5.1.4　游艇俱乐部的经营模式

分类依据不同，游艇俱乐部的经营模式也就不同。根据不同的划分标准，本节内容就游艇俱乐部的经营模式这部分内容进行了如下的划分：按游艇俱乐部的功能分类，可以分为运动娱乐型、休闲型、商务型；按面向对象的不同分类，可以划分为会员制形式和公共码头形式；按产业链定位和盈利点的差异，可以进一步分为 4S 店模式、停车场模式、TAXI 模式、圈层俱乐部模式、后运动场馆模式，以及房地产配套模式。

1. 按游艇俱乐部的功能分类

1）运动娱乐型经营模式

如果一个游艇俱乐部的经营模式为运动娱乐型经营模式，那么这种俱乐部的游艇多为中小型游艇，因为此类游艇外形小巧，除此之外，价格低廉也具有很大的优势。运动娱乐型游艇俱乐部主要的客户群为年轻人，该类型的俱乐部主要用于满足水上运动的客户需求。俱乐部的经营以团体包租、按时收费为模式。

2）休闲型经营模式

休闲型游艇俱乐部主要目标客户为家庭，其为家庭度假、休闲聚会等提供服务。在英国、意大利、法国、美国和其他拥有优越的海上与沿海条件的欧美国家，这类俱乐部更为常见。游艇的长度主要是 30~45 英尺。很多家庭都有自己的游艇，因此他们的服务模式通常为提供配套的服务。

3）商务型经营模式

商务型经营模式以高级管理阶层为主要对象，提供包括豪华酒店、高尔夫球场、健身场所等在内的综合性的基础设施服务。绝大多数的豪华游艇俱乐部只向本俱乐部的会员开放，它并不向整个社会公众所开放。

三种模式如表 5-1 所示。

表 5-1 各类游艇俱乐部特征一览表

种类特征	运动娱乐型	休闲型	商务型
服务对象	青年群体、白领、其他	家庭、朋友	公司、企业等高层商务人士
游艇要求	速度性能优良、中小型化、中低档、配备有大功率的发电机、内部设施相对较为简单	中档、内部设施侧重家庭设施特色、家用电器	游艇大、造价高，其内部设施齐备且豪华，装潢考究，高级套房，注重在通信设备、会议设备、办公设备上的配备安装，充分体现现代企业办公需要
游艇租用/购买意图	运动、娱乐、休闲	休闲、度假	接待客户、商务谈判、公司高层会议、高层娱乐休闲度假等
收费标准	一般	一般	高昂
会员制	需要时临时包租多见或会员制	固定会员或包租	固定会员或包租
服务内容	保险、安排节目行程、组织专题活动等	保险、日常代管护理、加油、游艇翻新和护理	提供专业船长、高档餐饮、酒吧、娱乐场所，安排全程服务或自行确定航程活动
硬件设施	较少外部配套	停车场、修理船坞	休闲、度假等设施综合性强，一应俱全

2. 按面向对象分类[①][②]

1）会员制形式

高端游艇俱乐部的管理采用会员制，俱乐部的基础设施和专业设施基本都是独立的。例如，青岛银海国际游艇俱乐部拥有专业的码头、帆船坡道、加油站、运动员公寓、展览中心、俱乐部、健康休闲厅、中西餐厅、标准客房等完善的配套设施，因此可以为俱乐部会员和国家体育运动员提供配备齐全的专业服务。

2）公共码头形式

游艇俱乐部的形式有很多，公共码头的形式是非常常见的一种。该种形式的俱乐部主要位于城市中心，拥有各种宾馆、办公楼、水族馆、剧院和陆地剧院等多种娱乐设施，已经成为城市中必不可少的美丽景观，反映出了城市的空间质量。

---

① 程爵浩. 游艇俱乐部的设计与运营模式研究[J]. 企业经济，2006，（3）：26-28.
② 姜艳燕，丛红. 走近游艇俱乐部[J]. 中国海事，2011，（5）：35-37.

以广州南沙游艇会为例，游艇俱乐部将为更多船只提供停泊位，公共码头形式的游艇俱乐部对改善南沙船舶进出口做出重要贡献，除此之外，还可以促进南沙经济发展，提高南沙城市空间质量。

3. 按产业链定位和盈利点的差异分类

1）4S店模式

4S店模式的游艇俱乐部一般由游艇生产企业或销售代理商投资建造，这也是其名称的由来。对于投资商而言，其主要依靠俱乐部出售游艇来获得提成和分红。

由此可见，游艇的销售至关重要，不仅关系着俱乐部的发展，还直接会影响投资者的收益状况，因此大家都十分注重游艇的销售状况。近年来，游艇俱乐部已成为提升客户黏度的窗口，他们会在消费者有意向购买游艇之前，就开始介绍自己的产品及购买之后所提供的售后服务，从而树立自己俱乐部的良好口碑，更好地进行游艇的销售活动。

显而易见，游艇俱乐部可以很好地展示它所销售的游艇，能获得很多客户资源，如希仕会游艇俱乐部，该俱乐部与其他俱乐部不同，一改西方游艇多卧室的设计，将麻将桌、会议区、中式厨房等设施融入了进来，将中西方的设计元素进行了融合。这表明，游艇俱乐部向游艇销售或销售代理商方向发展，还是具有一定发展前景的。只要拥有客户资源，就具有了俱乐部优势。同时，销售环节进入俱乐部，更有利于推动游艇产业链上下游一体化，发挥更高的效率。

2）停车场模式

停车场模式的游艇俱乐部功能最简单，并不提供特别完善的综合性服务，仅仅提供停泊维护和基本服务功能。与4S模式的游艇俱乐部不同，此种类型的俱乐部并不是依靠游艇出售来赚取利益，而是依靠收取停泊费和租金费，因此利润不如前者多。

由于历史的原因，这种游艇俱乐部占有优越的自然资源，拥有丰富的泊位资源。泊位通常位于市中心水道。

停车场模式的游艇俱乐部显示了靠近城市第一个位置的泊位的价值，资源稀缺，临近经济发达的地区，随着时间的推移，利润也在逐渐提高。

3）TAXI模式

TAXI模式在发展中国家比较普遍，主要的收入来源是游艇租赁的费用，因此被称为是"平民游艇"。在俱乐部里，消费者可以租用游艇并享受俱乐部所提供的游艇服务。俱乐部建造的泊位，也多采用联合建造的形式。

这种俱乐部的典型代表便是上海莱悦游艇俱乐部。起初，上海莱悦游艇俱乐部从大都会游艇俱乐部租了几个泊位，期望向国外学习游艇租赁，为一些无法承受昂贵购买费用的消费者提供更加方便的服务。

TAXI模式为游艇俱乐部的经营提供了借鉴经验，除了直接购买之外，游艇租赁也是不错的选择,因此在未来的中国,这种经营模式也会有广阔的发展前景。

4) 圈层俱乐部模式

就中国目前的俱乐部而言,类型居多的还是这种圈层俱乐部模式。这种游艇俱乐部仅对会员开放,会员在俱乐部中具有极高的地位,可以享受高质量的全套服务,但是花费与所享受服务的质量成正比,因此会费也比较高昂。

5) 后运动场馆模式

一般大型体育赛事结束后,为活动投入建设的游艇泊位资源将由企业经营。一些游艇俱乐部,如深圳七星湾游艇俱乐部和青岛银海国际游艇俱乐部,这两个俱乐部都是在赛事结束后重新规划建造的。这种游艇俱乐部因为举办赛事的主题不同,所秉持的宗旨和蕴含的精神不同,因此被称为后运动场馆模式。

后运动场馆模式经营的俱乐部,一般也是覆盖着很多的服务范围。俱乐部经营的核心并不在于构筑特定圈层平台,满足会员多种需求,而是更强调游艇停泊的维护,注重游艇的后期消费服务。

这类游艇俱乐部规模庞大,具有很丰富的游艇资源。例如,距离深圳浪骑游艇会只有5分钟车程的深圳七星湾游艇会有500多个泊位,这些泊位并不是为了日常娱乐休闲,而是为了特定的赛事活动而创建,成本计入举办活动方。但是不可避免的是,这些泊位会对市场上的游艇俱乐部形成一定的冲击,增加了泊位的稀缺性。

6) 房地产配套模式

随着国内旅游房地产业的蓬勃发展,为了配合市场的发展,市场上建立的游艇俱乐部如雨后春笋般涌现。例如,广州南沙游艇俱乐部、苏州涵园国际俱乐部、三亚鸿洲国际游艇会等,都可以视为游艇地产的发展模式。

游艇与房地产的共同开发可以实现最大的经济效益。例如,在征地方面,由于其高端形象和对高端客户的吸引力,该游艇将受到当地政府的青睐,可以获得政策方面的大力支持,它可以帮助开发商以低成本获取土地;在销售环节,业主将密切关注这个项目,将有效实现住房增值。

房地产开发和游艇协会共同合作将产生品牌协同、功能协同和客户协同。两者协同发展,游艇会将有助于提升房地产项目的品牌,吸引更多的客户购买,但也存在着不可避免的问题。例如,游艇会的功能主要体现在房地产的开发过程中,房地产销售过程结束后,游艇会的运营会独立出来,不再依靠房地产的带动,期望可以通过游艇会自己的经营收回成本,但是如果不投资某些资源、不具备一定的专业管理能力,甚至无法维护正常的生产经营,那么就只能再次依靠房地产的带动发展。

因此,对于没有强大实力的开发商来说,需要开发商在投资建设时掌握游艇的积极协同作用和投资之间的平衡,只有这样才可以避免后期问题的出现。

5.2 游艇俱乐部竞争力

5.2.1 游艇俱乐部竞争力评估

竞争力是指企业在培养自身资源和能力，获取外部资源，在为客户创造价值的基础上能够获得的自身价值。在竞争激烈的市场条件下，竞争力的强弱往往可以体现一个经济体管理能力和经营能力的强弱。

游艇俱乐部是指利用游艇消费服务，包括集游艇停泊、维修、驾驶培训，以及餐饮等多种服务于一身的综合性服务场所，以利益最大化为经营目标，故游艇俱乐部也可以用竞争力的理论来解释。将竞争力与游艇联系起来，即游艇俱乐部的竞争力是指游艇俱乐部能够比竞争市场中的其他游艇俱乐部更有效地向市场提供产品和服务的能力。俱乐部的竞争力主要表现为下面三个层面。

第一层面是产品和服务水平，包括游艇俱乐部产品和服务，提供质量控制能力、成本控制能力、营销能力。

第二层面是规章制度层，包括游艇俱乐部管理要素的结构平台、内外资源、资源关系，游艇俱乐部运行机制、规模和产权制度。

第三层面是核心层，包括具有游艇俱乐部管理理念和价值观的企业文化、优秀的企业形象，创新能力、差异化和个性化特征、稳定的财务和全球化的发展目标。

以上三个层面的竞争力的关系如下：第一个层面是最为表层的竞争力；第二个层面是支撑平台的竞争力；第三个层面是核心竞争力。其中，核心竞争力最为重要，直接决定着游艇俱乐部是否可以长足发展。

1. 游艇俱乐部核心竞争力

核心竞争力（core competence）这个概念是在20世纪90年代被首次提出的，提出者为管理学者加里·哈默尔和普拉哈拉德。核心竞争力即企业所具有的一种能力，一方面是企业自身独特拥有的，别的企业无法效仿；另一方面，这种核心竞争力可以为企业带来巨大的经济利润。将竞争理论应用于游艇俱乐部，即指游艇俱乐部在经营过程中形成的独特的具有巨大经济利润的能力，这种竞争力集中体现在品牌方面。这是因为，品牌是竞争对手不易甚至无法模仿的，假如塑造了一个强势品牌，那么就更加具有品牌优势，更有可能在激烈的市场竞争中获得更大利润。因此，要打造并提升游艇俱乐部的竞争力，必须将培育品牌竞争力放在第一位。

2. 游艇俱乐部品牌竞争力

品牌竞争力是一项组合，并不是一种单一的能力。有学者将品牌竞争力划分为八大层次力，分别为：品牌核心力、品牌市场力、品牌忠诚力、品牌辐射力、品牌创新力、品牌生命力、品牌文化力和品牌领导力，这八大竞争力的重要性按以上顺序依次递增。但是受限于现实的条件，因此简单地将其各层次力进行层次递进划分在现实企业中是不可行的。

在分析品牌竞争力的具体构成时，不能仅从表面研究，也要与企业所处的行业环境、企业自身的竞争优势相结合。因此，品牌竞争力的划分不应该是向上面所说的逐渐递增的关系，而是一种平级的关系。根据企业对品牌竞争力各层次力的影响程度，将竞争力分为竞争内力和竞争外力。竞争内力指受产品和企业自身所影响的力，企业可以对其进行控制；竞争外力是指受外部环境，如市场、消费者、行业政策等影响的力，企业对其无法进行控制。竞争内力和竞争外力可以进一步分解为若干分力，如图 5-15 所示。

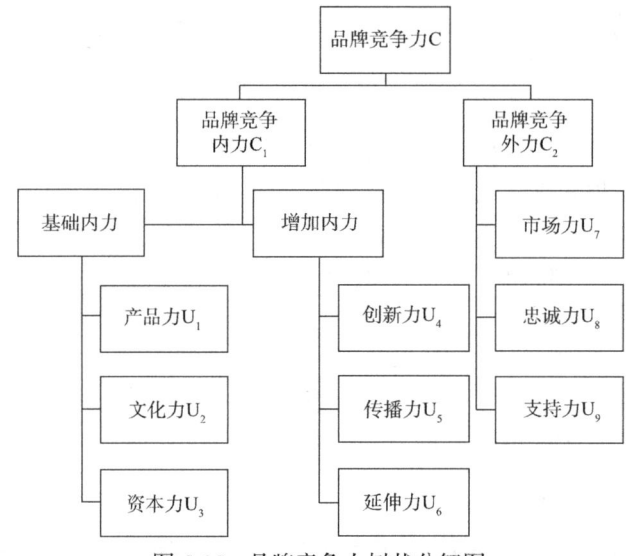

图 5-15 品牌竞争力树状分解图

如图 5-15 所示，具体含义解释如下。产品力是指产品本身的竞争力，包括质量、价格、服务、生命周期等。文化力是指品牌企业所体现的企业文化，以及品牌自身文化所体现的竞争力。资本力是指品牌和企业的人力资本及财务资源给品牌带来的竞争力。创新力是指进行技术创新和产品开发的能力。传播力是指品牌利用广告和营销网络迅速向市场传播的能力。延伸力是指品牌在横向和纵向扩展新产品或品牌的能力。市场力是指品牌的竞争力，如市场份额、市场盈利能力和价格竞争能力。忠诚力是指消费者对品牌的偏好程度及长期购买品牌的倾向。支持力是指政府的政策支持所带来的竞争力。

由图 5-15 可以看出，游艇俱乐部品牌竞争力是指这种竞争能力可以使游艇俱乐部从众多同类俱乐部中脱颖而出，拥有这种竞争力，可以超越其他同行业的产品，消费者对其更加信任和青睐，凭借这种品牌竞争力，可以获取更大的市场份额。

5.2.2　游艇俱乐部品牌竞争力提升策略

1. 满足客户需求是游艇俱乐部品牌竞争力的核心

根据新加坡品牌管理顾问和学者——Paul Temporal 博士的观点，未来的竞争优势来自客户而不是市场营销。事实上，客户关系管理的本质是维护消费者与产品之间的关系而做的努力，而这也是为了企业的品牌可以经营下去。Paul Temporal 博士指出，作为一种关系，品牌应该建立在企业与客户相互信任的基础之上。因此，品牌管理策略应该是感性的而不是理性的。

对于游艇俱乐部来说，需要和客户有一个过程来培养与塑造一种感性的、个性化的品牌关系。首先，游艇俱乐部需要提升自己的知名度，这样才能使客户能够获得足够的信息，以充分了解俱乐部的品牌；其次，要获得客户对俱乐部品牌的尊重，与客户建立友谊，双方建立深厚的信任关系；最后，信任关系深化，客户与品牌之间的关系就越发坚固。

品牌等于客户，拥有客户才是拥有品牌，满足客户需求和维持客户关系的能力可以衡量一个企业品牌竞争力的强弱。按照国际著名的普华永道咨询公司的指标，企业是否具有客户关系管理能力，可以从以下六个方面进行衡量：①企业是否将客户信息作为战略资源进行管理？②企业是否评估客户的持续价值？③企业如何定义和满足客户的期望？④企业的发展战略是否与客户的价值相适应？⑤企业是否进行部门间整合？⑥企业是否积极管理客户的体验和感受？

显然，这种能力与可以满足客户需求的程度具有高度的一致性。

可能大家会好奇，为什么品牌的核心竞争力会与满足客户的需求程度相联系起来。如今，每个企业都有能力模仿其竞争对手的产品、服务、系统乃至整个过程。它并不像改进产品的质量、成本那样简单，仅仅通过广告的途径进行推广并不能维持企业优秀的品牌形象，因此维持品牌的差异化市场地位具有一定的难度。传统的单一营销策略所能起到的作用有限，必须通过培育客户关系来保持一个品牌的差异性市场定位。

2. 信守承诺是游艇俱乐部品牌竞争力建立的核心点

如何让消费者心甘情愿地付出比竞争对手高出数倍的金钱来消费本俱乐部的产品，是每个游艇俱乐部都应该思考的问题。随着时代的发展，消费者更加注重品牌效应，消费者收入水平日渐提升，因此他们不再过多地注重商品的标签价格，而是更加注重购买产品之后所能够带来的附加价值，品牌在今天已变得日益重要。品牌之所以变得越来越重要，是因为一方面，商业社会品牌可以转变为企业的无形资产，产品却只能作为实物资产而存在；另一方面，在 21 世纪，注重品牌已经不是追求奢侈生活的表现，在激烈的市场竞争条件之下，只有足够强大的品牌才能获得长足发展。

3. 管理是提升游艇俱乐部品牌竞争力的重要途径

现代企业品牌的重大变革是从单一品牌向多元化品牌的转变。企业的品牌生存环境复杂多变且难以预测，因此新的营销和品牌挑战使企业不得不进行企业品牌的再定位。我们看到很多同样的企业已经完成了品牌知名度和单一品牌发展的过渡阶段，如联想集团、海尔集团、TCL 集团股份有限公司、海信集团有限公司等。基于单一产品结构逐渐发展起来的品牌已经扩展到多元化的产品结构，形成以母品牌为主体的品牌结构，品牌识别系统和管理系统也相应地发生了变化。每个企业都在不断地探寻与自己企业相适应的管理模式，建立和监督一套新的企业品牌架构，包括改变企业的品牌理念，在整合企业资源的基础上实现品牌资产的最大价值。

企业繁荣的基本要素是企业多来年所形成的企业素质。内部条件比外部条件更具决定性。如何能够获取超额利润并在市场上保持长期竞争优势，这是由企业的能力、资源和知识的积累所决定的。在中国企业中，企业尚未形成科学的管理方式，或者说管理方式尚不成熟。国外调查数据显示，1998 年中国的国际竞争力在 47 个国家和地区中排名第 29 位，管理水平为第 36 位。缺乏管理能力，尤其是品牌管理经验的缺乏，使得中国的企业难以形成闻名于世界的品牌。

4. 专业化是增强游艇俱乐部品牌竞争力的手段

21 世纪，企业品牌面临着一个如何重新定位和资源整合的管理课题。根据《财富》杂志的统计，全球 500 强企业中，单项产品销售额占企业总销售额比重 95%以上的有 140 家，占 500 强总数的 28.0%；主导产品销售额占总销售额 70%~95%的有 194 家，占 500 强总数的 38.8%；相关产品销售额占总销售额 70%的有 146 家，占 500 强总数的 29.2%，这说明 500 强企业品牌的核心竞争力来自最擅长的行业，而不是面面俱到的多元化品牌。

之所以发生这样的变化，也是经过了一个漫长的过程。美国公司在 20 世纪 60 年代大规模地实现多样化的经营方式，但是却与初衷背道而驰，并没有给这些公司带来所期望的效益。事实上，由于盲目大规模地实行多元化的经营方式，许多 500 强企业都处于危机之中。多元化经营导致公司资源分散、经营成本增加，公司的核心竞争力因多样化经营而极大地被削弱。20 世纪 70 年代，美国 500 家最大的工业企业中有 94%的企业从事多元化经营，然而这一时期也是跨国品牌竞争力最弱的阶段。

5. 企业文化的积累是维持游艇俱乐部品牌竞争力的动力

任何企业都必须在品牌创建的初始阶段选择短期利益和长期利益，因为在通常情况下，这两种利益是不可以同时兼得的。最理想的方案便是企业在获取短期利益的同时还可以兼顾到未来长远的利益。但事实上，不可避免的是，企业常常经受不住短期利益的诱惑，这会使得运营商牺牲企业的长远利益，以最大限度地获取其短期利益。与西方企业品牌相比，中国品牌对大多数企业来说仅仅是一件奢侈品。

要想长期地保持品牌的竞争力，需要建立起一种基于长期发展并兼顾社会进步的企业文化，而这种企业文化来源于企业日常生产经营的点点滴滴。这种文化可以集中体现为以下几种价值观：一是人的价值高于物的价值；二是共同价值高于个人价值；三是社会价值高于利润价值；四是用户价值高于生产价值。这些价值观作为企业文化指导着公司的生产经营，渐渐成为企业凝聚力和活力的源泉。假如没有正确的企业文化作为指导，游艇俱乐部将不会健康地发展下去。这些文化融入企业长期发展的战略经营方针之中，渗透在企业经营和管理的每一个环节，并随企业文化的不断深入而发展，最终通过产品和服务在市场上形成独特的品牌竞争优势。

5.3 中国游艇俱乐部的发展

游艇自发展之初，其定位一直是高档消费品，游艇的增多也使得游艇俱乐部得以快速发展。但俱乐部发展的根本动力来源是强大的经济实力，按照国际上的惯例，游艇发展与经济发展有着直接的联系，当一个国家或地区的人均 GDP 达到 3000 美元时，游艇经济就已经开始萌芽发展。在我国，许多城市都已经达到甚至超过了这个标准，广州、杭州、青岛、厦门等城市已达到 4000~6000 美元，而一些国内超一线城市，如上海、北京、深圳，已经达到了 10 000 美元，这足以说明中国的某些地区已经进入游艇消费时期。随着经济水平的持续增加，也许对于一些中产家庭购买游艇仍然吃力，但是游艇租赁已经不再是梦想。

我国也拥有优越的地理优势发展游艇行业，江河湖海水域面积辽阔，有 473 万平方公里的海域、18 000 多公里的海岸线、1700 万公顷的内陆水域面积，这种得天独厚的地理条件促进了游艇行业的发展。其中，厦门、深圳、珠海、三亚等沿海城市最具有优势，其主要优势在于海域广阔、气候宜人，使游艇出行和海上运动不再受季节的限制，所以这些城市也成为游艇发展潜力最大的城市。

5.3.1　中国游艇俱乐部的发展概况

中国具有代表性的是苏州太湖水星游艇俱乐部及深圳浪骑游艇会。我国各家游艇俱乐部的发展模式不尽相同，但是大致可以分为以下五种。

第一，政府支持并且投资建设。较为典型的例子是青岛奥林匹克帆船中心，政府投资建设，用来举办各类国际比赛。

第二，房地产模式。其发展模式主要是以俱乐部旁的房地产为主，配套公寓码头。典型的是天津彩虹地产集团有限公司2009年投资40亿元的俱乐部项目，但是由于受金融危机影响，该项目进展缓慢。

第三，旅游码头使用模式。这种模式并不是在任何地区都适用，该模式发展较好的是海南三亚，这与海南一些地理人文条件是密不可分的。

第四，商业地产模式。这种模式与房地产模式有相似之处，都是充分利用了俱乐部周边的土地资源，不同的是商业地产模式是以发展商业为主，通过俱乐部周边的陆地设备盈利。青岛银海国际游艇俱乐部就是这种模式。

第五，完全封闭的游艇码头。无锡太湖山水游艇俱乐部就是典型的代表。

总体来说，俱乐部的发展模式虽然众多，但是其中以海南省的旅游型游艇会所经营得最为成功。

可想而知，这些游艇俱乐部主要聚集在经济发达的沿海地区，如长江三角洲、珠江三角洲及环渤海地区等，其中发展较好的城市有上海、深圳、广州、大连、三亚等沿海城市。其中，经济发达的长江三角洲是中国游艇俱乐部数量最多的地区，其数量占了全国游艇俱乐部总数的四成以上。

国内的许多游艇俱乐部是以商务消费和航海运动为主的中高端市场，缺少休闲型俱乐部。这与中国人历来的传统及经济水平有关。因此，大多数中国人主要将游艇用在运动、商务接待方面。

近些年，国内的游艇产业正处在发展的快车道，其中包括游艇制造、销售、休闲娱乐、维护保养及游艇俱乐部的一系列环节。游艇业逐渐被业界看好，越来越受到高端消费人群的喜欢。但是要想真正地从游艇业获利并非易事，中国游艇业需要经过很长时间的市场培育，这个过程中不仅要承受巨大的市场风险和经营风险，同时还会收到宏观经济发展和相关政策法规等其他条件的制约。中国游艇业的这种状况，使得在其产业链下游的游艇俱乐部的盈利变得十分艰难。

拿青岛银海国际游艇俱乐部来说，奥帆赛的举办按理来说可以带来一笔不小的收入，可是一些业内人士却道出苦衷。俱乐部总经理辛贤雷就对俱乐部的发展充满了担忧："2001年青岛确定承办奥帆赛后，我们以为是个很好的机会，投入了3亿元给青岛银海国际游艇俱乐部，但就目前的投资回报率来说，再过20年也难以收回成本。当时估计还是太乐观了，实际上发展没有想象得快，青岛的消费能力还不足够支撑这一产业迅速达到赚钱的水平。"当然，这不是个例，青岛银海国际游艇俱乐部的担忧也是国内绝大多数游艇俱乐部所共同面临的问题。

当然，少数俱乐部也能通过政府支持与自身努力取得一定盈利并且继续发展，但大多数的俱乐部并不能够依靠收入维持运营，只能依靠辅助产业维持运营，多持观望态度，但他们认为这是一个有潜力的市场，现在需要等待市场的成熟。

目前，国内游艇俱乐部的主要收入是发展会员、依靠会费维持经营。中国人口众多，消费潜力大，存在着巨大的潜在游艇消费市场，但由于受文化、消费习惯、政策等众多因素的制约，想要快速地发展俱乐部的会员并不容易。有关专家根据经验估计，一个游艇俱乐部要达到盈利，必须拥有1000个会员，一般10年收回成本，15年左右才能盈利。游艇俱乐部这种投入大、产出慢的行业特征，决定了处于游艇经济起步阶段的我国出现绝大多数游艇俱乐部经营状况不佳的状况，也决定了这一产业更加需要政府的耐心呵护和政策支持。

5.3.2 束缚中国游艇俱乐部发展的原因

中国游艇俱乐部总体盈利状况不佳，分析其原因，从游艇产业的主要结构看，无外乎表现在以下几个方面。

1. 发展不理想：产业不健全

我国游艇俱乐部发展的主要地区在环渤海、长江三角洲、珠江三角洲，这些地区目前的发展仍然不算顺利，特别是一些中小型游艇俱乐部，经营更是举步维艰，很多都处在倒闭的边缘。据国家海事局统计，目前全国注册游艇2500艘，如果把钓鱼艇算上，估计在5000艘左右，平均27万人拥有一艘游艇，人均拥有量与发达国家还有非常巨大的差距，游艇产业规模在40亿元左右，市场规模整体偏小，整体来说中国游艇市场仍处在发展的初级阶段。与国外游艇产业上下游发展旺盛的现象相比，中国游艇产业上下游的联动则显得毫无生机，每年在北方、南方的游艇展，仅让人保持对游艇的记忆，但是人们却没有机会近距离地接触游艇。

2. 制约发展的因素多：相关政策是关键

中国得天独厚的地理条件是优势，但在一定程度上也阻碍了游艇发展的脚步。中国拥有超过1.8万多公里的海岸线，大小岛屿6500多个，大小湖泊24 800多个，总面积达8.3万多平方公里，这使得游艇出行有了非常大的空间，但是这么大的面积也使得相关部门在管理上困难重重。游艇业许多制度并不完善，从游艇行业内部运营到外围环境管理都还不够清晰明确，而且人均拥有水域资源相对匮乏、游艇设计和制造水平低下、游艇专业人才奇缺、部分水域污染严重等诸多因素制约着中国游艇业的发展。

3. 主要依靠游艇俱乐部带动：缺乏政府主导

目前游艇业的发展更多地依靠俱乐部的带动，缺乏政府的主导和政策支持，如维护、维修、保养等都过多依靠俱乐部，而俱乐部缺乏专业人才，加上市场本来也不旺盛，所以发展缓慢。中国目前的游艇俱乐部主要功能包括：会所功能、餐饮—会议—健身功能、娱乐功能、水上运动培训功能、游艇停泊、维护保养功能、休闲度假功能、商务功能、星级酒店功能，甚至团体（或个人）旅游活动策划功能、水上生活功能、水上婚礼、口岸联建功能等具体的配套项目及其提供的服务功能。

5.3.3 中国游艇俱乐部发展对策[1][2][3]

纵观游艇的整个上下游生态链，最复杂的环节就是游艇俱乐部的运营。每一个新兴行业都要面临的一个问题是，极度缺乏有专业经验的游艇俱乐部从业人员，而那些高薪聘请的国外俱乐部管理者往往因为不了解中国的本土文化及状况，不能针对中国市场进行有效的管理，而且行业产品同质化严重。同时，那些具有一定规模的大型游艇俱乐部都是投入了庞大的资金建设的，不仅建设成本难以回收，后期每年的运营持续性投入也是一笔大开销。一面是现实的困境，另一面是未来游艇普及时代的大势所趋，投资方面临着食之无味、弃之可惜的窘境。

目前，中国游艇产业现状的供需关系失衡，国内拥有近万个水上已建泊位，但是却仅有 2000 条大小游艇泊位的需求，而且游艇保有量增长缓慢。市场经济体系的背景下，产品和服务的生产及销售完全由自由市场的自由价格机制所引导，这意味着价格是由市场需求和成本所决定的，游艇俱乐部也不例外。定价的合理性是否准确，要投入市场后经过市场的检验才能知晓。中国也只有几所俱乐部能够抗住压力在国际上具有影响力。未来的市场对大家都是公平的，都有机会做中国最知名、最有影响力的游艇俱乐部。关键就看，在现在市场不景气的时候，各大俱乐部如何去规划品牌定位、搭建精干的团队、整合改造本土的游艇产品和文化，当然坚持比什么都重要。

游艇俱乐部想要得到良性的发展，要依赖于诸多环境要素的改善，将游艇的消费作为出发点，构建适应性的法律法规体系尤为重要。如何立足于我国国情，完善我国游艇业发展所需要的政策、法律、基础设施，将会是我国游艇俱乐部发展面临的主要问题，所以以下几个方面的问题有待各方重视和解决。

---

[1] 李笑鹿. 游艇产业市场分析报告[J]. 中国外资，2008，（8）：166.
[2] 张丽，盛红. 我国游艇俱乐部发展研究[J]. 现代商业，2011，（6）：41-42.
[3] 谢柏毅. 中国游艇俱乐部之路[N]. 中国水运报，2007-11-12（8）.

1. 游艇专业人才与管理人才的培养

游艇的发展需要软硬件相结合，现在的状况是投入了大量的资源建设基础设施，却忽略了专业人才的培养，而游艇专业人才匮乏一直是困扰我国游艇经济发展的瓶颈问题，也是导致我国游艇俱乐部行业竞争力不足的深层次原因之一。因此，想要解决这一问题，重点是要将精力放在相关专业人才的培养上。一方面，政府应整合各大高校丰富的科研力量，鼓励教育机构建立集游艇设计、制造技艺和游艇旅游管理等方向为一体的游艇专业，逐步建立以市场需求为导向的人才培养体系，从根本上解决游艇业发展所面临的人才匮乏的问题；另一方面，游艇俱乐部也该尝试通过联盟等方式搭建人才培养的合作平台。

2. 经济发展水平与消费能力的持续提升

作为世界第二大经济体，从我国人均 GDP 来看，很多地区已经具备了发展游艇业的经济基础，但较发达国家还有差距，并不能满足游艇快速发展的需求，所以游艇业要想发展，归根结底还是要依赖于经济的发展。

3. 游艇消费观念与游艇文化的深入普及

在我国日常消费中，真正参与游艇消费的人群有限。究其原因，一是因为游艇业在我国起步较晚。二是在于中西方消费观念与文化存在较大差异。西方人购买游艇大多出于兴趣或爱好，而中国人购买游艇多出于商务用途或者彰显身份地位。因此，游艇经济的腾飞、游艇俱乐部经营状况的彻底改观，还有赖于游艇文化的普及与推广。

4. 游艇相关产业的协调发展

游艇行业不仅仅需要基础设施的支持，更需要游艇管理的同步发展。目前来说，我国游艇业管理与基础设施的发展不相匹配，较发达国家也有很大的差距。主要表现在以下两个方面：一是缺乏专门的高水准的公司进行产业链的开发和运营，这给消费者带来了极大的不方便，削弱了消费者购买游艇的欲望；二是游艇俱乐部经营模式单一，后续产业链尚未形成，没有充分利用现有资源使效益最大化，这使得投资者对游艇业的发展也慢慢失去了信心。游艇俱乐部作为衔接游艇产业链上下游链条的核心环节，它的发展无疑会带动整个产业的发展，与此同时，它的发展也离不开整个产业链条的协同带动。

5. 游艇俱乐部经营模式的改善

虽然目前国内有近百家游艇俱乐部，但其市场定位、经营模式大同小异，这就出现了游艇俱乐部数量不多但是彼此之间竞争非常大的现象。一些俱乐部，特别像长江三角洲、珠江三角洲地区的游艇俱乐部，应该从这个恶性竞争中走出来，立足于自身独特优势，差异化发展，努力打造有竞争力的游艇俱乐部品牌。

6. 相关法规政策的健全

我国第一部关于游艇的法规在 2009 年 1 月 1 日才正式实施，这部由交通运输部制定的《游艇安全管理规定》，2013 年，海事局制定了《游艇法定检验暂行规定》，这些法规的出台，意味着游艇的发展已经正式纳入我国法律管理范围之内。这些规定出台的最主要目的是建立一个宽松的、有利于游艇健康发展的法律环境，从而能够促进游艇行业的健康发展。这意味着游艇的各方面发展有了法律保障。我国还应该借鉴其他国家游艇的法律法规，结合我国的国情，健全游艇法律法规。

我们的国家还处在游艇发展的初级阶段，很多人没有接触过游艇，游艇更没有成为一种消费时尚和文化。造成今天游艇和泊位供需不平衡的原因在于，近些年人们对于地产的狂热，这同时也使游艇行业的洗牌周期变短，更多的新生游艇俱乐部不得不面临转型、另谋出路的局面，竞争是残酷的，生存下去比什么定位都重要。

中国作为一个海岸线长、湖泊众多的国家，一个超过 14 亿人口的国家，却只有两千条游艇的保有量。游艇保有量如此之低能够很深刻地说明以下两个问题：①游艇产业前景可观，未来的空间无限；②我们的国民经济水平太低，游艇离普通大众的度假生活还太遥远。任何一个行业的兴盛，都必须拥有一个庞大的爱好者基数来支撑，游艇行业同样如此。美国是世界上拥有游艇最多的国家，2013 年其游艇保有量就达到了 1700 万艘，平均每 14 人拥有一艘游艇。在挪威、芬兰、新西兰等国家或地区，平均每 6~7 人就拥有一艘游艇。而另一个数据则说明了问题的原因，中国人均 GDP 仅仅为美国、欧洲等国家或地区的 1/10。游艇文化的兴盛一定程度地代表了这个国家人民经济收入指数，举国富有才是全民游艇时代的前提。

第6章　游艇管理政策与法规

游艇业作为一种新兴产业，正在全球范围内受到越来越多的关注，其工业本身也在持续不断地快速发展，因而世界上许多国际性组织及国家都制定了相应的游艇管理政策与法规，如国际海事组织（International Maritime Organization，IMO）制定的《1974年国际海上人命安全公约》，其中，第五章"航行安全"的内容就适用于所有在海上航行的船舶和游艇；欧盟国家针对制造船体长度在2.5~24米的游艇制定了《娱乐游艇指令》（Recreational Craft Directives），既适用于装配完整的游艇，又适用于游艇半成品、组装部件等。尽管《休闲游艇指令》为欧盟制定，但事实上涉及的制造商远远不限于欧盟国家制造商，所有想要将产品投放于欧洲市场的其他国家游艇制造商都受到该法律的约束。

同样，许多国家和政府结合自身情况，在游艇安全管理、游艇码头规划设计与建设管理、游艇经营管理和出入境管理等方面都制定了相应的政策法规。现就以美国、意大利、法国、英国、澳大利亚、中国等游艇发展大国为典型代表，对各国现行的游艇管理政策法规状况做简要介绍。

（1）美国。美国关于游艇管理制定的政策法规已较为健全。1971年，美国制定了《联邦游艇安全法》，并出版了《游艇法规和规范》一书，在游艇的购买登记、航道安全、驾照考核、贷款服务等方面都形成了很完整规范的体系。其他游艇相关政策法规还有《制造商资格条例》《禁止酒后驾驶游艇法》《游艇法规和规范》等。

（2）意大利。意大利是一个游艇产业相当发达的国家，国内制定了较为齐全的游艇产业政策，对游艇可航行水域做出明确规定，而且对游艇进行了法定分类：长度在10米及10米以下的动力艇或者帆船称为小型游艇；长度在10米以上、24米及以下的动力艇或者帆船称为中型游艇；长度在24米以上的则称为大型游艇。2005年，为了完善游艇产业管理的相关法规，意大利废除了1996年交通部发布的《游艇管理条款》，发布的新法规规定意大利的所有游艇都应登记注册，申请航海执照。

（3）法国。法国标准化协会（Association France de Normalisation，AFNOR）根据欧盟游艇指南94/25/EC（简称指南），制定了《54ISO/CEN标准》，自2005

年1月1日起开始实施。同样，法国的商业游艇也须遵照IMO在海上船舶工业中引入的《国际安全管理规则》(ISM-Code)。该管理法规规定了有关安全航运管理和突发事件的程序及其应当采取的行动，而且要求所有吨位在500吨及以上的商业船舶强制遵守。

（4）英国。英国游艇制造商须遵守欧盟有关游艇方面所发布的指令，但也有自己的政策法规。如1997年由英国环境部门和航道部门联合制定的《游艇安全方案》(Boat Safety Scheme)已经被英联邦所有的航行权力机构认可，成为取得航行执照的必备条件。2005年，英国海事和海岸警卫队修订完成的《大型商用游艇法》的安全标准和防污染条款按照游艇的规模提出了不同要求，同时还对大型游艇的稳定性、干舷、救生设施、操舵装置、防火设备等做了明确的规定。

（5）澳大利亚。澳大利亚是一个海岸线非常长的国家，国内的游艇业也是相当发达。澳大利亚每一州或者地区都针对游艇制定了各自的法律和政策。总的来说，澳大利亚海事安全部负责游艇注册等统筹管理，而各个州则对具体执行层面进行了各自的强制规定，这在各个州之间形成了一定的差异。

（6）中国。自1979年中国制造出第一艘游艇至今，已经历了40多年的历程。国家对游艇业的发展也日益从政策层面给予重视，游艇业被列入国家"十二五"发展规划，且在国家发展和改革委员会（以下简称发改委）发布的鼓励发展产业目录中，游艇设计被纳入鼓励支持产业，重量级的游艇产业政策相继出台。经梳理，至今仍然有效的游艇管理相关领域的政策有84部，其中，涉及法律、法规的有28部；涉及游艇码头规划、建设及经营管理的有13部；涉及游艇安全管理的有27部；涉及游艇经营管理的有10部；涉及游艇进出境管理的有6部。

6.1　游艇安全管理

为了规范游艇安全管理，保障水上人身安全和财产安全，防治游艇污染水域环境，促进游艇业的健康发展，许多国家在游艇注册管理、检验登记管理、航行停泊管理、操作人员管理、俱乐部安全管理、防污染管理等方面都制定了相应的政策法规。中国也出台了《游艇安全管理规定》《游艇法定检验暂行规定（2013）》《中华人民共和国船舶登记条例》等游艇相关海事法规。

6.1.1　各国游艇注册管理

游艇注册管理是游艇安全管理的第一步。游艇作为非公约船舶，国际上没有专门针对它的统一注册要求，其注册管理由各国国内法规定。

（1）美国。第一游艇大国美国的游艇注册管理法规是最为完善的。其规定所有配有推进装置的无证船舶必须在其使用的州内进行注册。当游艇注册时，会颁发一个编码证书，这些号码必须在你的船体上展示出来。游艇所有者在使用游艇的过程中必须携带有效的编码证书。当游艇购买者在州编号机关注册游艇时，必须携带游艇制造商提供货物的原产地证明书（或称为制造商原产地声明、高级建造者证明书、木匠证明书等）。缺少货物原产地证明书，可能导致购买者无法注册游艇并取得注册号。一些大型的游艇可能已经有证书，那么证明文件必须在任何时候都摆放在船上。证明书起到了证明国籍的作用，并且是对特殊贸易的许可。拥有证明书的船舶并不免除税收负担，也不免除联邦和州对其装载设备所提出的要求。

（2）意大利。在意大利，游艇首先要按照游艇长度进行分类，这与其是否需要注册具有密切关系。2003年7月1日，意大利开始实施游艇强制注册政策，对于长度超过10米的游艇（即大、中型游艇）及离岸进行贸易距离超过6英里的游艇，游艇所有者应当向意大利海军部门或者向国家运输部提出申请，获得准许后取得一个特定的注册号。

（3）法国。在法国，对游艇的划分则主要根据游艇的功率、长度和使用范围来定。游艇的注册大多数是针对机动船舶，而非机动船，如划艇（rowing boat）、小艇（skiffs）、皮划艇（canoe-kayaks）、脚踏船等，后者既不需要登记，也不需要注册。一般而言，内陆航行的游艇功率超过4500瓦、出海游艇功率超过3500瓦，或者总长度超过5米的游艇都需要注册，并获得C.I.B.P（国际休闲游艇证书，由监督委员会颁发）；对于排水量超过10立方米，或者长度超过15米的游艇，不仅需要注册，而且需要获得游艇许可。

（4）英国。英国法律对于存放在英国国内，并且在英国水域内使用的游艇没有做出强制注册的法律规定。但是，如果涉及海外使用的游艇，则必须注册。英国国内针对不同长度的游艇规定了不同的注册种类，而且对于不同的注册种类，其具体的规定也各不相同。英国国内不允许一艘游艇存在两类注册，当想要转换注册类型时，应当先结束前一个注册。详细的注册要求如表6-1所示。

表6-1 英国游艇注册要求

游艇长度范围	注册要求
24米（含）以上大型游艇	（1）游艇注册的有效期为5年，5年期满可以延期，延长的有效期仍为5年。游艇注册后，任何可能影响注册证明的事项都应当通知注册机关 （2）英国法律对于不同的注册改变提出了不同的要求，并且有些事项需要支付一定的费用。其中，如果注册人改变了地址，则必须以书面的形式将新的地址通知注册机关 （3）游艇注册人在申请游艇注册时需要提交如下证明文件：注册申请、合格声明、出售游艇时的原始文件（如发票、销售账单、建造者证明等）、吨位和长度证明（权威调查或者检查机构标志）、英国国际吨位证书（ITC69）、公司证明（若公司为申请人）、124英镑初始注册费。如果是外国注册者，还需要提供已取消的证书（the deletion certificate）及申请概要等

续表

游艇长度范围	注册要求
小型游艇的注册	（1）有效期与大型游艇（24米及其以上）一样 （2）小型游艇注册仅仅是一种简单的注册，具有取得船籍的效果。对于游艇不进行抵押登记。具有商业目的的游艇在国外有些港口可能不被认可 （3）如果游艇出售或者出现在注册证明上的详细资料发生变化，则注册立即停止效力。当这样的情形发生时，注册人必须返还注册证明，并且对于发生变化的情形做一个简要的说明。同时，注册人在地址发生变化时必须通知注册机关

（5）德国。在德国，注册游艇需要向德国航行委员会（Deutsche Segler Verban, DSV）提出申请，提交标准格式的申请表。国际性游艇注册文件（International Boots Schein, IBS）的有效期为两年。只要在这段时间内游艇长度等要素不发生变化，那么执照在该段时间内都是有效的，两年之后游艇就必须重新注册。当游艇在德国注册时，需要提供如下文件：填写完成的IBS申请表、游艇所有者的证明文件（合同、发票）。游艇尺寸有任何变化，都需要提供航行俱乐部的确认书、执照的副本、德国居住证明的副本等。

（6）澳大利亚。在澳大利亚，海事安全部船舶注册办公室负责游艇注册，而各个州之间游艇注册机关存在一定的差异，如西澳大利亚州由计划和基础设施部负责，而南澳大利亚州由交通运输部负责。根据《1981年船舶注册法》第十五章和《船舶注册规章》第七章至第十章的规定，实施游艇注册，国防部门所有的船舶不能注册。游艇注册申请人需要提供的文件包括：申请表、所有者和国籍的声明、指定注册机关的布告、描述游艇的文件、所有人证明文件、吨位证明（游艇的长度超过24米，或者需要进行海外航行）、信号许可证等。澳大利亚各个州基本都针对机动艇做出强制注册的要求，而且有的州还规定，装有辅助引擎装置的帆船也必须进行注册，甚至规定州际游艇在该州的使用时间超过3个月，就需要在该州进行注册。此外，需要进行海外航行的澳大利亚游艇必须进行强制注册，即使该游艇由澳大利亚人在境外购买，他们前往澳大利亚或其他国家时仍然需要进行注册。

（7）荷兰。在荷兰，游艇是否需要注册主要取决于该游艇的速度。如果游艇的时速可以高达20千米，则该游艇必须在相关机关注册，取得注册号；而那些休闲小艇则无须注册。注册后就确定了其法定所有者，在法律上产生效力。

（8）新西兰。新西兰国内的船舶注册可分为A类和B类。A类注册须提供船籍证明、所有权证明、抵押登记等材料；B类仅需要提供船籍证明材料。新西兰人可以自由选择注册的种类，基本上属于新西兰人所有的船舶，或者新西兰永久居住者的船舶，都可以申请注册，但是两类注册都存在强制注册对象。新西兰法律规定，新西兰人所有进行海外航行的休闲船舶的长度不超过24米，但是需要进行海外航行的船舶必须选择A类或者B类注册。而A类强制注册对象为：新西兰人所有长度超过 24 米的商业船舶。显然，那些没有选择 A 类注册的船舶，就成为 B 类的强制注册对象。除权利规定不同外，A、B 两类注册在注册的过程中需要提供的证明及支付的费用也完全不同，注册的有效期限也存在差异。例如，B 类注册经过 5 年的有效期后需要重新注册，并须支付注册费，且当所有权发生转移时，注册自动终止，新所有权人必须重新去登记机关注册登记。

6.1.2 游艇的检验、登记和安全检查

游艇体积小、速度快，具有与其他交通工具不同的特点。与陆上交通对比，航道管理不如路面管理完善，对驾驶人员的要求更高，管理难度也更高；与大型船舶相比，游艇速度高、不稳定，且由于尺寸小，能承载的人员少，难以拥有专业的技术与管理安全保障。因此，在检验、登记与安全检查环节就要严格把关，遵循"预防为主"的原则。

有些国家和地区对游艇检验、检查管理比较严格，如欧盟和英国。有些国家和地区对游艇管理比较宽松，如加拿大、新西兰。中国在分析了本国可能产生的安全隐患及可以采取的预防措施后，制定了《游艇安全管理规定》，并于 2009 年 1 月 1 日开始施行，其中第二章是对游艇的检验、登记的具体规定，第六章则是与监督检查相关的规定。

1. 游艇的检验、登记[①]

游艇应当经船舶检验机构按照交通运输部批准或者认可的游艇检验规定和规范进行检验，并取得相应的船舶检验证书后方可使用。

游艇有下列情形之一的，应当向船舶检验机构申请附加检验。

（1）发生事故，影响游艇适航性能的。

（2）改变游艇检验证书所限定类别的。

（3）船舶检验机构签发的证书失效的。

（4）游艇所有人变更、船名变更或者船籍港变更的。

（5）游艇结构或者重要的安全、防污染设施、设备发生改变的。

在中华人民共和国管辖水域航行、停泊的游艇，应当取得船舶国籍证书。未持有船舶国籍证书的游艇，不得在中华人民共和国管辖水域航行、停泊。

申请办理船舶国籍登记，游艇所有人应当持有船舶检验证书和所有权证书，由海事管理机构审核后颁发《中华人民共和国船舶国籍证书》。

长度小于 5 米的游艇的国籍登记，参照前款的规定办理。

---

① 中华人民共和国交通运输部. 中华人民共和国交通运输部 2008 年第 7 号[EB/OL]. http://www.gov.cn/flfg/2008-08/13/content_1070955.htm[2009-01-01].

2. 游艇的安全检查

1）海事管理机构的监督检查制度

海事管理机构应当依法对游艇、游艇俱乐部和游艇操作人员培训机构实施监督检查。游艇俱乐部和游艇所有人应当配合，对发现的安全缺陷和隐患，应当及时进行整改、消除。

海事管理机构发现游艇违反水上交通安全管理和防治船舶污染环境管理秩序的行为，应当责令游艇立即纠正；未按照要求纠正或者情节严重的，海事管理机构可以责令游艇临时停航、改航、驶向指定地点、强制拖离、禁止进出港。

海事管理机构发现游艇俱乐部不再具备安全和防治污染能力的，应当责令其限期整改；对未按照要求整改或者情节严重的，可以将其从备案公布的游艇俱乐部名录中删除。

海事管理机构的工作人员依法实施监督检查，应当出示执法证件，表明身份。

2）消防安全检查制度

游艇消防安全工作贯彻执行"预防为主、防消结合"的方针。

消防安全实行防火安全责任制：一般总经理为码头区域防火负责人，船长为船舶防火责任人，对船舶防火安全负全面的责任，并设专职或兼职消防员。

公司领导须对船员进行消防安全的宣传教育、消防演习、消防培训，提高船员消防知识、灭火技能和安全防范意识。

A. 监督

游艇应接受公安消防和海事局对消防安全的监督检查及公司的监督检查。公司的安全检查组及机务监督人员有权对游艇召集进行消防、弃船演习，对违反消防安全管理规定的行为有纠正权。

对检查发现的各类隐患，必须立即整改，整改暂有困难的，要采取安全防范措施，并报告公司，由安全部负责协助船舶消除隐患。

B. 消防设备、器材管理

游艇应按《1974年国际海上人命安全公约》及其修正案、船舶所入船级社的规范要求或船旗国的规定配备消防设备和器材。

消防设备、器材指定船员负责管理，由各主管人员按《船舶检修、养护责任分工》《船舶消防设备维护保养须知》的规定进行维护保养，保持消防设备、器材处于立即可用的良好状态。船长负责检查。

游艇应每月按"船舶防火定期检查表"规定的项目定期进行防火检查，认真填写"船舶防火定期检查表"并签名负责。检查出的问题应尽快纠正，船方无法自行解决的，应立即报告公司落实解决。

游艇应每周对通用报警设备进行试验；定期对灭火器、消防设备进行检查，并挂牌。

游艇消防设备、设施的维护保养试验和检查应遵守《船舶消防设施和灭火器具维护保养、试验和检查须知》。

C. 事故预防

首先，公司和全体员工应贯彻政府和有关主管部门，以及港口颁发的消防法令和规章制度。游艇应配备"消防安全操作手册""培训手册"，手册内容应与游艇消防设备、设施的实际相符。船员应严格遵守安全操作规程及有关安全规定。

其次，游艇建立防火巡回检查制度，游艇上不得存放易燃易爆物品，每班至少按时巡视检查一次，检查情况记入《航海日志》。禁止在游艇上吸烟。

最后，提高警惕，加强防范，发现火险隐患要及时报告；发现违章行为，人人有责制止。

游艇消防弃艇演习、训练与培训应遵守《船舶消防弃船演习、训练与培训须知》的规定。

"船舶防火定期检查表"检查记录由船长负责保存，保存期为1年。

6.1.3 游艇航行管理和停泊管理

注册登记购艇后要到海事局进行所有权登记和国籍登记，包括购货发票、出厂证明、合法身份证明、船舶技术资料和照片等，并给游艇起好名字，申请登记《船舶所有权证书》，然后应向船检部门申请检验，取得船检证书，再到海事局取得《中华人民共和国船舶国籍证书》，这样该游艇才拥有航行权。

1. 游艇航行管理

根据《游艇安全管理规定》，船舶进、出港或在港内航行、作业，均应向港务监督或其设置的签证站点办理签证。游艇在开航之前，游艇操作人员应当做好安全检查，确保游艇适航。

游艇应当随船携带有关船舶证书、文书及必备的航行资料，并做好航行等相关记录。随船携带可与当地海事管理机构、游艇俱乐部进行通信的无线电通信工具，并确保与海事管理机构有效沟通。游艇操作人员驾驶游艇时应当携带游艇操作人员适任证书。

游艇应当按照《船舶签证管理规则》的规定，办理为期12个月的定期签证。

游艇应当在其检验证书所确定的适航范围内航行。

游艇所有人或者游艇俱乐部在第一次出航前，应当将游艇的航行水域向当地海事管理机构备案。游艇每一次航行，如果航行水域超出备案范围，游艇所有人或者游艇俱乐部应当在游艇出航前向海事管理机构报告船名、航行计划、游艇操作人员或者乘员的名单、应急联系方式。

游艇航行时，除应当遵守避碰规则和当地海事管理机构发布的特别航行规定外，还应当遵守下列规定。

（1）游艇应当避免在恶劣天气，以及其他危及航行安全的情况下航行。

（2）游艇应当避免在船舶定线制水域、主航道、锚地、养殖区、渡口附近水域和交通密集区及其他交通管制水域航行，确定进入上述水域航行的游艇，应当听从海事管理机构的指挥，并遵守限速规定；游艇不得在禁航区、安全作业区航行。

（3）不具备号灯及其他夜航条件的游艇不得夜航。

（4）游艇不得超过核定乘员航行。

（5）游艇操作人员不得酒后驾驶、疲劳驾驶。

游艇不得违反有关防治船舶污染的法律、法规和规章的规定向水域排放油类物质、生活污水、垃圾和其他有毒有害物质。游艇应当配备必要的污油水回收装置、垃圾储集容器，并正确使用。游艇产生的废弃蓄电池等废弃物、油类物质、生活垃圾应当送交岸上接收处理，并做好记录。

2. 游艇停泊管理

游艇不能任意停泊和停放，须遵守具体法规规定。一般都是停泊在游艇港内，游艇港内铺设有成排浮箱托承的浮码头，浮码头的两侧有深入海底的水泥钢筋桩柱固定，潮涨潮落都不会影响到游艇的安全。水、电、油的管线都铺到每一游艇泊位旁。游艇的停泊可分为陆上放置和水上停泊两种，各具特色与优势，可以依需求选择。水上停泊大多位于游艇港或部分环境较好的休闲渔港内；陆地放置则在平地或是艇库（立体艇库）停放，除非船主自己有空间给爱船停放，不然所有停船泊位都是要付费的。

在西方国家，陆地停放游艇占主流。欧美国家80%的游艇都是停放在陆地上，特别是7.5米以下的小型游艇，大都是停放在自家的院里或屋旁。对于7.5米长的游艇，西方国家的交通法规是允许由游艇拖车载着合法地行走在陆地的大街小巷的。像美国，中低产阶级人士拥有90%的小游艇，这些游艇绝大部分停放在陆地的停车场、车库、空地、立体艇库，甚至街边路旁。美国有80%的游艇是放在游艇拖车上面的。大部分船主在购买游艇时就连同游艇拖车一起购买，然后拖回家里，停放在房前屋后，或者摆放在附近的停车场里，消费娱乐时就用游艇拖车拖到水边放到海里，游玩完毕，则再用游艇拖车拖回家里摆放。

一般来说，帆船和大型游艇停泊在游艇港内。游艇港设在天然的港湾内，或者建设有巨大的人工防波长堤，类似两只抄手臂，把大风大浪阻挡在防波堤外，以保护港湾里的游艇免受风浪拍击。游艇港内的游艇通常由泊位提供商管理。游艇停泊期间使用岸电、岸水，如同陆地别墅里的日常生活一样。平时船主在陆地上班，游艇会有专门的船童帮船主打理一切，包括泊船、洗船、铲蚝、舱室清洁、地板养护、机件保养、缆桩调整和保安看护等。

目前，中国因游艇港少、船席泊位有限，所以停泊费用也较高。若是船不大，可以选择艇库放置，接受专业完善的管理与维护，这是最经济实惠的选择。如果是小型家用艇，需要在家里设立专门的艇库，使用游艇拖车或自备汽车运载游艇往返于住处与使用地之间；或者支付泊位费（约1万元／年）和维护费用来选择一些渔港停放。家有游艇即使在陆地停放，也要付出相当于养两三辆汽车的费用。一艘普通家用新艇的养护费、清洁费、水电费和泊位费在5万元左右，这还不包括意外情况下的维修费，当然，还有牌照费、航道使用费等。

中国的游艇停泊管理可以依据2009年1月1日起开始施行的《游艇安全管理规定》第四章做出的详细指示实行。

游艇应当在海事管理机构公布的专用停泊水域或者停泊点停泊。游艇的专用停泊水域或者停泊点，应当符合游艇安全靠泊、避风以及便利人员安全登离的要求。游艇停泊的专用水域属于港口水域的，应当符合有关港口规划。

游艇在航行中的临时性停泊，应当选择不妨碍其他船舶航行、停泊、作业的水域。不得在主航道、锚地、禁航区、安全作业区、渡口附近以及海事管理机构公布的禁止停泊的水域内停泊。

在港口水域内建设游艇停泊码头、防波堤、系泊设施的，应当按照《中华人民共和国港口法》的规定申请办理相应的许可手续。

航行国际航线的游艇进出中华人民共和国口岸，应当按照国家有关船舶进出口岸的规定办理进出口岸手续。

6.1.4 游艇操作人员的管理

游艇操作人员应当经过专门的培训、考试，具备与驾驶的游艇、航行的水域相适应的专业知识和技能，掌握水上消防、救生和应急反应的基本要求，取得海事管理机构颁发的游艇操作人员适任证书。未取得游艇操作人员适任证书的人员不得驾驶游艇。

1. 各国驾照考取的有关规定[①]

和私人飞机驾照一样，游艇驾照的考取是必需的，也是相当有难度的。其中，看海图是项基本功，要掌握海上的航道、锚地、交通密集区及海上养殖区的标识，驾驶游艇时要尽量避开这些区域，穿越航道时尽量要直线穿越。如果你的游艇核定的航行区域足够大，允许出港航行时，要顺着船舶总流向，且在航道外缘行驶，不要影响大船航行；进港亦然。

船艇操控和车辆操控区别很大，尤其在涌、浪、风的作用下就更加明显，所以操控技术也很关键。游艇操作人员要学会识别海上的助航标志及船上的号灯（夜

---

① 杨新发. 世界游艇产业发展报告[M]. 上海：上海交通大学出版社，2011：36-38.

间）、号型（白天）。海上航行停泊、施工、捕鱼及发生故障的各种船舶都在显示着各种不同的号灯、号型，只有熟练掌握了这些标志，才能合情合理地进行避让及采取各种安全措施。

（1）美国。在美国，游艇驾照由各个州负责颁发。美国各个州对于执照取得的规定并非一致，除了阿拉斯加州、亚利桑那州、加利福尼亚州、夏威夷州、爱达荷州、缅因州、新墨西哥州、北达科他州、华盛顿州、南达科他州、怀俄明州没有对游艇安全课程提出要求外，其他州都针对特定的游艇操作者提出了游艇安全课程的要求。此外，各个州对于驾驶游艇的年龄也做了限制，比如，马萨诸塞州法律规定，12周岁以下的人员不得驾驶游艇，除非有年满18周岁或者以上年龄的人员相陪同，且该人员须具有操作游艇的能力。

（2）意大利。意大利法律规定，年满18岁才可以取得游艇驾照，但是这样的规定并不意味着在此之前未成年人不允许进行任何划艇活动。比如，16岁的未成年人可以驾驶动力艇，但是游艇动力必须小于40.8马力，当然也可以驾驶配备辅助电动机的帆船。此外，14岁的未成年人也可以驾驶帆船，但是对帆的表面积做出规定，其应当大于4平方米。18岁成年人驾驶摩托艇或者离岸航行距离超过6英里则必须具备游艇驾照。意大利国内并没有对帆船和动力艇的驾照提出不同要求，所取得的驾照对两者都具有效力。具体法律规定如下：任何情况下，所有的游艇只要离开海岸6英里进行航行，都需要拥有驾照；动力超过40.8马力的机动艇，或者装有辅助电动机的帆船，也需要驾驶者拥有驾照；喷气水艇也不例外。

（3）法国。在法国水域航行需要拥有驾驶执照，该执照由法国航道管理局（Voies Navigables de France，VNF）颁发。在颁发执照之前，该部门会组织一场测试，测试的内容包括理论和实践两个方面。若希望取得国际能力认证，则证书由英国皇家游艇协会颁发。在法国水域航行需要支付一定的费用，该费用根据游艇的表面积（长×宽）和航行时间来决定。

（4）英国。在英国，游艇下水之前，使用者应当取得相应的执照。英国水域总共有三个主要机构管理，航行于不同的水域就需要取得不同水域管理部门的航行执照。取得游艇执照还应当满足以下三个要求：与公路税纳税证一样，需要提供证据证明游艇符合《游艇安全方案》；申请人应当证明已经投保第三方责任险，投保金额至少为100万英镑。游艇保险一般比车辆保险便宜，但是也会根据游艇的使用年限和型号不同发生变化。游艇使用者应当有一个永久性游艇停泊处，除非做连续航行，否则都应当有一个游艇停放处。当然，在英国有多种途径可以获得游艇停放处，如游艇俱乐部、英国航道部门等。此外，若游艇上使用甚高频（very high frequency，VHF）无线电，则使用人需要拥有个人执照。在大多数的航行学校通过一天的课程学习都可以取得该执照。

（5）德国。在德国，依照航行水域的不同，德国的航行执照通常可以分为四种：内陆运动艇驾驶执照、海上运动艇驾驶执照、沿海运动航行执照、远海运动航行执照。对于航行执照的要求主要由游艇的类型，以及各个州是否做出特殊规定来决定。一般而言，未配备发动机的简单游艇无须具备航行执照，同样，租赁的休闲小艇，若在湖面或者河面航行时通常也不会强制要求提供航行执照；而大型帆船在德国航行时则要求航行执照。若休闲小艇取得了执照，其对机动艇和帆船都同样有效。但是，对外来的旅行者还做出特殊的规定：在德国居住不满 12 个月的人员不能认定为德国的常住人口，他必须在原先的国家持有游艇驾驶执照后，才可能在德国取得驾照。

（6）澳大利亚。澳大利亚国内不同水域对游艇驾照提出了不同的要求。有的州（或地区）的规定相对简单，但是有的州（或地区）的规定就相当细致，甚至还规定强制划艇教育为取得驾照的前提条件。比如，维多利亚州的规定就相对简单，仅仅规定该水域内驾驶任何机动艇或者私家艇，都需要拥有驾驶执照；而新南威尔士州的规定则相对详细，驾驶动力艇的速度达到或者超过 10 节，游艇驾驶者需要拥有驾驶执照，但是，私家艇无论其驾驶速度是多少，都需要拥有驾驶执照。新南威尔士州还同时规定，从 2006 年 10 月 1 日开始，取得驾驶执照前必须强制参加划艇教育，其具体将驾照分为普通驾照、普通青少年驾照、私家艇驾照、青少年水艇驾照等，驾照的有效期为 12 个月或者 3 年，同时还有一些补充性规定。此外，澳大利亚各个州对驾照的强制取得规定标准也不完全相同。如上面谈到的新南威尔士州主要依据游艇的驾驶速度决定游艇行驶于其水域是否需要驾照；而澳大利亚北部地方，主要依据游艇的长度和用途做出驾照强制取得的规定。

（7）荷兰。荷兰游艇驾驶执照由荷兰交通、公共工程和水资源管理部主管。在荷兰内陆水域航行，多数情况下要求航行者拥有航行执照，关键取决于所驾驶的游艇类型及航行水域。一般而言，人们需要通过 Amex CV（航行驾照和无线电考试委员会）的考试才能够取得驾驶执照。在取得小型船舶驾照的过程中，对于视力、听力等提出了要求。若当事人只符合部分要求，其仍旧可以获得驾照，但是其驾照上附有其生理状况的说明。在荷兰，游艇驾照主要分为两类：一类是小型船舶驾照；另一类是大型船舶驾照。但游艇驾驶人员若打算在国外航行，则需要取得国际执照，通常称为国际能力证书。对于独木舟、皮划艇、狭长小船、脚踏船等，一般不需要驾驶执照。此外，只要航行不具有商业性质，航行于北海的游艇也无须驾照。

（8）新西兰。与其他游艇发达国家不同，新西兰现有法律没有对游艇的操作资格（驾照）做出官方要求，即没有对游艇的驾照做出特殊规定，仅仅建议人们参加海岸警卫队等的课程培训。但是，如果游艇上装有航海用无线电台，则需要有无线电操作资格。虽然新西兰官方不对游艇进行强制检查，但是新西兰法律规定，无论游艇大小，都应当有一名船长，船长在法律上负责确保游艇和所有船上人员的安全，并且确保与所有的海事规则相吻合，忽视法律不能成为船长免责的理由。

2. 中国游艇操作人员培训、考试和发证

游艇操作人员在中华人民共和国管辖水域内驾驶游艇，应持有海事管理机构签发的《中华人民共和国游艇操作人员适任证书》（以下简称《游艇驾驶证》）；游艇操作人员应在《游艇驾驶证》签注的适用范围内操作游艇。

申请《游艇驾驶证》的人员，应当通过海事局授权的海事管理机构组织的考试；到培训或者考试所在地的海事管理机构办理，并提交申请书及证明其符合发证条件的有关材料；经过海事管理机构审核符合发证条件的，发给有效期为5年的相应类别的《游艇驾驶证》。

1）游艇操作人员的类别、等级

游艇操作人员的类别分为海上游艇操作人员和内河游艇操作人员。海上游艇操作人员按照游艇的长度分为两个等级，一等游艇操作人员可以驾驶所有长度的海上游艇；二等游艇操作人员仅限于驾驶20米及以下长度的海上游艇。内河游艇操作人员按照是否为封闭水域分为两个等级，一等游艇操作人员可以驾驶内河任何适航水域的游艇；二等游艇操作人员仅限于驾驶内河封闭水域的游艇。

2）游艇操作人员的培训

从事海上游艇操作人员培训的机构应按照《中华人民共和国船员培训管理规则》的规定，取得相应的《中华人民共和国船员培训许可证》。

游艇操作人员的培训应按《游艇操作人员理论培训与考试大纲》和《游艇操作人员实际操作培训与评估大纲》的要求进行。

3）游艇操作人员的考试

游艇操作人员的考试分理论考试和实际操作评估两部分，理论考试总分为100分，60分及以上为合格；实际操作评估分合格和不合格两种。

理论考试和实际操作评估均合格后视为考试合格。理论考试和（或）实际操作评估不合格者，海事管理机构允许其在3个月内补考一次。仍然不合格者，必须重新参加培训和考试。理论考试和实际操作评估应按照《游艇操作人员理论培训与考试大纲》和《游艇操作人员实际操作培训与评估大纲》的要求进行。

4）游艇操作人员的发证、补证

持有海船、内河船舶的船长、驾驶员适任证书或者引航员适任证书的人员，按照游艇操作人员考试大纲的规定，通过相应的实际操作培训，可以分别取得海上游艇操作人员适任证书和内河游艇操作人员适任证书。

游艇操作人员适任证书的有效期不足6个月时，持证人应当向原发证海事管理机构申请办理换证手续。符合换证条件中有关要求的，海事管理机构应当给予换发同类别的游艇操作人员适任证书。

游艇操作人员适任证书丢失或者损坏的，可以按照规定程序向海事管理机构申请补发。

5）游艇驾驶人员培训机构

依法设立的从事游艇操作人员培训的机构，应当具备相应的条件。

（1）机构需具有组织机构，即有相应名称、地址和法定代表人，有完整的内部管理组织和规章制度，按《中华人民共和国船员教育和培训质量管理规则》的要求建立质量管理体系。

（2）培训教员需有中专及以上水运院校学历（驾驶或轮机）且持有内河船长、轮机长、驾驶员和轮机员适任证书，并具有相应游艇操作经验（2年以上）的教员3名。具有与培训相适应的管理人员2名。

（3）按照国家有关船员培训管理规定的要求，经过海事局批准。

6.1.5 游艇俱乐部的安全管理

基于《游艇安全管理规定》，游艇俱乐部作为游艇管理与经营的主体，应对游艇的日常安全、维护保养、防污染管理负责，确保游艇处于良好的安全、技术状态，保证游艇航行、停泊及游艇上人员的安全。

委托游艇俱乐部保管的游艇，游艇所有人应当与游艇俱乐部签订协议，明确双方在游艇航行、停泊安全及游艇的日常维护、保养及安全与防污染管理方面的责任。

1. 俱乐部应具备的安全管理能力[①]

游艇俱乐部应当按照海事管理机构的规定及其与游艇所有人的约定，承担游艇的安全和防污染责任。

游艇俱乐部应当具备法人资格，并具备下列安全和防污染能力。

（1）建立游艇安全和防污染管理制度，配备相应的专职管理人员。

（2）具有相应的游艇安全停泊水域，配备保障游艇安全和防治污染的设施，配备水上安全通信设施、设备。

（3）具有为游艇进行日常检修、维护、保养的设施和能力。

（4）具有回收游艇废弃物、残油和垃圾的能力。

（5）具有安全和防污染的措施和应急预案，并具备相应的应急救助能力。

游艇俱乐部依法注册后，应当报告所在地直属海事局或者省级地方海事局备案。

交通运输部直属海事局或者省级地方海事局对备案的游艇俱乐部的安全和防污染能力应当进行核查，通过后予以备案公布。

---

① 中华人民共和国交通运输部. 中华人民共和国交通运输部 2008 年第 7 号[EB/OL]. http://www.gov.cn/flfg/2008-08/13/content_1070955.htm[2009-01-01].

2.游艇俱乐部应承担的安全义务

游艇俱乐部应当对其会员和管理的游艇承担下列安全义务。

(1)对游艇操作人员和乘员开展游艇安全、防治污染环境知识和应急反应的宣传、培训和教育。

(2)督促游艇操作人员和乘员遵守水上交通安全和防止污染管理规定,落实相应的措施。

(3)保障停泊水域或者停泊点的游艇的安全。

(4)核查游艇、游艇操作人员的持证情况,保证出航游艇、游艇操作人员持有相应的有效证书。

(5)向游艇提供航行所需的气象、水文情况和海事管理机构发布的航行通(警)告等信息服务;遇有恶劣气候条件等不适合出航的情况,或者海事管理机构禁止出航的警示时,应当制止游艇出航,并通知已经出航的游艇返航。

(6)掌握游艇的每次出航、返航及乘员情况,并做好记录备查。

(7)保持与游艇、海事管理机构之间的通信畅通。

(8)按照向海事管理机构备案的应急预案,定期组织内部管理的应急演练和游艇成员参加的应急演习。

3.游艇安全事故的应对

游艇必须在明显位置标明水上搜救专用电话号码、当地海事管理机构公布的水上安全频道和使用须知等内容。

游艇遇险或者发生水上交通事故、污染事故,游艇操作人员及其他乘员、游艇俱乐部及发现险情或者事故的船舶、人员,应当立即向海事管理机构报告。游艇俱乐部应当立即启动应急预案。在救援到达之前,游艇上的人员应当尽力自救。

游艇操作人员及其他乘员对在航行、停泊时发现的水上交通事故、污染事故、求救信息,或者违法行为应当及时向海事管理机构报告。需要施救的,在不严重危及游艇自身安全的情况下,应当尽力救助水上遇险的人员。

6.1.6 游艇防污染管理

航运的国际性,使得海洋污染成为国际性的危害,因此海洋污染状况引起了世界各地人们的普遍关注。世界各国为了保护海洋环境,防止污染,召开了一系列的国际性、区域性和各沿海国关于防止船舶污染海洋的相关会议,并制定出一系列国际性、区域性及各国的有关防污染法律和法规,并在不断地修订,使其日渐完善、日渐严格。

1. 国际防污染公约和法规

IMO 制定和管理的关于防止船舶造成海洋污染的各种公约和规定书共有 13 个，其中，已经生效的有 8 个，中国先后加入的有 6 个。

1)《国际油污损害民事责任公约》

1969 年 11 月，国际海协（政府间海事协商组织）在布鲁塞尔召开了有 48 个国家参加的国际会议，会议通过了《1969 年国际干预公海油污事故公约》和《国际油污损害民事责任公约》（简称《民事责任公约》）。前者规定了沿海国家可以在公海发生油污事故时采取必要的措施，这些措施又于 1973 年伦敦会议上做了补充，即《1973 年干预公海非油物质污染协定书》，规定沿海国家有权在公海采取防护措施。《民事责任公约》强调了失事船主对受污染国家应负的责任，并于 1976 年和 1984 年进行了修订。我国除未参加《1984 年责任议定书》外，其余的全部参加，并已生效。

2)《防止倾倒废弃物和其他物质污染海洋的公约》

《防止倾倒废弃物和其他物质污染海洋的公约》于 1972 年 12 月在伦敦制定（简称《伦敦倾废公约》），该公约具有全球性，体现了向国际控制和预防海洋污染所采取的一个更进一步的步骤。公约规定禁止某些危险物质的倾倒，对其他经鉴别的物质的倾倒要求事先获得许可。该公约有 3 个修正案，其中 2 个已生效。

我国参加了该公约，同时接受了 2 个已生效的修正案。

3) 国际防止船舶造成污染公约[①]

1954 年伦敦召开的各海洋国家会议上，制定了第一个有效的国际公约——《1954 年国际防止海洋油污染公约》（以下简称《54 公约》），该公约于 1958 年 7 月 26 日生效。而后又于 1962 年和 1969 年两次召开国际会议，对其有关条款进行了修正。

随着现代工业的飞速发展，在海上航行的船舶数量也越来越多，特别是 10×10^4 吨以上的大型油船及散装化学品船大量投入营运，这一方面造成油类及其他有毒有害物质、船舶生活污水、船舶垃圾等对海洋的污染日趋严重；另一方面，各沿海国为保持经济持续发展，对海洋环境质量的要求也越来越高，对船舶排放各种污染物质的规定更加严格，在这种情况下，《54 公约》就显得不完善了。因此，1973 年 IMO 在伦敦召开国际海洋防污染会议，制定了第一个不限于油污染的具有普遍意义的《1973 年国际防止船舶造成污染公约》（以下简称《MARPOL73 公约》）。

《MARPOL73 公约》包括了船舶造成海洋污染的所有方面，是一个综合防止海洋污染的国际公约。该公约共有 20 条，另附有 2 个议定书和 5 个附则。议定书

[①] 邓礼标. 船舶污染的途径及对策探析[J]. 海洋开发与管理，2010，27（3）：52-55.

Ⅰ是关于涉及有害物质事故报告的规定，议定书Ⅱ是关于争端的仲裁。5个附则：防止油污规则；防止散装有毒液体物质污染规则；防止海运包装有害物质污染规则；防止船舶生活污水污染规则；防止船舶垃圾污染规则。由于技术、经济等方面的原因，许多国家对于参加《MARPOL73公约》有很多困难，特别是发展中国家和拥有商船吨位较多的国家不急于参加，因此《MARPOL73公约》迟迟不能生效。但就在1973年以后国际上不断发生一系列严重的海洋油污染事故，促使各国要进一步采取行动防止船舶造成海洋污染。IMO于1978年2月召开了油船安全与防止污染会议，通过了《MARPOL73公约》的《1978年国际海上人命安全议定书》，对《MARPOL73公约》附则Ⅰ做了许多修正，而且允许各缔约国把附则Ⅱ推迟到《1978年国际海上人命安全议定书》生效三年后再生效。由于《1978年国际海上人命安全议定书》吸收了《MARPOL73公约》的内容，而且将公约和议定书的各项规定作为一个整体文件理解和解释，即凡加入《1978年国际海上人命安全议定书》的国家就自然地参加了《MARPOL73公约》，因此通常将经《1978年国际海上人命安全议定书》修正的《MARPOL73公约》称为《73/78防污公约》，即《MARPOL73/78》。

中国于1983年7月1日加入《MARPOL73/78》，成为该公约的缔约国。《MARPOL73/78》于1983年10月2日生效，到1997年7月1日已有100个国家加入，其船舶总吨位占世界商船总吨位的93.47%。

1997年9月15日至26日在IMO总部伦敦召开的《MARPOL73/78》缔约国大会，批准《MARPOL73/78》新增一个附则，即《防止船舶造成大气污染规则》。因此，现在的《MARPOL73/78》有六个附则。

2. 中国防污染法规

一直以来，船舶污染海域的问题都严重威胁着中国的海洋生态环境及海洋财产。为尽可能地减少事故的发生及减少事故发生后造成的损失，使财产遭受损失的个人及相关单位能得到相应的赔偿，对于中国来说，一套完善的船舶防污染法律体系是必不可少的。经过几十年来的发展，虽然在有些方面由于起步较晚等原因，目前还比较薄弱，但总的来说，我国在船舶防污染方面已经构建了比较完整的法律体系。

首先，《中华人民共和国宪法》第二十六条规定："国家保护和改善生活环境和生态环境，防治污染和其他公害。"这对防治污染（包括船舶污染）做了原则性的规定。

其次，在其他法律方面，如1979年，中国第一部《环境保护法（试行）》颁布，环境保护变成了中国的一项基本国策。此后，在1982年8月23日第五届全国人民代表大会常务委员会第二十四次会议通过了《中华人民共和国海洋环境保护法》，这部法律在1999年12月25日第九届全国人民代表大会常务委员会第十三次会议修订通过,自2000年4月1日起实施。其第八章——防治船舶及有关作业活动对海洋环境的污染损害,整章都用来规定有关船舶污染的防治。此后,1984年5月11日,第六届全国人民代表大会常务委员会第五次会议通过《中华人民共和国水污染防治法》,这部法律后来经1996年5月15日第八届全国人民代表大会常务委员会第十九次会议《关于修改<中华人民共和国水污染防治法>的决定》修正,以及后来2008年2月28日第十届全国人民代表大会常务委员会第三十二次会议修订后,新的《中华人民共和国水污染防治法》于2008年6月1日起施行。这部法律的第四章第五节,专门规定有关船舶水污染防治的相关内容。在2009年9月2日国务院新通过的《防治船舶污染海洋环境管理条例》,对1983年《中华人民共和国防止船舶污染海洋环境管理条例》做了修改与调整,新的条例从2010年3月1日起施行。施行的同时,废止1983年《中华人民共和国防止船舶污染海域管理条例》。这一条例在船舶污染的预控、应急反应、污染事故的调查、油污损害的赔偿及有关法律责任等方面增设了一系列的规定。

6.2 游艇码头规划原则、设计规定与建设管理

游艇码头是指专门为游艇提供港外防护、港内系泊和到岸综合服务的一个特殊港口功能区,它包括水域设施、防护设施、系泊设施、上下岸设施、游艇陆上保管设施、陆上管理运营(包括游艇码头区)设施、码头服务设施、港区交通设施等。主要由堤岸、固定斜坡、活动梯、主通道浮码头、支通道浮码头、定位桩、供水系统、供电系统、船舶、上下水斜道、吊升装置等组成。

本节内容参照交通运输部发布的《游艇码头设计规范》(JTS165-7-2014)、《上海市游艇码头规划设计导则》和美国国防部发布的《游艇码头设计规范》,重点介绍了游艇码头规划、设计与建设的相关管理规定。

6.2.1 游艇码头规划原则[①]

1. 一般性原则

一般性原则是指在各种码头的建设过程中都应遵循的具体性原则。任何企业或组织都是为了达到特定目标而建立的社会系统,工程项目管理机构也不例外,也需围绕目标进行管理。目标管理就是运用系统论、控制论和信息论的科学思想,

---

① 丰景春,厉伟,张可,等. 游艇活动设施建设与开发[M]. 北京:科学出版社,2016:46-49.

以一定时期的预定目标为前提进行的管理,其目的是使各项工作都围绕目标的实现而展开,力求保证目标的顺利完成。

针对游艇码头区规划的目标管理,提出以下规划原则。

1)系统性原则

"势"就是全局发展趋势。江河的形成是一个自然力综合作用的过程,这种过程构成了一个复杂的系统,系统中某一因素的改变都将影响到区域面貌的整体性。所以,在进行码头区域规划建设时,首先应该把码头区域作为一个系统来考虑,从系统的角度,以系统的观点进行全方位的规划。

2)原生性原则

生态环境是一个自然发生的循环过程,人类在地球表面上的活动或多或少会对其造成影响。任何系统都有特定的物质结构与生态特性,呈现出空间异质性。规划设计前,应该对基址进行系统分析,考虑基址的气候、水文、地形地貌、植被及野生动物等生态要素的特征,并在规划设计过程中遵从这些生态环境特征,尽量减少人为干扰与破坏。

3)多功能原则

由于码头区域的地域特性,在规划设计时要全面考虑到生态、防洪、景观功能。码头区的整治,不单纯是解决船舶航行、防沙等使用功能的问题,还应包括改善水域生态环境,增加区域绿地的游憩机会和景观效果,提升码头区周边土地的经济价值等一系列问题。

游艇码头区域的规划建设必须以系统工程为指导,在满足基本使用功能的前提下,合理考虑景观、生态等需求,把码头区域空间建设成多功能兼顾的复合公共空间,以满足现代城市生活多样化的需求。

4)生态优先原则

自从1972年的联合国人类环境会议召开以来,可持续发展作为人类社会发展的全新发展观,强调社会、经济和生态的协调发展,已经为各国所普遍接受,并作为指导一切区域规划建设发展的基本原则与价值观。

规划设计应以保护生物多样性、增加景观异质性、强调景观个性、促进自然物质循环、构架区域生态走廊、实现景观的可持续发展等几个方面作为码头区域规划的主要内容并加以实现。

2. 特殊性原则

特殊性原则是指在游艇码头区建设规划中、建设过程中、建后运营中与一般性货运码头、客运码头不同的地方,并根据根本性质及服务内容的不同,对游艇码头区的建设提出其本身的特殊性原则。

（1）精简性原则。多采用浮码头结构设计，既轻巧，又能随水位涨落而升降，安全便利。

（2）娱乐性原则。交通条件便利，周边环境优美，多建设在海滨岸线、港湾、湖滨、风景绿化、景观配置齐全，达到相应的休闲氛围水准。

（3）布局科学性原则。为了使游艇码头规划从景观角度考虑不那么笨重冗杂，游艇基地规模从几十个泊位到好几千个泊位不等。除特殊情况外，最好设300~1000个泊位。低于300个的游艇基地，投资资金和运营费用可能会受到限制；而超过1000艘游艇聚集在一起，将会使其失去个性和景观欣赏价值。

（4）美观性原则。在外观效果方面，游艇基地的建设将不可避免地对环境造成影响。如果在选址和设计时注意与环境景观的融合，就可将影响降到最低，并可能提升环境质量。

（5）安全性原则。出于对码头结构自身强度及船舶本身抗浪能力，以及在系泊游艇上休闲的人们舒适性的考虑，游艇码头的系缆、靠泊要求尤其突出，对水域波浪要求也更为严格。

（6）地域性原则。游艇码头通常水域水缓浪低，水质清澈；在风浪、海浪较大的地方要求筑有防波堤，堤内要求港池平静、水域宽阔；在靠泊安全要求方面，需要注意浮式码头结构的抗浪能力及系泊游艇与码头之间的碰撞度。就其舒适性而言，靠泊允许波高为0.1~0.3米。而就其安全性而言，若靠泊允许波高为0.2~0.6米，系泊系统即采用柔性结构；但若靠泊允许波高为0.3~0.4米，系泊系统则为刚性结构。

6.2.2 游艇码头设计规定

游艇码头对当地经济、文化、体育运动，甚至是运输系统都有很大的影响，为大众和旅游业增添利益。一个设计成功的游艇码头可以带来周边地产繁荣，成为一座城市的象征，同时能吸引更多的游客。

欧洲大多数著名且成功的游艇码头属于大型的公共游艇码头，许多是在城市规划最初时期就被整合到了规划里面，或者由渔港转变为游艇码头。在这种情况下，项目的规划就需要投资者和政府间的紧密配合，包括城市局、海事局、建设厅、消费局、环保局、军队和运输部门等。

1. 码头设计主要内容

游艇码头设计主要内容包括游艇码头选址、游艇码头总体布置、工艺系统、水工建筑结构等，如表6-2所示。

表 6-2 游艇码头选址、总体布置和工艺系统要求

分类		主要涉及内容
码头选址	港内掩护要求	通常要求游艇在港内避风、避浪，故游艇港内必须满足合适的平稳度，港内水域也应尽量避免波浪反射或采取消浪措施。实际情况表明：波高应在 0.1~0.3 米；从浮式码头结构抗浪能力和游艇本身的强度来看，码头泊稳的允许波高取 0.5 米
	位置选择	经济基础：区域的社会经济发展水平、游艇的服务对象等因素综合考虑 交通条件便利：如私密性强的会员制游艇会宜选在自然景观优美、远离闹市的区域；而普及型、大众化的游艇会可选在闹市中一角 自然环境：是游艇基地选址时必须考虑的因素，如波浪条件和地质条件等
	建设规模	世界上约 80%的游艇基地少于 500 个泊位；10%的游艇基地拥有 500~1000 个泊位；10%的游艇基地泊位数超过 1000 个。建议游艇港泊位数在 300~1000 个
总体布置	设计船型尺度	根据国外多个游艇基地调查统计：游艇基地中，78%为帆船，22%为机动艇。船长小于 7.5 米的小型游艇约占游艇总数 36%；船长在 7.5~12 米的占 52%；船长大于 12 米的大型游艇占 12%。参考国外有关资料，建议游艇船型尺度：机动帆船的总船长 7~16 米，型宽在 2.8~5.1 米，重量在 0.23~17.5 吨。小舢板的总船长 3.5~7.5 米，型宽在 1.6~2.5 米，重量在 0.06~0.82 吨。机动艇的总船长 7~18 米，型宽在 2.6~5.4 米，重量在 0.18~29.8 吨
	水域设施布置	游艇港内各功能水域包括港池、系泊水域、航道、回旋水域等。考虑到游艇的使用特点，上述各功能水域一般不考虑乘潮 防波堤口门的方向、位置设计应充分考虑常风向波浪、潮流、泥沙运动的影响，注意避免游艇受横浪作用，同时考虑到小型帆船不能顶风直线前进，口门方向最好与常风向保持 45°~90°的夹角 航道宽度取决于风、浪、流等自然条件，设计船型及游艇基地规模，一般游艇基地应按双向航道设计，口门处航道的最小宽度为 20~30 米；大型游艇基地（拥有超过 1000 个游艇泊位）口门处航道宽度达 90 米，口门处航道水深在 2.5~4.5 米 回旋水域直径按 2.0~2.5 倍设计船长确定，一般情况取 50 米
	系泊设施尺度	一般泊位长度和净距由游艇长度来决定；主栈桥一般为 2~3 米；辅助栈桥为 1.0~1.5 米等
工艺系统	上下岸设施	指在港池与陆地之间，对需陆上保管或修理的游艇进行升降、移动的设施；上下岸设施一般采用坡道、游艇提升机等方式
	陆上水平运输设施	可采用合车、叉车、行走式起重机等方式，其中，叉车、行走式起重机在游艇基地使用广泛
	保管设施	游艇保管分水面保管和陆上保管

资料来源：杨新发. 世界游艇产业发展报告[M]. 上海：上海交通大学出版社，2011：18-20

游艇码头的选址应根据设计船型、建设规模、预留发展要求等建设需求，结合相关规划、水域条件、陆域条件，经论证确定。宜临近游艇活动水域，游艇码头与游艇活动水域之间缺乏条件时可利用公共航道连接，有条件时需设置专门的进港航道连接。游艇码头的建设规模则应根据地方国民经济发展水平、社会与市场需求和建设自然条件等综合确定。

游艇码头设计环节是码头建设的依据与基础，应充分考量建设规模和自然条件，以资源节约、安全和技术先进为原则进行多方案的技术经济比选，适当留有发展余地。设计应力求整体美观，尽量做到视线通透。游艇码头结构形式宜采用浮动式，当水位变化较小时可采用固定式。管线与陆岸的连接处应采用柔性结构，管线长度应考虑水位变化的影响。

2. 游艇码头选址

1) 一般规定

港址选择应符合社会经济发展的需要，符合港口总体规划、海洋功能区划、江河流域规划，并与城市总体规划相连接。应综合考虑建设规模、自然条件和旅游休闲环境等因素，同时还要考虑游艇有足够的活动水域，减少与其他船舶相互干扰，满足同行安全要求。

港址应选在掩护条件良好的水域，在开阔的海域及急流河段建港应进行技术论证。在冰冻地区建港应采取防冰措施。

2) 海港选址原则

港址宜选在有天然掩护，波浪、水流作用较小，泥沙运动较弱和天然水深适宜的水域。

应充分考虑泥沙运动对工程建设的影响，避免导致港口有严重淤泥。

3) 河港选址原则

选址应在河势、河床及河岸稳定少变，泥沙运动较弱、水深适宜的顺直河段或稳定的凹岸；或急流卡口上游的缓水区、顺留区，多年冲淤平衡、流态适宜和漂浮物较少的回流沱或分支航道。

游艇码头与桥梁、渡槽的安全距离，不应小于4升（码头在上游）或2升（码头在下游）。

港址选择应考虑水工建筑物对水流的影响，满足防洪要求，同时应考虑饮用水源保护的要求。

3. 游艇码头总平面布置

1) 一般规定

总平面布置应根据使用要求合理布置水域和陆域，力求紧凑，节约用地和岸线资源。应使近期建设与远期发展密切结合，适当留有发展余地。

总平面布置应在深入分析自然条件的基础上，合理利用自然条件，充分利用岸线资源。

总平面布置应充分考虑以下因素：城市、防洪、交通、通航枢纽的现状及规划；港口、航道现状及规划；跨河（海）桥梁、电缆、管道、隧道和取水等建筑物现状及规划。

设计代表船型应根据市场需求、建设条件、已有船型及未来发展趋势综合确定。当自然条件不能满足允许波高要求或港口冲淤严重时，应采取必要的防护措施。

港口建设应考虑港口水域交通管理的必要设施。有对外开放要求时，应考虑口岸检查和检验设施。

海港游艇码头港池水域设计水深的起算面宜采用设计最低通航水位。

恒载条件下浮桥干舷宜取 35~60 厘米。

2）水域及航道

游艇码头水域及航道包括进港航道、内航道、内支航道、系泊水域和锚泊水域等，各水域应根据使用要求合理布置。游艇泊位按系泊方式的不同可分为岸式泊位和离岸式泊位，其中，岸式泊位可分为浮桥式、系泊桩式、趸船式和固定式，离岸式泊位可分为单点系泊式和两点系泊式。浮桥式泊位可采用单泊位、双泊位和顺岸泊位等布置形式。受强台风影响频繁的地区，大型泊位宜按单泊位布置。离岸式泊位宜布置于掩护良好的开阔水域。港内水域可根据船型大小分成若干不同水深的区域。停泊游艇的纵轴线宜与风、浪、流的主导方向一致，当不一致时，纵轴线应主要根据控制性影响因素确定。

进港航道选线应满足船舶航行安全要求，结合港口总体规划、自然条件等因素综合确定，并适当留有发展余地。进港航道抽线宜顺直，尽量减小航道轴线与强风、强浪和水流主流向的交角。浅滩段进港航道的布置应考虑水动力、浅滩演变和泥沙运动对航道的影响。有整治工程时，航道线还应结合对整治效果的预测进行布置。按规定，内支航道设计水深应与系泊水域设计水深一致。

3）设计船型

设计船型禁止选用限制、淘汰型船艇。设计船型的选取应综合考虑码头规划船型和预测发展船型，以及码头使用要求。

设计船型出于设计代表性考虑，选取指标时，应按最大值作为基础数据进行分析。码头相关尺度应根据水域类别和设计船型确定。船型可分为机动艇、帆艇，设计船型应根据市场需求、建设自然条件、已有船型及未来发展趋势综合确定。

4）码头平面设计

游艇码头可根据使用要求设置游艇上下岸泊位、燃料补给泊位、污水收集泊位和工作船泊位等辅助泊位。

（1）游艇上下岸泊位宜布置在不影响游艇航行的水域。

（2）燃料补给泊位宜独立布置，并应位于游艇进出方便的水域，尽量靠近港池入口，内河宜设于下游。

（3）污水收集泊位可布置在主浮桥端部，集中收集生活污水和含油污水。

（4）主浮桥宽度应根据其服务的长度确定，支浮桥宽度应根据系泊水域长度确定，但都不应小于最低数值。支浮桥长度宜取 1 倍设计船长；在保证系泊安全情况下，长度可适当缩短，但不应小于 0.8 倍设计船长。联系桥陆侧顶面高程沿海游艇码头可取极端高水位加 0~1.0 米富裕超高，内河游艇码头可取最高通航水位加 0~1.0 米富裕超高。

5）防波堤布置

防波堤的设置应根据浮桥系泊条件、当地自然条件，经技术经济论证确定。

防波堤及口门的布置应使港内有足够的水域、良好的掩护、有利于减少泥沙淤积及减轻冰凌的影响，必要时应通过模型试验确定。

游艇码头距繁忙航道较近时，应考虑船行波对游艇泊稳的影响。防波堤堤顶高程宜按最不利工况基本不越浪考虑，经安全论证可适当降低，必要时应通过模型试验验证。口门结构高程应考虑对航行视野的影响。

防波堤口门的方向、位置、宽度的确定应充分考虑风向、波浪、潮流、泥沙运动及航行安全等因素。对较封闭的弱潮港和内河港宜考虑水体交换措施。当波浪入射港内系泊要求难以满足时，进港航道口门段的有效宽度经论证可适当缩窄，但不得小于 3 倍通航设计最大船宽，且不小于 23 米。采用透空式或浮动式防波堤改善港池波浪条件时，应通过模型试验验证。

6）护岸

水域面积足够时，护岸宜采用斜坡式结构。

在较封闭的水域内采用直立式护岸结构时，宜采取减小波浪反射的措施。

护岸的设计应考虑景观和使用等要求。

7）陆域布置

游艇码头陆域设施可包括管理中心、游艇停放场、露天艇架、艇库、燃料补给设施、修理和维护设施、停车场等。

港内陆域宜按功能进行分区布置，各功能区布置应相互协调。

停车场应根据使用要求设置，车位数量可按每个游艇泊位 0.5~1.2 个配置，小型游艇泊位比例高时取小值。

港内道路设计中应考虑拖车车宽的要求，转弯半径宜取 9~12 米。

6.2.3 游艇码头建设管理[①]

1. 工艺系统

1）一般规定

游艇码头的工艺系统设计应满足码头的功能要求和保证作业安全，减少环境

[①] 中华人民共和国交通运输部.《游艇码头设计规范》(JTS165-7-2014) [EB/OL]. http://xxgk.mot.gov.cn/jigou/syj/201404/t20140408_2978088.html[2014-04-08].

影响，降低能耗和改善劳动条件。

工艺作业环节主要包括游艇上下岸、储存保管、水平运输、维修保养等。

工艺设备应根据工艺作业环节的要求配置，并综合考虑技术先进、经济合理、安全可靠、能耗低、污染少、维修简便等因素。设备可视实际需要分期配置。

2）游艇上下岸设施

游艇上下岸工艺应根据游艇的类型、数量和水位差等因素确定，可分为垂直升降、钢轨滑道和斜坡道工艺形式。

（1）垂直升降工艺设备可选用跨运车、轨道式起重机、轮胎起重机、悬臂起重机和叉车等。根据工艺措施的不同，垂直升降工艺适用于中、小型游艇的上下岸。

（2）钢轨滑道工艺适用于大、中型游艇的上下岸，一条滑道可铺设两条钢轨，钢轨间距约为设计船宽的 1/3，台车宽度约为设计船宽的 60%~80%。

钢轨滑道坡度一般采用 10%~15%，较大船型采用坡度缓值，较小船型可采用坡度陡值。

（3）斜坡道工艺适用于小型游艇的上下岸，作业设备包括艇架拖车和可调艇架车。

斜坡道的规模和布置应综合考虑上下岸游艇类型、需求、地形等因素，应符合下列规定。

（1）斜坡道两侧宜设置护轮槛，单车道坡面净宽不小于 6 米，多车道坡面净宽尚应满足同时使用游艇的宽度要求。

（2）斜坡道的一侧应设置船员上下艇的配套工作浮桥。

（3）斜坡道坡度宜取 12%~15%，应在坡道端部标明坡道坡度和坡道使用要求。

（4）斜坡道坡脚标高宜低于设计低水位至少 1.0 米，坡道坡顶标高宜高于码头设计高水位至少 0.3 米，坡脚处应设置拖车挡块。

（5）从斜坡道坡顶向陆域方向留出至少 15 米的调头空间。

（6）斜坡道与陆域连接处应平缓过渡，满足车船身离地距离的要求，斜坡道应采用效果良好的铺面结构，做好防滑措施。

3）游艇水平运输设施

游艇水平运输设施用于上下岸设施与陆上保管设施之间水平移动。

游艇陆上水平运输设施可采用跨运车、台车、叉车、行走式起重机等方式，宜采用使用广泛、技术成熟的水平运输设施。

4）游艇保管设施

游艇保管设施分为水面保管和陆上保管。有条件时，游艇码头宜同时具有两种保管方式。

（1）水面保管主要适用于较长时间停靠在码头的小型游艇，可利用水上气浮装置或水上组装式浮箱装置将小型游艇托离水面。

（2）游艇陆上存放设施包括有停放场、露天艇架、干仓等，应根据游艇数量、陆域面积、自然条件、使用需求等综合确定。

游艇陆上存放设施的布置应符合下列规定。

（1）游艇停放场和露天艇架应设置游艇防风抗台风设施。

（2）停放场的游艇宜放置于车架或艇架上，并根据游艇的种类分区布置，大型游艇区域宜靠近上下岸设施布置，游艇艏艉方向宜与强风方向保持一致，在每个艇位的两端应设置防风拉环。

（3）艇架宜存放小型游艇，艇架层数不宜超过 5 层，可采用叉车作业。

（4）干仓宜采用大跨度结构，其跨度和净高按作业机械及艇架层高确定，库门尺度应满足进出库作业的流动机械、运载游艇的车辆的通行要求。

（5）游艇停放场的布置应根据游艇的尺寸、游艇搬运作业要求确定。

5）维修保养设施

游艇维修保养设施可根据实际需要设置，游艇的陆上修理和维护作业应于维修厂或车间内进行。

陆上修理或维护区宜靠近游艇上下岸设施布置。

喷砂或喷漆作业时应采取围闭隔离和防污染措施。

2. 水工建筑结构

1）一般规定

游艇码头水工建筑物主要包括防波堤、护岸、斜坡道、起重机作业平台、固定式码头结构及浮动式码头的接岸结构、活动引桥、浮桥、定位桩、锚链、锚块等，其设计应符合以下几点原则。

（1）建筑物布置及其结构形式应与结构安全、自然条件相适应。

（2）建筑物结构形式应利于岸坡稳定，并能有效减少波浪集中。

（3）避免各建筑物之间连接处形成薄弱环节。

（4）建筑物结构形式应与周边环境相协调。

（5）活动引桥、浮桥结构段、定位桩、锚链等活动部分应满足相互协调、位移相互适应的要求。

（6）在原有码头结构前沿设置浮桥，当浮桥结构总长超过 100 米时，定位装置不宜采用导轨与原有码头连接。

（7）建筑物结构形式应根据自然条件、材料来源、使用要求和施工条件等因素，经技术经济比较确定。

2）作用条件

浮桥结构设计人群荷载标准值应取 3000 帕；活动引桥结构设计人群荷载标

准值应取 4000 帕；集中荷载应根据所配置的流动机械确定，但不应小于 4500 牛。

进行浮桥承载力及主浮桥横稳性验算时，人群荷载可乘以折减系数。

作用于栏杆顶部的水平荷载标准值宜取 1500 牛/米。

设计波浪的重现期应采用 50 年一遇；设计风速的重现期应采用 50 年一遇；设计流速应采用泊位范围可能出现的最大垂线平均流速。

游艇靠泊时的撞击力标准值应根据游艇有效撞击能量、防冲设施性能曲线和浮桥结构的刚度确定。

游艇法向靠泊速度可取 0.2~0.3 米/秒，小型艇或流速大时宜取大值。

系缆力应考虑风和水流对计算游艇共同作用所产生的横向分力总和与纵向分力总和。各分力应根据可能同时出现的风和水流分别计算。

作用于游艇上的风荷载可参照《港口工程荷载规范》（JTS 144-1）的公式确定；作用于游艇上的水流力可参考澳大利亚游艇码头设计规范《Guidelines for Design of Marinas》（AS 3962-2001）确定。

相邻泊位下风向游艇被完全遮挡时，其风荷载可取无遮挡时的 30%。

3）码头结构

码头结构形式应根据自然条件、结构安全性、便利性，以及经济性等因素，采取固定式或浮动式码头，或采用固定式与浮动式码头相结合的方式。对水位变幅不超过 0.6 米，以及水深超过 6 米的港池水域，码头结构宜采用固定式；当水位变幅在 0.6~1.5 米范围以内时，游艇码头宜采用浮动式；当水位变幅超过 1.5 米，游艇码头应采用浮动式。

固定式码头可采用高桩承台式码头、重力式码头、板桩码头等结构形式，其设计应符合现行行业标准《高桩码头设计与施工规范》（JTS 167-1-2010）、《重力式码头设计与施工规范》（JTS 167-2）、《板桩码头设计与施工规范》（JTS 167-3）等规范的相关要求。

浮动式码头可采用趸船式、浮桥式和拼装浮筒式。浮桥可分为主浮桥和支浮桥。主浮桥一般由若干浮桥单元组成，单元长度宜取 8~24 米；支浮桥宜为一个浮桥单元，长度根据靠泊船型确定。

浮箱内应设比重较轻的填充物，填充物的体积吸水率应小于 3%。

浮桥定位方式包括定位桩、弹性锚绳、锚链、导轨和撑杆等。

作用于浮箱的波浪力可参照《海港水文规范》（JTS 145-2-2013）计算，资料不足时，水平向波浪荷载可取 2000 牛/米。

浮桥边缘应连续布设护缘，以防止游艇与浮桥意外碰撞和剐蹭。

浮桥铺面材料宜采用塑木或实木，表面应做防滑处理。

主浮桥、支浮桥沿泊位侧均应设置系船设施，系船设施间距可取 2~6 米，且每个泊位系船柱不应少于 4 个。系船设施宜采用高强铝合金或不锈钢材料，数目宜根据实际布置情况和计算工况确定。

定位桩与系泊桩的设置应满足以下规定和要求：定位桩桩顶标高应不低于极端高水位以上 1.0 米；定位桩和系泊桩桩顶应设置锥形桩帽。

钢管桩应进行防腐处理并封闭端头，防腐处理措施、钢材表面的除锈等级和构造要求可依据钢材材质、环境条件及施工、维护管理条件等确定，并应符合国家现行有关标准的规定。

抱桩器应设滑块或导辊，其与定位桩的间隙宜取 0.01~0.03 米。

定位桩的稳定及强度验算宜按浮桥结构段分段计算，当结构段间连接满足整体受力要求时，可按一并考虑。

浮桥作用于定位桩的水平力应考虑抱桩器与桩存在间隙的影响。弹性锚绳或锚链锚碇浮箱宜采用交叉系泊的固定方式。

当水位变幅较大时，弹性锚绳、锚链结构宜采用卷扬系统，以调节缆索、锚链的张力并控制浮桥的位置。导缆器应安装在卷扬机下方足够深度处。

若在支浮桥端部设置抱桩器，端部浮箱则宜选用恒载条件下干舷较大的浮箱。

定位装置采用导轨与原有固定码头连接的游艇码头，应对原有码头结构进行检测评估，并应对改造的码头结构进行复核计算，确保原有固定码头结构的安全性和耐久性。

主浮桥结构段之间宜采用螺栓连接并设缓冲橡胶垫；主浮桥与支浮桥之间宜采用螺栓刚性固接，螺栓应采用不锈钢材质。

活动引桥靠岸端垂直方向应采用铰接，与浮桥连接端宜设置滑轮等活动连接结构。

3. 配套设施

1）一般规定

游艇码头包括如下公共设施：①供电、照明设施；②给水设施；③消防设施；④污水和固体废弃物收集、处理设施；⑤雨水处理设施；⑥通信设施；⑦供电设施；⑧供油设施；⑨医疗器材设备。

游艇码头应依据有关法律法规规定的要求配置必要的消防设备。

当防波堤口门处或顺岸式码头停靠方式泊位入口处有时段横流流速超过 0.5 米/秒时，宜在防波堤口门处或停靠入口处配备流速仪，实时监控流速流向，并通过电子显示屏显示。

游艇码头应该提供下水道抽空设备，并应考虑处理受污染的船底污水的隔离装置。

游艇码头泊位的管线应采用隐蔽式敷设，管线与陆岸的连接应采用柔性连接，管线富裕长度应考虑水位变化的影响。

2）供电

每个游艇泊位均应设置供电接口，为系泊游艇提供电力供应。

游艇泊位的电力供应额定单相电压宜为220伏,额定三相电压宜为380伏。

游艇泊位的电源插座容量应根据船型大小确定。供电接口(水电柱)应提供全天候带盖防溅水的标准化电源插座,单相插座额定电流应不小于16安,三相插座额定电流应不小于32安,插座应带有接地极。插座宜安装在水电柱上,插座的安装高度宜距离码头面400~1200毫米,防水防护等级应不低于IP55。

每个供电回路中应安装剩余电流保护装置,额定剩余动作电流不大于30毫安。各个供电回路应分别设置过电流保护装置,并通过供电缆中的接地电缆芯与接地端子相接,在供电装置(水电柱)内任何不带电的金属也必须可靠接地。

游艇码头供配电电缆应采用铜芯电力电缆,电缆的敷设应避免电缆遭受机械性外力、过热、强烈日光辐射、腐蚀等损害。

游艇码头电气装置外露可导电部分应可靠接地。接地电阻应符合国家现行电气规范有关要求。

3)照明

在主浮桥和支浮桥上应设置照明系统,提供安全的人行通行设备以保证行人、船主安全使用泊位、船只及岸上设备,确保船只在港内安全航行。

为减少对码头附近航行船只的影响,应避免采用强光照明。

港区道路、栈桥及各泊位的人行通道应设置照明设施。照明设施的选择和布置应尽量减少对临近游艇通航产生眩光。港区主要道路地面照度标准值15勒克斯,次要道路地面照度标准值10勒克斯,主浮桥地面照度标准值5勒克斯。

4)给水

游艇码头应设置生产生活给水系统、消防给水系统,并且两个系统应分开独立设置。

游艇码头生产生活用水水质应符合《生活饮用水卫生标准》的要求。对于固定停靠在码头的居家型游艇,其用水量可参照住宅用水量标准取值。

根据泊位布置情况及游艇大小,在码头主浮桥与支浮桥交界处设置水电柱。每个游艇泊位均应设置给水接口,相邻的两个游艇泊位可共用一个水电柱。给水接口应提供标准化的连接方式,应设置计量装置。

供水接口处应提供一定规格和长度的软管水龙头。每一个软管水龙头都必须设置真空破坏器。给水管宜采用不透明的塑料管,管径根据流量和水压计算确定。水压大小应满足的条件为即使给水供应点都在被使用时,也能维持满管流。在管道易与其他物体碰撞处,应采取保护管道不受破坏的措施。在室外明设的给水管道,应避免受阳光直接照射,塑料给水管还应采取有效保护措施;在结冻地区应做保温层,保温层的外壳应密封防渗。

游艇码头给水系统与陆域给水管接口处应设置倒流防止器。

5）排水

对于没有安装污水处理设备的游艇码头,应在码头设置抽排污水环保车架组,对游艇污水箱中的生活污水进行抽取,并输送至污水处理站进行处理。

生活污水可运至有资质的污水处理公司进行处理,也可以在陆域基地内自行设置污水处理站进行处理,达到相关排放要求后进行排放,还可以经过中水处理,达到《城市污水再生利用城市杂用水水质》相关水质标准后,用于绿化、道路冲洗等。

污水泵站应建设在油泵附近,应配备污染控制系统。污水泵站及附近区域不应安装饮用水装置。

码头上产生污染的水,包括洗涤设备的含油水等,应与雨水收集系统区别对待,另行处理。

在废弃物收集泊位设置液体回收间及回收容器,收集游艇产生的含油污水,定期将含油污水运至有资质的污水处理公司进行处理。

对于污水量较大的居家型游艇,可考虑使用船舶污水收集船对此类游艇抽取污水。

6）消防

应根据有关部门的法律法规安装消防设备。

在固定式码头或护岸临水侧布置室外地上式消火栓,间距不大于120米,保护半径覆盖整个码头。

加油及排污泊位应配置一定数量的便携式可燃气体报警仪、干粉灭火器、二氧化碳灭火器、推车式灭火器等辅助灭火设施。

消火栓箱内或附近放置2具MF/ABC3手提式灭火器。

当码头可容纳游艇数量大于100个泊位时,宜配备1~2辆装有消防泵的轻便车辆。

7）供油

供油工艺系统必须满足正常安全生产、检修和环保等要求,应采取防火、防爆、防雷、防静电、防泄漏和防止事故扩散的安全措施。

Ⅱ级以下码头游艇供油优先依托社会供油设施解决;Ⅱ级(含)以上码头宜设置专用加油泊位,泊位数量应通过游艇数量综合确定。加油泊位配备储油池、潜泵及快速容纳并清除油污泄露的装置。

加油泊位必须坚固耐用,作为燃油泵的支撑设施,并将管线从陆上地下储罐引到船上。在每条燃油线路高点上提供可快速拆卸的装置,防止储蓄槽物质在线路未到燃料储存线而损坏时虹吸到基槽中。

码头区域的供油管道宜明装敷设,局部受限时也可采用直埋或管沟敷设。

游艇供油的品种包括柴油和汽油,加油设备宜采用自动计量加油机,加油机不得设在室内。加油枪宜采用大流量自封式加油枪。

供油管道应在水陆分界处适当的位置设置紧急切断阀,该阀应具有遥控和现场操作功能。

8) 环境保护

码头环境保护设计应执行国家有关法律、法规和标准的规定。

码头环境保护设计应与城市规划和环境保护规划相一致,远近结合,留有发展余地。

到港船舶生活污水、油污水和固体废弃物应按有关法律和法规规定进行处理。

在游艇码头主浮桥上宜按规定设置固体垃圾回收箱,并且活动引桥连接处宜增设一个固体垃圾回收箱。回收箱应具有防风、防雨功能。

泊位上宜设置生活污水泵和油污水泵,收集游艇的生活污水和油污水。

9) 安全

游艇码头宜设置防陆上、水上周界入侵系统。

游艇码头宜配备救生艇、潜水用具等游艇海上救助的救援、救护设施。

游艇码头宜配置必要的救生圈、救生绳、安全梯和应急救生箱等。

在主浮桥和支浮桥不停靠游艇的岸段应设置护栏,护栏高度不小于 1.1 米。在未设置护栏的主浮桥侧边缘宜划示警戒线。

10) 通信

游艇码头应设置公众网电话和网络,应提供 24 小时电话服务。

游艇码头应设置甚高频电台。

游艇码头应设置完善的视频监控系统。

游艇码头宜设置对讲广播系统。

4. 助航设施

游艇码头和进港航道应设置完善的助航设施及安全警示标志。

助航设施应满足设计水平年内游艇码头运行需要。

助航方式应根据游艇码头水域附近通航条件,结合船舶装备和技术发展,合理选择。内河助航标志与交通安全标志应相辅相成,互为补充。

助航设施应与游艇码头建设工程同步建设。

在进出港航道、口门、港池水域附近等位置,应设置必要的助航标志。属于内河水域范围的,应符合《内河助航标志》(GB 5863-93)及其他内河助航标志设置的相关规定;属于海区范围的,应符合《中国海区水上助航标志》(GB 4696)及其他海区助航标志设置的相关规定。

内河水域范围内设置的内河交通安全标志,应符合《内河交通安全标志》(GB 13851)的规定。

在对船舶航行安全有影响的水域、建筑物和设施附近,必须设置警示标志。有夜航要求时,应按有关规定设置发光信号。

6.3 游艇经营管理

随着游艇经济逐渐成为一种新兴的产业经济形式，在吸引着来自全世界越来越多的目光的同时，将游艇作为一个地区经济发展的主要衡量标志越来越被国际社会广泛接受。由于水上运动有效地带动了游艇产业的快速发展，目前游艇旅游与休闲经济也正在快速掀起，世界范围内游艇经营实践的飞速发展对各个国家政策法规的建立健全提出了现实要求。

之所以欧美游艇发达国家的游艇经济得以蓬勃发展，是因为其经营管理政策法规的健全。中国游艇整体生产能力虽已跻身全球十强，特别是 80 英尺以上超级游艇的制造能力已不亚于游艇制造传统强国美国和日本，但目前，中国地区间水域管理政策不一致；各地海事部门颁发的游艇驾照不能跨区航行；中国航道管理严格，通报海事、航务或港监等部门手续烦琐；中国现行的船舶法还没有将商务船只和私人游艇区分开来，在中国购买游艇所需的手续要比在其他国家更为复杂，这些都是中国游艇经济蓬勃发展的障碍。

近年来，中国国家层面开始陆续发文大力扶持包括游艇旅游在内的一系列新兴旅游消费热点，如《国务院关于加快发展旅游业的意见》《国务院关于推进海南国际旅游岛建设发展的若干意见》《国民旅游休闲纲要（2013—2020 年）》，以及国家发改委和国防科学技术工业委员会制定的《船舶工业中长期发展规划（2006—2015 年）》等。可见，在针对游艇旅游发展不断地探讨和研究过程中，国家从上到下得出的重要共识是需要认真消化、吸收游艇发达国家和地区的经验、启示。

本节将在参照游艇管理行业的相关法律法规的基础上，结合国内外游艇管理企业的运营管理需要，从游艇租赁经营管理、游艇船务管理和游艇税收管理几个方面展开介绍游艇经营管理的政策规定。

6.3.1 游艇租赁管理的政策规定

国际上将游艇分为经营性游艇与非经营性游艇，前者归属于商业船舶范畴，后者则是私人所有的，不以营利为目的的，只用于休闲、娱乐的船艇。中国现行的船舶法没有将商务船只和私人游艇区分开来，这是中国游艇租赁经营至今始终无法大力发展起来的最根本原因。

1. 欧美游艇租赁管理的政策法规

欧洲、北美洲发达国家的游艇经济的飞速发展，离不开其日益完善的经营管理政策法规。

美国船艇委员会在 1971 年的《联邦游艇安全法》基础上，制定了十分细致的行业标准，并出版了《游艇法规和规范》，其中包括租赁经营管理等内容。2007 年起，规定游艇厂商必须全部加入会员，服从统一的行业管理。此外，美国为游艇拥有者提供了许多便利，完整规范地制定了游艇的购买登记、驾照考核、贷款服务、航道管理等法规。

欧盟的游艇政策也在持续不断地发展健全中。2016 年 1 月 18 日，欧盟新游艇指令 2013/53/EU 开始执行，取代了旧指南。游艇指令是为了满足娱乐用游艇能够在欧盟市场上自由流通，而由欧洲标准化委员会（European Committee for Standardization，CEN）与欧洲电工标准化委员会（European Committee for Electrotechnical Standardization，CENELEC）制定出来的法规。

2. 中国游艇租赁管理的政策法规

中国现行船舶法对游艇的定义是"符合交通部批准或者认可的游艇检验规范，由公民、法人或者其他组织拥有，并从事非营业性游览观光、休闲娱乐等活动的船舶，包括以整船租赁形式从事自娱自乐活动的游艇"。法律规定，"从事经营性运输的旅游船等，适用客船的有关管理规定，须向规定的船舶检验机构、海事管理机构和交通主管部门申请办理检验、登记和营运手续。游艇改为从事经营性活动的，应按规定向海事管理机构申请注销游艇登记，重新办理船舶检验和登记，并按规定向交通主管部门申请办理船舶营运许可手续"。2008 年，交通运输部第 7 号令发布的《游艇安全管理规定》制定了针对非经营性游艇检验、登记，游艇操作人员培训、考试和发证、航行、停泊、安全保障，监督检查，法律责任等游艇管理制度。但是，《游艇安全管理规定》只是为了解决非经营性私人进口游艇的船舶检验和登记等问题，定义游艇仅限于游艇所有人自身用于游览观光、休闲娱乐等活动的具备机械推进动力装置的船舶，并未提及从事经营性活动的游艇。

然而近年来，人们渐渐意识到，游艇除了能够提升生活质量，还具有一定的商务功能。随着旅游市场的不断发展，各种形式的游艇经营活动逐渐开展起来，不少滨水城市的游艇俱乐部和游艇会纷纷开展游艇旅游、租赁等经营性活动，部分纯私人游艇也偶尔被用来举办各种经营性活动。但我国之前出台的相关法规定义游艇仅限于游艇所有人自身用于游览观光、休闲娱乐等活动，并未有游艇从事经营性活动的相关管理规定，因此，政府监管难、相关游艇企业经营难的"两难"局面便产生了。

经营性游艇的管理如果遵照国家相关营运客船的管理模式，就会出现很多不必要的麻烦。由于大部分游艇企业的游艇是从国外进口的，游艇企业一般无法提供涉及核心关键技术的图纸等材料，经营资质无法满足《国内水路运输经营资质管理规定》的要求。而且游艇的平均价值普遍高于一般客船，客位却少于一般客船，因此，现行的规定对于一家游艇经营性企业来说成本是非常高的。国家有关部门看到了游艇经营性市场的商机和其对游艇业发展的促进作用。2016年10月，李克强总理主持召开国务院常务会议，会议要求扩大国内消费，促进服务业发展，明确提出探索试点游艇租赁业务[1]，这对目前游艇行业犹如一剂"强心针"，特别对未被明确肯定而实际上广泛存在的游艇租赁是一个利好消息。同时，游艇租赁在迎来重大机遇时将被纳入规范的管理，对行业发展也将起到保驾护航的作用。

随着我国市场经济的不断发展，民众的消费观念也在不断更新，都市公共需求型游艇码头和景区配套型游艇码头的建设必将促进公共游艇租赁业务的发展。公共游艇旅游消费的需求日趋旺盛，从事公共游艇旅游消费也会越来越普遍。显然，游艇租赁具有巨大的发展潜力，也是滨海旅游经济发展不可忽视的一个经济增长点。

3. 地区试点游艇租赁管理规定

就目前国家公民的经济收入水平和游艇消费文化来讲，游艇经济的发展很大程度上依靠的是游艇的租赁，因而珠江三角洲、长江三角洲、环渤海等地区应积极参与国家游艇租赁试点工作，为游艇租赁经营立法做出贡献。下文以海南为例，介绍游艇租赁管理规定。

从国家层面上讲，《国务院关于推进海南国际旅游岛建设发展的若干意见》（国发〔2009〕44号）和《国务院办公厅关于进一步促进旅游投资和消费的若干意见》（国办发〔2015〕62号）这两个文件都明确提倡海南积极发展邮轮游艇产业，研究完善游艇管理办法，培育邮轮游艇旅游大众消费市场。

《交通运输部贯彻落实〈中共中央国务院关于支持海南全面深化改革开放的指导意见〉实施方案》提出了26项具体的政策措施和工作任务。该实施方案第六项提出海南建设国际航运交易所要重点发展游艇交易，第十项提出推动琼港澳游艇自由行，将粤港澳游艇自由行政策推广至海南；建立游艇型式检验制度，简化进口游艇检验，对通过型式检验的新建游艇或经技术勘验后持有经认可的机构出具证书的进口游艇，可直接申领游艇适航证书；协调有关部门简化游艇入境手续，推动建立琼港澳游艇"定点停靠、就近联检"的口岸管理模式，游艇进出海南水域一次性办理进出口岸手续；支持海南省依据授权划定、调整琼港澳游艇活动水域；建立游艇备案管理制度，将游艇开航前向海事管理机构报告改为向游艇俱乐部通报；探索境外游艇航行水域负面清单制度；在满足相关法规和安全管理要求的前提下，支持海南开展游艇租赁业务；整合游艇证书，将游艇所有权登记证书与国籍证书合并为游艇登记证书，并可直接向游艇所有人或游艇俱乐部所在地海事管理机构办理登记手续；支持海南省对港澳居民及法人拥有自用游艇办理船舶

---

[1] 李克强主持召开国务院常务会议（2016年10月14日）.http://www.gov.cn/premier/2016-10/14/content_5119206.htm[2021-05-28].

登记，推动游艇检验证书、操作人员证书与港澳互认。

琼港澳、珠江三角洲、长江三角洲、环渤海都要抓住这一轮游艇经营试点的良机，在如何突破体制、政策等障碍方面做出有效工作，率先示范，积累经验，力争打造为国内游艇经营管理和服务的示范区。对此国家相关部门也在努力，由于游艇产业发展涉及国家众多部委，在2016年的中国游艇发展大会上，由交通运输部、公安部、工业和信息部、海关总署、国家质量监督检验检疫总局、国家海洋局、国家旅游局、中国船级社等中央八大部门及共同成立的全国游艇发展专家指导委员会决定共同推进中国游艇产业的发展，制定相关的规划和布局。

6.3.2 游艇船务管理规定

中国交通运输部海事局依据《中华人民共和国船员条例》和经修正的《1978年海员培训、发证和值班标准国际公约》制定了《中华人民共和国船员教育和培训管理质量管理规则》，并于2012年3月1日起开始施行。为保证游艇船务管理质量和船务人员水平，游艇的船务管理可着重从设施设备、船员服务、档案管理、质量管理、纠正和预防措施、文件控制、内部审核和管理评审几个方面开展。

1. 场地、设施和设备

海事管理机构应建立文件化程序，对以下过程进行控制，以确保船员管理工作所需要的场地、设施和设备符合规定的要求，并保证其处于良好状况。

（1）场地、设施和设备的配置、维护保养、使用和管理。

（2）消耗品的使用与补充。

（3）租用场地、设施和设备的评估与使用。

海事管理机构应识别由于外部或内部要求的变化而引起的对场地、设施和设备需求的变更，及时补充和更新，以满足船员管理发展的需要。

场地、设施和设备的管理和使用应明确相应的记录并予以保持。

2. 业务受理、审核、审批与证书签发

海事管理机构应建立文件化程序，对船员注册、各类船员证书签发与签注和机构资质证书的签发与签注等业务的受理、审核与审批过程进行控制，以确保业务的受理、审核与审批工作符合规定。

船员证书的签发与签注包括各类船员证书、证明等的签发或签注，以及我国对其他缔约国所签发证书的承认签证；机构资质证书的签发与签注包括机构资质许可证、质量体系证书等的签发与签注。

海事管理机构应对业务的受理、审核、审批各环节的工作流程、操作要求进行规范，对各类证书的制作、注销与销毁、空白证书管理、印章管理等过程进行控制，确保各类证书签发与管理的全过程符合规定的要求。

业务受理、审核、审批与证书签发过程应明确相应的记录并予以保持。

3. 船员服务

海事管理机构应建立船员服务管理的文件化程序，对船员服务机构、海员外派机构和海员证申办单位的资质保持、服务活动的监督检查等管理活动进行控制，以确保船员服务管理工作符合规定的要求。

对船员服务机构、海员外派机构和海员证申办单位的管理过程应明确相应的记录并予以保持。

4. 档案管理

海事管理机构应建立档案管理的文件化程序，对船员各类档案、船员培训管理档案、船员服务管理档案的收集、登记、整理、保管、利用、统计、迁移、销毁等管理全过程进行控制，以确保档案管理工作符合规定的要求。

档案管理的全过程应明确相应的记录并予以保持。

5. 质量记录控制

海事管理机构应建立质量记录控制的文件化程序，对与质量管理体系运行过程相关的质量记录的标识、记载、格式、保存、检索等活动进行控制，明确质量记录的保存期限和地点，以提供质量管理体系有效运行的证据，保证质量管理活动过程具有可追溯性。

6. 纠正和预防措施

海事管理机构应建立纠正和预防措施的文件化程序，对不符合要求情况的采集、原因分析、纠正措施的制定、实施与验证等活动进行控制，以保证其及时得到纠正。对潜在的不符合要求的情况制定并采取适当和有效的预防措施，防止不符合要求的情况的发生。

纠正和预防措施应明确相应的记录并予以保持。

7. 文件控制

海事管理机构应建立文件控制的文件化程序，对质量管理体系文件的拟定、审批、发布、识别、标识、流转、使用、保管、更新、作废和归档进行控制，受控文件清单应予保存并得到及时更新，保证在使用场所可获得适用文件的有效版本。

文件控制应明确相应的记录并予以保持。

8. 内部审核和管理评审

海事管理机构应建立内部审核和管理评审的文件化程序，对内部审核和管理评审计划的制定与审批、准备与实施、结果及处置等过程进行控制。

内部审核主要是检查质量管理体系的符合性，确定质量管理体系是否有效、连续运行，应由具有资格的审核员组成的审核组具体实施。内部审核活动每年至少进行1次。

管理评审由最高管理者组织实施，管理评审主要是评价质量管理体系的适宜性、充分性和提出持续改进的需要。管理评审活动每年至少进行1次。

海事管理机构应在内部审核和管理评审结束后3个月内，将内部审核和管理评审结果报主管机关。

内部审核和管理评审应明确相应的记录并予以保持。

6.3.3 游艇税收政策规定

游艇的所有人或者其委托的游艇使用人、游艇俱乐部，应当按照各自国家的规定，交纳相应的船舶税费。本节将以美国、意大利、法国和中国为典型代表，介绍一下各国对于游艇税收政策的规定。

1. 美国

美国各个州对于游艇的税收规定各不相同，目前存在的税收类型主要是特许权税、使用税、营业税等。在实际操作过程中，各州根据自己的情况，对于税收的规定迥异。例如，美国的马里兰州规定，在马里兰州出售或者带入马里兰州使用的游艇，以游艇购买价格或者市场价格征收5%特许权税。该特许权税对所有主要在马里兰州使用的游艇都征收，与这些游艇的购买地点和购买时间没有关系。从购买日或者游艇进入马里兰州日算起30日内没有支付相应税款的，则将以应纳税款的10%~100%进行处罚，其间的利息按照每月1.5%计算。马里兰州原先还规定了营业税，但是近几年已经废止。

同样是特许权税，宾夕法尼亚州的税率为1%~6%。在马里兰州已经取消的营业税，在密歇根州仍高达6%。而美国罗得岛州对于购买和建造游艇都没有规定支付使用税和营业税。爱达荷州对于游艇使用的拖车还规定了机动车辆使用税。

2. 意大利[①]

意大利游艇税分为直接税（所得税）和间接税两种。具体而言，使用在国际注册机构注册的游艇获得收益达到总收入的20%时，需要征收个人所得税和企业所得税，但是工商业地税则没有将注册游艇的收益作为纳税范围。游艇间接税主要是增值税和注册税，以下简要介绍这两种主要税收。

1）增值税

增值税是意大利最主要的一种间接税，属于意大利第二大税种。意大利法律

---

① 杨新发. 世界游艇产业发展报告[M]. 上海：上海交通大学出版社，2011：39-41.

规定，对在意大利境内进行的游艇交易征收20%的增值税。同时，针对不同的出售人和购买人，意大利增值税的规定也不尽相同。如果意大利纳税人之间进行休闲游艇/船舶的商业交易，那么意大利法律所规定的所有增值税条款都适用于这一买卖。当游艇继续留在意大利使用时，所开具的发票中应当包含20%的增值税金额；若将游艇运送至其他欧盟成员国使用，则发票的金额不包含增值税的金额。

欧洲区域内和欧洲区域外使用游艇需要向国家缴纳的税收不同，具体计算游艇的区域内外航行时间比较困难，于是意大利税收机关规定，租赁公司在租赁期间支付统一费用，而且根据不同型号的游艇设定不同的征税比例，因此，不同长度和不同排进装置的游艇需要缴纳的租赁费的增值税也不同，从而导致实际征收的税率也存在差异，如表6-3所示。

表6-3 意大利租赁游艇增值税征收方法

租赁		按照租赁费用缴纳增值税	实际缴纳增值税
帆船	动力艇		
大于24米	大于24米	30%	6%
20.01~24米	16.01~24米	40%	8%
10.01~20米	12.01~16米	50%	10%
10米（含）以下	7.51~12米	60%	12%
	7.5米或7.5米以下（需注册登记）	90%	18%
仅在保护水域的进行航行游艇		100%	20%

资料来源：杨新发. 世界游艇产业发展报告[M]. 上海：上海交通大学出版社，2011

因此，租赁游艇所需要缴纳的增值税率基本都低于常规情况下缴纳的增值税率，而且一般的租赁时间可以长达24个月、36个月或者60个月。同时，租赁游艇无须缴纳所有权税。

2）注册税

目前，意大利游艇注册所缴纳的注册税主要由游艇长度来决定。具体规定如下：若小艇长度小于6米，其注册税为54.23欧元；小艇长度在6~8米，其注册税为108.46欧元；游艇长度在8~12米，注册税为309.87欧元；游艇长度在12~18米，注册税为464.81欧元；游艇长度18~24米，注册税为619.75欧元。大于24米的大型游艇的注册税为固定数额3873.43欧元。

此外，意大利正在讨论拟实施新的航行法律规定，即一般大型游艇出租给游客使用时，需要在国际注册机关（The International Register）登记，同时扩大了之前只针对商业船舶而规定的税收减免的范围。享受税收减免政策的游艇需要满足以下条件：船体长度超过24米、总吨位不超过1000吨、用于国际或者沿海航行且伴有专门向游客出租的目的、除船员以外游艇载人数不得超过12人、拥有权威机构发布的等级证书、符合技术和运行标准。

3. 法国

法国游艇的进口关税与游艇的重量有关：重量少于 220 磅[①]的游艇，进口关税为 2.7%；重量超过 220 磅的游艇，进口关税为 1.7%。

对于游艇增值税，1968 年以前，法国为了支持游艇的发展，免除游艇增值税。而目前，法国游艇增值税税率为 19.6%。同时，法国还做出长度超过 10 米的游艇在欧盟水域以外航行，其增值税可以减少 50%~90%的规定。

实际上，按照法国的税收制度，凡是在官方的注册、登记行为都需向政府纳税。因此，如果游艇购买者进行游艇登记，当然也需要向政府纳税。此外，游艇在法国被视为有形资产，它被计算进所有人的总资产中。按照法国税收法律的规定，资产超过 76 万欧元，需要缴纳财富税，因此，游艇所有人很可能成为财富税的征收对象。

在法国驾驶游艇除需要游艇驾驶执照以外，还需要缴纳巡航税，游艇驾驶者往往需要购买 Vignette（装饰图案）作为完税凭证。支付巡航税以后，驾驶者才可以进入法国水道网络。

4. 中国

中国的游艇税收很高，从 2006 年 4 月 1 日起，对长度超过 8 米的私人游艇征收 10%的消费税；若是进口游艇加上 10%的关税、17%的增值税，总税值约达到 40%，而其他发达国家的税收不会超过 20%。这对消费者购买游艇的决心会有很大的影响，高税收不利于中国游艇企业的发展。

购买国内的游艇主要有两个税，一个是购置税，另一个是 10%的奢侈品税，购买进口的游艇，除上述两项外，还有 30%~45%的关税。进口游艇的价格计算如下：

游艇到岸价（CIF）≈游艇成本（标准配饰+选配项）+海运用船架+海运费+海运保险

各项税收≈游艇到岸价（CIF）×43.65%

交船价≈游艇到岸价（CIF）+各项税收≈游艇到岸价×143.65%

也就是说，一艘总价约 2260 万元的进口游艇，其中，包含的税费就高达 690 万，税率达 43.65%。这个份额是惊人的，也在很大程度上抑制了相当一部分购艇者的消费欲望。

除了购艇时缴纳的税费，船主每年还需缴纳车船税。《中华人民共和国车船税法实施条例》已经于 2011 年 11 月 23 日国务院第 182 次常务会议上通过，自 2012 年 1 月 1 日起施行。游艇每年缴纳的车船税开始按照长度征税，每米 600~2000 元。节约能源、使用新能源的车船可以免征或者减半征收车船税。与按《中华

[①] 1 磅=0.453 592 千克。

人民共和国车船税暂行条例》要求的按净吨位大小征税相比，税额大幅增加。按年交付的车船税无疑将进一步加大消费者的经济负担。

游艇税近年来一直是业内讨论的热点。对于国内外私人游艇制造商而言，一直希望中国政府能调整相关税收政策，以便能增加销量。但国产游艇销售人员和欧美品牌经销商的侧重点却是不同的。进口游艇经销商不断呼吁降关税、免奢侈品消费税等，而国产游艇一直希望提高进口关税，但对消费税则存在两种截然相反的看法。

2013年，营业税改增值税全国试点政策下发，对试点"1+7"行业的税收政策进行了明确规定，同时也派出了一个"礼包"——增值税的抵扣范围得到扩大，应征消费税的摩托车、汽车、游艇也能纳入抵扣。中国社会科学院财经战略研究院研究员张斌表示，这项政策能刺激游艇的销售，带动相关消费。

6.4　游艇出入境管理

随着世界经济的飞速发展、游艇技术的进步和人们生活观念的转变，游艇的拥有者日渐增多，游艇活动的开展也越发广泛。因而跨地域的游艇出入境办法与手续将成为行业未来的关注重点之一。

美国作为世界上游艇产业最发达的国家，拥有着完善的出入境管理制度。中国则在"一带一路"倡议和产业利好政策的背景下迎来了游艇行业新的发展机遇，正走在游艇出入境管理探索与进步的道路上，也是未来几十年游艇业发展前景最为广阔的国家。本节将以美国与中国这两个具有代表性的国家为典型，介绍一下游艇出入境管理的相关规定。

6.4.1　世界游艇出入境管理概况

世界各国对正常的出入境游艇管理通常是以主动申报为主。如果不按规定申报，一经发现将被处以罚金，扣留船只，特别严重的甚至可以没收船只。游艇大国主要口岸都有海岸防卫队管理，这个部门肩负着国土安全、海关、缉毒、移民局等职责。口岸管理部门及海关移民局的联系电话、港口当局的甚高频对讲频道也是公开的，在网上可以预先查到。一些口岸的大的游艇码头还设有海岸防卫队检查站点。

6.4.2　美国游艇出入境申报规定

目前，美国是世界上游艇产业最发达的国家，拥有世界上最多的游艇，平均每 14 人就拥有一艘游艇，游艇数量基本维持在 1700 万艘左右的水平，参与人数占总人口的 1/4 以上。总销售额占世界游艇总份额的 50%以上，至今仍保持着世界游艇市场的霸主地位。

因而美国也拥有着目前世界上最完善的游艇管理政策法规。1971 年，美国针对游艇厂家和游艇设备厂制定了《联邦游艇安全法》，美国短艇与游艇委员会（American Boat and Yacht Council，ABYC）在联邦法规的基础上制定了更为详尽的行业标准，包括艇体设计、艇用设备、电气、技术咨询等各方面，并出版了《游艇法规和规范》一书。2007 年度开始，美国所有的游艇厂商必须接受行业的统一管理。此外，美国在游艇的购买登记、航道管理、驾照考核、贷款服务等方面都形成了很完整的规范体系，为游艇拥有者提供了方便。

美国现行的游艇出入境申报手续如下。

（1）外国的帆船游艇船东或船长，在到达首个美国口岸时必须向海岸防卫队海关和边境保护局（Customs and Border Protection，CBP）申报。方式有：委托代理人申报和网上申报，通过电邮、传真等形式预先申报。帆船游艇进入美国海域的港口前，可以用海事电话或卫星电话向港口管理当局报告，船舶抵达后，派出一人上岸去海岸防卫队和海关及所在口岸的站点办理入关手续。其他随船进入的人员及随行物品在移民局和海关查验前不得登岸。海关会决定是否登船临查验随船行李物品，没有经过海关的查验的物品搬离外国的帆船游艇，可处以罚款 5000 美元。

（2）外国的帆船游艇上的随船人员必须持有有效期半年以上的护照或旅行证件，填写入境表格，假如不懂英文的可要求查验人员协助，在大多数的美国口岸，这种情况可以得到懂得相关国家语言的口岸管理部门的工作人员的协助。他们将协助有需要的外国随船人员填写入境表格，解答相关的问题。准许入境美国的随船人员的护照在盖上允许逗留的时间的印章后钉上应该填写好的入境卡，离境时将被口岸查验官员收回，完成离境记录。

（3）外国的帆船游艇离开美国前也同样需要向 CBP 申报。离境也需要得到海关和边境放行许可，包括实施登船查验或不登船查验给予放行。

（4）针对不同地区的外国的帆船游艇的出入境管理，CBP 采取灵活多样的验放办法。

美国北部同加拿大接壤的地区（五大湖区）对加拿大籍的帆船游艇给予简化便利放行，对经常往返美国、加拿大的私人游艇实行免检。这与美国、加拿大对两国公民开放边境出入境免签证管理是一致的。美国和加拿大有一个替代原来 I-68/CANPASS 系统的方案，这是一个在抵达前 39 分钟到抵达后 4 小时的电话申报出入境管理办法。美国与墨西哥接壤的海域对墨西哥籍的帆船游艇同样给予简化便利放行。

美国禁止许多动植物和相关制品的进口，这个规定同样适用于到访的外国帆船和游艇。新鲜的蔬菜肉类，没经过动植物检验检疫的将会被没收。面包和罐头，则不包括在内，这个规定也适合美国的夏威夷州、波多黎各自由邦和美属维京群岛。被禁止进口的还有濒临绝种动物与任何野生植物和鱼的货物，或任何关于它们的产品，这包括龟贝壳珠宝、皮革、鲸须、象牙、珊瑚、皮肤和毛皮。

整体而言，美国对于外国的帆船游艇，尤其是私人游艇的出入境管理还是相当便利的。

6.4.3 中国游艇出入境申报规定

1. 中国海关管理游艇的依据

中国海关管理游艇依据的政策法规分别为：《中华人民共和国海关法》《中华人民共和国海关事务担保条例》《中华人民共和国进出口关税条例》《中华人民共和国海关进出口货物申报管理规定》《中华人民共和国海关进出口货物征税管理办法》《中华人民共和国海关暂时进出境货物管理办法》《中华人民共和国海关审定进出口货物完税价格办法》《中华人民共和国海关暂时进出境货物监管操作规程》《中华人民共和国海关对海南省进出境游艇及其所载物品监管暂行办法》《中华人民共和国海关对保税仓库及所存货物的管理规定》《中华人民共和国海关审定内销保税货物完税价格办法》《重点旧机电产品进口目录》等。

2. 出入境游艇海关监管方式

进出境游艇海关监管方式通常可以分为：一般贸易、租赁贸易、暂时进出境（会展）、保税进出境、进出境修理、自驾游进出境等。

3. 游艇出入境通关业务

游艇应当通过设立海关的港口或者经批准的游艇监管码头进境或者出境。

停留在设立海关的地点的进出境游艇，未经海关同意，不得擅自驶离。

进出境游艇从一个设立海关的地点驶往另一个设立海关的地点应当符合海关监管要求，办理海关手续，未办结海关手续的，不得改驶境外。

游艇进出境需办理船舶联检手续，提交海关所需的相关单证。

4. 游艇进境申报通关

游艇进境申报通关流程如图 6-1 所示。

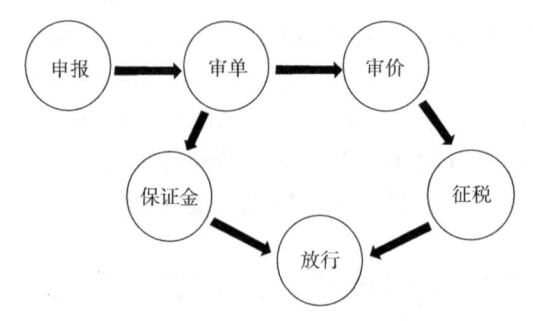

图 6-1　游艇进境申报通关流程图

1）申报

游艇作为货物进口的，进口货物的收货人应当自游艇申报进境之日起 14 日内向海关办理进口报关手续。超期未报的，海关按日征收万分之五的滞报金。超三个月未报的，海关将依法变卖处理。

2）审单

进出口游艇的收发货人办理游艇进出口申报手续时，应当向海关如实申报，交验报关所需有关单证及许可证件（旧游艇进口须交验《重点旧机电产品许可证》）。

3）审价

进出境游艇向海关申报进口后，海关须对游艇申报价格进行审核，进出口游艇的完税价格由海关以该货物的成交价格为基础进行审查确定，成交价格不能确定时，完税价格由海关依法估定。

进口游艇的完税价格包括游艇的船身价、游艇运抵中华人民共和国境内输入地点起卸前的运输及其相关费用、保险费；出口游艇的完税价格包括游艇的船身价、游艇运抵中华人民共和国境内输出地点起卸前的运输及其相关费用、保险费，含出口关税税额应予以扣除。

游艇价格的构成：游艇的价格（标配+选配）+运输费+保险费+其他。

4）征税

进出口游艇的纳税义务人，应当自海关填发税款缴款书之日起 15 日内缴纳税款；逾期缴纳的，由海关按日征收应缴税款万分之五的滞纳金。超三个月仍未缴纳的，经批准，海关可以采取相关强制措施。

进出口游艇放行后，海关发现少征或者漏征税款的，自货物放行之日起一年内，向纳税义务人补征。纳税义务人违反规定而造成少征或漏征，海关三年内可以追征。海关多征税款，海关发现后应当立即退还；纳税义务人自缴纳税款之日起一年内，可以要求海关退还。

6.4.4　特殊进口游艇处理办法

海关对特殊进口游艇的审价，具体有租赁进境、暂时进境（会展）、出境修理复运进境、保税进境转内销和自驾游进境。具体如下。

1. 租赁进境游艇的审价

以租金方式对外支付的租赁游艇，在租赁期间以海关审查确定的租金作为完税价格，利息应当予以计入。

留购的租赁游艇以海关审查确定的留购价格作为完税价格。

纳税义务人申请一次性缴纳税款的，可以选择申请按照《海关审价办法》第六条列明的方法确定完税价格，或者按照海关审查确定的租金总额作为完税价格。

2. 暂时进境游艇的审价

经海关批准的暂时进境游艇，应当缴纳税款的，由海关按照《海关审价办法》第二章的规定审查确定完税价格。

经海关批准留购的暂时进境游艇，以海关审查确定的留购价格作为完税价格。

3. 出境修理复运进境游艇的审价

运往境外修理的游艇，出境时已向海关报明，并且在海关规定的期限内复运进境的，应当以境外修理费和料件费为基础审查确定完税价格。

出境修理游艇复运进境超过海关规定期限的，由海关按照《海关审价办法》第二章的规定审查确定完税价格。

4. 保税进境转内销游艇的审价

海关特殊监管区域、保税监管场所内企业内销的保税游艇，海关以该游艇运出海关特殊监管区域、保税监管场所时的内销价格为基础审查确定完税价格；该内销价格包含的能够单独列明的海关特殊监管区域、保税监管场所内发生的保险费、仓储费和运输及其相关费用，不计入完税价。

5. 自驾游进境游艇的审价

自驾游进境游艇，因其只作为运输工具进境，海关按《中华人民共和国海关对进出境国际航行船舶及其所载货物、物品监管办法》进行监管，审价只是为了计算税款担保而实施。

第 7 章 游艇产业促进政策

虽然人们对于游艇的开发利用可以追溯到 14 世纪,但作为产业经济,游艇产业始于二战之后。自 20 世纪 50 年代开始,游艇产业在美国、英国、意大利等先驱国家迅速发展,虽然也经历了发展疲软阶段,但现在仍然是各国游艇产业高速发展的时期。

游艇产业的蓬勃发展离不开相关产业促进政策。本章主要介绍促进游艇产业发展政策的相关内容,并重点介绍游艇产业相对发达的美国、欧洲和日本的游艇产业政策,以及中国现行的游艇产业政策,帮助读者对世界游艇产业有个直观的认识,也可以更清晰地对比中国在国际游艇市场上的地位。

7.1 游艇产业政策内容

为了规范游艇安全管理,保障水上生命和财产安全,防治游艇污染水域环境,促进游艇业的健康发展,根据水上交通安全管理和防治船舶污染水域环境的法律、行政法规,各国相关部门都针对游艇及整个游艇产业链制定了法律法规。本节将介绍产业政策的适用范围及政策所涉及的相关方面。

7.1.1 政策适用范围

1. 游艇的定义

要理解游艇产业相关扶持政策,首先要了解有关职能部门对于游艇的定义及类别划分。游艇指的是"符合交通部批准或者认可的游艇检验技术法规或者规范,由公民、法人或者其他组织所有,并从事非营业性游览观光、休闲娱乐、业余水上运动的活动的具备机械推进动力装置的船舶,其中包括以整船租赁形式从事前述活动的船舶"。澳大利亚的《游艇与运动船只管理规定》(*Australian Trailable Yachts and Sports Boats Rules*)界定(小)游艇为"一种带有可伸缩龙骨的单体游艇，有效长度不超过9.40米，用于在没有外部设备或脱离装置的帮助下启动和取回的，来自牵引车辆且不需要特殊的道路许可证的交通工具"。美国制定的《联邦游艇安全法》界定的游艇是指"被建造或者操纵并主要用于娱乐的船舶或者租赁、短租、许可他人用于娱乐的船舶"。

通过上文对比可见，美国对于游艇的定义最为宽泛，其游艇相当于娱乐性船舶的总称，既包括狭义上的游艇，也包括各类用于娱乐的划船、帆船、独木舟等。与国外其他国家相比，中国对于游艇概念的界定最为严苛，并且出于安全考虑，强调了职能部门对于船只的官方认证。

2. 游艇的种类划分

受各种因素影响，各国法规对于游艇的界定不尽相同，通过分析，游艇的类别根据其材质、动力系统、大小、用途等大致可分为如下几类[①]。

按艇体材质，游艇可分为：木质艇、铝质艇、FRP艇和先进复合材料（advanced composite materials）艇。

按游艇动力系统来分，可分为：机动（motor）艇、机动风帆（motorsailer）艇、风帆（sail）艇和划艇（canoe）等。按机械类别和装机方式，又可分为：舷外挂机（outboard）艇、船内装机（inboard）艇和艉驱动（以船内外机为动力）艇等。

按用途分类，则可以分为：个人娱乐艇、家庭游艇、公共游览艇、多用途游艇、垂钓艇和赛艇。

按造价分，可分为：普通艇、中档艇、豪华艇及超豪华艇。

7.1.2 产业政策涵盖内容

各个国家和地区的有关职能部门，均在不同层面对游艇产业制定了相关法律法规。总体而言，虽然侧重点有所不同，但相关政策适用于在设计、制造、销售、维修等环节中所涉及的不同群体。

1. 游艇的登记、检查及航行政策[①]

1）国外游艇登记检验与航行规则

游艇作为非公约船舶，没有专门针对它的统一安全和防污染要求，其检验管理由各国国内法规定。有些国家和地区对游艇管理比较严格，如欧盟和英国；有些国家和地区对游艇管理则比较宽松，如加拿大、新西兰。

欧盟2003年出台了2003/44/EC指令，要求无论是本地制造，还是进口欧盟

---

① 交通运输部海事局叶红局长助理解读《游艇安全管理规定》[EB/OL].http://td.gd.gov.cn/zcwj-n/zcjd/content/powt_2621132.html[2020-08-24].

的游艇（主要对1998年以后制造或进入欧盟的船舶），长度在2.5~24米的，其设计和建造必须符合指令要求，经检验，符合指令标准的贴EC标志。

在英国，其《大型游艇法》出台后，要求新大型游艇从设计阶段就将如何符合该法考虑在内；对于已建成的游艇，通过改造也要符合该法要求。

在加拿大，游艇作为小船的一种，主要由《小船法规》规定，其他法规如《碰撞法》及《运输法》中也有涉及。《小船法规》第3~6条，要求游艇配备救生、安全设备、航行设备等。对这些设备的检验不是强制的，游艇主可自愿申请检验，经检验合格的贴标。该标不具有法律效力，仅能证明在检查时船舶的安全设备符合相关要求。

新西兰不对游艇进行检验，在新西兰，政府不要求游艇进行登记，一艘新的游艇应有一份海岸警卫队与船舶工业协会签发的安全证书，安全证书实质上相当于游艇出厂时的产品质量合格证书。通常，游艇主均会参加一个游艇俱乐部，并自觉到海岸警卫队或找验船师对游艇及其设备进行定期检验。

不难看出，游艇检验的宽松和严格是各国对本国游艇业管理方针的体现。游艇检验的项目和程度应与本国国情相适应，也取决于各国游艇管理的方针。

2）中国游艇登记检验与航行规则

根据中国《游艇安全管理规定》的相关要求，中国关于游艇的登记、检验及航行规则的相关政策如下。

中国游艇检验管理立法也应立足国情。目前，中国游艇业尚在起步阶段，无论是游艇制造还是使用都不够成熟，现阶段对游艇检验管理不宜过于宽松，以免影响游艇自身及公共安全；同时，也不能过于严苛，以免影响游艇业的健康发展。所以，《游艇安全管理规定》在游艇检验方面包括两个方面的内容，一是游艇应当经船舶检验机构按照交通运输部批准或者认可的游艇检验规定和规范进行检验，并取得相应的船舶检验证书后方可使用；二是游艇应当申请附加检验。

关于游艇的登记，不同的国家或者地区对游艇的登记采取不同的态度，有的要求登记，有的不要求登记，即便是要求登记的，一般情况下也不要求提供游艇检验证书。

2. 游艇驾驶员的培训与考核

1）国外游艇驾驶员的培训与考核原则

加拿大于1999年《游艇操作人员适任管理法规》颁布之后，新出现的游艇操作人员均须通过考试取得证书。加拿大游艇操作人员的培训考试和发证均由培训机构组织进行。培训机构要经过质量管理体系的认证，对其授课、考试及发证过程进行评估。

新西兰海事局未对操作员证书做法定要求，仅要求艇上有一人履行船长职责并具有良好船艺即可。

英国按船舶大小对游艇操作人员职位作了分类要求：乘员定额 12 人以上的游艇，视为客船，要求按照商船配备船员。乘员定额 12 人以下的游艇，若长度在 24 米以上且为 80~3000GT 的，要按照相关法律要求分别配备甲板部和轮机部的人员；对小于 24 米或者 80GT 的船舶，在配员上没有强制要求。

2）中国游艇驾驶员的培训与考核原则

中国对游艇操作人员实行了较为严格的管理制度。一方面，游艇操作人员不是职业船员，不需按照《船员条例》的规定进行注册管理，只需要取得操作证书（类似于船员管理中的适任证书）；另一方面，游艇操作人员应当接受培训、考试，取得游艇操作人员证书，方可上船操作。在培训、考试科目上，游艇有别于营运船舶，特别是不需要掌握货物配载等方面的要求。

7.2 美国游艇产业促进政策

作为游艇产业发展起步较早的国家之一，美国为了确保如游艇等娱乐性船舶活动健康发展，专门制定了法律法规或项目计划。1971 年成立的国家游艇航行安全项目（National Recreational Boating Safety Program）为美联邦和各个州进行游艇活动安全管理提供了有力保障，促进了游艇产业的安全发展。本节将概述《1971 年联邦船舶安全法案》的法律保障内容、项目成员及资金运作模式，并简要介绍其在美国各州的实施情况。

7.2.1 《1971 年联邦船舶安全法案》的内容[①]

美国《1971 年联邦船舶安全法案》确立了国家游艇航行安全项目。该项目的使命是环境保护和国家安全工作相协调，通过实施将人命损失、人身伤害和财产损失最小化的项目，确保公众享有安全、可靠、愉悦的娱乐性船舶活动体验。美国联邦政府和各州政府从法律保障、项目成员、资金运作等方面做了大量努力，以确保使命达成。

美国联邦法典使用广泛定义，将游艇界定为被建造或操纵，并主要用于娱乐的船舶或者租赁、短租、许可他人用于娱乐的船舶。娱乐性船舶活动在美国具有悠久的历史。1971 年，美国注册船舶的数量达到 550 万艘，而娱乐性船舶活动造成的死亡事故竟高达 1582 件。为遏制事故高发势头，国会 1971 年修正了联邦法典第 46 篇，通过了同时期美国关于船舶安全最为全面的法案——《1971 年联邦船舶安全法案》。

---

① Federal Laws [EB/OL]. http://www.uscgboating.org/regulations/federal-laws.php[2018-06-30].

该法案旨在"通过鼓励和协助各州、船舶工业界及公众参与更为综合的船舶安全项目，从而提升船舶安全，促进美国所有水域的开发、利用和娱乐"。该法案使国家游艇航行安全项目得以确立，并保障其在联邦和各州内得到统一实施。1983年，国会重新修订、组织和编纂了联邦法典46篇，同时《1971年联邦船舶安全法案》被废止。但是，国家游艇航行安全项目仍旧得到了联邦法典的支持，游艇安全航行在国家立法层面得到了高度重视。

美国联邦法典明确规定，国家游艇航行安全项目的主要运作主体为美国海岸警卫队（United States Coast Guard，USCG）。其中，辅助海岸警卫队（USCG Auxiliary）具体负责娱乐性船舶的航行安全，包括船舶安全检查、为船主免费提供联邦及各州的合规检查、为所有年龄段的船主提供安全方面的课程。USCG与许多专业组织保持着密切关系，包括美国各州船艇法律部门全国联合会（National Association of State Boating Law Administrators，NASBLA）、全国水上安全大会（National Water Safety Congress，NWSC）、美国陆军工程兵团（United States Army Corps of Engineers，USACE）、美国船东协会基金会（Boat U.S. Foundation）、美国独木舟协会（American Canoe Association，ACA）等。这些专业组织为项目实施提供人员、组织、技术、资金等方面的支持。

《1971年联邦船舶安全法案》专门组建了国家船舶安全咨询委员会（National Boating Safety Adrisony Council，NBSAC），为USCG提供娱乐性船舶的航行安全知识。在人员组成上，该委员会中的7个席位为各州所有，7个席位为产业界所有，其他席位由全国范围内的相关组织和社会公众所有。委员会以其广泛的代表性为公众提供了讨论娱乐性船舶安全航行规则的平台。

国家游艇航行安全项目的运作资金来自政府预算拨款。每年，钓鱼资源恢复与划船信托基金（sport fish restoration and boating trust fund）中的部分资金会被划拨给该项目，用于支持娱乐性船舶航行安全项目。分配给各州的资金是非竞争性的，只针对有资格的州、地区和哥伦比亚特区。要想得到这笔联邦拨款，各地的项目必须具备以下条件：①有船舶统计系统；②有同USCG一起合作的船舶安全协作项目；③有足以确保本州船舶航行安全法律规章得以充分落实的巡逻及相关活动；④有充分的州船舶安全教育项目，如宣传在酒精或药物作用下驾船的危险性等；⑤有海事事故报告系统。

在划拨给各州的项目资金中，USCG被授权可以保留不超过2%的部分用于承担管理各州资金项目的成本；还可以保留5%的资金用于非营利公共组织实施的国家船舶安全活动。对于剩下的资金可按照以下办法划分并分配给各州：①1/3的资金平均分配给参与的各州；②1/3的资金按照各州船艇占所有参与州船艇总数的比例来分配；③1/3的资金按照各州上一年在娱乐性船舶航行安全上的开支占所有参与州的总开支的比重分配。各州接受的联邦拨款不能超出自己项目总成本的一半，而且必须从总的财政收入、无证船舶编号和证件费或国家海洋燃油税中拿出配套资金。

国家游艇航行安全项目的资金须用于特定目标的达成，如为安全教育和法律制定提供相应的设备、设施和物资，培养熟悉船舶航行安全和相应法律执行的人员，为公众提供安全教育，购买、建造或者维护主要由船主访问的公共网站，指导航行安全检查和海事事故调查，建立或维修紧急搜救设施，提供紧急搜救服务，建造和维修航标或其他合适的助航设施，提供州一级的娱乐性船舶统计和标注项。

7.2.2 《1971年联邦船舶安全法案》在各州的实施情况

国家游艇航行安全项目需要联邦政府协调各个州来共同实施。马里兰州、路易斯安那州等根据该项目及其战略规划要求，制定了本州娱乐性船舶活动安全管理的具体实施方案。

马里兰州自然资源部为本州的船主们免费提供Boat U.S. Foundation的在线船舶航行安全课程，该课程得到NASBLA的批准，并被USCG认可为超过了国家游艇航行安全项目的最低要求。

作为路易斯安那州的代表，该州的野生动物和渔业部执法部门制定并开始实施船舶安全与航道执法5年战略规划。该规划源于2007年国家游艇航行安全项目战略规划，并对其进行了补充。规划描述了2010~2016年，路易斯安那州减少娱乐性船舶碰撞事故和死亡人数的目标与战略。同时，该规划提供了项目决策、资金预算和项目评估的主要框架，确认了对战略规划的需要，描绘了路易斯安那州的航道规划，并指出了达到目标所需要的过程。路易斯安那州希望通过参加国家游艇航行安全项目，不仅使本州，也让整个国家的水域更加清洁。

USCG发布的《2012年娱乐性船舶活动统计报告》显示，从1997~2012年，美国因娱乐性船舶活动导致的死亡、受伤人数和事故数量已经呈明显的下降趋势。可见，美国国家游艇航行安全项目及其战略规划在其中发挥的作用毋庸置疑。

7.3 欧洲游艇产业促进政策

7.3.1 欧盟娱乐游艇指南

1994年6月30日开始全面生效的指南，该指令于2006年更新为2013/53/EU，主要适用于船长2.5~24.0米休闲娱乐游艇类船舶。指南中涉及游艇安全的法规条款对中国同类型船舶设计建造具有借鉴意义。下面从游艇设计制造和变化发展两个方面简单介绍其内容。

设计制造方面，指南根据风力和波高将航行区域分为远海、近海、沿海和遮蔽水域四种。指南要求每艘游艇必须刻有一个船体标识码。船体标识码需包括：制造厂代码及其国籍、唯一性系列号、制造年份等信息。每艘游艇随附一块包含以下内容的铭牌：制造厂名、CE 认可标志、航区、最大载重、载客人数。

航行安全方面，指南要求每艘游艇应做有效设计，以降低落水危险及帮助落水者易于登艇。机动艇应能保证驾驶人员有全方位操纵视野。每艘游艇备有一本用官方文字编写的、重点描述下列内容的游艇主手册：防水、抗沉、铭牌、自重。根据航区及最大载重，选用合适的建造材料及结构形式，保证游艇在各种工况下具有足够强度。住人多体游艇在倾覆状态下必须具有飘浮能力。艇体、甲板和上层建筑开口不能削弱本体结构完整性及其风雨密性；舷窗、舷灯、门、舱盖等构件必须具有抵抗特定航区的水压力，或因人员在甲板走动而传递的负荷的能力；水线以下贯穿船体的附件应附设即刻可用的关闭设施。

在航行过程中，根据航区、稳性、干舷、浮性决定游艇最大推荐载重。配备足以容纳艇上所有人员的救生筏，且应存放在即刻可达之处。住人多体游艇在发生倾覆及失火等险情时，能提供有效的逃生手段。靠岸停泊时，根据航区及艇型，设置供锚、系泊、拖带使用的强力部位或设施。

游艇制造厂需确保游艇在最大主机设计马力航行时操纵性能优良。游艇的舷内机应置于与生活处所分隔的围蔽处所，且能将失火危险或火势蔓延及有毒气体、热量、噪声、振动等的传播减少到最低程度。机舱内部隔热应用不燃性材料；机器处所应进行有效通风；进风口处防止舷外水意外灌入机舱；机器运转、发热等的暴露部位应做有效庇护以防伤人；舷外机机动处应设放置带排启动装置。

游艇的燃油系统中注、存、供油及透气管路的布置和安装应注意防火防爆。油柜、管系必须与热源隔离，根据舱容和油品种类选用油柜制造材质和结构形式，所有油柜处所需通风。存放闪点小于 55℃ 油品的油柜不应构成船体结构的一部分，且应与机器处所、热源处所、生活处所分隔。

7.3.2 指南的发展变化

随着时间的推移，根据欧洲游艇产业的发展，指南本身也发生着变化。94/25/EC 的部分条款内容最近已由 2003/44/EC 进行了修改和补充，后者于 2006 年 1 月 1 日起生效。2003/44/EC 主要增加了对有害气体和噪声排放的限制内容。有害气体指一氧化碳、碳氢化合物、氮氧化物及其他有害物质，限制数值考虑了二冲程、四冲程及压缩点火等不同主机类型因素，另外，噪声排放限制数值也与机型种类，如舷内机、舷外机、喷水推进、单多机等因素有关。

随着对环境保护、人身安全、生活质量的进一步重视，欧盟将对休闲娱乐游艇的各项性能做出更加严格的限制[1]。

7.4 日本游艇产业促进政策

7.4.1 产业保障政策鼓励游艇走进百姓家

作为全球游艇业的后起之秀——日本，游艇业起步于20世纪50年代，虽然起步比较晚，但发展迅速，目前日本产游艇的品质已经与欧美相差无几，游艇制造技术在安全性和舒适性方面有了长足进步。

日本国土交通省海事局舟艇室室长吉田正彦在接受媒体采访时说，海洋GPS定位系统、无线呼救系统等装置大大提高了游艇的安全系数；噪声减除装置降低了马达噪声；高燃烧效率减轻了燃油的怪味儿，也减少了烟雾排放，驾艇的乐趣远胜于从前。至2011年，日本拥有的游艇比例已经接近欧洲，每100人就有1人拥有1艘游艇，能够同时容纳千艘游艇停靠的港湾在日本比比皆是。

虽然日本的游艇驾驶执照分级颁发，不同级别的执照对可驾艇行驶的区域有严格规定，但是游艇驾照的考取难度并不高，民众可以相对轻松地考取驾照。鼎盛期，日本的游艇数量多达44万艘，拥有游艇驾照人数超过300万人，为日本游艇产业和日本游艇经济发展打下了坚实的群众基础[2]。

全日本有120多处港口组织了游艇俱乐部，为游艇运动爱好者提供指导，同时推动这项运动在全日本普及。许多海湾休闲基地常常一艘挨着一艘地停靠着各式各样的游艇，这些游艇可买可租，租期长短不一，售价也因装备、设计水平而异，在380万~3亿日元不等。在日本，不同的游艇，停泊保管费也不一样，普通游艇一年仅需40万日元，豪华游艇可达180万日元。

游艇运动逐渐成为日本人的时尚休闲活动,得益于日本国内社会因素的推动。吉田正彦指出，驾船出海可暂时逃出信息社会的包围，放松自我，同时又是一项富有挑战的运动。一些家庭通过游艇运动满足了与海洋亲密接触的愿望，富裕阶层将游艇运动视为继高尔夫运动之后的新型社交平台。

随着日本旅游经济建设的推进，日本游艇海上航运安全问题突出，无视交通规则、横冲直撞而引起的海上交通事故时有发生。为应对日本游艇产业发展的新形势，日本政府健全了关于游艇管理的法律法规、配套产业、安全监管等，助推日本游艇产业健康有序发展。

---

[1] 江永斌. 欧盟娱乐游艇指南的借鉴及应用[J]. 江苏船舶，2006，23（6）：36-37.
[2] 高悦. 日本每百人中有一人拥有游艇[EB/OL]. http://www.oceanol.com/gjhy/ktx/16296.html[2018-07-05].

许多发达国家在游艇管理方面拥有丰富的监管经验，日本在起草游艇管理的法律法规时，主要参考了欧美国家关于游艇安全管理的相关规定，对水上游船的事故进行分析研究，采取针对性的管理措施，以保障游艇安全和发展的需求。

具体来说，日本游艇必须按照相关部门批准或认可的游艇检验技术法规或者规范配备安全设备，满足安全和防污染的要求，取得相应的船舶检验证书。游艇主须加强游艇的日常安全管理和维护保养，确保游艇处于良好的安全、技术状态。游艇驾驶人员必须考取海事管理机构颁发的游艇驾驶人员适任证书。在驾驶游艇时，必须遵守航行、停泊的规定，不得在主航道、锚地、禁航区、安全作业区、渡口附近，以及海事管理机构公布的禁止停泊的水域内停泊。

海洋主管部门的政策引导和当地政府的法律法规对地区游艇经济发展有着重要作用。在保障日本游艇经济可持续发展方面，日本政府也出台了一系列政策，刺激游艇产业及相关行业的发展。2002年4月，《小艇登记法》生效，日本社会在正确认识游艇方面迈出了重要的一步。此后，新艇许可系统在2003年6月生效，进一步促进了日本游艇产业和游艇经济的发展。同时，日本游艇相关行业联合起来促进市场发展，为公众提供更多亲身体验游艇生活的机会。

为满足游艇消费的需求，日本还对游艇俱乐部加强了管理。要求定期对会员进行游艇安全、防污染知识宣传培训和教育，建立安全预警机制，制定详细的防火、救生和防污染应急预案，配备必要的救助硬件设施，做好应急救助保障工作。建立良好的值班制度，保持与游艇、海事管理机构之间的通信联络，为游艇出海航行提供所需的气象、水文情况等信息服务。督促游艇驾驶人员和船员遵守水上交通安全与防污染管理规定，落实相应的措施。

虽然小型帆船几乎不会对海洋生态环境造成破坏，但大型游艇和摩托艇的活动，对海底植被、珊瑚等海洋生态环境影响巨大。吉田正彦表示："日本对游艇海洋生态环境保护非常重视，鉴于游艇运动对生态环境的影响，日本政府一方面通过技术改进，另一方面借助于管理理念更新，为消除海洋生态环境危害做出了积极的努力。"

据悉，日本船业协会经日本环卫厅许可，依据《废物处理和公共清扫法》，以原价的1/3收购报废游艇，并指定专业公司回收报废游艇，将其送到水泥厂做原料，减少废弃游艇的污染。整个游艇回收再利用过程会由日本船业协会进行监督。在日本每年约有700余艘报废游艇通过这种方法进行回收处理，可以帮助政府节约60亿~72亿日元。

此外，就游艇码头而言，不仅要有数量充足且尺寸比例合理的游艇泊位，以及必要的技术维修设施，还要有良好的生态、环保的技术解决方案来处理游艇所排放的污水、废弃物和废气。

7.4.2 港湾政策愿景①

2018年，日本制定了港湾政策愿景。日本国土交通省于2018年6月27日汇总了到2030年为止的港湾政策愿景。鉴于近年来全球游轮需求增长，愿景提出，日本力争打造比肩加勒比海、地中海的全球屈指可数的停靠地，努力实施港口再开发和发掘旅游资源。这是日本继1995年后再次制定港湾政策中长期愿景。

港湾政策愿景指出，来自中国的需求预计将继续扩大，东南亚的增长潜力巨大。同时还提出，力争扩大日本旅客规模。不过，该愿景分析认为，目前游轮停靠地旅游资源不足，未能取得与旅客数量相匹配的经济效应。因此，日本将出台政策增加日本始发和到达的游轮，改善通往邻近机场和车站的交通手段，并推动打造从停靠地出发的广域周游路线。此外还将调查访日游客的满意度，充实港口周边的旅游资源。在对港口进行再开发时，还将促进活用民间资金，建造可享受购物等乐趣的热闹空间和景观。

港湾政策愿景还指出了应对灾害的重要性，将推进码头和临港道路的抗震化。若因发布海啸警报等使人无法靠近，将利用监控探头和无人机掌握情况。

7.5 中国游艇产业促进政策

游艇业在国际上有着巨大的市场份额，全球每年的游艇经济收入超过500亿美元，发达国家平均每171人就拥有一艘游艇，挪威、新西兰等地更高达每8人就拥有一艘。专业人士认为，当地区人均GDP达到3000美元时，游艇经济就开始萌芽了，这也印证了中国目前游艇业的发展状况。

据统计，中国已经有200多家游艇制造企业，产值超过1000万元的企业就有30多家，这些企业主要集中在深圳、上海、青岛、天津、厦门、珠海等城市。沿海有游艇100多艘，主要集中在青岛、深圳等地。游艇业作为新兴产业，受到很多地方领导的高度重视，纷纷对游艇业的发展寄予厚望，把其作为城市品牌。辽宁、河北、山东、江苏、上海、浙江、福建、广东、海南等沿海和内陆水上旅游资源丰富且经济相对发达的省市，游艇业已有所发展，其中以深圳、上海、青岛、日照等地发展较快。青岛、日照由于有2008年奥帆赛和世帆赛的因素，游艇业发展非常迅猛。深圳毗邻香港且四季如春，发展游艇业具有得天独厚的自然条件。上海加快发展游艇经济，要将奉贤区打造为游艇城。与发达国家平均每171人拥有一艘游艇相比，中国游艇的人均占有量仍有巨大提升空间。可以预计，随着经济的进一步发

---

① 日本制定港湾政策愿景欲打造世界级游轮港[EB/OL]. http://www.sohu.com/a/238285805_100031220[2019-02-21].

展，人们生活观念的逐步转变，游艇业将会在中国得到迅猛发展。

目前中国水上交通安全监管的法规主要是针对营运船舶来制定的，很多规定对游艇安全监管不适用。为了适应社会的发展需要，服务经济建设，促进游艇业的健康发展，中国交通运输部于 2008 年颁布了《游艇安全管理规定》，该规定于 2009 年 1 月 1 日起开始实行。本节将为大家介绍一些中国各地根据实际情况所做出的促进游艇产业发展的相关政策，也会介绍作为跨境游艇管理的先行者粤港澳大湾区的游艇管理政策。

7.5.1 海南省游艇扶植政策法规

2010 年海南省政府召开新闻发布会，宣布《海南省游艇管理试行办法》[①]正式颁布实施。今后境内外游艇在海南检验登记将更加宽松，认证更加灵活，出入境手续更加方便，通关更加便捷，游览空间更加广阔。该《海南省游艇管理试行办法》的实施表明，海南国际旅游岛建设的政策正逐步落地实施，海南国际旅游岛建设又迈出了坚实的一步。

1. 游艇扶植政策主要内容

《海南省游艇管理试行办法》包括六章 38 条，第一章为总则，主要是明确了起草依据、适用范围等方面；第二章是检验和登记，主要是明确了游艇的检验条件、证书发放和登记要求；第三章是安全保障；第四章是出入境管理，主要明确了出入境管理手续办理及所受到的监管；第五章是游艇俱乐部，对游艇俱乐部的设立、应具备的条件、承担的责任和义务做出了具体的规定，对游艇的定义经营性活动游艇管理也做出了一些明文规定；第六章是附则。

2. 游艇政策创新

《海南省游艇管理试行办法》有多个方面的创新和突破，主要体现在三个方面：一是检验、登记方面，放宽了对适航性证明文件的限制；放宽了必须提供设计图纸的限制；放宽了登记注册的限制。二是安全保障方面，持有境外机构颁发的游艇操作人员适任证书的境外居民，可在海南水域短期内驾驶游艇，无须换证；对境外游艇不实行强制引航。三是出入境管理方面，放宽了办理出入境手续、接受检查的地点；放宽了境外游艇游览观光活动水域；简化了游艇出入境审批手续；简化了海事管理机构进出口岸手续；扩大了入境游艇种类的范围；放宽了游艇入境悬挂检疫信号条件、检疫证书的入境条件；改进了境外游艇缺失《船舶免予卫生控制措施证书/船舶卫生控制措施证书》的查验方式；简化了境外游艇应邀人员登艇手

---

① 海南省人民政府. 海南省人民政府关于印发《海南省游艇管理试行办法》的通知[EB/OL]. http://www.hainan.gov.cn/data/zfwj/2011/03/3533/[2019-02-21].

续；简化了境外游艇在海南口岸之间的转港手续；放宽了境内制造的游艇以自航形式在海南出口境外时对登记和检验证书及产品认证证明的认可。

游艇业是新兴产业，目前国家尚未制定出台游艇管理法律法规，海南制定游艇管理办法是一项新课题。制定实施《海南省游艇管理试行办法》，是海南省政府贯彻落实国发 44 号文件关于"研究完善游艇管理办法，创造条件适当扩大开放水域，做好经批准的境外游艇停泊海南的服务工作"的具体举措。《海南省游艇管理试行办法》从海南实际出发，借鉴国外境外游艇管理的成熟做法，大胆改革创新，努力实现"既管好，又便捷"的目标。

7.5.2 福建省厦门市游艇产业促进政策

1. 政策背景

福建省海洋资源丰富，拥有大小港湾 125 个、各类海岛 2214 个，海岸线长度 3752 公里，具有发展游艇产业得天独厚的优势。经过多年的努力，福建省游艇制造业快速发展，诞生了一批优秀的游艇制造企业，以游艇制造为核心的产业模式已初具规模。近年来，福建省广泛联合游艇旅游产业各方面的力量，做大做强游艇旅游经济，推动福建省游艇旅游产业的快速发展。

游艇产业被誉为"漂浮在黄金水道上的巨大商机"，产业链涉及研发、设计、制造、销售等一系列领域，综合经济效应十分可观，作为海洋经济的重要组成部分，是当前最具发展潜力的新兴产业之一。海外研究报告显示，在游艇上 1 美元的投资，可以带动 6.5~10 美元的经济效应。游艇产业大有可为，这已成为众多地方政府和企业的共识。2015 年《国务院办公厅关于进一步促进旅游投资和消费的若干意见》[1]提出要培育发展游艇旅游大众消费市场，鼓励发展适合大众消费水平的中小型游艇，到 2017 年初步形成互联互通的游艇休闲线路网络。在国务院批复的《福建海峡蓝色经济试验区发展规划》中，也明确提出要推动相关企业建立游艇技术研究中心、创意基地、中试基地，开发高端游艇品种，打造中国游艇制造重要基地。福建相继推出《福建海峡蓝色经济试验区发展规划》《福建省人民政府关于支持和促进海洋经济发展九条措施的通知》《福建省人民政府办公厅关于加快推进厦门邮轮母港建设的若干意见》等，明确提出要努力推进邮轮游艇产业向规模化发展，大力培育优势海洋企业，扶持游艇产业集聚和做大做强。国家出台的各项产业扶持政策，为福建省游艇产业的发展创造了良好的政策环境。

"十二五"期间，为加快推动海洋新兴产业发展，福建明确将邮轮游艇业列为重点发展的新兴产业，并专门出台了支持和促进海洋经济发展的九条措施，设

---

[1] 国务院办公厅. 国务院办公厅关于进一步促进旅游投资和消费的若干意见[EB/OL].http://www.gov.cn/zhengce/content/2015-08/11/content_10075.htm[2019-02-21].

立专项资金，支持推动福建海洋新兴产业发展。另外，在《福建省沿海边防治安管理条例》中，第十六条明确：海事管理机构、公安边防部门应当建立游艇动态信息共享机制，及时发布与航行安全有关的信息，为游艇出航提供便捷服务。这一条例的公布，也充分体现了福建对游艇产业的重视。

2. 政策效用

第九届中国（厦门）国际游艇展览会于2016年11月4日~7日在五缘湾游艇港举办。经过八年的积累，中国（厦门）国际游艇展览会已经成为在国内和国际上具有影响力的游艇盛会，推动游艇产业一年一个台阶走向繁荣，也见证了游艇文化和大众消费市场的蓬勃发展。作为一年一度集展览、论坛、赛事、活动于一体的复合型国际游艇盛事，展会在逐渐兴起的游艇休闲旅游市场上积极寻求突破，倡导时尚健康的游艇生活新方式，让民众近距离感受滨海生活的魅力。据不完全统计，2016年，五缘湾游艇港游艇、帆船体验日均人流量最高突破3500人。厦门市海洋与渔业局吴国梁副局长表示，2016年是中国（厦门）国际游艇展览会推广"全民亲海体验"的第三年，为此，展会结合五缘湾天然区位优势，联合多家知名专业俱乐部，从多处细节入手打造亲水嘉年华，如以亲民价格提供游艇、帆船等多种高质量试乘体验活动，举行互动巡游、增设海洋文化体验区等，提升民众的亲海体验。

经过多年的磨砺与打造，中国游艇业实现了从无到有、由小变大的发展。目前，中国已经成为世界游艇生产大国，游艇制造、游艇消费等也带来了巨大的经济效益。而在这当中，厦门凭借地缘优势，使游艇业获得飞速发展，在全国占有相当大的比重。2016年5月30日，福建省游艇产业发展协会第一次会员大会在厦门召开。福建省海洋与渔业厅厅长吴南翔在致辞中表示，福建省游艇产业发展协会的成立是福建省游艇产业的重要里程碑。他希望，协会能够充分发挥搭建政府和企业之间桥梁和纽带的作用，积极参与省内游艇产业发展规划、产业政策、行政法规研究，为全省经济提供丰富的游艇旅游资源、加快建设游艇旅游网络、大力繁荣产业业态，为全省经济建设、转型发展做出贡献。他表示，福建要推动厦漳泉游艇产业集群化发展，积极培育福州、宁德、平潭、莆田游艇产业，共同打造集游艇产品设计研发、制造加工、交易服务、休闲运动、观光旅游为一体的中国游艇产业重要基地。

7.5.3　广东省游艇扶植政策法规[①]

游艇旅游是广东省旅游业今后发展的重点之一，为了加强游艇的服务与管理，促进游艇旅游经济的发展，《广东省游艇管理办法》于2015年由省旅游局送审。《广东省游艇管理办法》所称的游艇，是指从事游览观光、休闲娱乐等活动的船

---

① 广东海事局助推粤港澳游艇自由行[EB/OL]. http://www.chinanews.com/ga/2015/01-21/6992492.shtml[2019-02-21].

舶，不包括摩托艇和休闲渔业船舶。《广东省游艇管理办法》规定，持有境外海事主管当局或其授权机构颁发的与《游艇操作人员适任证书》等效证书的境外居民，可在广东水域 7 日内驾驶游艇，无须换证。持有港澳台地区主管当局或其授权机构颁发的与《游艇操作人员适任证书》等效证书的港澳台地区居民，每一公历年度可在广东水域累计 90 日内驾驶自用的经港澳台海事主管当局登记（注册）的游艇，无须换证。《广东省游艇管理办法》规定，境外游艇可在广东开放水域或游艇专用水域停留 30 日，需延长期限的，应向海事部门提出延期申请，每次延长期限不得超过 30 日，最多可延期两次。境外游艇每一公历年度在广东省内的停留期限累计不超过 90 日。入境游艇抵达后应立即办理入境查验手续，未办理入境手续前，不得装卸物料、物品，除口岸查验机关工作人员外，不得上下人员。违反规定的境外游艇，将被责令出境，并对游艇所有人处以 3 万元以下罚款，对游艇俱乐部处以 10 万元以上 30 万元以下罚款。

广东省着力支持推动游艇经济发展，其基本思路是"政府创造条件，业界拉动市场"。有关部门领导介绍，发展游艇经济首先要修订游艇管理办法，目前广东省已经在着手制定，2014~2016 年，广东省继续完善游艇码头公共配套设施，规划相关旅游线路，加强游艇文化的宣传等，积极推动游艇制造与消费，促进广东省游艇经济的发展。

7.5.4 山东省游艇产业促进政策

游艇产业的发展，离不开政策的支持。青岛、烟台、潍坊、东营、威海、日照等地的地方政府高度重视游艇产业的发展，通过研究制定邮轮停靠港、游艇公共码头、游艇俱乐部和旅游航线的规划布局，以此来促进当地游艇邮轮产业的发展。

1. 游艇发展目标

《青岛市邮轮游艇帆船码头规划（纲要）》[①]提出，到 2020 年，青岛邮轮游艇经济实现增加值突破 300 亿元。初步建成具有国际竞争力的游艇研发制造营销中心，"帆船之都"城市品牌国际影响力更加深远，建成东北亚邮轮游艇度假中心，邮轮产业是支撑青岛成为东北亚国际航运中心的重要力量；到 2030 年，青岛成为东北亚重要的邮轮母港、国际游艇城、国际帆船之都和游艇帆船装备制造强市。

---

① 青岛政务网. 市规划局规划编制处组织《青岛市邮轮游艇帆船码头规划（纲要）》专家评审会[EB/OL]. http://qingdao.gov.cn/n172/n24624151/n24626675/n24626689/n24626717/160510094453221765.html.[2020/08/24].

2. 游艇促进政策

1）给予政策支持

山东省将加强游艇产业的统筹规划，优化产业布局；扩大对外开放，推进国际合作交流，支持潍柴集团在山东半岛规划建设豪华游艇研发制造基地、游艇俱乐部、游艇休闲旅游区，依托法拉帝的国际品牌、销售网络，大力开拓国际高端市场；实施品牌战略，拓展市场空间，鼓励企业参加国际性游艇产业展会和全国性大型帆船赛事活动；加快科技创新，提高核心竞争力，支持骨干企业规划建设高水平研发设计中心，积极创建国家级、省级技术开发中心，支持山东省内重点高校设立游艇专业学科，培养高级技术人才；加大扶持力度，促进产业快速发展。把游艇产业列入山东省新兴产业和现代服务业扶持发展的重点行业，游艇产业重大项目优先纳入山东省重点项目计划，发挥各类专项资金引导作用，支持游艇研发、制造和服务业项目建设；完善政策法规体系，优化产业发展环境。

根据《山东省游艇产业发展规划（2014—2020年）》，山东省将从三个方面发展游艇产业。一是积极打造山东省游艇产业发展格局。依托青岛市现有基础，以建设"帆船之都"为目标，打造知名游艇俱乐部集群，培育建设国际豪华游艇研发制造及展洽交易中心、国际游艇旅游消费休闲中心，鼓励支持烟台、潍坊、威海、日照等滨海城市大力发展游艇产业。二是着力打造游艇制造业基地，培育发展中高端游艇产品，加快配套产品研发制造，加快游艇创新平台建设，不断完善生产协作体系，引导游艇制造企业实施"总装造艇"，将部分自制产品从本企业中分离出来，对外发包，实现定点定制。三是大力发展游艇服务业，加快游艇码头和游艇俱乐部建设，打造知名赛事活动和游艇展会经济，支持青岛将沃尔沃环球帆船赛、克利伯环球帆船赛等赛事打造成世界知名的帆船赛事活动，大力发展游艇旅游业，逐步规划开辟山东省至重点海滨城市的邮轮航线及至国内重点滨海城市的旅游航线。

2）成立地方游艇邮轮行业协会

为了更好地促进游艇产业的发展，青岛、烟台、威海等地还专门成立了地方游艇邮轮行业协会。这些协会是由从事游艇设计、研发、制造、销售、培训、维修、保养企业，游艇拥有者、爱好者，科研机构，配套企业等相关经济组织或个人自愿组成的地方性、非营利性社会团体。通过积极参与行业政策和产业发展规划的制定，这些地方游艇邮轮行业协会着力推动游艇码头等基础设施建设，指导邮轮游艇制造业发展，大力发展邮轮游艇旅游，开展人才培训，搭建起政府与企业间的沟通桥梁，打造邮轮游艇企业发展交流平台，推进邮轮游艇行业健康持续发展。

3）举办游艇展会

为了能将游艇的产业优势与独特的地域优势相结合，青岛、威海等地还举办了专门的游艇展会。2013年，威海举办了首届游艇展，极大促进了威海游艇经济产业链的发展。而第十五届中国（青岛）国际船艇展览会在 2017 年 5 月 18 日~21 日在青岛奥林匹克帆船中心举行。经过 15 年的发展，中国（青岛）国际船艇展览会已经成为集陆上船艇及配套设备静态展示和水上游艇与帆船动态体验为一体的国家级船艇博览盛会，不仅进一步传播世界先进的游艇文化与理念，也大大推动了青岛市乃至山东省船艇制造业对外交流与合作。

顶层规划促产业飞跃，为加快发展游艇产业，调整优化产业结构，促进区域经济发展，山东省还发布了《山东省游艇产业发展规划（2014—2020 年）》。作为山东省游艇产业发展的"顶层规划"，《山东省游艇产业发展规划（2014—2020 年）》提出，力争用 5 年左右的时间，实现全省游艇制造业销售收入翻一番；具备超大型豪华游艇设计制造能力，本地化配套率提高到 60% 以上；把山东省滨海地区建成世界豪华游艇研发制造旅游服务中心；将青岛游艇旅游打造成为世界旅游城市名片，培育 1~2 个世界顶级游艇品牌。

7.5.5 天津市游艇产业促进政策[①]

1. 游艇产业政策

为了推动游艇产业发展，天津市组织了 13 个相关部门分工协作，研究推动游艇产业发展的政策创新。天津市政府制定了《天津市邮轮游艇产业发展"十二五"规划纲要》，提出 2015 年建设 2750 个游艇泊位，提出完善配套设施、发展游艇服务业等任务和发展措施。除此之外，天津市政府还出台了《天津市游艇管理暂行办法》，在免除强制引航、放宽游艇登记限制、放松短期入境游艇检验和登记限制等方面实现突破，解决了制约天津游艇产业发展中的瓶颈问题。

近年来，《2016—2017 中国游艇产业报告》《天津市邮轮游艇产业发展"十二五"规划纲要》《天津市游艇管理暂行办法》等多项规章政策的制定和实施有效促进了天津游艇产业的发展。天津已有从事游艇行业企业 280 多家，包括游艇修造、游艇销售、游艇俱乐部、游艇进出口等多个环节。游艇码头建设初见成效，已建成一批码头泊位，有多个大型游艇码头建设项目即将竣工；游艇俱乐部产业初现，天津已有超过 30 家企业从事游艇俱乐部业务，并逐渐成熟。

2. 政策创新试点

天津市以东疆保税港区作为核心载体，开展国际船舶登记制度、国际航运税收、航运金融业务和租赁业务四个方面的政策创新试点。例如，允许境外邮轮公司在东疆保税港区注册设立经营性机构并运营，外国邮轮可以从事国内港口多点

---

① 商务部驻天津特派员办事处.天津邮轮游艇产业发展提速[EB/OL]. http://tjtb.mofcom.gov.cn/article/y/at/201311/20131100374344.shtml[2019-02-21].

挂靠业务，游客在国内港口下船观光后返船继续旅行。对注册在天津的邮轮公司及服务代理机构给予一定资金支持；同时，借助传统进出口贸易发达的便利渠道和业务模式，以及天津海关已批复的游艇保税仓，为游艇进口搭建便捷的贸易平台。未来天津市游艇产业将朝着游艇研发、设计制造、保养维修、交易使用、融资租赁、游艇服务全产业链方向发展。

天津滨海新区中心商务区在发展游艇产业方面，已经完成44个泊位的游艇码头建设。未来中心商务区将继续依托政策优势，发挥海河特色，大力推进游艇产业发展，加大游艇产业配套建设，推进支持游艇各项政策出台，扶持游艇俱乐部成长。同时，也欢迎国内外企业到滨海新区中心商务区投资游艇产业，充分利用天津自由贸易试验区政策创新发展。

7.5.6 辽宁省游艇扶植政策法规

1. 辽宁省游艇发展概况

1）起步较早

20世纪80年代初，FRP造船已在辽宁葫芦岛和营口出现，辽宁陆续建造多艘超过20米的FRP渔船并多次投入使用。20世纪80年代，大连松辽玻璃钢船厂成立，其与日本合作引进技术生产FRP救助艇，总计达上千艘，全部用于出口。20世纪80年代中后期，大连松辽玻璃钢船厂为金石滩和冰峪沟设计建造了首批旅游艇，数量达30多艘。

2）起点较高

辽宁游艇外资企业来自法国、意大利、澳大利亚、新西兰、西班牙、加拿大、日本等多个游艇行业发达的国家，把多国的先进游艇设计工艺技术和营销手段引入进来。辽宁的游艇产品涵盖了巨型，大、中、小型，超豪华与普通多个级别的游艇。用户上至总统，下到普通百姓，从几米长至三十多米长，民用和军用，私家和公用等各种用途。

3）发展较快

经过二十多年的发展，辽宁省游艇业发生了巨大的变化，变化如下。

首先，从游艇制造企业的数量来讲，2016年辽宁已有游艇制造企业20多家，其中外资企业占1/3，大连有15家，年产值超2.5亿元。其中，大连松辽被评为全国十佳，大连朝阳进入全国出口前十强。

其次，是俱乐部的发展，辽宁游艇码头俱乐部，从最开始仅有一家，发展至今已经超过10家，大连星海湾国际游艇俱乐部是全国最佳俱乐部之一（包括大连6家，沈阳、盘锦、锦州、营口、丹东有的在规建，有的已建成投产）。

最后，从游艇销售方面来讲，游艇销售企业遍布大连、沈阳、丹东、葫芦岛、兴城等，仅大连就有30多家；私家游艇扩展迅猛，大连已有近百艘，全国最大最贵的游艇是大连人所买，沈阳也有二三十艘私家游艇。

2. 辽宁省游艇促进政策

2016年4月1日是《大连市游艇边防治安管理规定》①实施一周年的日子。为加强全国首部关于游艇管理政府规章的普法宣传，大连边防支队的警员们解读该规定中的重点条款，进一步明确游艇治安权限，全面构筑起海上游艇监管的法律屏障。

近年来，随着社会经济的快速发展，私人游艇大量出现。由于游艇具有私有性、动力强的特点，极易发生利用游艇越境、赌博、贩毒等违法犯罪行为。大连边防支队结合游艇发展态势，积极探索游艇治安管理的立法调研工作，并先后前往具有先进游艇治安管理经验的海南三亚、福建厦门实地考察和交流学习。2014年10月10日，《大连市游艇边防治安管理规定》在大连市第十五届人大二十二次常务会议通过，并于2015年4月1日实施。

《大连市游艇边防治安管理规定》中所提到的游艇，是指仅限于游艇所有人自身用于游览观光、休闲娱乐等活动的具备机械推动力装置的船舶。按规定，游艇安装的电子定位设备应当与公安边防部门联网。除依照规定向主管部门领取有关证件外，游艇所有人还应当在取得游艇国籍证后15日内持船舶所有权证书、船舶检验证书及游艇所有人、管理人、随艇工作人员身份证明到公安边防部门备案。游艇改造、买卖、租借、报废、灭失及管理人、随艇工作人员变更的，其所有人应当到公安边防部门办理变更备案或注销备案。

《大连市游艇边防治安管理规定》颁布后，为边防部门实施海上游艇监管提供了必要的法律支持，2016年，大连地区的海上事故与报警求助也较2015年大幅减少。下一步，大连边防支队将继续致力于《大连市游艇边防治安管理规定》的落实及推广工作，努力打造出一个信息化、现代化、正规化的游艇治安管理体系。

7.5.7 粤港澳大湾区游艇自由行

1. 粤港澳大湾区游艇自由行政策背景

近年来，随着粤港澳经济合作的加深，人员往来日益频繁，三地人员、车辆通行手续越来越便捷，随之而来的是游艇自由行的呼声日益高涨。在香港回归祖国20周年之际，三地游艇通关通检合作终于取得重大突破。2017年6月28日，交通运输部、公安部、海关总署、质量监督检验检疫总局四部委联合发函，原则

---

① 大连市人民政府. 大连市游艇边防治安管理规定[EB/OL]. http://www.ga.dl.gov.cn/publish/201532493959.asp[2018-08-23].

同意《中国（广东）自由贸易试验区粤港澳游艇自由行实施方案》，游艇可享便利化措施定点停靠。这意味着，粤港澳三地期盼多年的游艇自由行，经过国家和省相关部门的积极推动，由最初的设想变成现实。

2. 游艇自由行促进政策——《深圳湾宣言》

2012年广东省规划将"区域游艇服务业发展项目"列入粤港澳服务业合作重点项目，国务院随之批复的《中国（广东）自由贸易试验区总体方案》，明确"制定粤港、粤澳游艇出入境便利化措施"。2017年6月，交通运输部、公安部、海关总署、质量监督检验检疫总局四部委复函同意《中国（广东）自由贸易试验区粤港澳游艇自由行实施方案》，标志着粤港澳游艇自由行政策落地。深圳湾游艇会是该实施方案指定的粤港澳游艇自由行出发和停泊港。首航仪式上，粤港澳大湾区游艇行业联合会副主席、深圳湾游艇会执行董事、副总经理刘劭代表联合会会员和9+2城市群各游艇会业者、船东，宣读了《深圳湾宣言》。

《深圳湾宣言》[①]称，广东自贸区粤港澳游艇自由行政策落地，是国家和广东省、深圳市政府等相关部门造福人民、制度创新的举措，也是业内期盼多年的福音。此次首批指定的游艇出入境口岸包括广州南沙客运港口岸、太子湾邮轮母港、珠海九洲港口岸和珠海万山港口岸；首批指定的游艇停泊码头包括南沙游艇会码头、太子湾邮轮母港游艇码头、深圳湾游艇会码头、横琴法拉帝游艇码头、横琴长隆游艇码头等。根据获批的粤港澳游艇自由行实施方案，港澳游艇可以按照"定点停靠、就近联检"的原则入境通关，在达到监管条件下，免办《登轮许可证》及免办搭靠手续等便利化措施。粤港澳大湾区游艇行业联合会全体会员和广州、深圳、珠海、中山、江门、佛山、东莞、惠州、肇庆、香港、澳门的9+2城市群游艇业者与船主共同立约、诚信遵守粤港澳游艇自由行各项规定，证照规范，服从出入境申报、查验和停靠监管，遵守停泊港所在地法规，拒绝走私，遵守国际海洋公约，爱护珠江三角洲近海海洋，文明航行，并为粤港澳旅游、商务和游艇业发展，共建粤港澳大湾区宜居宜业宜游的优质生活圈，打造大湾区黄金海岸经济核心区的亮点，携手合作，贡献力量。

3. 游艇自由行的意义

目前，在全球经济增速放缓的背景下，旅游业"一枝独秀"，为行业带来一线曙光。而航运低迷，传统造船订单长期在低位徘徊，无论是整体经济，还是船舶行业，都希望能通过旅游业、旅游装备的制造，带动经济向良好的方向发展。一旦游艇自由行得到落实，随着机制的逐步完善，未来游艇往来粤港澳三地将更加方便快捷，而游艇的建造、维护保养和运营市场的活力，也将因此而得到极大的

---

① 粤港澳游艇自由行深圳首航成功[EB/OL].http://www.chinadevelopment.com.cn/news/zj/2017/12/1212451.shtml[2019-02-21].

释放。从更广阔的视野来看，通过广东自贸区粤港澳游艇自由行的实施，还能继续推动制度创新，带动广东海洋经济的发展。

广东游艇制造业发达，自"一带一路"倡议提出以来，广东珠海、中山等地的船艇制造企业历经转型升级，以一个全新的姿态阔步迈向粤港澳大湾区新时代。而今，在国家政策的积极倡导下，越来越多的船艇企业也把发展的触角延伸到了"一带一路"沿线国家，一些优势企业更是通过"走出去"迈进了国际高端市场，提升了全省出口商品的国际竞争力和品牌知名度。随着粤港澳游艇自由行的开通，广东的游艇业已经占据了"天时、地利、人和"，而游艇旅游产业也到了"补链"的时候。广东应利用位于粤港澳大湾区的有利地理优势，带动更多的企业进入角色转换，促使更多企业"走出去"，培育新优势，转移优势产能，打造优势产业。

粤港澳游艇自由行的推动将成为粤港澳大湾区发挥后发优势，参与全球竞争的重要领域。当前，粤港澳大湾区在信息科技、智能制造和装备制造等新兴产业领域具备很好的基础，已成为全球创新的新热点。粤港澳大湾区作为全球最具经济活力的城市群之一，湾区内的11个城市各具优势，如广州的教育科研产业、深圳的高科技产业、东莞和佛山等周边城市的先进制造业、香港的金融和高端服务业、澳门的商务服务业等，湾区内的各地企业协同创新发展成为必然。各级政府与行业主管部门应结合粤港澳大湾区创新能力现状，进一步突破障碍，加大协同创新力度，打造新型合作平台，整合金融、科创、产业、人才和交通等资源，协同创新建设世界一流湾区。

粤港澳游艇自由行是广东自贸区总体方案的组成之一，通过探索实施粤港澳游艇自由行，将提升粤港澳游艇产业相互协作、共同发展的力度，丰富粤港澳"一程多站"旅游精品线路，进一步促进粤港澳大湾区世界级旅游区建设；为香港特别行政区、澳门特别行政区籍游艇在出入境通关、监管查验、码头设置、牌照互认、航行区域规划等方面出台相关政策，形成便于操作、规范清晰的游艇出入境政策体系、管理机制和操作指引，为在广东乃至全国范围内推进粤港澳游艇自由行，促进游艇旅游业发展积累可复制、可推广的蓝本。

7.6 国外游艇产业政策对中国游艇产业发展的借鉴意义

7.6.1 科学界定娱乐性船舶的内涵

通过比较游艇概念在世界各国法律和政策中的定义，中国对于游艇定义的界定属于狭义游艇定义的范畴。根据近年来的实际情况，中国一些公园内的船舶娱乐设施偶尔会出现安全故障，造成了许多不必要的安全事故。通过责任考究，之所以酿成安全事故，不仅有船只质量不合格或者未定期检修的原因，还有船只驾驶人员、游客和管理层的责任。

因此，中国也在积极借鉴西方国家先进的管理经验，相关部门也做出了进一步的努力，积极探讨我国休闲船舶的发展和事故状况，严格规范休闲船的定义。休闲船的定义必须符合当前中国的发展，对实际工作开展具有指导意义。

7.6.2 建立多主体参与的安全治理体系

休闲船活动涉及大量船只和工作人员，航行水域相对复杂。如何对这类船舶进行正确的管理，我们可以借鉴美国的管理方式。美国国家游艇航行安全项目不仅有 USCG 和其他政府部门的参与，而且还包括大量的专业组织。政府部门和社会专业组织的多方配合，可以发挥全方位的监督和教育作用[1]。

目前，中国的游艇检验规则仅限于公共游艇，并不适用于私人游艇。如今，随着各地景观水系统的不断开发及游艇的普及，改变了人们的生活方式和消费方式，利用私人游艇出海游玩已经渐渐成为成功人士的一种时尚活动，与此同时，也为游艇生产企业创造了市场机遇。因此，中国运输管理部门应制定一套完善的水路交通法规，从游艇登记管理、建设和运营检查，到驾驶员培训考试等多方面覆盖的完善的水路交通法规。

目前中国法律规定，中华人民共和国海事局及各级海事管理机构应负责游艇的水上交通安全。由于游艇种类的繁多性和涉及主体的复杂性，仅仅依靠中华人民共和国海事局及各级海事管理机构这一方的力量是难以达到预期效果的。海事主管部门应积极联络各行业组织、游艇生产商及大众媒体等多方力量，完善船舶航行安全治理的法律法规，加大监督力度，并积极向社会公众宣传安全防护知识。

7.6.3 营造良好的海洋文化环境

通过查阅相关资料发现，西方国家的游艇安全法规以营造一种安全的文化氛围为重点。不仅通过大众媒体向社会公众积极传播做好安全防范工作，除此之外，还提供免费的安全教育课程供消费者和游艇专业人员学习，时时刻刻强调安全第一，营造出一种安全的社会文化氛围。这种安全文化氛围可以对全国范围内的潜在人群起到潜移默化的作用。

学习之后，相关主体部门也做出了努力。中国海事管理部门可以通过大众媒体、面对面的宣传等方式来营造出安全的文化氛围，在公众树立安全意识，促使

---

[1] 余飞. 美国国家游艇航行安全项目及对我国的启示[J]. 水运管理，2014，（12）：30-33.

人们在水上休闲活动中也牢记安全第一。

7.6.4 加强水环境保护意识

航行水域是游艇活动的重要物理空间。建议开发商可以开发相关的污水排放监测系统，对于生活污水进行实时监控，制定严格的监控指标以确保水质符合管理规定。

与此同时，建议海事部门对只能采取集污舱柜储存、岸上接收形式处理生活污水的琼州海峡轮渡船舶进行生活污水排放舷外管系铅封，防止船舶擅自排放生活污水入海。除此之外，在船舶安全检查过程中，加强对生活污水的检查：首先，检查船舶是否持有有效证书，随时检查该船舶是否时刻携带操作说明书。其次，检查生活污水处理装置状态是否正常，是否可以随时投入使用。最后，是对船员的个人检查，即检验工作人员的工作能力是否可以正确操作污水处理系统。通过以上多重检验，可以在一定程度上确保妥善处理生活污水，以免造成海洋污染。

第8章　游艇技术发展

传统游艇一般采用舷内柴油机的推进方式，即柴油机+齿轮箱+螺旋桨。随着船舶推进技术的发展及人们对游艇的要求越来越高，越来越多的推进方式出现在游艇上，如全浸式螺旋桨、表面桨、喷水推进器或混合动力推进系统等。近年来，越来越多的游艇使用喷水推进器，它们应用范围的扩展取代了一部分使用全浸式螺旋桨的传统领域。当航速要求大于25节，艇上的振动和噪声必须保持极小值，或航行吃水受限时选用喷水推进器最为合适。混合动力系统或其他新型动力系统会被越来越多的游艇制造商研发和使用。

游艇如时装、工艺品一样，特别是豪华游艇，它是消费者身份、地位的一种标志，因而对设计要求很高。许多游艇厂家聘请世界著名游艇设计师进行设计，或购买世界著名设计师的设计，以提高知名度和增强竞争力。意大利拥有世界上一流的游艇设计行家，他们致力于风格和形式上的豪华。

游艇消费除了要求美观、舒适外，更要求安全性能强。因此，游艇的制造与设计对艇体材料、装艇设备、艇内装饰配件有特殊的要求，如艇体材料要具有足够的刚度和强度，不易变形、损坏，装艇设备要求使用游艇专用设备。艇内装饰材料和五金件等物品比一般船舶上用的高级得多。木材多使用柚木，五金舾装件使用大量的不锈钢制品、镀金制品及白银制品和各种防震、防海水腐蚀的玻璃。正是由于游艇所用材料、设备、配件等质地高，手工制作用工量大，工艺性强，复杂度大等特点，其造价昂贵，成为高附加值、高利润的产品。

近些年来，随着环境与水上保护力度的加大，游艇的清洁化技术、新材料、新结构、新观念将引领绿色游艇的研发。未来，更加具有节能环保特质的船艇将成为大众化消费的主流。

8.1 游艇推进技术

8.1.1 推进发动机

1. 发动机类型

按照安装类型，游艇的发动机可以分为舷内机、舷内外机和舷外机三种。

（1）舷内机：发动机安装在船体内侧。一般大型游艇使用它。

（2）舷内外机：发动机安装在船体内侧，推进器安装在船体外侧。一般中小型游艇使用它。

（3）舷外机：非永久固定装置，需要随时拆卸转移到岸上，供推进使用的机器。由于体积小、功率大、转速高而广泛应用于高速艇、渔船及工作船。

喷射引擎将水吸入引擎，加速并向后方喷射以获得动力，不需要舵，只需改变喷射方向，即可改变船只的行进方向。

按使用燃料不同可分为汽油发动机与柴油发动机。

（1）汽油发动机：较柴油发动机来说其优点是体积小、质量轻、噪声小、易检修。比较容易发动，因为汽油的燃点低，热效率低，热效能转化为动能的行程短，动能转化为速度容易发挥，加速敏捷也易于操控，故适合推动船身及载重较轻的小船。

（2）柴油发动机：与汽油发动机相比，柴油发动机的优点是柴油价格便宜、经济性好、故障较少。从马力角度说，柴油发动机马力比汽油发动机大，在船舶上的应用更为广泛。柴油发动机的使用寿命相对较长，而且操作费用相对较少。柴油热点高，热效率高，热能转化为动能的行程长，动能发挥及加速反应较慢，但动能转化和加大扭力的能力强，比较适合推动重型船身和载重较大的船只。

2. 发动机性能

发动机如同游艇的"心脏"。体现发动机品质的高低主要是看动力性和经济性，也就是说，发动机要具有较好的功率、良好的加速性和较低的燃料消耗量。影响发动机功率和燃料消耗量的因素有很多，其中影响最大的因素有排量、压缩比、配气机构。不能凭借速度一项指标来评定游艇上发动机的性能，在游艇上，性能是舒适性、稳定性、操控性、节能性及速度的融合体。

3. 发动机品牌

发动机品牌选择主要是看该发动机厂家是否在中国地区有良好的服务网络，因为再好的发动机也离不开售后服务。目前在中国，最佳选择品牌应属 Volvo Penta，主要选择对象为大中型游艇配置的发动机；小型游艇的发动机可以选择雅马哈。

1）沃尔沃

瑞典沃尔沃汽车公司（以下简称沃尔沃）成立于1927年，具有优良的总体性能和燃油效率，以及完整的动力系统，设计轻巧、噪声低、振动小，每一个纯正的沃尔沃零件都是与整机一起经设计和开发而成的，易于安装维护且售后服务一流（图8-1）。所生产的发动机功率范围为10~2000马力。2005年1月沃尔沃推出舷内高效推进系统（inboard performance system，IPS），是真正具有革命性意义的专利产品。该系统的研发团队荣获了第18届沃尔沃技术奖，是目前游艇界较先进的动力系统。

图 8-1　沃尔沃发动机

资料来源：沃尔沃帆船赛参赛船只所用发动机——Volvo Penta[EB/OL]. https://www.jyacht.com/use/pjyp/j0220122445.shtml [2018-06-04]

A. 优点

沃尔沃 IPS 使发动机效率提高35%，最高速度提高20%，加速性能提高15%，游艇具备更小的转弯半径和更好的转弯速度，实际测得要比传统推进方式转弯性能优越50%以上，油耗降低30%，噪声水平降低50%，低废气排放，更环保，且在中国地区拥有良好的服务网络。沃尔沃 IPS 目前适用于40~100英尺长的游艇。

B. 缺点

由于 IPS 特殊的构架，相对于传统结构来说，在日后的维护保养中所产生的费用会更高，对于船东来说，使用起来会更加费心。

2）MTU

发动机及涡轮机联盟弗里德希哈芬股份有限公司（Motoren-und Turbinen-Union Friedrichshaten GmbH，MTU）始于德国1899年，1960年被梅赛德斯-奔驰收购，现为戴姆勒-奔驰集团属下公司，其发动机广泛用于舰船、重型汽车和工程机械、铁路机车、坦克。MTU不仅制造柴油发动机，主营业务是制造面向最终用户的完整成套产品。

MTU在中国有两大骨干公司：MTU香港公司（MTU Hong Kong）和MTU发动机工程（苏州）有限公司［MTU Engineering（Suzhou）］（简称MTU苏州），这两大公司保证了MTU在中国的顺利运作。为了覆盖全中国，MTU在北京、上海、青岛和湛江均设有分公司，以确保为中国的每个地区客户提供更为便捷的服务。MTU香港公司和MTU苏州都是MTU亚洲（MTU Asia）的全资子公司，也是MTU集团的一部分。MTU香港公司成立于1993年，当时主要为香港地区增量中的高速客船配备的MTU发动机提供售后服务。今天，该公司已发展到拥有超过50名员工的规模。他们不仅敬业，而且还拥有非常丰富的经验，负责在中国MTU产品的营销、应用工程和售后服务。

MTU苏州最初作为"MTU服务中心"于1996年成立。它坐落于苏州工业园区，拥有为中国MTU客户提供服务的培训设施和维修车间。2006年3月，为满足MTU在中国扩展柴油机组装业务的需要，公司搬迁到龙云路9号新工厂（仍位于苏州工业园区内）。这个新工厂主要生产用于发电机组的MTU 2000系列发动机，是MTU的第三个生产基地。该工厂配备了计算机控制发动机测试台、环保型油漆车间、质量控制部门，拥有来自德国经验丰富的专家。该工厂生产的柴油发动机严格遵循MTU严苛的生产和质量标准。

经过20年的发展，在80多个富有进取心和训练有素的员工，包括几个国外专家的努力下，MTU苏州已发展成为中国地区的技术枢纽，支援MTU的所有业务运作，目前可以满足国内的售后质量。图8-2为MTU研发的带催化转换器的4000系列发动机。

图8-2 MTU带催化转换器的4000系列发动机

资料来源：MTU公司带催化转换器的4000系列发动机[EB/OL]. http://www.eworldship.com/html/2017/Manufacturer_0612/129018.html [2018-06-10]

A. 优点

MTU 作为陆用、水用和铁路推动系统，以及发电设备引擎的供应商，MTU 向来以输出功率大、效率高、体积小且经久耐用在世界范围内享有盛誉。它主要用于超级游艇及 70 英尺以上的游艇。

B. 缺点

MTU 虽然闻名于世，但其高昂的售价和售后成本也限制了 MTU 的产品销售。它绝大部分只应用在军舰、坦克、核电、运输船、铁路机车等要害领域。

3）德国曼集团

德国曼集团（Maschinenfabrik Augsburg Nurnberg，MAN）成立于 1758 年。其总部位于德国慕尼黑，是一个欧洲领先的工程集团，在世界 120 个国家有约 52 500 名员工在商用车辆、工业服务、印刷系统、柴油发动机和涡轮机五大核心领域工作，能力全面，提供系统解决方案，年销售额达 165 亿欧元（2011 年）。德国 MAN 集团与印度、波兰、土耳其和美国的当地公司建立了合资企业和其他合作关系，是世界 500 强之一。

德国 MAN 发动机（图 8-3）率先运用最新技术。例如，通过多孔喷嘴进行高功率喷油，在空气中进行冷增压，在高压力下一起确保低污染燃烧过程。MAN 柴油发动机设计轻巧，功率强大，持久耐用，耗电量低，可以持续处于工作就绪状态。

图 8-3 德国 MAN 发动机

资料来源：沃尔沃遍达 IPS 发动机[EB/OL]. https://www.jyacht.com/use/pjyp/j0220122449.shtml[2018-06-10]

A. 优点

德国 MAN 发动机结构紧凑，动力强劲，排放稍低，可靠性高。主要适用于中大型游艇。

B. 缺点

后续维护成本较高，船用发动机只占其市场份额的一小部分，使用的是传统的推进技术。目前在国内的售后网点少，维修保养周期长。

除此之外，还有一些发动机品牌。

美国康明斯发动机（Cummins）——将省油、耐用、可靠、重量轻和结构紧凑等特点完美地结合在一起，维修保养简便，如图 8-4 所示。

图 8-4 美国康明斯发动机

资料来源：沃尔沃遍达 IPS 发动机[EB/OL]. https://www.jyacht.com/use/pjyp/j0220122449.shtml [2018-06-10]

美国水星发动机（Mercury）——爆发性较好，油耗低，具有独特的橡胶避震安装系统，如图 8-5 所示。

图 8-5 美国水星发动机

资料来源：沃尔沃遍达 IPS 发动机[EB/OL]. https://www.jyacht.com/use/pjyp/j0220122449.shtml [2018-06-10]

日本雅马哈发动机——性能稳定，马力强劲，油耗低，排污少，防锈防腐系统增加了船外机的耐久性，如图 8-6 所示。

图 8-6　日本雅马哈发动机

资料来源：沃尔沃遍达 IPS 发动机[EB/OL]. https://www.jyacht.com/use/pjyp/j0220122449.shtml [2018-06-10]

美国卡特比勒发动机（Caterpillar）——拥有先进的动力装置。转速可在负荷较小或无负荷时实现自动控制，自动降低发动机转速，减少油耗。噪声低、振动小、废气排放量小、环保高效、性能稳定可靠，如图 8-7 所示。

图 8-7　美国卡特比勒发动机

资料来源：沃尔沃遍达 IPS 发动机[EB/OL]. https://www.jyacht.com/use/pjyp/j0220122449.shtml [2018-06-10]

日本洋马发动机（Yanmar）——提供强大的动力和扭矩，同时保持最低的燃油消耗，操作简便，经久耐用，如图 8-8 所示。

图 8-8　日本洋马发动机

资料来源：沃尔沃遍达 IPS 发动机[EB/OL]. https://www.jyacht.com/use/pjyp/j0220122449.shtml [2018-06-10]

8.1.2　喷水推进器

1. 定义

喷水推进装置（图 8-9）是一种新型的特种动力装置，与常见的螺旋桨推进方式不同，喷水推进器的推力是通过推进水泵喷出的水流的反作用力来获得的，并通过操纵舵及倒舵设备分配和改变喷流的方向来实现船舶的操纵。在滑行艇、穿浪艇、水翼艇、气垫船等中、高速船舶上得到了应用。

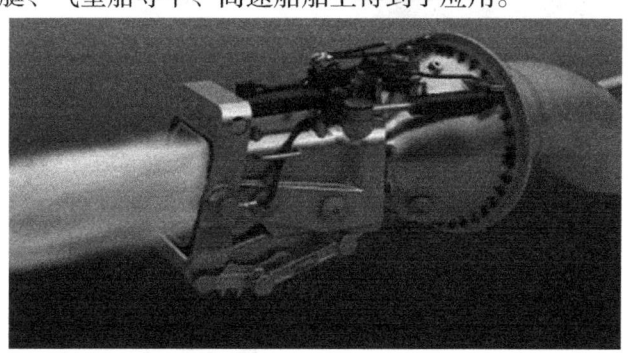

图 8-9　喷水推进器

资料来源：罗·罗公司 KAMEWA 喷水推进器[EB/OL]. https://v.youku.com/v_show/id_XODE1MTcyODEy.html?spm=a2h0k.11417342.soresults.dtitle [2018-06-10]

它与喷气式飞机的推进原理基本相同（图 8-10 和图 8-11），只不过喷气式推进的介质是空气，而喷水式推进的介质是水。与螺旋桨推进相比，喷水推进动叶轮上的力只是内力，而螺旋桨是靠叶片上的力直接推动载体运动。自 20 世纪 90 年代以来，喷水推进技术获得了巨大的发展，在各类船舶上大量应用。国外大型的喷水推进公司有 Kamewa（现已被 Rolls-Royce 收购）、Lips（现已被 Wartsila 收购）、MJP 和 Hamilton 等。国内喷水推进产品主要以七〇八研究所为代表。

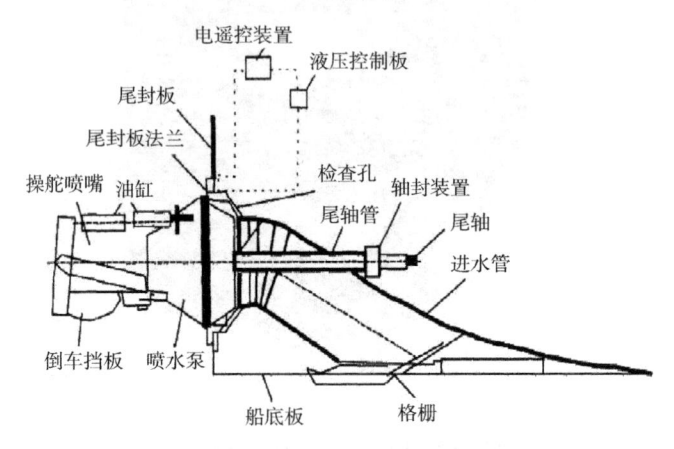

图 8-10　喷水推进器结构

资料来源：喷水推进器[EB/OL]. https://baike.baidu.com/item/%E5%96%B7%E6%B0%B4%E6%8E%A8%E8%BF%9B%E5%99%A8/9446636?fr=aladdin[2018-06-10]

（a）中小型游艇专用喷水装置一 ZLB18-2

（b）中小型游艇专用喷水装置二 ZLB18-2

图 8-11　中小型游艇专用喷水装置

资料来源：中小型游艇专用喷水推进装置[EB/OL]. http://www.wuxihitech.com/ProductList.asp?SortID=200&SortPath=0，200，[2018-06-10]

根据喷水推进装置的装船形式，喷水推进装置主要分为外悬式和内置式，其相应的有不同的轴系形式。

外悬式喷水推进装置是20世纪80年代由七〇八研究所研制出的一种新颖的、集推进和操纵为一体的喷水推进节能组合体（图8-12和图8-13），它适用于重载荷大中型运输船和工作船，也适用于大型登陆舰等军用舰艇。该装置布置在舷外，采用轴流式推进泵轴系，结构较简单，类似于导管桨。内置式喷水推进装置、喷水推进泵本体及流道布置在船内，主要适用于高性能船、高速军用舰艇、浅吃水内河船及两栖车辆。

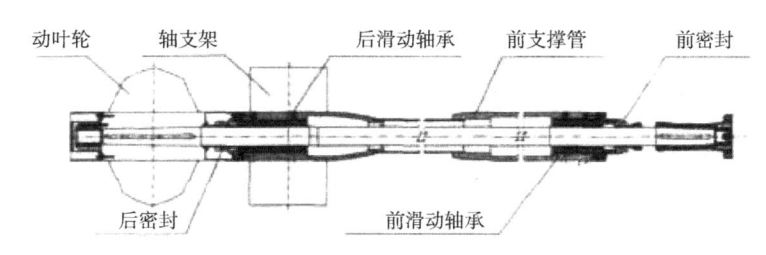

图8-12 七〇八研究所的喷水推进组合体示意图

资料来源：喷水推进组合体[EB/OL]. https://www.81tech.com/[2018-06-10]

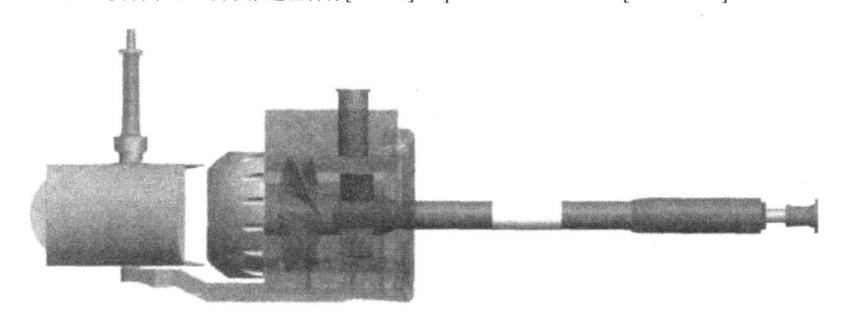

图8-13 七〇八研究所的喷水推进组合体

资料来源：喷水推进组合体[EB/OL]. https://www.81tech.com/[2018-06-10]

内置式喷水推进装置有两种具有代表性的轴系形式：推力轴与扭力轴分开的分体式轴系和传统的螺旋桨式轴系。推力轴与扭力轴分开的分体式轴系的传动设计精巧合理，推力轴承布置在推进泵导叶体轮毂内，有利于冷却，但轴承的布置空间受限制，由于对泵轴轴系采取了专门设计，可允许有一定的轴线偏转和安装误差。其中的代表分别为Kamewa（图8-14）、MJP。而传统的螺旋桨式轴系的推力轴承布置在进水流道轴承座处，全部的推力最终主要通过进流管道传到船体，因此对进流管道及船体的刚度、强度要求更严格，对轴系的安装精度要求较高。

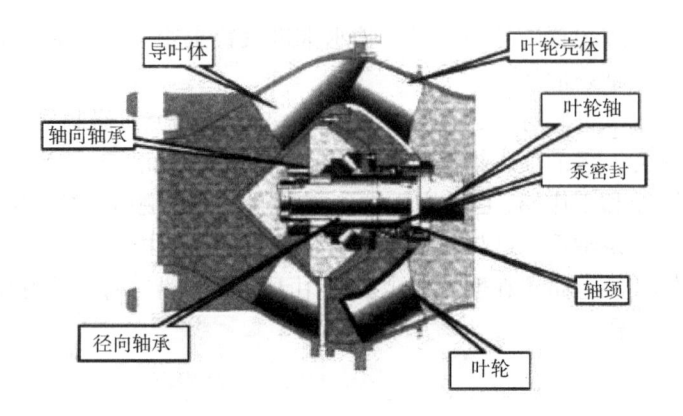

图 8-14 Kamewa 喷水推进泵装置结构

资料来源：增压器和船舶轴系的检修[EB/OL]. http://eworldship.com/html/2016/Manufactuer_0909/119633.htm[2018-06-10]

2. 装置组成

典型的喷水推进装置的结构主要是由原动机及传动装置、推进水泵、管道系统、舵及倒舵组合操纵设备组成的。

（1）原动机及传动装置：在喷水推进装置中最常见的原动机及传动装置配置有燃气轮机与减速齿轮箱驱动、柴油机与减速齿轮箱驱动、燃气轮机或柴油机直接驱动等形式。在采用全电力综合推进的舰船上，则一般采用电动机直接驱动推进水泵的形式。

（2）推进水泵：推进水泵是喷水推进装置的核心部件。从推进水泵净功率和效率的要求、舰船布置的需要及传动机构的合理、方便等方面出发，通常选用叶片泵中的轴流泵和导叶式混流泵，特殊情况下也可以采用离心泵。目前，世界著名的推进水泵生产厂家主要有瑞典的 Kamewa 公司、新西兰的 Hamilton 公司、荷兰的 Lips Jet 公司、日本的川崎公司和三菱重工公司、美国的双环公司等。

（3）管道系统：主要包括进水口、进水格栅、扩散管、推进水泵进流弯管和喷口等。管道系统的优劣势在很大程度上决定了喷水推进系统故障率的高低。

（4）舵及倒舵组合操纵设备：采用喷水推进的船舶不能靠主机、推进水泵的逆转来实现倒航，一般是通过设法使喷射水流反折来实现。经喷口喷出的水流相对舵有较大的流速，所以一般采用使喷射水流偏转的方法来实现船舶的转向。常见的舵及倒舵组合操纵设备有外部导流倒放斗、外部转管放罩等。

3. 喷水推进器特点

1）优点

（1）喷水推进装置在加速和制动性能方面具有与变距螺旋桨相同的性能，喷水推进船舶具有卓越的高速机动性，在回转时喷水推进装置产生的侧向力可使回转半径减小。

（2）喷水推进船舶舱内噪声和振动较小，比具有螺旋桨的船舶低 7~10 分贝。

（3）吃水浅，浅水效应小，传动机构简单，附件阻力小，保护性能好。

（4）日常保养及维护较为容易。

2）缺点

（1）舰船航速较低时（低于 20 千米/时），喷水推进的效率比螺旋桨要低一些。

（2）增加了管路中水的重量，导致航行器的排水量增大（通常占全船排水量的 5%左右），效率有所降低。进水口损失的功率占主机总功率的 7%~9%。

（3）在水草或杂物较多的水域，进口容易出现堵塞现象，因而会影响舰船的航速。

（4）机械传动机构仍然比较复杂，体积庞大。由于增加了外壳体的保护，推进泵叶轮的拆换比螺旋桨要复杂。

（5）在航行过程中产生的空气辐射噪声仍较大。

（6）推力矢量化程度低，特别在航行器转弯时其推力会丧失。

（7）缺乏一套操作灵敏、水动力学性能优异的倒车装置。

（8）喷水推进器的浅吃水航行带来了在沙砾较多的水域中碎石和沙砾吸入系统的风险。

8.1.3　电力推进装置

游艇的电力推进装置是一种原动机带动发电机发电，经变频器把满足要求的电流送到推进电动机，从而驱动螺旋桨的推进方式。由于其具有机动性好、安全可靠性好、自动化程度高及环保效果好等特点，正成为现代大型水面船舶所青睐的推进方式。其实游艇的电力推进装置的应用历史悠久，二战时期曾流行一时。但由于各种因素的制约，发展缓慢，大多数仅限于潜艇或特种舰艇上应用。20 世纪 80 年代以后，随着交流电机及其控制技术、电子电力器件的发展，游艇的电力推进系统在机动性、可靠性、运行效率和推进功率等方面已经能满足船舶推进的需要，其应用情况也发生了根本性的变化。

1. 电力推进系统的特点

游艇的电力推进系统的基本结构就是电动机拖动螺旋桨。其中主机和螺旋桨之间没有机械联系，不设中间传动轴。主机和螺旋桨的转速可以分别独立地选取，不管螺旋桨转速如何变化，发电主机始终做恒速运转，当要螺旋桨反转时，只需要改变电动机的转向即可。外界负荷变化时，对多机组装置，可以调整发电机运行数目，使每一台主机仍在良好状况下工作。由此可见，电力推进系统具有如下一些优点。

（1）采用电力推进系统后，自动化程度得以提高，控制方便，启动加速性好，制动快，大大提高了船舶的可操纵性，机动性好，安全可靠性得到提高。

（2）采用电力推进系统后，机组配置和布置比较灵活、方便，舱室空间利用率高。

（3）采用电力推进系统后，辅助发电机的功率大大降低，甚至可以取消，这对机舱的优化布置非常有利，同时安全可靠性变好。

（4）采用电力推进系统后，发电主机转速不受螺旋桨转速的限制，主机可在恒定转速下工作，这对主机及船舶的经济性有利。

2. 电力推进系统的类型

目前，船舶采用的电力推进系统形式多种多样，但归纳起来基本可分为以下五类[1][2][3]。

（1）可控硅整流器+直流电动机。

（2）变距桨+交流异步电动机。

（3）电流型变频器+交流同步电动机。

（4）交-交变频器+交流同步电动机。

（5）电压型变频器+交流异步电动机。

选择电力推进装置时，需主要关注价格、功率范围、推进效率、起动电流、起动转矩、动态响应、转矩波动、功率因数、功率损耗、谐波等指标。

现代游艇电力推进系统中的电力电子元件都是由各种类型的二极管、晶体管和晶闸管构成的。采用二极管制造技术对反向恢复电流的改进会给整个变频器的成本带来显著的影响，而碳化硅二极管反向恢复电流小的可以被忽略。因此，碳化硅二极管将被广泛使用，尽管这些二极管的成本相当高。

可见，游艇的电力推进系统的每一次进步和突破，都与电力电子技术和传动控制系统的发展密切相关。

3. 电力推进系统的发展趋势

随着电动机的制造，电力电子器件、变换器电路、经典和现代控制理论、计算机辅助设计等的出现，提出了全电船（all electric ship，AES）的概念，顾名思义，船舶的全部设备或绝大部分设备需要用电或采用电力传动。它从概念到系统结构、配置、技术等方面均发生了重大变化。

---

[1] 聂延生，黄鹏程，李伟光，等. 船舶电力推进系统控制方法[J]. 航海技术，2002，（6）：38-40.

[2] 林春熙. 船舶电力推进应用新模式和教学培训半仿真模型方案[J]. 广州航海高等专科学校学报，2003，（2）：5-7.

[3] 方萌，史涛，吴裴文. 电力推进系统技术分析与评价方法[J]. 船舶，2002，（3）：52-55.

随着全球石油资源的耗尽,内燃机将逐步退出历史舞台,人们必须在石油没有用完的约 60 年时间内找到新的能源及其动力装置。这是人类在进入 21 世纪所面临的巨大问题和挑战之一,因此,人们一直在努力寻找能源利用效率高、不污染环境,并且可以再生的新能源及其利用方式。

8.2　游艇材料技术

8.2.1　钢材

所有船体结构(ship construction)采用的钢材,均由印有船级社认可的检验合格印记方可使用。钢的冶炼方法可用平炉、电炉或碱性吹氧转炉炼钢法,如需采用其他方法,则应经船级社特别批准。使用钢材的化学成分和作用效力应按照相关要求与预测实验进行标准检测。主要检测项目有:拉伸试验(用来测定材料的抗拉强度、屈服强度、伸长率及断面收缩率等力学性能)、冲击试验、弯曲试验(用于检验金属材料的弯曲性能和冶金缺陷)及 Z 向拉伸试验(是通过板厚方向的拉伸试验所测定的断面收缩率,以检验与评定钢板的抗层状撕裂性能和冶金缺陷)。而游艇钢材一般用到的船体结构用钢按化学成分和性能分为一般强度船体结构用钢和高强度船体结构用钢二种。

1. 一般强度船体结构用钢

一般强度船体结构用钢即以前的船用碳素钢(低碳钢),分 A、B、D、E 四级,适用于厚度不超过 100 毫米的钢板和宽扁钢及厚度不超过 50 毫米的型钢及棒材。A 级为沸腾钢,B 级为镇静钢,D 级和 E 级为全镇静细晶粒(铝处理)钢。

一般强度船体结构用钢中碳含量同强度成正比,含碳量越高,强度也越高,但韧性和延展性变差。磷和硫是钢材中的有害成分,磷会增加钢材的冷脆性,减少延展性,降低冲击韧性,当含磷量达 3%时,冲击韧性几乎降至零;硫和铁会形成硫化铁存在于钢材的结晶中,易使钢材形成裂缝,发生撕裂现象,这种现象叫热脆,使钢材焊接性能变差。目前,一般强度船体结构用钢在中小型船舶的修造中应用较多。

2. 高强度船体结构用钢

高强度船体结构用钢又称船用低合金钢。这种钢是以其最小屈服点应力划分强度级别,每一强度级别又按其冲击韧性的不同分成 A、D、E 和 F 四级。对厚度不超过 100 毫米的钢板和宽扁钢有 A32、D32、E32、A36、D36 和 E36 六个等级;对厚度不超过 50 毫米的钢板、宽扁钢及型钢与棒材有 A40、D40、E40、F32、

F36 和 F40 六个等级，级中的"32""36""40"分别表示其最小屈服点应力应大于 314 牛/毫米^2、353 牛/毫米^2 和 392 牛/毫米^2。按规范规定，当钢材屈服点应力大于或等于 265 牛/毫米^2 时即属于高强度船体结构用钢。由于高强度船体结构用钢是在一般强度船体结构用钢的基础上再加入少量的锰、铌、钒、铝和硅等合金元素冶炼而成的，其强度、机械性能、焊接性、耐腐蚀性和耐磨性等各项指标均优于一般强度船体结构用钢。虽然低合金钢在价格上没有优势，但其优良的性能能在很大程度上从整体降低造船成本，使得该钢材被广泛用于船体制造中。

不锈钢指耐空气、蒸汽、水等弱腐蚀介质和酸、碱、盐等化学侵蚀性介质腐蚀的钢，又称不锈耐酸钢，在游艇建造中被广泛应用。实际应用中，常将耐弱腐蚀介质腐蚀的钢称为不锈钢，而将耐化学介质腐蚀的钢称为耐酸钢。由于两者在化学成分上的差异，前者不一定耐化学介质腐蚀，而后者则一般均具有不锈性。不锈钢的耐蚀性取决于钢中所含的合金元素。不锈钢基本合金元素还有镍、钛、铌、铜、氮等，以满足各种用途对不锈钢组织和性能的要求。

不锈钢常按组织状态分为：马氏体钢、铁素体钢、奥氏体钢、奥氏体-铁素体（双相）不锈钢及沉淀硬化不锈钢等。另外，可按成分分为：铬不锈钢、铬镍不锈钢和铬锰氮不锈钢等。

1）马氏体钢

马氏体钢的强度高，但塑性和可焊性较差。马氏体钢的常用牌号有 1Cr13、3Cr13 等，因含碳较高，故具有较高的强度、硬度和耐磨性，但耐蚀性稍差，用于力学性能要求较高、耐蚀性能要求一般的一些零件上，如弹簧、汽轮机叶片、水压机阀等。这类钢是在淬火、回火处理后使用的，锻造、冲压后需退火。

2）铁素体钢

铁素体钢含铬 15%~30%，其耐蚀性、韧性和可焊性随含铬量的增加而提高，耐氯化物应力腐蚀性能优于其他种类不锈钢，属于这一类的有 Crl7、Cr17Mo2Ti、Cr25、Cr25Mo3Ti、Cr28 等。铁素体钢因为含铬量高，耐腐蚀性能与抗氧化性能均比较好，但机械性能与工艺性能较差，多用于受力不大的耐酸结构及作抗氧化钢使用。这类钢能抵抗大气、硝酸及盐水溶液的腐蚀，并具有高温抗氧化性能好、热膨胀系数小等特点，用于硝酸及食品工厂设备，也可制作在高温下工作的零件，如燃气轮机零件等。

3）奥氏体钢

奥氏体钢含铬大于 18%，还含有 8%左右的镍及少量钼、钛、氮等元素，综合性能好，可耐多种介质腐蚀。奥氏体钢的常用牌号有 1Cr18Ni9、0Cr19Ni9 等。0Cr19Ni9 钢的 Wc 小于 0.08%，钢号中标记为"0"。这类钢中含有大量的 Ni 和 Cr，使钢在室温下呈奥氏体状态。这类钢具有良好的塑性、韧性、焊接性、耐蚀性能和无磁或弱磁性，在氧化性和还原性介质中耐蚀性均较好，用来制作耐酸设备，如耐蚀容器及设备衬里、输送管道、耐硝酸的设备零件等，另外还可用作不锈钢钟表饰品的主体材料。奥氏体钢一般采用固溶处理，即将钢加热至1050℃~1150℃，然后水冷或风冷，以获得单相奥氏体组织。

4）奥氏体-铁素体（双相）不锈钢

奥氏体-铁素体不锈钢是指兼有奥氏体-铁素体不锈钢的优点，并具有超塑性，奥氏体和铁素体组织各约占一半的不锈钢。在含 C 较低的情况下，Cr 含量在 18%~28%，Ni 含量在 3%~ 10%。有些钢还含有钼、铜、硅、铌、钛、氮等合金元素。该类钢兼有奥氏体和铁素体不锈钢的特点，与铁素体相比，塑性、韧性更高，无室温脆性，耐晶间腐蚀性能和焊接性能均显著提高，同时还保持有铁素体不锈钢的 475℃脆性及导热系数高，具有超塑性等特点。与奥氏体不锈钢相比，强度高且耐晶间腐蚀和耐氯化物应力腐蚀有明显提高。奥氏体-铁素体不锈钢具有优良的耐孔蚀性能，也是一种节镍不锈钢。

8.2.2 铝钛合金材料

1. 铝合金材料

铝材料自 1803 年发现以来，鉴于其优异的性能而被广泛地应用，但纯铝由于强度、硬度较低，价格昂贵等原因，仅用于高级日用品的制作。自 1906 年法国学者发现通过淬火和时效可以强化铝铝合金后,铝合金才在工业领域得到广泛应用。二战之后，铝合金因其突出的减重优点，以及抗腐蚀强度性能的提高，被广泛用于船体建造。

铝合金船采用专用的海洋铝合金材料制造，设计使用年限达 20 年以上，这是一般 FRP 船体所望尘莫及的。铝合金船品种繁多，适用不同的水域的船；滑水技能牵引船；大海中钓鱼船。铝合金船体在航行和操作上优于 FRP 船，其一，航行极其平稳、舒适；其二，铝合金船比 FRP 船轻，能提供更多的空间，有利于在水中行进，能更快提速，滑行节省燃油，使发动机的功率也较小。但由于 FRP 游艇更容易塑造形状，流线型更好，所以几乎所有的帆船都采用 FRP 制造。FRP 游艇能做出客户想要的流线和内部空间，在操纵性能上比铝合金更有优势。所以，目前国际上铝合金游艇数量较少。

铝合金船体一般都是用在摆渡船和钓鱼船及高级豪华船上，例如，我国研制成功的钢铝混合豪华船轮。在制造工艺上，铝合金比 FRP 简单，金属制品在任何位置都可以断开，然后靠焊接来重新获得足够的应力等，并且 FRP 游艇如果在设计阶段考虑得不周，对后来的管线安装及强度都会有比较大的影响。目前，国内的游艇制造商对 FRP 材料的使用依然处于比较落后的阶段，手糊工艺落后的产品问题太多，后来采用真空吸附，但是影响强度的细节问题依然很多，如闭孔泡沫板之间的搭接，布、纤维等之间的搭接宽度，都不尽如人意，所以说 FRP 游艇和铝合金游艇各有优缺点。

2. 钛合金材料

高速游艇、大型游艇、快艇和水翼艇的壳体，在航行中受高速海水的冲刷和较大的荷载，要求材料具有高强度和良好的抗海水腐蚀性能。钛具有强度大、密度小、硬度大、熔点高、抗腐蚀性很强、可塑性良好等优点，因此钛合金目前已成为国防工业的重要金属材料，在船艇制造领域也得到了广泛的应用。钛金属外观似钢，具有银灰光泽，是一种过渡金属，在过去一段时间内，人们一直错误地认为它是一种稀有金属，但钛在地壳中约占总重量的 0.42%，是铜、镍、铅、锌的总量的 16 倍，在金属世界里排行第七，含钛的矿物多达 70 多种。美国海军于 1950 年便开始关注将钛合金应用于舰船工业的可能性，并于 1963 年开始逐步开展相关的工程研究。为了选择航速 80 千米/时以上的快艇和水翼艇的艇体材料，美国海军对钛合金、铝合金、不锈钢等 30 多种材料进行了试验，证明钛合金的抗腐蚀性及强度和无磁性等综合性能均优于不锈钢和铝合金，是理想的游艇船体、螺旋桨等部件的制造材料。当然，它的价格相对较高，是船用钢的 2~3 倍。但是由于钛合金的性能优越，使用寿命提高几倍，整体经济反而有所提高。

8.2.3 复合材料

复合材料是两种或两种以上物理和化学性质不同的物质组合而成的一种多相固体材料。虽然复合材料各组成材料仍保持其相对独立性，但复合材料的性能却并非组成材料性能的简单加和，而是多种材料的协同效应。通常，在复合材料中有一相为连续相，称为基体，用以黏结、固定、维持增强材料成一定形状；另一相为分散相，称为增强相或增强体，增强材料在复合材料中不构成连续相，它在基体支持下提供强度和刚度。分散相是以独立的形态分布在整个连续相中的，可以是增强纤维，也可以是颗粒状弥散的物料。

1. 船用复合材料的分类

复合材料的分类方法很多，最基本的是按照基体材料类型可以分为三类：其一为聚合物基复合材料，其基体为有机聚合物高分子；其二为金属基复合材料，其基体为金属，如铝基复合材料、铁基复合材料等；其三为无机非金属基复合材料，其基体为陶瓷材料（也包括玻璃和水泥等）。

目前，船用复合材料，尤其是应用于船体结构的复合材料，以聚合物基复合材料为主，按结构可分为层合板（FRP）和夹层结构复合材料两大类型，其中包含三个方面的重要复合物：增强材料、树脂（即基体）和芯层材料。

船用复合材料按照承载部位不同可分为主承力结构、次承力结构、非承力结构等；按照功能可分为结构、阻尼、声学（包括吸声、隔声、透声）、隐身（包括吸波、透波、反射、频选)、防护等五大系列材料。

2. 船用复合材料的特点

船用复合材料性能的优越性主要体现在：轻质高强，能有效提高船体的储备浮力；结构功能一体化，在满足结构承载的情况下性能可设计，通常具有声学、雷达、减振、防护、低磁等其他性能；耐腐蚀，可满足高盐、高湿、紫外线等苛刻海洋环境要求；耐老化，可满足船舶的长寿命要求。

3. 船用复合材料的发展

复合材料在船舶上的应用最早源于小型快艇，主要形成了三个阶段：第一阶段，主要在扫雷艇等小型船舶上使用，性能要求低，可整体成型。第二阶段，在大、中型船舶上得到部分使用，但使用理念仍局限于传统船体设计，复合材料在船上只是起到减轻质量、提高部件耐腐蚀能力等辅助作用。第三阶段，船舶在设计之初充分考虑使用中所面临的多种复杂情况，使用复合材料作为主船体材料，实现其他材料无法实现或难以实现的功效。目前，船用复合材料已经突破了第二阶段，向第三阶段发展。

早期复合材料都是应用在小型巡逻艇和登陆舰上。相对差的制造质量和船体刚度限制了船舶的长度，即不能超过 15 米，排水量不超过 20 吨。近年来，随着复合材料设计、制造成本的降低，以及力学性能的提高，复合材料开始在大型舰船，如猎雷艇和轻型护卫舰上得到应用。随着技术的发展，船舶的长度呈稳定的增加趋势，现在已有 80~90 米长的全复合材料海军舰船。

1) 美国

美国是复合材料科学技术发展最先进、应用最广、用量最大的国家，其在船舶复合材料的应用方面居世界前列。美国海军于 1946 年采用聚酯 FRP 建造了世界上第一艘复合材料舰船，随后又制造了 FRP 登陆艇、工作船等。为加快 FRP 船舶的发展，美国海军在 20 世纪 50 年代中期规定了 16 米以下船舶必须用复合材料制造。1954 年前后，美国的手糊成型工艺日趋成熟，1956 年建造了 2 艘不同结构形式的小型扫雷艇，开始了 FRP 在扫雷艇中的应用研究。20 世纪 60 年代早期，美国海军制造了第一艘全 FRP 巡逻艇。20 世纪 80 年代末 90 年代初，建造了复合材料猎/扫雷艇，艇体均采用高级间苯聚酯树脂，并以半自动浸胶作业制造。随后，美国海军又将复合材料引入了深潜器的制造。1966 年采用石墨纤维增强环氧树脂建造的深潜器，其下潜深度可达 6096 米。进入 21 世纪后，美国进一步加强了复合材料在船舶建造中的应用，采用新型高强碳纤维/乙烯基树脂的夹心层结构，取代传统玻璃纤维等低强度纤维，建成的新型船舶稳定性高、航速快，并具有隐身、反潜、反水雷能力。

2）欧洲

欧洲复合材料船舶工业也十分发达。20世纪60年代中期，英国采用FRP先后制造了450吨的大型扫雷艇和625吨的猎雷艇。1973年，采用复合材料建造了全FRP反水雷艇，其成功应用为复合材料的进一步发展提供了动力。20世纪80年代早期，英国制造了200多艘全复合材料反水雷船舶。20世纪90年代，英国成功应用碳-玻混杂纤维建造了摩托艇、巡逻艇等。近年来，英国成功应用回收塑料瓶再加工材料建造的舰船，生动体现了环保、节能的可持续发展理念。瑞典于1974年建成了第一艘夹层结构的FRP扫雷艇，20世纪90年代成功研制了世界上第一艘复合材料隐形试验艇，并逐步发展形成以高性能碳纤维和夹芯结构为特点的建造方式，开发建造了集先进复合材料技术和隐身技术于一体的系列轻型驱逐舰，并已成功下水服役。意大利于20世纪80年代中期开始相继建成多艘FRP扫雷艇。

3）中国

我国复合材料在船舶方面的研发应用起始于1958年，第一艘FRP工作艇诞生于上海。在20世纪70年代中期，曾研制过一艘总长近39米的扫雷试验艇，此后对反水雷舰艇的研发工作却中断了十多年。20世纪90年代以来，随着技术的发展与工艺的引进，我国采用复合材料生产了大量游艇、帆船、救助艇，以及公安、武警、海监、海关等航速较高的巡逻艇、执法艇、缉私艇等准军事艇。2017年8月我国海军东海舰队组织多型多艘反水雷舰艇在某水域展开反水雷实战演练，也标志着我国反水雷舰艇的研发迈上了新的台阶。在复合材料船舶构件方面，我国在20世纪60年代末成功研制了复合材料声呐导流罩，并应用于潜艇，发展至今已形成较为成熟的应用。20世纪80年代后期，我国研制开发了复合材料雷达天线罩、水雷壳体并投入使用，20世纪90年代，成功研制了应用于大型水面船舶的复合材料桅杆及上层建筑等。但同世界先进国家和地区相比，我国船用复合材料应用范围和规模仍然存在差距。

在原材料方面，目前我国已能生产国际市场上大多数品种的FRP用增强材料，但与世界工业发达国家相比，在产品技术水平、品种、规格、质量等方面仍有较大差距，碳纤维、芳纶纤维等高性能纤维仍依赖于进口，树脂产能也严重落后。在成型加工方面，我国对于产品质量好、生产效率高、在工业发达国家得到普遍认可的树脂传递模成型工艺（resin transfer molding，RTM）应用刚刚起步，在20世纪80年代引进后，发展仍处于萌芽阶段。因此，现阶段我国在船舶复合材料领域的应用技术和研发仍有很大的发展空间。

4. 船用复合材料的问题

目前，复合材料在游艇应用方面存在的问题主要有以下几个方面。

（1）高性能、低成本的船舶用复合材料设计与制造。多年以来，在大部分造船应用中，复合材料与传统材料（除了木材）相比，在成本上都不具备竞争力。迄今为止，大部分复合材料结构都采用树脂浸渍增强材料制造而成，此工艺周期长、劳动密集、费用昂贵，且难以控制产品质量。生产高质量的复合材料需要船舶制造商引进新的制造方法，而船舶制造商正缺乏模型和大型稳定的数据库信息来预测复合材料结构的制造成本。

（2）船用复合材料可靠性评价技术和指标体系。当船舶结构在受到冲击、震动、碰撞和火灾时，极易发生失效，然而目前还没有能够确定其是否失效的分析工具。此外，由于复合材料的各向异性，其缩放规则特别复杂，在开展结构设计时相较于金属材料要复杂得多。

（3）船用复合材料性能基础数据积累。有限的数据积累阻碍了复合材料在船舶上的应用。复合材料结构需要通过一系列严格规定，内容涉及物理力学性能、环境老化性能、抗气流冲击、抗水下振动损坏、防火性能（可燃性、明火、烟尘、毒性、结构整体性）。评价复合材料结构和功能是否可靠，确定复合材料在冲击、振动和明火条件下的测试性能都是复合材料在船舶上应用所面临的一个主要问题。

但复合材料在船舶应用方面具有极大优势，加快复合材料的设计和研发是解决阻碍其在船舶方面应用的主要方法。未来船用复合材料发展方向首先是设计工艺的改进。复合材料发展趋势在于设计制造高性能、低成本复合材料，推动复合材料由非承力结构向主/次承力结构发展，从局部使用向大规模应用拓展，加大复合材料的研发和应用力度，使其具有低成本、高性能、多功能、优化连接、长寿命、安全可靠等特点，由单一承载功能的结构型复合材料向兼具防弹、隔声、吸声、阻尼、雷达隐身等特性的多功能型复合材料发展，同时配套研发复合材料结构之间及其与钢结构之间方便、可靠的连接技术等。

8.2.4 FRP 材料

FRP 是一种品种繁多、性能用途广泛的复合材料。它是合成树脂和玻璃纤维经复合工艺制作而成的一种功能型的新型材料。FRP 材料具有重量轻、比强度高、耐腐蚀、电绝缘性能好、传热慢、热绝缘性好、耐瞬时超高温性能好、容易着色、能透过电磁波等特性。由于 FRP 产品可根据不同使用环境及特殊性能要求自行设计复合制作而成，具有很强的应用价值。

FRP 产品制作成型时的一次性，更是区别于金属材料的另一个显著的特点。只要根据产品的设计，选择合适的原材料铺设方法和排列程序，就可以将 FRP 材料和结构一次性地完成，避免了金属材料通常所需要的二次加工，从而可以大大降低产品的物质消耗，减少了人力和物力的浪费。

FRP 材料还是一种节能型材料。若采用手工糊制方法，其成型时的温度要求在室温下，或者在 100℃以下进行，其成型制作能耗很低。但通过采用模压、缠绕、注射、喷射、挤拉等机械的成型工艺方法，可大幅降低成型能耗。

FRP 作为一种新型复合材料，它的基体是一种高分子有机树脂，因具有玻璃般的透明或半透明性，以及钢铁般的高强度而得名。FRP 材料及其制品与传统的金属材料及非金属材料相比，具有强度高、性能好、节约能源、产品设计自由度大，以及产品使用适应性广等特点。因此，在一定意义上说，FRP 材料是一种应用范围极广、开发前景极大的材料品种之一。

FRP 有以下三大优点：一是 FRP 的密度小，强度大，比钢铁结实，比铝轻，密度只有普通钢材的 1/4~1/16，而机械强度却为钢的 3~4 倍；二是 FRP 具有瞬间耐高温特性；三是 FRP 具有良好的耐酸碱腐蚀特性但不具有磁性。

FRP 成型工艺方法中，最简单易学的是手工糊制方法，较易建立的是模压工艺成型方法。其必须经过专门设计、专业制造的纤维缠绕成型方法。综合注射、真空、预成型增强材料或预设垫料等模塑方法，以及为了达到制品高性能指标而设计制造，由计算机进行程序控制的自动化成型方法。对于成型方法的选择，可依据对原材料、模具、设备投资等的不同要求，采用最适宜的方法。以下是几种 FRP 艇体制造中常用的方法[①]。

1. 手糊成型法

在 FRP 游艇的制造过程中，最早使用的一种方法是手糊成型法。具体操作步骤如下：在模具上擦脱模剂，然后喷涂胶衣，将调配好的树脂铺在胶衣上，将按照一定尺寸裁剪好的玻璃纤维布铺在涂好的树脂上面，用辊轮将玻璃纤维布浸湿在树脂里面，重复工作，直到达到所要求的铺层，等树脂固化后进行脱模。

2. 浸渍成型法

浸渍成型法是通过浸渍机先将玻璃纤维材料浸渍树脂，再做铺贴作业的一种方法。首先利用传动装置将玻璃纤维经过树脂浴槽浸渍树脂，等含胶量达到要求时，对玻璃纤维进行裁剪粘贴，再利用工具压平，等其固化完成。此方法去除了大量人工操作步骤，提高了生产效率，进行的是机械化作业。

3. 喷射成型法

喷射成型法是一个口喷射树脂，一个口将一定长度的玻璃短纤维通过压缩空气一起混合喷出。两者在模具里面混合成型。由于两者混合层的厚度一定，此方法局限于对强度要求不高的产品，达不到玻璃布、毡结合所要求的设计强度。

---

① 谢启栋，夏宝论. 游艇建造工艺研究[J]. 中国水运（下半月），2016，16（4）：1-2，13.

4. 连续缠绕成型法

连续缠绕成型法是一种制造筒状复合材料制品的特殊成型法。连续缠绕成型法也是一种连续纤维增强复合材料的制造方法，它需要的基本设备是连续缠绕机，类似于机械加工的车床。纤维的树脂浸渍方法主要有两大类：一类是通过树脂浸渍过的辊子，另一类是直接通过液体的树脂。

5. 注射成型法

注射成型法由于需要两个模具，成本高，只适合体积小、生产批量大的产品，如高精度的船艇配件，很少用于制作船艇壳体。在注射成型法的基础上又派生出真空辅助成型法，该方法近年来在高档船艇制造中得到推广。

6. 真空辅助成型法

真空辅助成型法又称真空导入工艺，它与注射成型法的不同之处是只需要一个单面模具（就像通常的手糊和喷射模具），上面覆以真空袋，建立一个闭合系统，所以它更适合船艇壳体的制作。

由于FRP具有上述优异特性，在仅仅半个世纪的时间中，已在各个领域得到广泛应用。在船舶行业中其比重小、强度高的特性被视为第一优势。1947年，第一艘载人FRP船下水，长度仅8.5米。现如今，世界上越来越多的帆船、游艇、交通艇、救生艇、渔轮及扫雷艇等都改用FRP制造。即使在航空母舰、巡洋舰、万吨巨轮等大轮船上，FRP零部件也随处可见。我国FRP技术在产品的品种、数量及产量上已取得重大进展，在国民经济建设中发挥着重要的作用。

8.2.5 塑料材料

塑料是以树脂（天然的或合成的）为主要成分，加入一些用来改善使用性能和工艺性能的添加剂而制成的。因其通常在加热、加压条件下塑造成型，故称为塑料。塑料品种繁多，而每一品种又有多种牌号，常用的塑料分类方法有下述两种。

1. 按树脂的性质分类

（1）热塑性塑料：在特定温度范围内能反复加热软化和冷却硬化的塑料。

（2）热固性塑料：在一定温度和压力等条件下，保持一定时间而固化，固化后再加热将不再软化，也不溶于溶剂，只能塑造一次的塑料。

2. 按塑料使用范围分类

（1）通用塑料：产量大、用途广、成型性好、廉价的塑料，如聚乙烯（polyethylene，PE）、聚丙烯、聚氯乙烯等。

（2）工程塑料：可以作为结构材料的塑料。可代替金属作为机械零件和工程结构件使用。主要有ABS[丙烯腈（A）、丁二烯（B）、苯乙烯（S）三种单体的三元共聚物]塑料、有机玻璃、尼龙、聚碳酸酯、聚四氟乙烯、聚甲醛、聚砜等。

（3）特种塑料：具有特种性能和特种用途的塑料。如医用塑料、耐高温塑料、耐腐蚀塑料等。常见的耐高温塑料有聚四氟乙烯、聚三氟氯乙烯、有机硅树脂、环氧树脂等。

（4）船用塑料：一类可以作为船舶结构材料，能在较宽的温度范围内承受机械压力，在较为苛刻的化学物理环境中使用的高性能的高分子材料。一般指能承受一定的外力作用，并有良好的机械性能和尺寸稳定性，在高、低温下仍能保持优良的性能，可以作为船舶工程结构件的塑料，如ABS、尼龙、聚砜等。

塑料的基本性能有以下几点。

（1）质轻、比强度高。塑料质轻，一般塑料的密度都在0.9~2.3克/厘米^3[1]，只有钢铁的1/8~1/4、铝的1/2左右，而各种泡沫塑料的密度更低，约在0.01~0.5克/厘米^3。按单位质量计算的强度称为比强度，有些增强塑料的比强度接近甚至超过钢材。例如，合金钢材单位质量的拉伸强度为160兆帕[2]，而用FRP可达到170~400兆帕。

（2）优异的电绝缘性能。几乎所有的塑料都具有优异的电绝缘性能，如极小的介电损耗和优良的耐电弧特性，性能可与陶瓷媲美。

（3）优良的化学稳定性能。一般塑料对酸碱等化学药品均有良好的耐腐蚀能力，特别是聚四氟乙烯的耐化学腐蚀性能比黄金还要好，甚至能耐王水等强腐蚀性电解质的腐蚀，被称为"塑料王"。

（4）减摩、耐磨性能好。大多数塑料具有优良的减摩、耐磨和自润滑特性。许多工程塑料制造的耐摩擦零件就是利用塑料的这些特性。在耐磨塑料中加入某些固体润滑剂和填料时，可降低其摩擦系数，或进一步提高其耐磨性能。

（5）透光及防护性能。多数塑料都可以作为透明或半透明制品，其中，聚苯乙烯和丙烯酸酯类塑料像玻璃一样透明。有机玻璃化学名称为聚甲基丙烯酸甲酯，可用作航空玻璃材料。聚氯乙烯、聚乙烯、聚丙烯等塑料薄膜具有良好的透光和保暖性能，大量用作农用薄膜。塑料具有多种防护性能，因此常用作防护包装用品，如塑料薄膜、箱、桶、瓶等。

（6）减震、消音性能优良。某些塑料柔韧而富有弹性，当它受到外界频繁的机械冲击和振动时，内部产生黏性内耗，将机械能转变成热能，因此，工程上用作减震消音材料。例如，用工程塑料制作的轴承和齿可减小噪声，各种泡沫塑料

---

[1] 1千克/米^3=0.001克/厘米^3。

[2] 1兆帕=1×10^{6}帕。

更是被广泛使用的优良减震消音材料。

8.2.6 橡胶材料

橡胶（rubber）是指具有可逆形变的高弹性聚合物材料，在室温下富有弹性，在很小的外力作用下能产生较大形变，除去外力后能恢复原状。橡胶属于完全无定型聚合物，它的玻璃化转变温度低，分子量往往很大，大于几十万。早期的橡胶是取自橡胶树、橡胶草等植物的胶乳，加工后制成具有弹性、绝缘性、不透水和空气的材料，是高弹性的高分子化合物。橡胶分为天然橡胶与合成橡胶两种。天然橡胶是从橡胶树、橡胶草等植物中提取胶质后加工制成；合成橡胶则由各种单体经聚合反应得到。橡胶制品广泛应用于工业或生活各方面。

按照不同的原则和方法，可对橡胶进行多种分类。橡胶按形态分为块状生胶、乳状橡胶（又称乳胶）、液体橡胶和粉末橡胶。块状生胶为目前工业应用的主要品种；乳胶为橡胶的胶体状水分散体；液体橡胶为橡胶的低聚物，未硫化前一般为黏稠的液体；粉末橡胶是将乳胶加工成粉末状，以利配料和加工制作。橡胶按用途又分为通用型和特种型两类。橡胶是绝缘体，不容易导电，但如果沾水或在不同的温度下，有可能变成导体。按原材料来源与方法，橡胶可分为天然橡胶和合成橡胶两大类，其中，天然橡胶的消耗量占 1/3，合成橡胶的消耗量占 2/3。按橡胶的性能和用途，除天然橡胶外，合成橡胶可分为通用合成橡胶、半通用合成橡胶、专用合成橡胶和特种合成橡胶。根据橡胶的物理特性，可分为硬胶和软胶、生胶和混炼胶等。

船用橡胶主要用于充气游艇（图 8-15）。充气游艇可折叠卷放，携带的方便，有多种类型，可用于不同领域，其品质受材质和制造工艺等多重因素的影响。目前，国际名牌主要选用高强度（1100D）合成橡胶胶布和天然橡胶胶布，其他产品大多选用 PVC 胶布（polyvinyl chloride，聚氯乙烯；材料价廉，热合制造成本低，容易推销）。材料选用往往以使用环境为依据，目前，主要有两种材料可供选择：聚亚安酯做罩面的 PVC 和 Hypalon（氯磺化聚乙烯）。这两种材料都很结实耐用、可靠，可以运用于任何环境。但对于热带地区而言，Hypalon 橡胶艇会因抗紫外线能力强而耐用。同时，由于 PVC 的表面比 Hypalon 更致密，充气的气压可以比 Hypalon 橡胶艇低一点。Hypalon 充气船（和一些 PVC 充气船）一般是用高强度黏合剂黏接起来的。相比于 PVC 的自动焊接的工厂化，这属于劳动密集型制作方式，也是某些廉价艇的弱点。

图 8-15　充气游艇

资料来源：手把手教你如何选择友谊的小船——充气橡皮艇介绍大全（二）[EB/OL]. http://www.windsor8.com/bbs/thread-162842-1-1.html[2018-06-10]

　　橡皮艇（图 8-16）是一种高强度 PVC 或橡胶类的产品。其能在后架上加装船外引擎，整体强度高，水面航行时速可达 5~30 千米，承载多人。即便无船外机，也能长时间划行，甚至漂流。有的配软质遮阳罩和露头船衣，可全天候航行。船外机比较好的一般就有雅马哈和本田两种，2~150 马力不等，有 4 冲程和 2 冲程的区别，2 冲程虽然污染大、排放高，但功率大、扭矩大。引擎操控简单，单臂操控，有 R、N、D3 挡，挂入相应挡位，旋转把手上的油门就可以开动了。

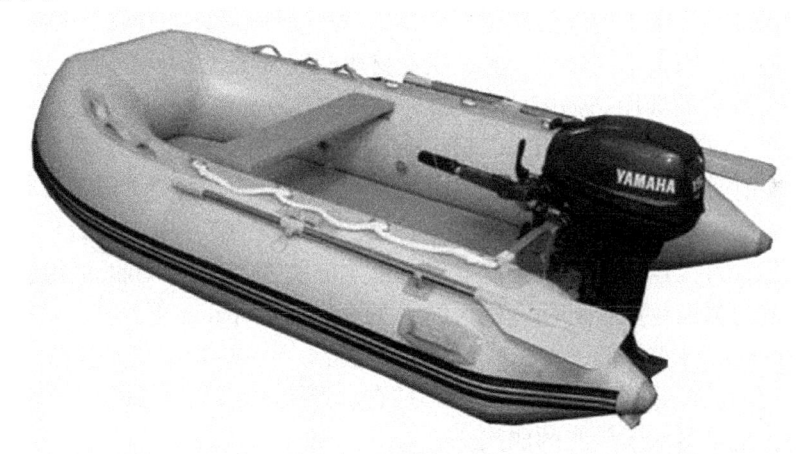

图 8-16　橡皮艇

资料来源：供应 270 型 3 人橡皮艇[EB/OL]. http://xianghe52.sm160.com/Company/OfferShowImg/1-315957.html[2018-06-10]

船用橡胶还广泛应用于船舶气囊。重物起重运动、船舶上下水用气囊，是一种具有我国自主知识产权的创新产品，广泛应用在船舶上下水、沉箱起重移运、其他重物搬运、水下安装工程的助浮等领域。船用气囊的应用受场地限制少，无须大型的机械设备，因此能够缩短工程周期，节省大量资金。20多年的发展实践证明这种产品具有安全高效、绿色环保、机动灵活等特点。为使气囊能在恶劣的环境下工作，船用橡胶气囊特选用优质天然橡胶做产品主要原料，同时添加丁苯橡胶等各种辅料，配方合理，使气囊拥有经久的抗老化能力和耐磨性能。气囊含胶量可达60%以上，橡胶拉伸强度超过18兆帕。气囊的骨架材料采用的是单根三股的优等锦纶浸胶帘子布，单根断裂强力达320牛，从而很大程度提高了产品的性能和使用寿命。气囊端部采用的抗爆设计新结构，有效增强了囊体与端部铁件的结合强度和密封性，从而有效杜绝了气囊发生泄气现象，排除产品安全隐患。气囊采用最新的整体缠绕技术，利用三维动画模拟技术，对气囊在船底滚动时，船舶对气囊的用力方向和大小、气囊滚动时的挤压等恶劣情况产生的一系列不良因素，进行帘线布局的调节，从而设计出的合理有效的缠绕方式，大大提高了气囊下水的安全性和可靠性。

橡胶护舷又称橡胶护木，是安装在码头或船舶上，用以吸收船舶与码头，或船舶之间在靠岸或系泊时的碰撞能量，保护船舶、码头免受损坏。通常，橡胶护舷根据结构不同可分为两大类，包括实心橡胶护舷（非漂浮型）和漂浮型橡胶护舷。

实心橡胶护舷（非漂浮型）是应用历史较早、应用范围广的码头船舶防冲撞设备。根据橡胶护舷受力情况不同，可分为剪切型、转动型和压缩型等。根据护舷的结构，实心橡胶护舷又可分为D型、锥形、鼓形、扇形、矩形、圆筒形护舷等。漂浮型橡胶护舷能够自由漂浮在水面，根据其内部缓冲介质的不同，又可分为充气型橡胶护舷、填充式橡胶护舷。充气型橡胶护舷是以压缩空气为介质，通过压缩空气做功来消耗碰撞能量。填充式橡胶护舷又称为实心聚氨酯护舷，内部的缓冲介质主要为闭孔发泡材料，如发泡乙烯-醋酸乙烯共聚物（ethylene-vinyl acetate copolymer，EVA）、发泡聚氨酯，以及发泡橡胶，等等[1]。实心橡胶护舷具有较高的吸能和反力，同时具备成本低、使用寿命长、安装维护简单等优点，是游艇码头、船坞安装较多的防护装置，保护游艇停泊靠岸时的安全。

8.2.7　船艇木材

尽管木材已经在现代造船中退出了首选材料的地位，但木材仍在船艇建造中大量使用。在船体建造，特别是游艇的建造中，木材依然与金属和FRP材料一起

---

[1] 郑铁昌. 橡胶护舷的选型设计[J]. 港工技术，1994，（4）：18-20，24.

成为三大主要建材。在游艇内部，木材典型的色彩和纹理不仅可以营造客厅舒适的氛围，而且在控制湿度方面还具有一定的灵活性。

造船木材一般用松木或者杉木，柏木、柚木、榆木、赤木、樟木、楠木等也常被选用。杉木纹理顺直、耐腐蚀性强，广泛用于建筑、桥梁、电线杆、造船、家具和工艺制品等方面。据统计，我国建材约有1/4是杉木。杉木生长快，10年便可成材，是我国南方最重要的用材树种之一。松木是一种针叶植物（常见的针叶植物有松木、杉木、柏木），松树树种有190多种，生长快，分布广，从赤道到北极圈，从海平面到海拔4000米高的山地，适应性极强，是绿化赤地的先锋，几乎处处可见。松树的木材、松脂、种子、针叶和花粉等，都是不可缺少的工业原料。松木具有松香味、色淡黄、疖疤多、对大气温度反应快、容易胀大、极难自然风干等特性，故需经人工处理，如烘干、脱脂去除有机化合物，漂白统一树色，中和树性，使之不易变形。柏树木材质坚平滑，纹理美观（特别是芯材），含有树脂，有香味，有很强的耐腐性，是建筑、桥梁、家具、造船、雕刻等的上等用材。

在游艇内舱装饰中，高品质的樱桃木和柚木是主角，其中，樱桃木一般用来做内装家具，而柚木除了做家具之外，还用做舱室地板和甲板地板。

樱桃木（cherrywood）原产于美国东部各个地区，主要分布于宾夕法尼亚州、弗吉尼亚州、西弗吉尼亚州及纽约州。樱桃木是一种富有灵性的华丽材质，它本身有一种非常独特的特性——时间越长，颜色、木纹会越深，如美酒一般，在岁月的流逝中变得越来越香醇。樱桃木的芯材颜色由艳红色至棕红色，日晒后颜色变深。相反，其白木质呈奶白色。樱桃木纹理平滑，天生含有棕色树心斑点和细小的树胶窝。樱桃木密度中等，具有良好的木材弯曲性能，较低的刚性，中等的强度及抗震动能力。樱桃木芯材具抗腐性，木材光泽，无特殊气味及滋味；纹理常交错，结构均匀。樱桃木稳定性好，结构细腻，强度高，木材很耐腐，抗白腐菌及抗白蚁能力强；抛光后表面极其光滑，它具有樱桃木波浪形的纹理，虚实相间，犹如中国的山水画，内敛高远，可与各种风格的家具相配，广泛用于地板、家具、乐器等的制造。

柚木（tectona glandis）是生长于东南亚热带雨林中的一种阔叶乔木，以缅甸出品为上品。柚木从生长到成材最少经50年，生长期缓慢，其密度及硬度较高，不宜磨损。中国传统较推崇楠木、红木、檀木等树种，因此柚木在中国并不被熟知，仅江浙地区采用柚木搭建房屋。但柚木在欧洲被认为是最好的木材，被人们广泛使用。柚木的优点在于：①天然含有很重的油质，能防潮、防虫、防蚁，柚木有千年不腐的例证。②微针孔稳定结构，使柚木既有强度，又有韧性，稳定性好。以地板为例，一般硬杂木地板装好两年以后，冬天会出现较大收缩，缝隙达3~4毫米；而夏天又膨胀起鼓，出现较大的松动响声。柚木实木地板则非常稳定，缝隙变化很微小，因其膨胀收缩率小，因而不易漏水。③颜色经典，金黄褐色至古铜色，优美的墨线、斑斓的油影、蕴透着深厚的大自然气质，给人以古典高雅之感。④历久弥新，油斑随阳光的作用会逐渐消退，板面的色泽鲜活持久，颜色会随时间的延长而更加美丽。

世界上还有两种轻木适宜建造特种游艇，分别是生产于东南亚及南美洲的巴尔沙木（ochroma，简称轻木）和产自非洲的白塞木（balsawood）。"巴尔沙"在西班牙语中的意思是"筏子"，干燥轻木每立方英尺仅重 6~8 磅，浮力约为软木的二倍，用轻木做筏子可形成巨大浮力，运载更多的东西，适用于制造救生圈和救生衣。由于具有良好弹性，轻木也是包装家具等物品和制造机器的良好仿真材料。它还具有良好的绝缘性，可用作保温箱、冰箱和冷藏室的隔热材料，并且是制造装运固体二氧化碳容器的良好材料，还可以用在座舱中和制作船舰模型。轻木是世界上最速生的树种之一，一年就可长到五六米，直径 5~13 厘米。由于它体内细胞组织更新很快，植株的各部分都异常轻软而富有弹性。干燥的轻木比重只有 0.1~0.2 克/毫米^3，它导热系数低，物理性能好，既隔热又隔音，因此是绝缘材料、隔音设备、救生胸带、水上标浮及制造游艇的良材。又由于其木材容量最小，不易变形，体积稳定性比较好，材质均匀，容易加工，也可用来制作各种展览模型及塑料贴面。

8.3 现代游艇新技术发展

8.3.1 绿色游艇

科学技术是第一生产力，这句话无论放在什么时候都不会过时。现在，科技在生产生活中的作用越发重要，当然，游艇的设计和应用也不例外。在 2017 年的 CIBS 期间，来自上海航天控制技术研究所的一名专家向与会者介绍了中国航天器控制技术转化的成果——船用陀螺稳定器。此举对高新技术在游艇业的发展起到积极的推动作用。游艇项目的逐渐增多，使得人们对游艇的各项标准也越来越高，更快的反应速度、更精准的定位、更全面的管理都是人们希望游艇企业所具备的。产品智能化是时代发展的趋势，人机互动更通畅、操作系统更简单明了、人工智能化程度更高等，将成为游艇业今后追求的目标。也许你还未曾涉及，但是游艇的智能化时代已经来临，船舶虚拟现实技术（virtual reality，VR）产品、船联网、无人船舶、环保游艇等，在现在已经不是罕见的概念产品了。与此同时，游艇业的环保意识也在逐渐提高，开始研发新技术、新材料、新动力推进系统等。

根据环保专业人士的分析，传统游艇产生的污染主要是游艇动力和游艇维护所产生的污染。现在游艇的动力和电能多来源于柴油主机或者柴油发电机，使用效率不高，通常可达 34%~45%，剩余的变为热能，通过循环水散热排出；还有的变为氮氧化物和硫化物，以及微型固体悬浮颗粒物排向大气。例如，柴油机和汽油机燃烧后产生的废气与废水，机舱产生的废油、油渣及油脂水，如果这些污染物直接排向海洋，会对海洋造成很大的污染，导致海洋的富营养化。考虑到这个问题，现在的游艇都会配备灰水柜和黑水柜来储存这些废料，然后靠岸之后进行处理。但由于相关监管不到位，相关人员"怕麻烦"，灰水柜和黑水柜常常只是摆设。面对传统游艇存在的诸多污染问题，一场"绿色革命"悄然进行，零污染、零排放的全太阳能动力游艇，以及其他环保游艇正在积极地进行研发。

现在，一些革命性的产品还没有出现，但是为了节能减排，一些新型游艇层出不穷，国际游艇市场上除了混合动力游艇，还出现了一些利用风能、太阳能、天然气能的游艇产品。它们努力的方向是改进游艇的头号污染源——主机和发电机组，大大减少甚至消灭游艇发动机组带来的废气、废油污染。电动汽车的概念现在已不新鲜，它在我们生活中已经非常普遍，相比之下，电动游艇却少了很多。其实早在20世纪70年代，国外就已开始建造电动游艇。尽管对环境有益处，但由于充电桩、航行距离等因素，电动游艇没有得到买家的积极响应。圣劳伦佐S2016Hybrid便采用了先进的混合动力系统，不仅降低了油耗碳排放量、噪声和波动，更大大改善了船只在海上航行及停泊的舒适性。而在国内游艇市场上，太阳能观光游艇、风能游艇和改良型传统游艇也如雨后春笋，纷纷涌现，而且随着太阳能技术的突破，如新型可折叠的太阳能电池，太阳能游艇将会掀起一场大的革命。本着这种对太阳能利用的精神，太阳能动力游艇图兰星球太阳号（MS Turanor PlanetSolar）（图8-17）于2010年9月27日自摩纳哥起航，历时584天的环球旅行，共航行37.286英里，创造了4项吉尼斯世界纪录，取得了巨大的成功。

图 8-17　图兰星球太阳号划过塔希提岛水面

资料来源：世界最大的太阳能动力双体船 TURANOR 号环球之旅已过半[EB/OL]. http://www.china-nengyuan.com/m/news_131738.html[2018-06-10]

近年来，随着有关部门对船舶空气污染管控力度的不断加大，游艇企业在游艇的前期设计上越来越注重环保。在国内的各大游艇展会上，越发引人注目的是一些以环保为主要设计的游艇。采用混合动力系统，实现零排放、海港低速操纵，以及内陆水域和自然保护区无声驾驶功能已成为潮流。2015 年，上海红双喜游艇有限公司建造并发布了国内首款纯双电动力游艇——Freeva23，这款游艇最大的突破是改变了传统操控性能弱、行驶速度缓慢的特性，使电动游艇与传统游艇的差距进一步缩小。2016 年，毅宏集团为国内一处内湖景区客户打造了 10 艘电动"水上巴士"。由此可见，电动及其他新型游艇将会是接下来发展的主流。环保游艇的快速发展与技术的发展紧密相关，发动机排放、推进方式、能源配置等方面都将会因为科技的进步而有新的解决方案。在全社会都倡导节能环保的大环境下，企业要想顺应市场需求趋势，就应在游艇设计上加入前沿技术，助推游艇业健康可持续发展。相信随着企业环保意识的不断提高，环保游艇必将向成熟的产业化趋势发展。

纵观现在已发现的能源，当属太阳能较为优越，取之不尽用之不竭，而且不产生有害物质，它很早就被列为船舶新能源的研究对象。但船舶制造商对太阳能的研究是一个漫长的过程，将它实际应用到船舶行业可以说才刚刚开始。2008 年 10 月 31 日在浙江千岛湖举行的 2008 中国杭州千岛湖国际游艇经济论坛上，中国造船工程学会高性能船船学组副组长、中国船舶重工集团公司七〇二所研究员钟震德提出：太阳能具有能源储备足、环境污染少、市场潜力大等诸多优势，太阳能游艇更是一种经济、环保、安全的节能绿色产品，太阳能等绿色能源游艇将成为中国乃至世界游艇制造业新的发展方向。

2008 年 4 月，法国 Fatima DA SILVA 品牌首度将太阳能小艇推介到中国上海，这款小游艇可以完全通过太阳能实现驱动。世界上第一艘用于商业用途的太阳能游艇于 2008 年 9 月在珠海下海，这也是中国制造的第一艘太阳能游艇。值得骄傲的是，无锡东方高速艇精心打造世界上最大的太阳能游船，在 2010 年的世博会上首次投入使用，众多的太阳能电池构成了它的风帆。太阳能游艇逐渐成为国人的关注对象，说明了环保这一理念渐渐深入人心，绿色游艇是未来游艇制造业发展的必然趋势。

2015 年，太阳能游艇有了新的突破，毅宏集团与全球薄膜发电企业汉能联手研发的节能环保游艇 SEA STELLA53 英尺水晶宫殿亮相于 2015 上海游艇展。SEA STELLA53 的最大亮点在于顶部的 12 块汉能 GIGS 柔性薄膜太阳能组件。该组件具备柔性可弯曲、质量轻、弱光性好、综合发电量高等特性，可与艇身完美贴合。12 块汉能 GIGS（铜铟镓硒和砷化镓薄膜太阳能技术）柔性薄膜太阳能组件每天可发 8~10 度电，为游艇提供全太阳能生活用电，减少油耗，并能让游艇有更好的动力表现，从而有助于游艇走出长期面对的环保困境。

随着科技的发展及环保的要求越来越高，环保游艇的发展是必然的，这也意味着其前景是无限的。太阳能的利用可以减少游艇的废气排放，虽然使用和维护成本可能更高，但适应了节能环保的要求。随着技术的发展，使用成本的下降也是必然的趋势。如果清洁能源的功率转换效率达到50%，设备体积将大大减小，发动机功率也将得到极大提升，那么，游艇使用太阳能的动力和电力系统都将成为可能。基于这个理念，绿色游艇的发展可以借鉴新能源汽车的发展经验，和国际设备供应商共同进行技术储备，在未来开发出适合于装备游艇的环保型动力系统。

此外，在游艇的制造材料方面，可以使用更加环保的材料，使游艇整体更加趋向于绿色化发展。业内专家介绍，豪华游艇一般设有大面积舷窗，可以采用新型节能环保玻璃，从而减轻船用冷暖空调设备的负荷。游艇内装方面，应尽量使用天然材料，少用聚乙烯、PVC等人工合成材料，如使用天然橡胶制成的油漆以减少对环境的污染。在电子材料方面，则应选用对环境危害较轻的电子产品。

另一个发展绿色游艇的可行途径是，针对不同海洋湖泊特点建造更加适合的绿色游艇。业内人士分析，我国的游艇需求广泛，在内河、湖泊和库区等也对游艇存在需求。这些水域对游艇并没有太高的要求，游艇航行速度要求不高，船艇尺度较小、重量较轻，有的水域还因生态、环保方面的要求限制了装备柴油发动机的船艇航行，因此，适宜发展太阳能等清洁能源游艇。专家分析，一旦新能源技术趋于成熟，成本降至相对较低的水平，内河、湖泊和库区将是发展绿色游艇的突破口。

8.3.2 铝合金船制造的未来[①]

目前，更环保的铝合金船已成为制造业的发展趋势。铝合金船目前受到了制造商广泛的欢迎，因为更加环保的特性使得铝合金船具有广阔的发展前途。铝合金船具有很强的发展潜力，无论是在材料的使用年限，还是在节能和环保方面，都具有无可比拟的优越性。随着国内外造船业的快速发展，船舶的环保和轻量化的标准越来越高，因此铝合金船便很快地吸引了制造商的注意力。与低碳钢相比，铝合金可以减少50%的船舶结构的重量。随着船体重量的减小，航行速度必然会增加，燃料消耗减少，船舶排放的二氧化碳量相应减少，污染也相应减少，从而环境受到了保护。相比之下，传统的材质在制造和拆解过程中，会产生大量有害物质，不仅造成空气污染，同时传统的材料不易降解，会造成严重的土壤污染。

其实，铝合金材质制造的游艇很早就在国外出现了，1981年，瑞士就已经尝试建造铝汽艇，但由于受当时技术条件的限制，铝合金材料并没有广泛应用于船

---

① 王芳. 铝合金船舶制造的未来[J]. 中国报道，2016，（12）：60-61.

舶的制造与生产中。直到 20 世纪 20 年代末，铝合金又再次被应用于制造业。中国铝合金船艇制造业发展速度比较缓慢，直到技术突破之后，才渐渐步入了正轨。

众所周知，铝这种材质具有很多的优良性质，如低密度、高强度，以及耐腐蚀性。一方面，就船的重量而言，自然是越轻便越好，用铝制造的船的重量与用其他合成材料制造的船相比，船的重量至少可以减轻 15%。另一方面，船只常年入水，最常见的问题就是被腐蚀，因此铝合金材料的高韧性和耐腐蚀性就为具有严格耐腐蚀性要求的船舶的建造提供了很大的便利。最为重要的是，铝合金材料的成本很低，可以被广泛应用于船舶行业的制造之中。除此之外，铝合金船还具有寿命长及环保的特点，与世界发展趋势相适应，具有很大的发展空间。

在一系列所建造的铝合金船舶中，商务船被认为最具有广阔的市场潜力。中国地大物博，拥有丰富的水资源，拥有 1.8 万多千米的海岸线，以及 1.4 千米以上的岛屿海岸线。如今，各国之间的竞争除了内陆竞争之外，海洋竞争也进入了激烈的状态。中国周边的国家加大了对海洋资源和权益的竞争力度，给中国海洋管理和执法带来了巨大挑战。根据分析可知，铝合金商务船在未来的市场约有 200 亿元的份额。图 8-18 为丛林凯瓦生产的铝合金公务艇。

图 8-18　丛林凯瓦生产的铝合金公务艇

资料来源：产品介绍[EB/OL]. http://www.conglin.com.cn/products_detail/productId=55.html [2018-06-10]

8.3.3　游艇现代信息技术

1. 雷达在游艇中的应用

随着经济水平的日益提升，以及人民群众生活方式和消费方式的转变，游艇近年来受到了广泛的青睐。群众类型的游艇活动得到迅速发展，许多人可以自己驾驶游艇在大海中自由航行，而这自然也和助航仪器的普及密切相关。助航仪器有很多，雷达就是其中的一种。雷达具有很广泛的用途，如可以在能见度不高的海况下探测远距离的目标，穿透能力极强。雷达在游艇定位目标对象的过程中发挥了巨大的作用，但是操作不当也会造成很大的危险。假如驾驶员对雷达性能掌握不全进而操作失误，就容易造成不良局面。同时，现代游艇的制造材料多半为 FRP，这种材料不像铝合金一样，因此不但会对船员生命造成威胁，还会造成巨大损失。因此，游艇驾驶员有必要对雷达工作的特点和使用方法进行详细了解，以确保航行安全。

雷达是利用电磁波探测目标的电子设备发射电磁波，对目标进行照射并接收其回波，由此获得目标至电磁波发射点的距离和方位等具体信息。雷达穿透能力特别强，不受恶劣天气的影响，可以准确地探测目标对象的位置。但是作为游艇驾驶员，不能片面依赖于雷达，还应熟知一些基本操作。

在雷达的防护方面，依据雷达工作的基本原理，即通过天线发射—物标反射—天线接收电磁波，来测定目标至电磁波发射点的距离和方位等信息。因此在设置和维护雷达天线时[1]应注意以下几点。

（1）要将雷达天线设置在游艇的顶端，避免电磁波受其他设施和物体的干扰。

（2）在航行和开启雷达前应对雷达天线进行必要的检查，防止人为疏忽未将天线布罩解开，或是天线被其他绳索、衣物缠绕。

（3）定期对天线进行检查和维护，重点有：①天线的水密性，防止雨水渗漏干扰电磁波，甚至烧坏开关元件；②游艇长期海上航行，应防止震动导致的接线处松动和脱落。

使用雷达进行导航至关重要。《1972 年国际海上避碰规则公约》明确规定，每艘船舶应该随时随地使用视觉、听觉和适合情况及环境的一切手段，以便对可能会造成的危险进行准确的估计。不论在任何情况下，只要没有正确使用雷达，就会存在安全导航的隐患。假如已经造成损失，驾驶员应对自身觉得不应使用或较少使用雷达的想法承担相应的责任，要定期日常维护，以确保航行前仔细检查、航行时正常使用。

2. GPS 在游艇中的应用

用于海上导航的卫星技术最早是名为 Transit 的导航系统。而这一系统已经在 20 世纪 60 年代被第一次应用，该系统最初是为解决两极地区的定位问题而设计出来的。因为两极地区纬度很高，定位的时间间隔随纬度的变化而变化，通航时常会间断。20 世纪 80 年代，第二代和第三代 Transit 卫星诞生，即 Navars 和 Oscars。这两代卫星的出现弥补了这一不足，通航时间加长，间隔时间缩短，但间隔时间仍然需要 15 分钟[2]。

---

[1] 叶松. 论雷达为游艇航行提供安全保障[J]. 现代工业商贸，2012，（23）：211-212.
[2] 李夏. 嵌入式 GPS 游艇终端监控系统的设计与实现[D]. 大连：大连交通大学，2010.

Navars 和 Oscars 的出现虽然使得间断时间大幅缩短,但是仍然存在间隔时间。后来 GPS 系统的诞生与应用克服了 Transit 系统的局限性,与 Transit 系统相比,GPS 系统不仅有很强的抗干扰能力,通航间隔时间为零,即实现了实时通航,而且能提供七维的时空位置速度信息。在之前多次的试验过程中,GPS 就展示了其能代替 Transit 和陆基无线电导航系统(如 Loran-C 和 Omega)的非凡能力,世界的航行导航系统具有了划时代的意义。

GPS 航海导航的分类标准类型多种多样,按照航路类型划分,GPS 航海导航可以分为五大类,即远洋导航、海岸导航、港口导航、内河导航、湖泊导航。不同阶段或区域,对航行安全要求和导航精度要求也会随之变化,但都是保证航行安全、提高交通运输效益、节约能源的。

游艇常用系统为跟踪系统,这种系统主要用于海上巡逻艇、反走私艇和各种游艇,在私人游艇上,这种系统更为常见。根据不同的用途类型,一些系统需要提供导航参数和双向数据,如反走私艇。而有时它不需要给出导航参数,如私人游艇。私人游艇一旦被盗,游艇上的导航系统会不断将其位置和路线发送到中心,并按顺序排列好数据,从而方便跟踪。

3. 北斗卫星定位在游艇中的应用

近年来,中国游艇产业逐渐发展起来,大多数游艇主在购买游艇之后,由于没有保存游艇的合适场所,都会选择向游艇俱乐部交付一定存管费用,将游艇寄放于游艇俱乐部。但是游艇毕竟是通过支付高昂价格而获得,寄存于游艇俱乐部之后,无法实时了解游艇的安全信息,因此其安全性自然是购买者最为担心的。除此之外,核心数据的读取,如游艇的油耗和主机的转速等信息,主要是由船上的工作人员读取,工作效率是非常低的,同时准确度也无法保证。为了打消游艇购买者对于游艇安全性的顾虑,有必要对游艇的位置、路线和能耗进行及时的统计与处理,同时,相关数据信息也会由网站和其他相关平台呈现给游艇购买者。

北斗卫星导航致力于为全球所有客户提供高质量的导航、定位或定时服务,提供两种不同形式的授权服务和开放服务。开放服务可以为所有人员免费提供定位等相关信息。这种方式的定位精度可以高达 10 米,测速精度可达 0.2 米/秒。授权服务的服务对象范围缩小,仅限于客户使用,可以为客户提供可靠性高的和准确度高的卫星导航定位和时间关怀服务[①]。北斗卫星导航最大的特殊之处在于可以处理何时、何人、何地的问题。

基于北斗卫星定位的游艇综合信息系统的建立,对于海上游艇来说非常实用,成本相对较小。首先,北斗卫星定位的使用将使船东和岸上的相关工作人员能够完全了解游艇的具体位置和路线,并相应地调整游艇的路线。其次,利用北斗卫

---

① 潘祥昇. 基于北斗卫星定位的游艇综合信息系统研发[J]. 黑龙江科学, 2018, (9): 128-129.

星定位的短报文功能可以实时地掌握游艇的核心数据，这些核心数据可以涵盖游艇的油耗、航行速度，以及主机的转速，从而使船东和工作人员可以更加充分地掌握游艇的能耗。

8.4 游艇码头平面布置

游艇码头是指专门为游艇提供港外防护、港内系泊和到岸综合服务的一个特殊港口功能区，它包括水域设施、防护设施、系泊设施、上下岸设施、游艇陆上保管设施、陆上管理运营（包括游艇俱乐部）设施、码头服务设施、港区交通设施。游艇码头大致可以分为远郊乡野型、城市中心区型和屋船3种类型。远郊乡野型是一种比较典型的高端游艇码头形式，多处于远离闹市尘嚣的风景优美地段，管理上多采用会员制，各类休闲、住宿、娱乐设施自成一体，与外界较少来往；城市中心区型是一种比较常见的形式，多位于城市滨水地带中心区，尤其在欧美城市较为常见，它已经成为城市公共景观的一部分；屋船是一种结合游艇码头的滨水别墅建筑形式，它不设公共的游艇码头，而是使每户别墅直接临水，每户有单独的游艇停靠码头，这种形式在欧美国家的高档滨水住宅区中正在大量普及。

8.4.1 游艇码头选址

一个地区开发游艇项目的适宜性取决于区域的社会经济发展水平、游艇的服务对象、拟建游艇基地的自然环境及交通条件。一般说来，只有区域的社会经济发展到一定的水平，才具备建设游艇基地的基础。否则，游艇基地只能成为一种亮丽的风景线，难以发挥其效益。此外，交通条件便利、私密性强的会员制游艇会宜选在自然景观优美、远离闹市的区域，如东南亚（普及型），大众化的游艇会即可选在闹市中一角（如欧美地区）。

自然环境也是游艇基地选址时必须考虑的因素，如波浪条件和地质条件，它决定了建设的可行性及建设投资。游艇基地选址时也应考虑港内可利用的水域面积和港外活动水域是否适宜，内河游艇港通常比海岸游艇港造价便宜，后者经常需建设昂贵的防波堤。

锚地的选择需考虑以下因素。

（1）锚地底质——以泥质及泥沙质为宜，不宜选在走砂、淤砂严重的河段。

（2）锚地水域——水流平缓、风浪小，适宜水深。

（3）锚地位置——应尽量靠近游艇码头区，但不应占用主航道或影响船舶作业，锚地与桥梁、闸坝、水底过江管线应保持一定的距离。

8.4.2　游艇码头工艺系统[①]

1. 游艇上下岸设施

上下岸设施是指在港池与陆地之间对需要陆上保管或修理的游艇进行升降、移动的设施。除小型基地外,游艇基地应设有将船舶提升出入水的设备。上下岸设施应根据陆上保管设施和临时系泊设施的位置合理布置,以保证游艇的升降和移动能顺利进行,其形式及规模应根据船舶的种类、船型、艘数和自身处理能力等确定。游艇上下岸设施一般采用坡道、游艇提升机等方式,也可采用特殊车辆、利用其他设备改造或独自开发的设备等。

1) 坡道方式

坡道方式分为陆地岸坡方式和钢轨滑道方式。陆地岸坡方式是游艇采用台车支承沿坡道移动,拉曳设备一般采用绞车或汽车。坡道坡度宜为 1/16~1/12。采用陆地岸坡方式一次投资较少,但操作较复杂,游艇上岸摩擦阻力较大,劳动量耗费较多,故坡道形式一般只适用于小型游艇的上下岸。钢轨滑道方式一般供大型游艇在大、中修上下岸时使用。滑道一般铺设二条钢轨,以减少上岸摩擦阻力。游艇用台车支承沿轨道移动,通过汽车或安装在滑道上端的绞车牵引,可以直接从斜坡部分拉曳到水平部分。滑道坡度一般取 1/20~1/8。钢轨间距约为船宽的 1/3,台车的宽度约为船宽的 60%~80%。

2) 游艇提升机

游艇提升机可分为固定式和流动式。固定式提升机用于小型游艇上下岸,有叉式提升机、台式提升机、固定式起重机、梁式起重机等。固定式提升机结构较简单,采用电力驱动,设备投资较少,但机动性差,需与台车或其他水平运输设备配合使用。固定式电动葫芦提升机由固定立柱、桁梁与电动葫芦配套使用,电动葫芦沿固定桁梁上钢轨移动。流动式提升机包括叉车和起重机两种方式,采用内燃机驱动。叉车分为正面叉车和侧面叉车,不仅做升降提升作业,还可以进行水平搬运和堆放作业,适合对小型游艇上下岸搬运至陆上保管设施堆放的流程。一般起重量不宜大于 10 吨。起重机方式主要有行走式起重机、汽车起重机、轮胎式起重机等,其特点为起重量一般较大(起重量可达 50 吨),对游艇适应性较好,适用于中小型游艇的上下岸提升。

2. 游艇陆上水平运输设施

游艇陆上水平运输设施可采用台车、叉车、行走式起重机等方式,其中,叉车、行走式起重机在游艇基地使用广泛,用于上下岸设施与陆上保管设施之间水平移动。

---

① 何文钦. 游艇码头设计[J]. 水运工程, 2004, (3): 61-64.

3. 游艇保管设施

游艇保管分水面保管和陆上保管。大型游艇基地一般同时具有两种保管方式。水面保管为了防止船底受海生物侵蚀，小型游艇可利用水上气浮装置或水上组装式浮箱装置将游艇托离水面。陆上保管游艇的保管周期较水面保管长，陆上保管与规模依据船舶种类、船型、艘数等合理确定；陆上保管设施应根据当地具体情况合理确定，包括游艇存放场、艇库、艇架。陆上保管设施作业机械采用叉车、行走式起重机、汽车起重机、天车等方式。

1）游艇存放场

游艇存放场用于游艇的室外临时性保管，采用单层布置。游艇存放场建设费用较低，便于设施的维护管理及游艇的搬运和移动，但占地面积大，同时由于游艇存放场布置在室外，给游艇保养和保管带来一定的困难。此外，游艇存放场应考虑游艇保管、移动的安全和高效，选择适当的形式。

2）艇库

艇库也称为干船舱，游艇的保管和保养均在艇库进行，是大型游艇基地必要的建筑物。艇库保管的游艇一般为小型游艇，其船长小于 7.5 米。游艇堆存方式可采用单层或多层，常见的作业机械为叉车。

3）艇架

艇架为简易的多层保管设施，与艇库相比，其建设费用较低，适用于在狭窄场地大量保管小型游艇。

8.4.3 游艇码头建设规模和功能设施

1. 建设规模

游艇码头的建设规模主要通过泊位数目和占地面积来确定。游艇泊位的数目一般根据码头的专业性质、航线及设计船型（游艇、快艇、帆船、双体船、房船等）进行核算；占地规模主要涉及会所功能区面积、干仓（即游艇陆上停放区）维修和保养场地面积、游艇上下水的吊装或拖车斜坡道面积、油料供应仓库面积等。40 英尺（12 米）以下的为小型游艇，介于 40~60 英尺[12~18 米（不含 18 米）]的为中型游艇，60~80 英尺（18~24 米）的为大型游艇，而超过 80 英尺（24 米）的就是超级游艇，或称豪华游艇。

游艇港的规模从几十个泊位到好几千个泊位不等，在美国的一些设计中就有超过 5000 个游艇泊位的。除特殊情况，建议游艇港泊位数在 300~1000 个。低于 300 个泊位的游艇港，建设昂贵的防波堤防护通常是不经济的，而超过 1000 个泊位时将会使港口失去其个性。

调查统计显示，约 80%的游艇基地少于 500 个泊位，10%的游艇基地拥有

500~1000 个泊位，另有 10%的游艇基地泊位数超过 1000 个。

2. 功能设施

游艇码头提供的功能多种多样，一般有会所功能、餐饮—会议—健身功能、娱乐功能、水上运动培训功能、游艇停泊维护保管功能、休闲度假功能、商务功能、星级酒店功能、团体旅游活动策划功能、水上生活功能、口岸联检功能等。具体的配套项目及其提供的服务功能，往往要根据俱乐部本身的市场定位（会员对象、种类、经营特色等）加以确定。

基本功能设施——海上设施包括码头泊位、防波堤，甚至包含邮轮和客轮停靠码头、各式游艇、帆船和娱乐船等。游艇泊位基地要求能为出入基地的游艇提供加油、海面救援、办理船舶证照等多方位的服务。陆上设施多为配套服务所用。

典型的码头各组成部分的功能如下。

1）售票室和检票室

一般采用大高窗，应注意朝向，避免西向，如果朝西，最好前面设置遮阴篷，和办公室联系紧密；注意室内通风，最好有穿堂风。售票室用作售票处和回船计时退押金和回收船桨，设置面积一般控制在 10~12 平方米；检票室在人流较多时维护公共秩序极有必要，设置面积一般控制在 6~8 平方米，有时也可以采用检票箱和活动检票室的形式，方便、灵活且节省造价。

2）办公室

位置应选择在和其他各处有便捷联系的地方，是管理部门的主要房间，设置面积一般控制在 15~18 平方米。注意室内空间应宽敞，通风采光较好，并应设有接待办公用的家具，如沙发、办公桌椅等。

3）休息室

职工休息用，应选择在较僻静处，并应有较好的朝向，通风采光较好，设置面积一般控制在 10~12 平方米，并且和其他管理用房有便捷的联系。

4）管理室

播音、存放船桨和对外联系用，设置面积一般控制在 15 平方米。

5）卫生间

职工内部使用，选择较隐蔽处，设置面积一般控制在 5~7 平方米，并且应和其他功能用房联系紧密。

6）维修储藏间

尽可能靠近水边的码头，上下水较容易。

7）休息等候空间

根据任务书的要求，决定其组成和规模，主要创设一个休息停留的空间，有时可以创设一个内庭空间，结合水池、假山石、汀步进行布置，既做划船人候船用，也为一般游人观赏景物休息用，常由亭、花架、廊、榭等游赏型建筑组合而成。

8）茶室、小卖部

有时码头规模较大、较复杂，可结合茶室、小卖部布置，一方面丰富游客活动的内容，另一方面也可增加经济效益，是"以园养园"的良好形式。

9）码头区

候船的露台供上下船用，应有足够配套功能设施。陆上配套设施包括会所大楼、酒店大楼、酒店别墅、口岸联检楼、干船舱、游艇维修仓、露天游泳池、壁球、室内高尔夫球馆和网球运动场所、船舶驾驶操作培训基地、停车场等。

10）防波堤

为确保游艇停靠区的安全，有效抵御风浪侵袭，在游艇俱乐部的外围一般要建造半包围式防护堤，同时预留进出口航道。防波堤的主要建造材料为乱石或水泥预制件，按梯形截面斜角投放成型，高度一般为测得最高水位加 1.5~3 米。

8.5　游艇标准与专利

8.5.1　国内外游艇业规范标准

目前，中国大多数中小游艇厂主要生产国内用客艇和交通艇，仅需满足国内有关规范和标准即可。而一些以生产出口游艇为主的游艇厂商，主要采用合作生产方式，由外方提供图纸、材料和设备，采用国际标准的问题已由外方在设计和选用材料、设备中予以解决。今后，拟进入国际市场的游艇厂必须按国际标准组织产品设计与生产；以合作方式生产出口游艇的厂商，应逐步自行设计和制造游艇，独立进入国际市场。而要做到这一点，熟悉和采用国际标准就显得十分重要和必不可少，如表 8-1 所示。

表 8-1　游艇所涉及的国际标准

总类	分类	文件形式及涉及范围
国际标准	国际标准化组织	标准、DIS、CD、NP 等
	国际电工委员会	标准、CDV、CD、NP 等
	国际海事组织	公约、规则、决议、通函、建议案等
	国际电信联盟	国际无线电规则等
	主要国际航道的航行规则	苏伊士、巴拿马运河、圣劳伦斯航道、五大湖航行规则等

游艇国际标准和国外先进标准的范畴：从狭义上说，游艇国际标准只涉及国际标准化组织/小艇技术委员会（ISO/TC188）的标准，国外游艇先进标准涉及 JIS、

BS、DIN、ANSI 等先进国家的工业标准和国家标准。但就广义而言，公约、规则和规范等都可归类于标准。游艇国际标准比国外先进标准所涉及的范围更为广泛。

国际标准中对游艇的要求反映了国际上对游艇的基本要求，即出口游艇必须满足的最低要求。而对于出口到某些国家或地区的游艇，或对于要求较高的游艇，应考虑符合国外先进标准。如美国船艇协会 ABYC 标准在美国很有影响，并对国际游艇业界有一定影响，目前，中国生产出口游艇的工厂基本上采用 ABYC 标准等。又如美国保险商试验所 UL 是一个独立的检验机构，UL 的鉴定受到美国许多地方和区域政府当局的重视，产品附有 UL 注册标志的，便意味着制造厂、销售方或进口商能证实其已经检验且符合安全标准。这些外国先进标准无须经历反复的讨论审批程序，因此比国际标准更能反映当代技术的进步，内容也比国际标准更详尽。采用国外先进标准不仅有利于提高游艇的档次，而且能创造更高的游艇附加值。

此外，通过用 yacht、boat、houseboat 等关键词进行标准检索，检索到与游艇密切相关的标准如表 8-2 所示。

表 8-2 游艇相关标准

序号	标准号	标准名称
1	ASTM F 1003-2002	电动机救生艇探照灯规范
2	ASTM D 4330-1994	玻璃纤维船抛光剂和蜡评定的标准实施规程
3	ASTMF 1003-2002	摩托救生艇探照灯标准规范
4	BS 7162-1990	游艇废水配件规范
5	BS 8425-2005	小艇、备用浮力、6 米及以下长度船体的船
6	EN 1914-1997	内河航海船舶、驳船上的小船
7	ISO 12217-1-2002	小型船舶、稳定性和浮力评估和分类，船体大于或等于 6 米的无帆小艇
8	ISO 12217-3-2002	小艇，稳定性和浮力评估和分类，船体长度小于 6 米的小艇
9	ISO 15652-2005	小型船舶、小型喷水推进艇舱内用遥控操纵系统
10	ISO 6185-1-2001	充气艇，电机最大额定功率为 4500 瓦的小艇
11	ISO 6185-2-2001	充气艇，电机最大额定功率为 4500~15 000 瓦的小艇
12	ISO 6185-3-2001	充气艇，电机最大额定功率为 15 000 瓦及其以上的小气艇
13	ISO 15372-2003	船舶与海上技术、充气式救生艇、充气室用漆布
14	ISO 15516-2006	船舶与海上技术、吊放式救生艇用降落装置
15	ISO 17339-2003	船舶与海上技术、救生艇和救生船用海锚
16	ISO 18813-2006	船舶与海上技术、救生艇和救生船用救生设备
17	MA 29-1982	快艇用钢丝绳和多股绞合钢索规范
18	DIN 14961/AI-2004	消防队用小艇，修改件 A1
19	DIN 14961-2001	消防队用船
20	DIN 14962-2005	消防设备、装运小船的平板挂车
21	DIN 32929-2005	水上运动设备、充气的船桨、安全要求和试验

续表

序号	标准号	标准名称
22	DIN 57100-721-1984	额定电压小于或等于1000伏的电力设备、旅游车、小船、游船以及野营露宿和停泊船用电源
23	DIN 7871-2005	水上运动设备，浮力小鱼1800牛的充气艇、安全要求和试验
24	EN 1914-1997	内河航运船舶、船载小艇
25	ISO 12217-1-2002	小型船舶，稳定性和浮力评估与分类，第一部分：船体长度大于或等于6米的无帆小艇
26	ISO 12217-2-2003	小型船舶，稳定性和浮力评估与分类，第二部分：船体长度大于或等于6米的带帆小艇
27	ISO 15652-2005	小艇，小型喷水推进艇舱内用远程操纵系统

8.5.2 游艇专利简介

截止到2020年9月1日，在欧洲专利局网站的检索界面Smart Search里输入关键词yacht、boat、pleasure boat、recreational boat、recreational craft等。检索专利结果见表8-3。

表8-3 按关键词检索专利结果（欧洲专利局）

关键词	检索结果/条
yacht	3775
boat	10 000以上
houseboat	105
pleasure boat	746
recreational boat	440
pleasure craft	253
recreational craft	131

表8-3结果显示，各种关键词搜索的专利结果总数超过一万条，其中yacht和boat出现得较多。结合关键词检索情况分析，发现在游艇制造领域，在欧洲专利局申请专利比较多的是世界上游艇工业比较发达的国家，如美国、加拿大、法国、意大利、德国等。

同样，在国家知识产权局网站的检索界面，检索一栏里输入关键词游艇、娱乐艇、休闲艇、船艇、快艇、双体船等，专利结果见表8-4。此数据为2020年9月1日在国家知识产权局网站专利检索的结果。

表 8-4　按关键词检索专利结果（国家知识产权局）

关键词	检索结果/条
游艇	2771
娱乐艇	12
休闲艇	24
船艇	2320
快艇	671
双体船	928
三体船	211
总计	6937

从表 8-4 中可以看出，中国申请游艇相关专利数量已经在接近欧美发达国家，这个结果与中国游艇业的发展现状基本相吻合。而且，表中 8-4 有部分专利是外国公司在中国申请的保护专利，从一定程度上可以反映出中国游艇技术相当缺乏。针对未在中国实施专利保护的游艇技术，我们完全可以直接采用；当然也可以从国外引进先进技术，进行消化、吸收并创新。

后 记

本书得以顺利出版，要感谢于思远博士、李典博士和邬昭晗硕士三位所付出的辛勤汗水，他们花费了大量的时间用于收集、整理和编撰资料，以及后期的资料复核和校订等烦琐、细致的工作，另外，韩铃、张蕊两位硕士也参与了部分资料的收集和整理工作；感谢科学出版社魏如萍、江研、王越三位编辑专业而尽职的工作，他们为本书的出版付出了辛勤努力，在此一并深表感谢！

作 者
2020年9月